롱 뷰

시간과 미래를 바라보는 관점을 바꿔야 하는 이유

롱 뷰

THE LOng VIEW

시간과 미래를 바라보는 관점을 바꿔야 하는 이유

리처드 피셔 **지음** | 한미선 **옮김**

상상스퀘어

목 차

서문

더 멀리 보기 · 7

1부
근시안: 단기주의의 근원과 압박

1. 장구한 시간 속에서의 짧은 역사 · 20

2. 자본주의의 가차 없는 단기주의 · 63

3. 정치적 압박과 민주주의의 최대 결함 · 101

2부
단기주의적 마음 상태: 인간의 시간 인식 이해

4. 시간을 기록하는 유인원 · 144

5. 어제, 오늘 그리고 내일의 심리학 · 163

6. 장기주의의 용어: 언어의 힘 · 210

3부
장기적 관점: 시간 인식 확대하기

7. 유쾌한 공포: 먼 시간의 숭고함 • 232

8. 시간관: 종교, 의식, 전통에서 배우는 교훈 • 257

9. 장기주의: 미래 세대에 대한 책임을 강조하는 도덕적 주장 • 286

10. 시간의 창: 과학, 자연 그리고 인류세 • 319

11. 상징과 이야기가 지닌 설득의 힘 • 349

12. 먼 미래의 문명 • 382

감사의 말 • 397

참고 문헌 • 405

서문
: 더 멀리 보기

더 나은 미래를 만들려면 반드시 현재에서 벗어나야 한다.

- 캐서린 부스Catherine Booth

런던의 한 병원에서 보낸 어느 2월 밤, 나는 시간이 한순간으로 압축되는 경험을 했다.

아내가 산통을 시작한 지 24시간이 다 되어갈 즈음 갑작스럽게 응급수술이 결정됐다. 신생아가 감염 때문에 수술을 받는 동안, 이 세상에 그 무엇도 존재하지 않는 듯 느껴졌다. 위기의 순간에는 현재에만 집중할 수밖에 없다.

아내가 회복하고 우리 딸 그레이스도 항생제 치료 과정을 모두 끝마친 뒤 둘은 일주일 동안 산부인과 병동에 입원했다. 이전도 이후도, 어제도 내일도 없던 때였다. 그저 새내기 부모로서의 현재와 건강하지 못한 어린 딸에 대한 걱정만 있던 시기였다.

우리는 그러다 마침내 집으로 돌아왔다. 하루하루 지나면서 딸아이는 요람 밖으로 손을 내밀 수 있게 됐고 청회색 눈동자도 점점 더 또렷해졌다. 그리고 몇 주 뒤, 딸아이는 우리에게 웃음이라는 보상을 줬다. 상황이 안정되자 시간에 대한 나의 의식은 다시 돌아왔고, 앞으로 딸아이의 인생이 대해서도 생각하기 시작했다. 어떤 아이가 되고 자라서 어떤 어른이 될지 생각해보게 된 것이다.

사실 나는 그때까지 내 딸 그레이스가 살아서 22세기를 볼 수 있으리라는 생각 자체를 하지 못했다. 그러나 의학이 발전하고 평균수명이 늘어나, 그레이스가 86세까지 사는 것은 이제 불가능한 일이 아니다. 나는 그레이스가 12월 31일 저녁, 하늘에서 폭죽이 터지는 가운데 〈올드랭 사인Auld Lang Syne〉을 부르며 사랑하는 사람들과 포옹을 나누고 가족들과 2100년 새해를 맞이하는 모습을 상상해봤다.

이렇듯 우리는 22세기에는 수백만 명의 시민이 살고 있으리라는 사실을 쉽사리 잊어버린다. 내 딸이 태어나던 해, 세상에는 1억 4천 명의 새 생명이 태어났다. 이는 프랑스 인구의 두 배가 넘는다. 2100년 전까지 대략 110억 명이 넘는 아이가 태어날 것이다. 그리고 그레이스의 손자들을 포함해 이들 중 몇몇은 운이 좋다면 23세기까지 살게 될 것이다. 이렇게 가족관계를 통해 헤아려보면 먼 미래는 보기보다 훨씬 더 밀접하게 우리가 살아가는 현재와 맞닿아 있다.

그러나 이내 내 딸이 22세기의 12월 31일을 맞이하는 모습을 상상하기가 불편해졌다. 언론인으로 일해오는 동안 나는 수많은 신규 기사, 보고서, 예측 등을 통해 2100년이라는 숫자와 여러 차례 조우했지만, 그중 기뻐할 만한 내용은 거의 없었기 때문이다.

2100년까지 해수면이 상승하고 이상기온으로 도시들이 가라앉을 수도 있다.

22세기 말에 인류가 멸종할 가능성은 6분의 1이다.

2100년에 현재 지구상 생물종 가운데 거의 절반이 멸종될 수 있다.

22세기에 인류는 자동화 때문에 일자리를 잃게 될 것이다.

이처럼 세계 공동체가 악화 일로를 걸으면서 2100년이 이정표로 묘사될 때가 매우 많다. 심지어 2100년이 사회몰락의 지표이자 인류가 넘을 수 없는 장애물로까지 묘사되기도 한다. 미래의 기후 위기, 생물다양성 붕괴, 기술 붕괴 같은 주제들은 지나치게 먼 미래 이야기처럼 들릴 때가 많다. 그러나 우리는 불과 한 세대 또는 현세대만 지나면 이러한 이정표가 되는 2100년과 연결돼 있다.

"사회는 현세대뿐만 아니라 현세대와 구세대 그리고 미래 세대들 간의 파트너십이다."[01] 1700년대, 정치사상가 에드먼드 버크는 이렇게 썼다. 안타깝게도 이러한 세대 간 파트너십이 붕괴되고 있다. 만약 우리 후손들이 현세대의 가장 해로운 습관을 진단하게 된다면, 위험천만한 새로운 유형의 단기주의short-termism, 특히 서구 세계의 단기주의를 지목할 것이다. 21세기 초반인 현재 모든 관심이 '지금now'에 쏠려 있다. 과거나 미래는 현재의 사건들을 통해서만 인식할 수 있다. 세계는 정보의 포화 상태가 되었고 생활수준은 그 어느 때보다도 높다. 거기다가 새로운 뉴스거리, 정치 용어, 분기 실적 이외의 다른 주제로 관심을 돌리기가 힘들다. 얇게 저민 시간이 점점 더 얇아지는 듯한 느낌이 든다.

이러한 단기주의가 아주 위험천만한 이유는 눈으로 확인이 불가능하기 때문이다. 단기주의는 단순히 눈앞의 목표들을 의식적이고 의도적으로 우선시하는 수준을 넘어 무의식적으로 이루어지는 경향에 가깝다. 단기주의는 오늘날 자본주의, 정치, 미디어, 대중문화에 스며든 편협한 시각이다. 이렇게 시야가 좁아지면 역사적 교훈을 무시할 뿐만 아니라 우리의 행위가 미래에 어떤 파급효과를 미치는지 고려하지 않게 된다.

인류 역사를 통틀어도 현시대를 살아가는 우리처럼 미래의 궤적을 만들어갈 능력을 거머쥔 세대는 없었다. 그런데도 정작 이를 인식하고 있는 이들은 거의 없다. 우리는 지금 원자력, 세균전, 또는 인공 생명체를 미쳐 날뛰게 만들어 인류 문명 자체를 거꾸로 돌릴 수도 있는 강력한 기술을 갖고 있다. 뿐만 아니라 역사상 처음으로 인류라는 단일종이 지구의 생물권과 기후를 회복 불가능한 수준으로 악화할 능력마저 갖추게 되었다.

이렇게 해가 갈수록 단기적 시야가 득세한다면 기후변화, 감염병, 생물다양성 붕괴, 항생제 저항, 인공지능 또는 핵전쟁 위험이 급상승할 것이다. 한편 불평등은 확대되고, 의료비는 상승하고, 기반시설은 낙후되고, 우리 아이들은 플라스틱 섬유에서부터 방사성폐기물에 이르기까지 위험한 유산을 어쩔 수 없이 이어받아 부담에 짓눌리게 될 것이다.

이렇듯 우리는 위태로운 시기를 지나고 있다. 이런 시기에는 현재 우선해야 하는 문제에서 탈피하는 게 가장 어려운 일로 느껴지기 마련이다. 그러나 나는 이것이 무력감이나 체념의 원인이 되어서는 안 된다고 믿는다. 인류에게는 장기적인 안목으로 우리의 역할과 책임을 더 잘 이해하도록 발전할 능력이 있다. 역사를 보면 시간에 대한 인간의 인식은 계속 달라져왔다. 따라서 앞으로 바뀌지 않을 이유는 어디에도 없는 셈이다.

나는 인류가 시간의 긴 궤적을 근시안으로 보게 된 원인을 이해하고 이를 바꿀 방법을 찾아보고자 이 책 《롱 뷰The Long View》를 집필했다. 지금부터 21세기 인류 문명을 단기주의에 빠뜨린 원흉이 무엇인지, 인간이 지금과 같은 방식으로 과거, 현재, 미래를 인식하게 된 원인은 무엇인지,

어떻게 하면 장기적인 관점으로 시간을 인식하게 될지 그 방법을 모색해볼 것이다. 오늘날 확립된 정치, 사회 그리고 금융 같은 다양한 시야를 통해 세계를 분석하려면 분명 단기적 관점도 필요하긴 하다.

이 책은 지적인 사고의 틀을 제공해, 우리 주변에 빤히 보이는 것에 숨겨진 근시안적 시야를 촉진하는 요인들을 볼 수 있게 해줄 것이다. 그리고 그러한 요인들을 극복할 여러 도구와 방법을 제시한다. 눈에 보이지 않는 단기주의의 수많은 유인책과 방해물이 비즈니스 전략, 정치 정책, 미디어 보도 그리고 개인의 선택에까지 영향을 미치고 있다. 나는 이러한 요소들을 **시간의 압박**temporal stresses이라고 지칭한다. 이러한 압박은 사회가 올바르게 기능하는 데 필요하지 않고, 그 실체를 안다면 모두 피할 수 있다는 점이 중요하다.

따라서 이 책에서는 세상을 보는 렌즈를 제공할 것이다. 이 렌즈를 활용하면 자신과 타인의 심리에 자리잡은 **시간의 습관**temporal habits이 무엇인지 파악할 수 있다. 인간의 뇌가 시간을 처리하는 방법을 막 파악하기 시작한 단계지만, 우리가 결정을 내릴 때 시야를 가리고 좁히는 인지적 함정으로부터 미묘하게 영향을 받는다는 사실은 잘 알고 있을 것이다. 이러한 편견[함정]은 의식적인 인지 아래, 즉 무의식적으로 작동할 때가 많다. 그러나 이러한 함정을 밝혀낸다면 해결하지 못할 문제는 없다. 현재를 넘어선다는 것이 어렵게 느껴질 때도 있겠지만 절대 불가능한 일은 아니라는 뜻이다.

이미 많은 사람이 장기적 관점을 활용하고 있다. 장기적인 관점을 지향하는 이들과 조직, 문화는 자본주의, 통치, 예술, 역사, 철학, 기술 분야 곳곳에 흩어져 있다. 이들에게는 장기적인 관점으로 시간을 바라본다면 자신과 타인에게 수많은 긍정적 이득이 온다는 사실을 잘 알고 있다는 공통점이 있다. 이들의 이야기는 더 먼 미래를 바라볼 때 왜 더 큰 변화가 일어나는지 증명한다.

전 세계가 기후변화와 팬데믹, 불평등과 정치 불안으로 몸살을 앓고 있는 지금, 미래지향적 관점이 그 어느 때보다도 필요하다. 만약 우리가 지금처럼 눈앞의 것들만을 바라보며 지금 가던 길로 계속 나아간다면 인류는 결국 재앙과 마주하게 될 것이다. 그러나 멀리 내다보는 눈만 있다면 그러한 재앙을 피할 수 있다. 그때부터 과거의 역사는 오늘날 당면한 문제 해결을 돕는 지혜와 경험이라는 형태로 제 모습을 드러내기 시작하고, 미래는 우리가 상상할 수 있는 한계를 넘어 더 먼 미래의 형태로 드러날 것이다. 또한 장기적인 시야를 기르면 우리가 얼마나 진보했는지, 그 과정에서 무엇을 배웠는지를 확인할 수 있고 더 나은 세상으로 나아가는 길도 볼 수 있다. 그러나 우리가 살고 있는 근시안적인 시대는 우리 앞에 놓인 위협을 감출 뿐만 아니라 앞으로의 **가능성**도 보지 못하게 만든다.

누군가는 우리가 과거의 조상과 미래의 후손을 잇는 짧은 고리에 불과하며, 인간이라는 종과 생명이 지구의 기나긴 역사에서 찰나에 불과하다는 사실을 알게 된 것이 저주라고 말할지도 모른다. 우리가 쌓은 경험과 업적 역시 손자 세대 이후로 불과 몇 세대만 더 내려가면 대부분 잊힐 것이다. 이러한 깨달음은 우리를 더없이 초라하게 만들지만 동시에 축복이기도 하다. 바로 이 점이 우리를 인간답게 만들기 때문이다. 우리는 시간을 관통하는 미래의 궤적과 가능성을 가늠할 수 있으면서도 우리가 배운 것, 이 세계에 대해서 알고 있는 지식을 미래 세대에 전달해줄 수 있다. 나는 이야말로 장기적인 관점이 가져다주는 가장 위대한 이점이라고 생각한다. 이러한 관점을 통해 현재 우리 삶이 과거에서 미래로 얼마나 가깝게 연결되는지 확인할 수 있기 때문이다. 바로 이 연결에서 가능성과 희망을 발견하게 된다.

나는 내 딸을 포함해 전 세계 후대인들이 22세기를 맞이하면서, 우리 세대를 삶의 방식을 바꿔놓고 장기적인 관점과 사고를 키운 세대로 기억하기를 바란다. 또한 그들이 우리 세대가 실수를 통해 배웠고, 우선순위를 다시 설정했으며, 짧은 안목에서 탈피해 장기적인 관점을 기를 수 있는 용기와 지혜를 지닌 이들이었다고 생각해주기를 바란다.

장기적 관점의 이야기

《롱 뷰》는 미국 MIT에서 초빙 연구원으로 지낼 때 수행했던 연구에서 영감을 받았다. 그 연구를 할 당시 내 목표는 세계적으로 근시안적인 관점에 의존하며 겪게 된 여러 난관의 근본 원인을 파악하고, 시간과 미래에 대한 인간 사고의 변천과 심리를 연구하는 것이었다. 또한 장기적 관점을 지향하는 철학과 윤리를 이해하고자 했다. 그러나 실은 이 책의 첫 시작은 보다 오래전으로 거슬러 올라간다.

나는 지구의 긴 역사에서 인류가 어떤 위치에 있는지에 대해 늘 관심이 많았다. 어릴 적에는 바위와 화석을 수집했고 대학에서는 지질학을 공부했다. 장기적 관점은 언론계에 몸담은 내내 내가 천착해온 주제 중 하나였다. 10년 전 나는 영국에 본사를 둔 과학기술 전문잡지 〈뉴사이언티스트New Scientist〉에 '먼 미래The Deep Future'[02]라는 제목의 특집 기사를 써달라는 의뢰를 받았다. 이 특집 기사는 10만 년 뒤 인류에 대한 일련의 질문을 다루었다. 예를 들면, 인류는 여전히 여기 지구에 살고 있을까? (아마도 그럴 것이다.) 우리는 어떻게 진화할 것인가? (그 답은 기술에 달려 있다.) 우리는 어디에 살고 있을까? (기후변화가 도시, 국경 그리고 국가들을 바꿔놓을 것이다) 자연이라는 게 남아 있긴 할까? (남아 있겠지만 고도로 진화한 비둘기나 쥐들의 등장을 대비해야 할 것이다.) 언어는 어떻게 진화할까? (1000년 정도 지나면 우리가 이해할 수 없는 언어로 바뀔 것이다.) 그리고 미래의 고고학자들은 우리에 대해 무엇을 알고 있을까? (다들 예상하다시피 우리가 남긴 쓰레기에 가장 큰 관심을 보일 것이다.)

나는 BBC 편집자로 일하면서 최근에 '머나먼 문명Deep Civilization'이라는 온라인 시리즈 제작을 지휘했다. 이 연재에서 나는 학자와 문인들에게 먼 미래는 어떻게 바뀌리라 생각하는지 질문하고, 먼 미래에 민주주의, 종교, 사회 붕괴, 인간의 지식, 건축, 윤리학, 자연, 기술 등이 어떤 모습일지를 탐색해봤다.[03] 나는 또한 BBC 뉴스에서 방송된 '헤이 페스티벌 Hay Festival'(웨일즈 포이스Powys의 헤이온와이Hay-on-Wye에서 5월부터 6월까지 열흘간 열리는 연례 문학축제—옮긴이)에서 장기적 관점을 주제로 생방송 토론 프로그램도 제작한 경험이 있다. 지금까지 '머나먼 문명' 시리즈를 본 시청자는 650만 명에 이른다.

이 과정에서 나는 장기적 관점을 지닌 개인, 조직, 학술기관, 재단, 정치가가 증가하고 있다는 사실을 깨달았다. 또한 이들은 먼 미래를 바라보는 관점을 기를 수 있다는 믿음을 공유하고 있었다. 나는 지난 몇 년 동안 폭발적으로 늘어난 이 새로운 움직임에 집중하기로 마음먹고, 《장기주의자를 위한 실무 안내서The Long-termist's Field Guide》라는 출판물과 뉴스레터에 이를 기록하고 있다.

앞으로 이 책《롱 뷰》에서는 과거에서 시작해 현재를 진단하고 미래로 가는 새로운 경로를 제안할 것이다. 3부에 걸쳐 사례 연구, 학문 연구, 역사, 과학과 철학을 한데 조합해 세 가지 핵심 질문에 답할 예정이다. 그 질문은 다음과 같다. 어떻게 지금 여기에 이르렀는가? 우리의 행동 방식이 왜 이렇게 되었을까? 앞으로 우리는 어떤 길로 나아가야 하는가?

1부

근시안: 단기주의의 근원과 압박

1부에서는 현대사회, 특히 서양 현대사회가 장기적 관점을 외면하고 근시안적 관점을 지향하게 된 이유를 고찰한다. 왜 이렇게 됐는지 그 원인을 파악할 수 있다면 어디서부터 시작해야 할지 더 분명해질 것이다. 이러한 질문에 대한 해답을 찾으려면 오래된 과거의 역사를 정리하며 시작해야 한다. 즉 인류가 시간을 기록하기 시작한 이래로 고대 로마 제국, 중세시대, 1700년대의 유토피아적 이상 그리고 역동의 20세기로 이어지는 지난 몇천 년에 걸친 여정을 살펴볼 것이다. 과거 사회에서 장기적 관점으로 시간을 바라보는 것을 어떻게 생각했는지, 그러한 시각이 문화, 종교 그리고 과학적 발견에 어떤 영향을 받았는지 살펴보자.

다음으로 현재 사회가 근시안적 관점을 지향하도록 만든 가장 강력한 압박 중 몇 가지를 살펴볼 예정이다. 그리고 이러한 근시안적 압박이 어떻게 강화되었는지도 알아보고자 한다. 기업과 경제, 정치와 미디어 같은 현대사회의 영역을 들여다보고, 그러한 압력이 근시안적 경향을 더욱 부추기고 우리 조상이 직면했던 것보다 훨씬 심각한 위험들을 초래하는 과정도 살펴볼 예정이다. 그 과정에서 이러한 압박을 거부해온 개인이나 조직에 대한 범세계적인 사례를 보게 될 것이다. 여기에는 주주들에게 저항한 CEO, 천 년 동안 명맥을 유지해온 기업, 정치인 그리고 미래 세대를 위한 운동 등이 포함된다.

2부
단기주의적 마음 상태: 인간의 시간 인식 이해

2부의 목표는 인간의 뇌 속에서 시간이 어떻게 인식되는지를 더 심도 깊게 이해하는 것이다. 인간의 근시안적 행동을 부추기는 외적 압박에 대한 것이 1부의 주제였다면, 2부에서는 내면을 들여다본다. 우리 인간의 머릿속에서 일어나는 과정과 모순에 대해 알아볼 것이다. 이를 단기적 습관temporal habits이라고 한다.

우선 의식적 자아[이성]가 시간을 초월하게 하는 정신적 기술을 어떻게 발달시켜왔는지 추적할 것이다. 인간의 독특한 시간 인식이 어떻게 그리고 왜 진화하고 발달했는지 살펴보게 될 것이다. 2부의 목표는 우리 뇌가 어떻게 과거와 미래라는 추상 개념을 그리는지, 이 기술은 다른 동물들의 능력과 어떻게 비견되는지를 알아보는 것이다. 그다음으로 심리학의 교훈과 인지적 편견에 대해 고찰해볼 것이다. 인지적 편견은 인간의 행동과 결정에 영향을 미쳐 현재를 가장 우선해 판단하도록 이끈다. 또 장기적 사고를 가로막는 심리학적 장애물이 무엇인지, 우리가 어떻게 하면 그러한 장애물을 극복할 수 있는지도 알아볼 것이다. 마지막으로 우리가 과거, 현재 그리고 미래를 기술할 때 어떤 언어를 사용하는지가 왜 중요한지 살펴볼 것이다. 모든 언어가 시간을 다르게 표현하는데, 이것이 전 세계의 단기적 사고와 장기적 사고에 미묘한 영향을 미치고 있는지도 모른다.

3부

장기적 관점: 시간 인식 확대하기

3부의 목표는 장기적 관점을 기르는 방법을 제시한 몇몇 민족, 프로젝트, 문화 그리고 조직을 통해 통찰력을 얻는 것이다. 지금의 근시안적 사회 안에는 미래를 장기적으로 바라보는 이들이 거의 전무해 보이지만, 더 자세히 들여다보면 장기적 안목을 가진 이들은 이미 우리 주변에 존재한다.

우선 먼 미래라는 시간이 유발하는 궁극의 감정과 그 미래를 인정할 때 따라오는 이점들이 무엇인지 살펴보고, 인류라는 종의 가계도 안에서 오랫동안 공유해온 놀라운 공통점도 파악해볼 예정이다. 그런 다음 대안이 될 만한 시간관을 살펴본다. 종교의 관점에서 시작해 장기적 관점의 중요성 그리고 원시 부족들로부터 이어 내려온 세대 간 파트너십의 교훈에 대해서도 알아볼 예정이다.

또한 장기적 관점의 일환으로 최근 부상한 '장기주의longtermism'의 윤리적 접근법도 소개할 예정이다.[04] 장기주의는 인류가 미래에 대해 짊어져야 할 도덕적 의무를 다시 생각해보라는 일종의 요청으로, 복잡한 산술을 활용해 미래 세대의 규모를 추정한다. 이러한 시각은 아득히 먼 미래의 궤적이라는 관점에서 볼 때, 인간이라는 종이 그 궤적에서 그저 시작 단계에 서 있을지 모른다고 가정한다.

더불어 자연을 바라보는 장기적 관점도 심도 있게 고찰할 예정이다. 즉 과학자들이 어떻게 자연계의 과거와 미래로 가는 시간의 창문들을 열어 빅뱅, 판구조론, 기후 온난화, 인류세Anthropocene의 부상을 발견했는지 들여다볼 것이다. 또한, 장기적 관점을 지향하는 탐구 여정은 예술에서 드러나는 상징적인 노력이 제시하는 교훈을 깨달을 때 비로소 완성될 수 있다. 2114년이 되어야 책을 출간하는 도서관, 천 년 동안 연주될 음악, 예상치 못한 재난을 겪은 나무로 만든 예술작품 등을 예술적, 상징적 노력으로 꼽을 수 있다.

이제 이 책을 통해 이 세계를 더 멀고 긴 시간적 관점으로 바라보는 여정을 시작해보자. 이어지는 1부에서는 인류와 지구의 과거, 현재, 미래를 가로지르며 인간이라는 종의 역사를 이해하고, 장기적 관점의 미래를 지향하는 정신, 민족 그리고 문화를 더 폭넓게 이해하고자 노력할 것이다. 이러한 통찰력을 갖추면 더 풍부하고 더 희망적인 렌즈로 이 세상을 바라볼 수 있다. 장기적 관점의 세계에 발을 디딘 것을 환영한다.

1부

근시안

: 단기주의의 근원과 압박

1. 장구한 시간 속에서의 짧은 역사

시간과 그 범위를 인식하는 방식은 일반적으로 특정 사회가 자신들의 사회를 이
해하고 정당화하는 방법과 관련이 있다.

– 어니스트 겔너Ernest Gellner[01]

만일 수천 년을 되돌아가 선조에게 시간을 어떻게 생각하는지 묻는다
면, 과연 그들은 어떤 답을 내놓을까? 그들은 장기적 관점에서 시간을 이
해하고 있었을까?

생리학적으로 그들은 우리와 같은 뇌를 갖고 있었고, 어제를 기억하고
내일을 계획할 수 있었을 것이다. 그러나 세상에 관한 지식과 문화 그리
고 가정에 따라 형성된 시간에 대한 장기적 인식은 우리와 달랐으리라고
합리적으로 추측할 수 있다.

생명의 기원, 호모사피엔스의 부상 그리고 태양의 궁극적 사멸과 같
은 흥망성쇠의 순간들로 점철된, 빅뱅에서부터 아주 먼 미래까지 하나의
일직선으로 이어진 연대기표 위에 선 우리 자신을 상상할 수 있다. 과학
은 인류가 이 선으로 이어진 서사 속에서 비교적 최근에 등장한 종이라
는 사실, 즉 지구는 인류가 등장하기 훨씬 전부터 존재했음을 증명한 바

있다. 그리고 우주는 우리가 멸망하고 난 뒤에도 그대로 남을 것이다. 한편 기술이 우리에게 가져다준 시계, 달력 그리고 지층도는 시간이라는 긴 원 안에서의 우리 위치를 알려준다. 우리는 2천 년대 화요일 오후 4시, 인류세Anthropocene(인류를 뜻하는 'anthropos'와 시대를 뜻하는 'cene'의 합성어로, 인류가 빚어낸 지질시대—옮긴이) 시대의 시작 어딘가에 서 있다.

선조들은 우리의 특별한 관점을 지니지 못했을지도 모른다. 그렇다고 해서 그들만의 장기적 관점이 없었다는 의미는 아니다. 결국 역사란 위대한 미래지향적인 계획들을 수행한 수많은 행위의 집합이다. 스톤헨지, 피라미드, 대성당들이 그 예다. 또한 수천 년 동안, 종교를 추종하는 이들도 영원한 사후 세계나 무한 반복되는 거대한 시간을 믿었다.[02] 그들 눈에는 마치 시간이 영원히 계속될 것처럼 보였다.

1960년대 철학자 어니스트 겔너Ernest Gellner는 모든 사회가 각기 다른 시간 인식을 지녔으며, 이는 사회가 내리는 결정과 그 사회가 지향하는 방향에 영향을 미친다고 주장했다. 겔너는 역사를 통틀어 보면, 어떤 사회는 "특징 없는 지역을 통과하는 기차처럼 시간에 대해 불변의 시각을 갖고 있었던 반면, 어떤 사회는 시간의 끝을 걱정하며 살고 그 종말을 준비하는 데서 시간의 가치를 찾기도 한다"라고 썼다.[03] 그리고 가끔 어떤 사회는 자신들이 처한 특수한 상황을 초월해 장기적인 관점으로 시간을 바라봤다.

선조들이 지녔던 관점이 현재 시간에 대한 우리 관점에 어떤 통찰을 건넬 수 있을까? 현재 우리는 거대한 대도시를 건설한 설계자이자 과학과 기술을 지배하는 주인이 됐다. 이러한 발전의 궤적은 언뜻 보기에는 끊임없이 확장된 시간 인식과 관련 있어 보이지만, 이는 지나친 단순화다. 만약 시간에 대한 인식이 그렇게 단순하다면 21세기를 사는 우리의 관점은 그 어느 때보다 더 멀리로 뻗어 있어야 할 것이다. 그러나 현실은 그렇지 않다.

선조들과 비교했을 때 우리가 먼 시간 속에서 우리 위치를 좀 더 명확하게 인식하고 있다는 것은 사실일지 모른다. 그러나 그러한 인식은 일상 문화에서 거의 중요하지 않다. 하나의 선처럼 이어진 수많은 역사적 시간과 일어날 수 있는 미래의 시간을 인식할 수 있다고 하더라도, 그러한 과거와 미래의 시간을 현재라는 렌즈를 통해 무의식적으로 인식하는 경우가 대부분이기 때문이다. 그렇다면 우리는 왜 이토록 '현재'에 얽매인 것일까?

이 질문에 답하려면 애초에 우리가 어떻게 여기에 도달했는지 진단해봐야 한다. 그러고 나서야 비로소 앞으로 나갈 길을 찾을 수 있다. 앞으로 소개할 이야기는 지난 2천여 년이라는 긴 시간 동안, 시간에 대한 서양인의 인식이 어떻게 변화했는지 구체적으로 드러낼 것이다. 물론 서양의 인식 변화만이 유일한 역사는 아니고, 이 책 후반부에서 확인할 수 있듯이 다른 민족과 국가에서도 대안적 시간관을 찾아볼 수 있다. 그럼에도 서구의 시간 인식 변화를 이해하는 과정은 중요하다. 그들의 문화와 상호연관된 시간 인식이 전 세계에 지대한 영향을 미치고 있기 때문이다.

자, 그렇다면 이제 해시계 때문에 짜증 난 한 남자의 이야기에서부터 시작해보자.

기원전 2세기, 로마의 극작가 티투스 플라우투스Titus Plautus는 '굶주린 기생충'이 등장하는 희극을 썼다. 연극에서 기생충의 전형은 기식자 또는 주인의 환대를 이용하는 군식구로서 얕은꾀와 교묘한 술수에 의존해 근근이 살아간다.[04] 당신은 그런 그를 아첨꾼이지만 매력적인 게으름뱅이라고 생각할지도 모른다.

이 연극에서 기생충은 자신의 식욕을 방해하는 한 가지 최신 기술에 불만을 내보인다.

> 신들은 시간을 구분하는 방법을 최초로 발견한 사람을 저주한다.
>
> 여기에 해시계를 설치해서 내 하루를 끔찍할 정도로 작은 조각들로 나눠놓은 사람도 저주한다.
>
> 어린 시절에는 내 배가 나의 해시계였다.
>
> 그 어떤 해시계보다 더 확실하고 진실하며 정확했다.
>
> 내 배꼽시계는 밥때가 되면 밥 먹을 시간을 정확히 알려줬다.
>
> 그러나 요즘엔 밥을 먹고 싶어도 해가 허락하지 않으면 먹을 수 없다.
>
> 이제 이 도시는 이놈의 망할 해시계로 가득 찼다.[05]

플라우투스의 연극 대사에는 기생충의 굶주림 그 이상이 담겨 있다. 그 대사들은 과거와 달리 당시 로마인 사이에 시간에 대한 인식이 보다 폭넓게 공유되어 있음을 나타낸다.

이 기생충은 망할 해시계들로 가득 찬 이 도시에 식사 시간이 정해져 있어서, 먹고 싶을 때 아무 때나 밥을 먹을 수 없다고 불평하고 있다.[06] 그는 더는 허기진 배에 의존해 시간을 가늠할 수 없었던 것이다.

로마의 해시계들은 유난히 정확하지 않았다. 겨울이냐 여름이냐에 따라 짧게는 약 45분, 길게는 75분을 한 시간으로 표시했다. 그러나 그것은 중요한 변화였다. 각각의 사회에서 개개인의 인식 밖에 존재하는 시간에 대한 독립적인 의식이 확립되면서, 과거, 현재 그리고 미래에 대해 더 정확한 연대기를 공유하게 되었기 때문이다. 이러한 변화가 시작되면서 단순히 식사 시간을 정하는 것 외에도 많은 상황이 가능해졌다. 만일 개개인이 자신만의 시간을 개별로 기록했다면, 함께 일할 때 훨씬 더 노력을 많이 기울여야 했을 것이다. 즉 시간에 대해 공통 인식이 확립되었다는 것은 사람들이 한데 모여 무언가를 만들고, 계획하고, 조립할 수 있게 되었다는 의미였다.

로마인들이 시간을 최초로 측정한 민족은 아니었다. 고대 이집트인들은 오벨리스크를 축조했고 이 방첨탑의 그림자가 시각과 계절을 개략적으로 알려줬다. 고대 이집트인 또한 물시계를 사용해 일정 기간을 측정했다. 고대 중국인에게도 비슷한 발명품들이 있었다.

이 무렵 달력은 이미 오래전부터 존재했다. 오늘날 이라크에서 살았던 수메르인들은 로마인들보다 먼저 1년을 30일 단위인 여러 달로 나누고 하루를 12개 기간 단위로 나누었다. 이집트인의 달력에는 세 계절이 있고 하나의 계절은 모두 120일로 구성되었다. 그리고 중국 천문학자들은 태음주기와 태양주기의 차이를 달력에 반영해 조정했다. 전설에 따르면 중국 황제가 4500년 전쯤 달력을 발명했다고 한다.

로마인은 자신들이 애초에 발명한 달력이 달에 기초해 만들어졌다고 믿었을 것이다. 로마인의 율리우스력은 기원전 45년에 도입되어 약 1600

년 동안 가장 지배적인 달력으로 군림했다.

기원전 1000년대에 들어서서 유럽과 다른 지역에 거주했던 인간들은 기본적인 시간 측정 장치와 순차로 시간의 흐름을 기록한 달력들을 도입했다. 여기서 '과연 그들은 시간에 대해 장기적인 관점을 갖고 있었을까?'라는 질문에 고대 로마인이라고 생각하고 답해보자.

로마인은 어제와 내일의 사건들을 기술하는 언어를 갖고 있었고, 지나간 과거와 다가올 미래와 관련된 시간의 은유들을 사용했다. 그들이 미래의 계획이라는 것을 수립했다는 다양한 증거도 많다. 예를 들어 그들은 내구성이 우수한 도로와 송수로를 건설했다. 도로와 송수로는 로마인의 미래 수요를 충족했다. 그러나 사회 전체적인 차원에서 로마인의 시간 인식은 우리와는 확실히 달랐을지도 모른다. 특히 먼 미래에 대한 관점에서 그렇다.

역사학자이자 프린스턴 대학교수인 브렌트 쇼Brent Shaw는 로마인이 생각했던 미래가 현대인이 생각하는 미래보다 덜 정교하고 더 가까운 미래를 의미하며, 더 단편적이고, 개인적 관계나 직접적인 관심사와 더 결부되었다고 말한다.[07] 슬기로운 로마인이 현재 이후에도 세상이 존재한다는 사실을 알았는지 여부는 모르지만, 그들의 미래는 '개략적'이어서 상당히 희미하게 그려진 것에 불과했다고 그는 주장한다.

브렌트 쇼는 내게 "로마인은 대체로 시간이 그들을 향해 흐르고 있으며 미래가 정해진 것이라고 생각했다"라고 말했다. 내일이란 다양한 시나리오에서 파생된 가능성들로 이루어진 복잡한 시공간이 아니라, 오히려 하나의 미리 정해진 경로라는 생각이었다. 그리고 다른 고대 문화처럼 로마인도 운명이라는 개념에 천착하고, 여신들이 인간의 운명을 정하듯 운명이라는 개념을 의인화했다.

고대 그리스인도 관점이 비슷했던 듯하다. 위대한 사상가 아리스토텔레스조차도 인류 문명을 고정된 것으로 보고, 존재할 수 있는 모든 것은 이미 존재했다고 추리했다. "아리스토텔레스에게서 발견 가능한 모든 것은 이미 발견된 것들이다. 있을 수 있는 것은 이미 존재했던 것이다. 모든 형태의 정치는 이미 평가받았으며, 실행 가능한 모든 공학 기술의 업적은 이미 시도되고 검증된 것이었다"라고 역사학자 토머스 모이니한 Thomas Moynihan은 말한다.[08] 아리스토텔레스와 동시대인들이 그들의 우주에 없는 기술이나 사물이 존재하는 미래 세계가 있을 수 있다는 생각에는 이르지 못했다는 의미다.

이러한 이유로 로마인과 그리스인은 신비주의에 매달렸다. 역사를 통틀어 유럽, 중국, 또는 메소포타미아의 고대 사회에서는 신탁의 지혜를 구했다. 신탁은 동물의 내장, 불, 꿈, 동물의 뼈, 심지어 불에 탄 거북이 등에 생긴 균열을 통해 해답을 제공했다.[09] 로마인들도 그리 다르지 않았다. 관리들은 전쟁 또는 선거를 시작할 때, 사제에게 새들의 행동, 전조를 연구해 지침을 달라고 요청했다(라틴어로 전조auspices라는 어휘는 사실상 새에서 길한 징표를 찾는다는 의미다).[10] 만약 역사학자가 확신에 차 과거에 일어났던 사건을 이야기하면, 이러한 전조들은 미래에 일어날 사건에 대한 정보가 된다.

만약 로마와 그리스가 멸망하지 않고 계속해서 융성했다면 그들의 생각이 바뀌었을 것이다. 그러나 비슷한 시기에 세계를 바라보는 또 다른 시각이 하나의 종교적 신념을 통해 부상했다. 이 종교적 신념은 무려 1000년 이상 인간의 시간을 근시안적 관점에 가두었다.

세상의 종말, 지금

서기 64년 7월 18일 로마, 팔라틴 언덕(로마 황제가 최초의 궁전을 세운 곳—옮긴이)과 카에리우스 언덕(고대 로마의 일곱 언덕 중 동남쪽에 있는 언덕—옮긴이) 인근 원형 대경기장에서 9일간이나 지속된 화재가 발생했다. 바람 때문에 격렬해진 불길은 건물, 신전, 사원을 집어삼켰고 "그 속도가 너무나 빠르고 치명적이어서 무엇도 막을 수 없었다"라고 로마 역사가 타키투스는 기술했다.[11] 그 뒤 공포와 혼란이 휘몰아쳤다. "어떤 이들은 재산과 생계를 잃고 절망하여 스스로 목숨을 끊었으며, 또 어떤 이들은 사랑하는 가족을 구하지 못한 슬픔에 빠져 같은 선택을 했다."

재앙을 마주한 네로 황제에게는 비난의 화살을 돌릴 희생양이 필요했다. 화재의 배후에 네로 황제가 관련되어 있다고 많은 이가 의심했다. 로마가 불타는 동안 네로 황제가 악기를 연주했다는 출처가 불분명한 일화가 존재하는 이유가 바로 여기에 있다. 만만한 희생양이 필요했다. 바로 그리스도교인들이었다.

네로 황제는 이제 막 교세를 확장해가던 그리스도교에 대해 가공할 탄압을 시작했다. 그리스도교인들은 십자가형이나 화형을 당하거나 맹견에 물려 죽기도 했다. 그의 잔인성은 요한묵시록에도 기록될 정도로 상상을 초월했다. 요한묵시록은 신약성서의 반황제주의에 관한 책이다. 신약성서는 정치적 탄압을 극복하려면 신의 개입이 필요하다고 주장한다.

요한묵시록에는 머리가 일곱 개 달린 괴물이 바다에서 올라와 세상에 종말을 불러오는 장면이 등장한다. 흥미롭게도 이 괴물에게는 특정한 번호가 부여되었다. "지혜 있는 자는 그 짐승의 숫자를 세어보라. 그것은 사람의 숫자이니, 그 숫자는 육백육십육(666)이라(〈요한묵시록Revelation of John

13:18〉). 수백 년 뒤 성서학자들은 이 숫자 666이 무작위로 부여되지 않았다는 사실을 깨달았다. 이 숫자는 '네로 카이사르Nero Caesar'의 히브리어 글자 수를 모두 더한 합이다. 그의 이름을 숫자로 환산하면 50, 200, 6, 50, 100, 60 그리고 200이며 이를 모두 더하면 666이 된다.[12]

초기 그리스도인에게 네로는 정치적 탄압자 이상을 의미했다. 그들의 신앙 체계에서 네로 황제는, 당시에는 없었던 지상에서의 인류의 미래라는 개념에 핵심 인물이었다. 철학자 어니스트 겔러는 어떤 사회에서는 평생 이 세상 종말의 날을 그리며 살아간다고 했다. 여기에 단적인 사례가 있다. 그리스도인에게 현재 너머의 세계는 길고 먼 미래로 이어지는 것이 아니었다. 대신, 그들은 임박한 휴거와 혼란, 뒤이어 하느님과 함께하는 완전히 새롭고 시간 개념이 없는 영원한 삶이 기다린다고 믿었다.

이 세상이 끝나고 난 뒤 종교적 영생을 기대하는 것은 분명 일종의 장기적 관점이었지만, 긴 직선형의 '시간'에 대한 관점과는 달랐다. 분명 천국은 현재를 연장해놓은 초월적인 형태의 시간에 더 가깝다. 마음에 무한함을 그린다면 똑같은 농도로 색을 칠하면 수월해진다. 마음에 무한함을 그리기는 쉽다. 만약 마음이 한 가지 색으로만 채워진 공간이라면. 또는 "영원은 수많은 현재의 집합"이라는 에밀리 디킨슨Emily Dickinson의 시 제목을 빌려도 좋다.[13]

예상했던 대로 종말이 도래하지 않았다는 사실은 사람들의 신앙에 전혀 영향을 미치지 않았다. 네로 황제가 서기 68년 스스로 목숨을 끊었을 때도 종말에 대한 기대는 사라지지 않았다. 사실 많은 이가 그의 죽음을 의심했다. 어떤 이는 그의 죽음이 가짜라고 믿었고 어떤 이는 그가 환생하리라고 믿었다. 몇몇 사기꾼들과, 착각이었지만 그와 닮은 이들이 등장하는 바람에 오히려 그가 환생하리라는 믿음이 더욱 확고해졌다. 이후 새로운 악인이 등장했다. 그는 바로 악마의 명령을 따르는 로마 황제 도미티아누스Domitian였다.

기원, 시기 그리고 장소는 다르지만 종말에 대한 기대는 다른 종교에서도 나타났고, 우주의 징표, 사회적 퇴보에 대한 경고, 구세주와 악당 그리고 고통의 시기 등과 같은 공통 주제를 담고 있었다. 종말론적 사상은 이슬람교나 불교에서도 발견된다. 이슬람의 경전 코란에는 심판의 날Yam al-Dīn, 부활, 적그리스도와의 전쟁 등이 등장한다. 끝도 시작도 없고 오직 현재만이 있다고 믿는 선불교는 종말이라는 전제를 거부하긴 하지만, 힌두교 경전 《칼라차크라 탄트라Kālacakra Tantra》의 한 예언가는 샴발라Shambhala의 마지막 왕이 불교도와 야만인 사이에 일어난 종말론적인 전투를 지휘하리라 예언한다.[14]

그리스도교의 교세가 확장되면서, 종말이 다가온다는 믿음이 유럽에서 그 어느 때보다 맹위를 떨쳤고 무려 천 년 넘도록 지속됐다. 그리고 1100년대 이탈리아 신학자이자 중세의 중요한 종말론자인 피오레의 요아킴Joachim이 새로운 해석을 내놓았다. 〈요한묵시록〉을 재해석한 요아킴은 이 세상이 세 시대로 이루어졌다고 주장했다. 성부의 시대(구약성서), 성자의 시대(예수의 생애와 신약의 시대) 그리고 앞으로 다가올 성령의 시대다. 요아킴의 주장에 따르면 그는 세 번째 시대의 끝 그리고 거대한 변화의 시대에 살고 있었던 것이다.

요아킴은 세계적인 변화와 적그리스도의 최후의 패배가 머지않아, 즉 1260년 또는 1290년 초반경에 일어나리라 예측했다. 이 시기는 그가 글을 쓰던 때로부터 약 백 년 뒤였다. 인류의 미래에 대한 인식은 대격변에 대한 단기적 예언 때문에 다시 한 번 더 근시안적으로 바뀌었다. 이 대격변은 그가 '피니스 문디finis mundi('세계의 끝'이라는 뜻)'라고 지칭한 세상의 끝은 아니었지만, 현 상태가 갑작스럽게 무너질 수 있음을 예고했다.

어떤 면에서 종말론적 사고는 최근 수십 년에 다시 고개를 들고 있다. 시대 분위기에 따라 예술과 문화에서 세속적인 스토리텔링에 종말론을 활용하는 경우가 많다. 소설《트리피드의 날Day of the Triffids》,《우주전쟁War of the Worlds》이나〈워킹 데드The Walking Dead〉,〈터미네이터Terminator〉,〈지구가 멈추는 날The Day the Earth Stood Still〉같은 TV 시리즈나 영화가 그 예다. 이러한 이야기 중 다수가 천 년을 이어 내려온 종교적 신념을 포함한다. 즉 한 인물이 '재앙의 날'의 도래를 내다보고, 희생하고, 인류를 구원한다는 이야기가 주요 줄거리다.

이처럼 미래를 회의적인 시각으로 바라보게 되면 근시안적인 허무주의를 낳을 수 있다는 단점이 있다. 종말이 임박했다고 믿는다면, 사람들은 마치 세상의 끝을 맞이하듯 마지막 순간을 즐기려 하거나 변화의 노력을 포기할 유혹에 빠지기 쉽다. 기후변화의 맥락에서 과학자 마이클 E. 만Michael E. Mann은 이를 '기후종말론'이라고 지칭하며, 돌이킬 수 없는 기후 변화의 위협을 줄이려는 모든 노력이 무의미하다고 믿는 위험한 사고방식이라고 지적한다.[15] (이 개념은 중요한 논점이며, 이후 장에서 다시 논의할 것이다.)

순환의 시대 그리고 미래 세대를 위한 장기 프로젝트

중세 후반이 도래했을 때, 종교와 시간은 흥미로운 방식으로 서로 얽혀 있었다. 13세기경 시간을 측정하는 기술은 탈진기(기어의 회전속도를 고르게 하는 장치—옮긴이)의 발명으로 다시 한 번 약진한다. 이로써 시계 디자이너들은 한 번에 한 칸씩만 이동하는 기어를 장착한 시계를 만들 수 있었다. 이렇게 더 발전된 형태의 시계는 사회 공동체가 공유하는 시간을 훨씬 더 정확하게 측정할 수 있도록 해주었다. 그러나 모든 가정에서 시계를 볼 수 있게 되기까지는 이후로도 수백 년이 더 소요되었다. 유럽에서 최초의 시간을 측정하는 장치 가운데 다수는 교회에서 울리는 종이었고 타종의 목적은 기도할 시간을 알리는 것이었다. 영국 솔즈베리 대성당과 웰즈 대성당에서 볼 수 있는 세계 최초의 기계식 시계들은 무려 1300년대 후반에 제작됐다. 이처럼 오랫동안 교회가 시간을 소유했다.

이 시계들이 설치된 이 성당들의 건축을 보면 이 시기 사람들의 미래관을 간접적으로 알 수 있다. 1300년대 무렵 공동체 사회에서는 보통 수십 년에 걸친 프로젝트로 대성당을 짓곤 했다. 이러한 프로젝트는 공사를 시작한 사람들이 죽고 나서도 계속될 가능성이 높았다.

예를 들어 웰즈 대성당의 건축은 1175년경 시작됐으며 1450년까지 계속됐다. 이 성당의 건축을 구상했다고 알려진 레지널드 피츠 조슬린Reginald Fitz Jocelin 주교는 1192년 사망했다. 웰즈의 조슬린 주교가 13세기 초반 바통이 이어받아서 성당 건축을 지속했다. 1239년경 성당의 본체가 겨우겨우 완성됐으나 3년 뒤 그 또한 세상을 떠났다. 그는 이후 백 년 이상 이 성당에 부속 건물이 증축되고 건물 높이가 올라가고 재건축하는 과정을 지켜볼 수 없었다.

이처럼 대성당의 건축적 사고는 선조들의 존경스러울 만큼 놀라운 장기적 사고의 일례로 꼽힐 때가 많다. 자신이 살아 있는 동안 완공을 보지 못할 것임을 알면서도 건축을 설계하는 것보다 더 장기적인 관점이 있을까? 그런데 좀 더 면밀히 들여다보면 오늘날 어떤 이들이 믿고 싶어 하는 바와는 달리, 이러한 건축 방식을 장기적 관점이라고 말하기 어렵다는 사실을 깨닫게 된다.

그토록 오랜 세월을 들여 건축한 대성당의 내부에 들어가보면 미래를 내다보고 만든 청사진의 결과물이라고 믿고 싶다는 유혹에 빠진다. 분명 모든 건물이 비전 아래 공사가 시작됐겠지만, 여러 세대에 걸친 건축 프로젝트들은 겉에서 보는 것보다 더 유기적이면서 더 즉흥적으로 발전한 최종 결과물로 발전한 경우가 많았다.

수십 년 또는 수백 년에 걸쳐 완공된 인류의 초기 건축물들도 마찬가지다. 예를 들면 스톤헨지를 조성하는 데 놀라울 정도로 미래지향적인 계획이 필요했을 것이고 지은 이들만의 장기적 관점이 있었을 것이다. 그 부지가 성스러운 묘지로 사용되었음을 고려할 때, 당시 사람들은 세대 간 연결을 매우 중시했음이 분명하다. 그러나 1500년에 걸친 스톤헨지의 건축물은 뚜렷이 구분되는 몇 단계에 걸쳐 그 형태를 갖추었다. 처음에는 참호와 목재로 시작해 오랜 시간에 걸쳐 다양한 형태로 진화했다. 중국의 만리장성도 부분별로 몇 차례 왕조가 바뀌면서, 그리고 지역민의 요구에 맞춰 각기 다른 관리들이 완성했다.[16] 웅장한 건축물은 그 뒤에 원대한 계획이 숨어 있으리라는 착시를 불러일으킬 수 있다. 가령 외계인이 오늘 지구에 착륙해 전 세계의 모든 쇄석을 간 도로나 세계를 연결하는 철도망을 본다면, 먼 미래를 내다본 일관된 계획에 따라 지어졌으리라고 우리처럼 착각할지도 모른다. 실제로는 조직적이지 않은 다양한 공학적 시도가 겹겹이 쌓인 결과물일 뿐이라 해도 말이다.

오늘날 볼 수 있는 건축물들은 수백 년을 견디고 살아남은 것들이기에, 당시의 전형적인 사례라고 단정하려면 조금 더 신중해야 한다. 중세 대성당과 교회 다수가 수준 낮은 기술, 빨리 부식하는 건축자재, 자금 조성에 대한 근시안적 논쟁 등으로 고초를 겪었다. 우리가 이러한 사실을 알 수 있게 된 것은, 건축물 준공검사 책임자에 가까운 '감독관'이라고 하는 숙련된 석공들이 그런 불미스러운 일들을 예방하는 책임을 부여받았으며 그들이 개입해 소송으로 이어지거나 완전한 재건축을 요구한 사례가 많아서다. 13세기 프랑스의 모Meaux 대성당은 부실한 설계와 작업 품질 저하 탓에 완전히 철거되고 다시 준공되었다.[17]

고귀한 의도를 지닌 그리스도교 건축가들도 장기적인 변화에 대비하지 못한 건축물을 짓는 경우가 많았다. 영국의 솔즈베리 대성당의 경우, 본 건물이 완공되고 50년 뒤 신축된 5,900톤의 탑과 첨탑이 성당 본체가 견디기에는 지나치게 무거워 결국 중앙의 거대한 지지 기둥들이 무너지고 말았다.

중세시대 교회와 대성당 붕괴에 대한 공포는 상당히 극명하게 나타났으며, 그 결과 영국의 일부 교회당에서는 미사 중에 이렇게 기도하는 사람들도 있었다. "주님, 오늘 밤 이 건물의 기둥을 지지해주시어, 그 지붕이 우리를 덮쳐 우리의 숨을 끊어버리지 않도록 해주소서. 아멘."[18]

마지막으로, 대성당을 지은 이들이 장기적 관점을 갖고 있었다면 우리 사회와는 다른 사회적 맥락에 뿌리를 두었음을 기억해야 한다. 그들 입장에서는 미래 세대에게 배턴을 넘기는 것을 상상하기가 더 쉬웠을 것이다. 당시에는 변화 속도가 훨씬 느렸고, 따라서 후손들 역시 본인들과 크게 다르지 않은 삶을 살 것이며, 동일한 필요와 욕구를 가질 것이라고 예상했을 가능성이 높다.[19]

"중세시대에 대다수 인간의 삶은 씨 뿌리기와 수확하기, 질병과 건강, 전쟁과 평화 그리고 왕국의 흥망성쇠처럼 끝없는 반복의 형태였다. 먼 미래에 변화가 일어나거나 인간사가 개선되리라고 믿을 만한 이유가 거의 없었다." 역사학자 루치안 횔셔Lucian Hölscher 독일 보홈 룰루 대학교 교수는 이렇게 썼다.[20] 비록 사람들이 미래에 대한 시각을 갖고 있다 하더라도 새로운 것에 대한 기대가 포함되지는 않았으며, 먼 미래에 대한 이미지가 바뀐 것도 아니었다. 대성당은 세상의 종말이 올 때까지 그대로 서 있겠지만, 그 주변 풍경은 본질적으로 동일할 것이다."

그렇기에 대성당 건축이 시간을 바라보는 관점에서 급진적인 변화처럼 보일 수 있지만, 실제로 당시 사람들은 여전히 끝없이 반복되며 순환하는 현재 속에서 살아갔을 가능성이 크다. 자신이 죽고 나서도 세상이 계속되리라 생각할 수는 있었겠지만 그 세상은 그들이 살았던 정적인 '현재'와 닮은 형태였으리라.

먼 미래가 완전히 새로운 영역이라는 개념은 아직 등장하지 않은 시대였다.

통계 수치와 종말론

17세기로 접어들면서, 서구 사회의 시간에 대한 인식은 점진적으로 변화하기 시작했다. 특히 통치와 상업 분야에서 이러한 변화가 두드러졌다. 따라서 지도자들은 더는 과거 사건과 전통을 통치의 지침으로 삼을 수 없게 되었다. 사회적, 정치적, 문화적 변화가 너무 빠르게 일어나고 있었기 때문이다. 역사는 더는 과거와 미래가 동일한 순환 속에 존재하는 것이 아니라, 점차 과거와 미래가 구분되는 개념으로 자리 잡기 시작했다.

이러한 변화 속에서, 순환적cyclical 시간관은 점차 선형적linear 시간관으로 발전하고 있었다.[21]

여러 정부는 미래의 지출과 세금 정책을 결정하는 데 점점 더 정확한 데이터와 수치에 의존하게 되었으며,[22] 정치 자문가들이 처음으로 미래 인구 성장률을 예측하려 시도했다. 1696년 영국의 통계학자 그레고리 킹Gregory King은 세계 인구가 1950년 세계 인구가 6억 3천만 명, 2050년에는 7억 8천만 명에 이를 것이라고 전망했다.[23] (그러나 킹이 실제로 1950년의 세계 인구가 25억 명, 2050년에는 97억 명에 이를 것으로 예상된다는 사실을 알았다면 크게 충격을 받았을 것이다[24]).

한편, 주식 시장의 성장과 기업 주식 거래의 활성화는 오늘날 우리가 '선물Futures'이라는 개념으로 쓰는 용어를 탄생시켰다. 1688년, 최초라고 알려진 주식거래 서적《혼란 속의 혼란Confusion of Confusions》이 출간됐다. 이 책에는 "이 게임에서 부자가 되고 싶은 사람은 돈과 인내심 모두를 갖추고 있어야 한다"라는 문구처럼 미래에 대한 조언이 들어 있다. 의외로 시적인 표현도 등장한다. "주식 시장에서의 이윤은 마치 도깨비의 보물과 같다. 한때는 카벙클(보통 둥글게 다듬은 석류석—옮긴이)처럼 빛나다가 이내 숯이 되고, 한때는 다이아몬드였다가 그다음에는 조약돌이 된다. 때때로 새벽녘 풀잎 위에 오로라가 남기고 간 눈물처럼 아름다운 듯하다가도, 다른 때는 그저 눈물에 지나지 않는다."

이 무렵 유럽의 항구에는 미래 손실을 예방하기 위한 해상보험이 도입됐으며, 확률 수학에 기반한 연구가 이루어진 뒤 암스테르담에 생명보험이 등장했다. 이러한 금융상품의 개발은 미래 계획에 대한 증거일 뿐만 아니라 다양한 미래가 가능하다는 것, 성공하고 싶다면 이처럼 다양한 시나리오에 대비해야 한다는 생각을 반영한다.

그러나 일반 사람들에게는 여전히 종교적 가르침이 인간 역사와 먼 미래에 대한 가장 강력한 장기적 시간 개념 중 하나로 남아 있었다. 종말이 오리라는 전망은 완전히 사라지지 않았고, 영국의 종교개혁 전후 사건들과 같은 정치적 사회적 혼란기에는 종말론에 대한 믿음이 더욱 공고해졌다.[25] 아이작 뉴턴 경은 묵시록과 같은 성서의 예언 해석이 '무관심의 문제가 아니라 가장 위대한 순간의 의무'라고 믿었다. 일부 기록에 따르면, 뉴턴은 개인적으로 계산을 통해 2060년에 종말이 오리라 예측했다.[26]

한편 대다수 사람은 여전히 지구의 나이가 아직 몇천 년밖에 되지 않았다고 믿었다. 1650년 제임스 어셔James Ussher 주교가 지구의 나이를 산출한 책을 출간했다. 그는 구약성서에 기술된 세대 수를 문자 그대로 해석해, 지구가 BC 4004년에 창조되었다고 굳게 믿었다.

그러나 과거와 미래에 대한 이러한 성서적인 시각은 곧 혁명적인 변화를 맞이하게 된다.

부정합에 대한 불순응

18세기 후반에 서구의 시간 인식을 형성하는 데 있어 성서의 지배력과 신뢰도가 무너지기 시작했다. 지구가 신학자들이 생각했던 것보다 훨씬 더 오래됐음을 뒷받침하는 확실한 증거가 자연과학을 통해 발견됐기 때문이다. 스코틀랜드 지질학자 제임스 허튼James Hutton의 신성모독적인 주장이 이러한 시각을 바꾸는 데 중요한 역할을 했다. 허튼은 지구의 연대기 안에서 우리 자신을 바라보는 시각을 완전히 바꿔놓았다.

나는 열여섯 살 무렵 학교에서 지질학을 공부하면서 처음으로 허튼에 대해 배웠다. 스코틀랜드의 애런 섬으로 떠난 현장 학습에서, 방수 재킷을 입고 얼굴이 달아오른 비버스 선생님은 우리를 이끌고 산을 오르고 해안을 따라가며 노출된 암석을 관찰하도록 했다. 어느 날 우리는 '허튼의 부정합Hutton's Unconformity'이라는 암석층을 방문했다. 십 대의 눈에는 얼핏 그리 특별해 보이지 않았지만, 좀 더 가까이에서 자세히 들여다보니 아주 다양한 시대에서 기원한 두 종류의 암석이 선명한 선을 경계로 나뉘어 있었다. 담임은 우리가 보고 있는 것이 아주 먼 시간을 직접 볼 수 있는 가장 좋은 사례 가운데 하나라고 힘주어 강조하셨다. 그리고 1788년, 허튼이 바로 이 현상을 처음으로 발견한 인물이었다.

허튼의 초기 인생은 의학과 화학에 방점이 찍혀 있었다. 당시 그는 염색에 효과를 발휘하는 수익성 높은 소금을 제조하는 기업가에 더 가까웠다. 이후 그는 귀농해 스코틀랜드에 살다가 집 주변의 토양과 암석 연구에 몰두하게 된다. 어느 날 그는 애런섬의 노두를 방문했다가 특이하게 배열된 암석들을 발견했다. 그는 이 특이한 배열을 '부정합'이라고 지칭했다. 이듬해 그는 자신의 발견이 중요하다는 사실을 입증하기 위해 일련의 무리를 이끌고 스코틀랜드 반대편에 있는 시카 포인트로 갔다. 그곳에서 그는 또 다른 부정합의 뚜렷한 예시를 발견했는데, 카드를 세로로 세워둔 것처럼 배열된 회색 변성암층을 완만하게 경사진 붉은색 사암층이 뒤덮고 있었던 것이다.

이 발견이 왜 중요했을까? 허튼은 암석층이 이렇게 배열되려면 수천만 년 동안 지속된 과정을 거쳐야 한다는 점을 입증했다. 아래쪽 지층들은 고대 해양에서 수평적인 퇴적암으로 시작됐지만 이후 지각 깊숙이 묻히고 더 깊은 바닥층 안에서 접히며 압력을 받아 급격한 경사를 지닌 배

허튼의 친구 존 클럭이 그린 허튼의 부정합(제드버러 인치보니에 위치)

열이 되었다. 이후 지구의 판구조 운동이 이 암석층을 다시 지표로 밀어 올렸고, 수많은 영겁의 시간이 흐르며 침식작용이 일어났다. 그러고 나서 어느 날 새로운 암석층이 다시 하나씩 그 위에 퇴적되기 시작했다. 마치 마른 붉은색 외투처럼 기존 암석층을 덮으며 쌓였고, 시간이 흐르며 결국 완만하게 경사진 사암층이 형성됐다.

지구의 나이를 6천 살로 추정한 교회의 설명으로는 이 암석층이 이렇게 배열될 만큼 충분한 시간이 존재하지 않았다. "시간의 심연을 이토록 멀리 들여다보는 순간, 정신이 아찔해지는 듯했다." 그날 시카 포인트에 허튼과 함께 방문했던 동료 존 플레이페어John Playfair는 이렇게 기록했다. "놀라운 지질학적 사건들의 순서를 설명해주는 철학자의 말을 경이로움과 감탄 속에서 경청하는 동안, 때때로 인간의 이성이 상상력보다 훨씬 더 멀리 갈 수 있음을 깨달았다."[27]

최근 한 저명한 과학자의 말처럼 '시간의 경계를 허문' 이 발견은 지질학이 인류 사상에 끼친 가장 혁신적인 기여 중 하나로 남게 되었다.[28] 허튼에 따르면 시간에는 '시작의 흔적도 없고 끝을 예측할 수도' 없다.[29]

미래의 발견

서구 사회는 바로 이 시기쯤 중대한 변화를 겪고 있었다. 일부 역사학자들은 이를 '미래의 발견'이라고 한다.[30] 허튼이 지구의 과거를 탐구하던 시기, 유럽의 여러 지식인과 작가들은 미래를 내다보는 사고방식을 받아들이며, 시간이 단순히 현재를 넘어 훨씬 먼 앞날까지 이어진다는 개념을 탐구하기 시작했다.

1755년, 철학자 이마누엘 칸트는 "앞으로 인류와 자연에는 수백만 년, 아니 수십억 년의 세월이 펼쳐질 것이며, 그동안 새로운 세계와 세계 질서가 끊임없이 발전하고 완성될 것이다."[31] 칸트는 이렇게 끝없이 열려 있는 광활한 미래에서 계몽된 인류 문명이 새로운 절정을 맞이하리라 예상했다. 그는 이를 '인류가 스스로 초래한 미성숙(무지) 상태에서 벗어나는 과정den Ausgang des Menschen aus seiner selbst verschuldeten Unmündigkeit'이라고 표현했다.[32]

한편 소설 속 시간에서도 장기적 관점이 등장했다. 1733년, 아일랜드 성공회 성직자 새뮤얼 매든Samuel Madden이 영어로 쓰인 최초의 미래소설 중 하나인 《20세기의 회고록Memoirs of the Twentieth Century》을 출간했다. 1990년대 후반 외교관들이 쓴 가상의 편지들이 등장하는 서간체 소설이다. 예를 들면 프랑스 주재 영국 대사가 루이 19세와 바티칸 사이의 분쟁을 보고하는 내용 등이 포함되어 있다. 매든과 동시대인인 이야기의 화자는 이 편지들을 수호천사에게 받았다고 설명한다. (당시는 상상력이 아직 타임머신에까지 닿지는 못했다.)

이 시기 전에는 미래에 대해 글을 쓰는 작업이 점성술사나 예언가의 영역으로 간주되었다. "사건이 일어나기 전 그것들을 기록"하는 작가가 된다는 것은 바보나 괴짜여야 가능한 일처럼 여겨졌다.[33] 아마도 이러한 금기 때문에 매든이 마음을 바꿔 익명으로 책을 출간한 뒤, 이후 배포된 책을 회수하려고 했는지도 모른다.

《20세기의 회고록》은 미래 예측보다는 풍자에 가까운 작품이었지만, 당시로서는 혁신적인 글쓰기 방식이었다. 이 소설은 7년 먼저 출간된 《걸리버 여행기》와 비교되기도 한다. 《걸리버 여행기》가 먼 섬나라들을 차용해 18세기 영국 사회를 풍자한 반면, 매든은 '먼 미래'의 시간을 활용했다. 그렇다고 해서 매든이 뛰어난 작가였던 것은 아니다. 일부 평론가들은 그를 지루하고, 일관성이 부족하며, 풍자의 수준이 세련되지 못한 작가라고 평가했다.[34]

수십 년 뒤 1770년 루이 메르시에Louis-Sébastien Mercier가 《서기 2440년 L'An 2440》을 출간했다. 이 작품은 수백 년 동안 잠들어 있던 한 남자가 깨어나 25세기의 이상적인 파리를 경험하는 유토피아 소설이다. 메르시에는 이 설정을 활용해 당시 사회의 결함을 강조했다. 주인공이 발견한 미래의 프랑스는 세속적이고 평화주의적인 나라로, 전쟁도 노예제도도 악덕도 존재하지 않는 이상적인 사회였다. 매든의 책보다 훨씬 큰 인기를 끌었던 이 작품은 최소 20판 이상 출간되었으며, 다양한 언어로 6만 부 이상 판매되었다. 그러나 메르시에가 종교가 사라진 미래의 프랑스를 그렸다는 이유로 기독교 교회는 이 책을 금서 목록에 올렸다. 스페인에서는 이 소설을 이단이라고 간주했으며 스페인 국왕은 이 책을 직접 불에 태웠다고 전해진다.[35]

이러한 먼 미래에 대한 18세기의 이상주의적 관점이 영원히 지속되지는 못했다. 프랑스혁명과 유럽 전역의 정치 변화가 이어지면서 유토피아적인 미래를 꿈꾸던 다수의 지식인과 문인은 점점 비관적이고 신중한 태도로 바뀌어갔다.

예를 들어, 칸트의 먼 미래에 대한 관점도 시간이 흐르고 세기가 저물어가면서 변화했다. 그는 점점 인류가 멸종할 가능성에 대해 깊이 고민하기 시작했다.[36] 이 시기에 미래가 '발견'되었으나, 동시에 인류가 영원히 그 미래의 일부일 것이라는 보장은 없다는 깨달음도 함께 찾아왔다.

한편 일상을 사는 보통 사람들이 먼 미래에 대해 생각한다는 것은 여전히 보편적인 추세가 아니었다.

사회마다 고유한 시간관이 존재한다고 주장한 철학자 어니스트 겔너는 시간관의 차이를 스위스 농부 타우그발더 부자의 일화를 통해 설명했다. 아버지와 아들 모두 페터라는 이름으로 불렸다.

18세기 중반, 문맹의 농민인 타우그발더 부자는 마터호른 최초 등반 시도에서 살아남았다. 등반은 실패로 끝났고 영국인 네 명이 목숨을 잃었다. 이후 두 사람은 가이드로서 자신들의 역할과 당시 일어난 사건에 대해 이야기하곤 했다. 등반에 참여한 이들 중 한 명이 미끄러지면서 세 명을 더 끌고 절벽 아래로 떨어졌다. 아버지 페터가 로프로 그들을 붙잡고 있으려고 안간힘을 썼지만, 로프가 끊어지면서 결국 등반가들은 추락해 목숨을 잃었다.

아들 페터는 나이가 들자 가끔 정체성에 혼란을 느꼈다. 마치 아버지가 아닌 자신이 로프를 붙잡고 있던 인물이라고 믿기 시작한 것이다. 누군가는 그가 노망이 들었기 때문이라고 했지만 겔너는 이에 동의하지 않았다. "타우그발더 가족의 계보를 보면 언제나 아버지는 수염이 나 있었고 아들은 수염이 없었다. 등반 당시도 수염이 난 나이 든 남자가 있었고 수염이 나지 않은 젊은이가 있었다. 수염 없는 젊은이와 자신을 동일시하는 것이 더 앞뒤가 맞지 않는다고 생각했을 수 있다"라고 그는 덧붙였다.

타우그발더 가문의 사회에서 자녀들은 자라서 부모와 정확히 똑같은 인생을 살았다. 그러한 공동체 안에서는 발전이나 진보라는 개념이 없었다. 대성당을 건설하던 시대처럼 미래는 현재 또는 과거와 다를 바가 없었다.

진화와 산업

그러나 19세기에 접어들면서 엘리트층과 고학력자들 사이에서는 자연의 시간이 좀 더 길고 멀다는 인식이 확산하고 있었다. 1832년 토머스 칼라일Thomas Carlyle은 알려진 바로는 가장 처음으로 '먼 미래의 시간'에 대해 언급한 인물 가운데 한 명이었다. 물론 지질학적인 맥락이 아니라 문학적인 맥락이었지만, 그는 영국 작가 새뮤얼 존슨의 작품이 과연 몇 세대나 지속되며 영원의 세월을 견뎌낼지 사색했다.[37]

이 시기에 과학과 지적 탐구가 과거와 미래의 시간 범위를 확장하면서, 우리 자신과 지구에 대한 이해의 지평을 크게 확장하는 계기가 마련되었다. 특히 다윈이 진화론을 제시하는 데 중요한 기반이 되었다. 그는 자연 세계의 시간을 바라보는 새로운 관점을 제시했으며, 인간이 그 중심에 있지 않음을 보여주었다. 1859년에 출간된 《종의 기원On the Origin of Species》에서 다윈은 "우리가 현재 알고 있는 세계의 역사는 인간이 이해할 수 없을 만큼 길지만, 궁극적으로 그것조차도 단편적인 시간의 조각에 불과하다는 사실이 밝혀질 것이다. 지금까지 수많은 멸종된 생물과 살아 있는 생물들의 조상이 처음 등장한 이후, 그보다 훨씬 더 긴 시간이 흘렀다. 나는 먼 미래에 더욱 중요한 연구들이 이루어질 수 있는 열린 영역을 본다"라고 말했다.

한편 천문학자 윌리엄 허셜William Herschel은 밤하늘이 곧 먼 시간을 담고 있다는 사실을 깨달았다. 그는 노년에 한 지인에게 이렇게 말했다. "이제까지 나는 나보다 앞선 어느 누구보다도 훨씬 더 먼 우주를 내다봤네. 내가 관측한 별들 중 일부는 그 빛이 지구에 도달하는 데 2백만 년은 걸렸을 걸세. 물론 난 이 말을 입증할 수 있네."[38] 이 지인은 바로 시인 토머스 캠벨Thomas Campbell이었다. 이 시인은 대화하는 동안, 시간에 대해 할 말이 있었던 듯 보인다. 그는 후일 "그 순간, 마치 초자연적 지성을 지닌 존재와 대화를 나누는 듯한 느낌이 들었다. 허셜과의 대화를 마치고 떠난 뒤, 나는 경이로움에 압도되었다. 그 순간들은 내 인생에서 가장 흥미로운 경험 중 하나였다"라고 썼다.

19세기에 접어들며 시계의 보급이 더욱 확산되었다. 당시 프랑스, 아시아, 이슬람 국가들을 포함해 세계 상당 부분 지역 사람들은 1800년이 시작되었다는 사실을 모르고 있었다. 각기 다른 달력을 사용하고 있었기 때문이다. 그러나 유럽 전역에서는 점차 공유된 시간 체계가 자리 잡기 시작했다.

시간과 분에 대한 주된 결정권자가 교회였던 시기는 이미 오래전에 지나가버렸고, 서구세계는 '산업의 시대Industrial Time'로 돌입하고 있었다. 만약 '고대 로마의 기생충'들처럼 완전히 자기만의 시간 감각에 따라 살아가기를 원하는 사람이 있다면, 이제는 그러한 삶을 유지하기 어려웠다. 기술과 산업이 급속도로 발전하며 자녀 세대는 부모 세대와 전혀 다른 삶을 살게 되었다. 타우그발더 부자의 시대는 점차 사라지고 있었다..

역사학자들은 산업 혁명을 주도한 기계가 증기기관이 아니라 시계라고 주장한다. 시계가 등장하면서 노동자들을 동시에 움직일 수 있게 되었기 때문이다.[39] 산업의 도래는 노동 강화와 상품화로 이어졌고 미래를 바라보는 서구인들의 태도에도 엄청난 영향을 미쳤다.

사회학자 바버라 애덤Barbara Adam은 "산업화의 시간이 근대화의 틀을 형성한 다양한 시간관timescapes 중 하나다"라고 주장한 바 있다.[40] 지리적 공간을 설명하는 도시 풍경이나 자연 풍경처럼 시간의 시야도 자연의 시간, 심리의 시간, 종교의 시간 등 다양한 형태로 존재한다고 주장했다. 애덤에 따르면 산업적 시간관의 장점은 미래에 대한 수요를 시간관에 결부했다는 데 있다. 산업화는 시간을 상품화하여 조작, 관리, 통제할 수 있는 측정 가능한 자원으로 바꾸었다"라고 애덤은 말한다. 그리고 산업화는 인간의 노동 효율성과 경제 가치를 배가하기 위한 목적으로 노동자를 동시에 움직이게 했을 뿐만 아니라, 미래를 이용 가능한 자원으로 생각할 가능성도 열어놓았다.

한 가지 예를 살펴보자. 산업혁명 이전의 농업은 주로 기후와 계절이라는 자연의 시간관에 영향을 받았다. 그러나 1800년대 중반 영국 과학자와 기업가들은 황산으로 처리된 분쇄 뼛가루가 곡물의 수확량을 크게 향상시킨다는 사실을 발견했다.[41] 이러한 과인산 비료들은 농업에 새로운 시간 구조를 도입하게 되었다. 이는 농부들이 예측할 수 없는 자연의 순환에 더는 의존할 필요가 없음을 의미했다. 그러나 이 변화는 결국 '미래의 희생'을 대가로 이루어졌다. 토양 황폐화와 인산염 오염이라는 환경적 비용이 발생한 것이다. 미래를 희생시키고 얻은 하나의 상변화phase-change였다.

요컨대 인류 역사에서 이 시기부터 미래는 현재의 경제적 필요를 도모하기 위해 산업적인 규모로 이용할 수 있는 공간이 되었다. 이러한 방식은 지금까지도 계속되고 있다.

유토피아의 회귀

1800년대 후반과 1900년대 초반, 산업화가 서구 문화와 시간 인식에 미치는 영향은 실로 대단해졌다. 가속화된 상업화로 여러 사회가 현재 수익에 초점을 맞추게 되었지만, 과학과 기술의 다양한 발전이 장기적 관점(미래)에 대한 인식을 재점화하는 계기가 되었다. 이 시기는 비행, 방사능, 전기화 그리고 자동차의 시대였다. 이러한 혁신이 몰고 온 변화들이 낙관적 태도로 장기적 관점으로 이끌었으며, 특히 낙관적인 미래를 전망하는 분위기 조성에 일조했다.

예술과 건축에서도 이러한 변화가 반영되었으며, 예술가와 건축가들이 미래주의와 모더니즘과 같은 예술사조를 통해 시간에 대해 확장된 시각을 반영하기 시작했다. 역사학자 휠셔는 "'새로워지는 것'은 그 자체로 '하나의 가치'가 되었다"라고 말했다.[42] 그는 "이제 새로워진다는 것은 위험한 변화보다는, 일상의 생존경쟁에서 유리한 고지를 점할 수 있도록 발전한다는 의미가 되었다. 인간이 미래에 도태되지 않고 살아남으려면 변화해야 하며 이는 자연계의 질서가 요구하는 것임을 모두가 인정했다. 세기가 바뀌고 새로운 남성, 새로운 여성 그리고 새로운 사회라는 개념이 이상적인 삶의 형태를 의미하는 표현으로 자리 잡았다"라고 말했다.

1888년 에드워드 벨라미Edward Bellamy는 루이 메르시에의 《서기 2440년》에서 제시된 유토피아적 이상을 상기시키는 소설 《되돌아보며Looking Backward(2000-1887)》를 출간했다. 이 소설 속에서는 한 남자가 잠에서 깨 자신이 2000년 보스턴에 있음을 발견한다. 2000년의 보스턴은 교육과 의료, 부와 사회계층에서 불평등이 사라진 사회다.

그리고 몇 년 뒤 1895년 허버트 웰스Herbert George Wells가 이전에는 거의 꿈꿔본 적이 없는 먼 미래로 독자들을 안내했다. 그의 소설 《타임머신The Time Machine》에서는 주인공이 수백만 년 뒤의 미래, 서기 80만 2701년으로 여행을 떠나 우아한 엘로이 족과 원주민 몰록족을 만난다. 웰스의 시각이 절대 낙관적이지는 않지만, 이 소설은 놀라울 정도로 상당히 먼 미래라는 시간 범위를 활용한다. 소설의 끝으로 가면서 시간 여행자는 다시 3천만 년 더 미래로 가서 지구의 마지막 생존체들, 위협적인 거대한 게를 목격한다. 그리고 또다시 태양의 죽음과 얼어붙을 듯 춥고 생명이 사라진 지구를 바라보게 된다.

1902년 웰스는 런던의 왕립학회에서 장기적 관점에 대해 강연한다. 그는 그러한 미래관이 소수이지만 점차 확산하는 중이라고 설명했다.[43] 웰스는 사람들의 사고방식을 두 가지 유형으로 나누었다. 그중 첫 번째 유형이 과거지향적 사고로, 당시 대다수가 이 범주에 속한다고 경멸적인 어조로 말했다. "현시대의 대다수, 절대다수는 미래를 거의 고려하지 않으며, 단순히 현재가 흘러가면서 사건들이 새롭게 기록되는 빈 공간처럼 인식한다."

"반면, 두 번째 유형은 미래지향적 사고로, 좀 더 근대적이며 극소수가 이 범주에 속한다. 이 유형은 끊임없이 미래를 생각하며, 현재의 일들이 장차 어떤 결과를 가져올지에 집중한다. 첫 번째 유형이 소극적이고 법과 전통을 따르는 사람들이라면, 후자는 창조적이며 조직적이고 지배적인 사람들이라고 보았다. 이 부류의 사람들은 기존 질서를 끊임없이 공격하고 수정하려고 하기 때문이다. 웰스가 어떤 부류의 사람으로 자신을 묘사했는지 추론하기란 어렵지 않다. 그는 미래를 계획하고 변화시키는 능력이야말로 인간이 가진 가장 중요한 힘이라고 강조했다.

이 시기 과학은 과거와 미래의 규모가 생각해왔던 것보다 훨씬 더 광대하다는 사실을 밝혀냈다. 1800년대 후반 지질학자들은 지구의 나이가 2천만 년에서 1억 년 사이라고 믿었다. 그들은 지각의 냉각 속도와 같은 계산과 허튼의 경사 부정합에서처럼 암석층 사이의 층서 비교를 근거로 이 같은 지구의 연대를 산출했다. 지구의 정확한 나이에 대해 이견이 있었지만 다음 수순은 이 수치를 개선하는 것이었다. 그러나 1900년대 초반 방사성 연대 측정법이 등장하면서 지구의 나이가 더 오래되었다는 사실이 밝혀졌고 기존 추정치와 압도적인 차이를 보였다. 과거 지질학자들이 지구의 나이를 무려 수십억 년이나 잘못 계산했던 것이다.

한편 방사능의 발견은 인간의 시간 개념을 상당히 먼 미래까지 확장시켰다. 역사학자 토머스 모이니한에 따르면, 빅토리아 시대 과학자였던 윌리엄 톰슨William Thomson(후일 켈빈 남작)은 태양 에너지가 약 30만 년 후 소멸할 것이라 예측하며 인류의 수명도 이에 맞춰 제한될 것이라 주장했다. 그러나 방사능의 발견으로 원자 내부에 엄청난 에너지가 비축돼 있다

는 사실을 알게 되면서 방대한 내일의 존재 가능성이 열렸다.[44]

원자력의 추진을 받으면 태양이 앞으로 수십억 년은 더 에너지를 발산할 수 있다는 사실을 과학자들이 깨달으면서 "확정된 과거를 근거로 예상할 수 있는 미래와 과거의 비율이 완벽하게 역전됐다. 지구 역사의 끝부분에서 살고 있다고 생각했던 사람들은 드디어 역사의 시작 부분에 살고 있는 것일지도 모른다는 점을 인정하게 됐다. 그러자 인류의 우주에 대한 시각도 바뀌었다. 우주는 낡고 쇠퇴하는 것이 아니라, 오히려 젊고 활력이 넘쳐 보이기 시작했다"라고 역사학자 모이니한은 말한다. 1920년대, 물리학자 제임스 진스James Jeans는 "사실 인간은 역사의 새벽에 창조된 존재일지도 모른다. 앞으로 인류가 성취할 기회가 상상조차 할 수 없을 정도로 무궁무진하다"라고 말했다.

웰스는 당시 과학 발전 양상에 이와 비슷하게 고무되어 1922년 이렇게 말했다. "인류가 지금까지 성취한 것들, 다시 말해 현재 상태에서의 작은 업적들, 그리고 우리가 기록한 모든 역사는 앞으로 인류가 이루어낼 것들의 서막에 불과하다."[45]

1700년대, 허튼의 부정합을 방문했던 사람들과 계몽주의 사상가들은 '시간의 심연Abyss of Time'을 상상했지만, 실제로 얼마나 깊을지는 전혀 알지 못했다. 처음으로 인류는 자신들이 지구와 우주의 거대한 역사 속에서 얼마나 미미한 존재인지 깨닫게 되었으며, 실로 아찔한 경험이었다. 그리고 그 심연이 얼마나 깊고 현기증이 날 정도인지를 어렴풋이 경험했다. 그러나 과학의 영역을 벗어나면 이러한 장기적 관점이 보편적으로 받아들여지지는 않았다. 그리고 이 사고방식은 점차 더 어두운 방향으로 흘러가게 된다.

20세기 이후 수십 년 동안, 오늘날 서구 사회가 장기적 관점을 가질 수 없도록 만든 문화 규범과 습관 중 다수가 형성되기 시작했다. 특히 자본주의, 정치, 미디어, 기술 분야에서 이러한 경향이 두드러졌다. 이후 장에서 그러한 구체적인 변화들을 더 자세하게 논의할 예정이다. 그러나 현재의 관점에서 볼 때, 서구 사회의 20세기는 어지러울 정도로 후퇴와 도약을 수없이 반복한 시기로 기억될 것이다. 20세기에는 급성장과 가속화, 이념적 격변 그리고 비관론과 낙관론의 주기가 급격하게 바뀐 시기였다. 그리고 이러한 흐름들이 바로 오늘날 세계에서 벌어지는 일들의 토대를 형성했다.

결국 20세기 초반은 전 세계가 전쟁에 휩싸였고 이 시기의 첨예한 갈등으로 인해 문화적 시간 인식이 단축되는 시기였다. 1700년대 프랑스혁명이 미래에 대한 낙관주의적 사고를 크게 후퇴시킨 것처럼, 두 차례 세계대전에 따른 인적 피해 또한 이제 겨우 시간을 장기적 관점에서 바라보려던 움직임에 부정적 영향을 미칠 수밖에 없었다. 위기의 순간에는 언제나 '현재'가 최우선이 되기 때문이다.

그리고 1920년대에 경제 호황과 새로운 가능성이 열리면서 일부 분야에서는 시간을 장기적 관점으로 바라보는 것이 가능하다는 점을 인지하게 된 반면, 자본주의 규범이 정립되어 근시안적인 관점을 부추겼다(이 과정에 대해서는 2장에서 더 구체적으로 살펴볼 것이다). 1930년대가 다가오면서 대공황이 전 세계를 다시 한 번 더 비관주의의 굴레에 가두었고, 이후 2차 세계대전이 뒤따랐다.

1940년대에 접어들면서, 먼 미래에 대한 장기적 인식이 남아 있었다

해도, 그 분위기는 훨씬 어두워졌다. 나치의 전체주의가 가장 극단적인 예다. 이 시기의 미래에 대한 장기적 관점은 파괴와 공포로 정의할 수 있으며, 천년 제국 나치 독일을 건설하기 위해 과거를 포함한 모든 것을 폐기하려는 의지로 표방되었다.

1941년 조지 오웰은 웰스가 상상하고 지지했던 파시즘에 이용당하는 현실을 개탄했다. "웰스가 상상했던 것 그리고 꿈꾸던 것 상당 부분이 이제 나치 독일에서 실현되었다. 질서, 계획, 국가 주도의 과학 장려, 철강, 콘크리트, 비행기 등이 모두 독일에 있다. 어둠의 시대에서 나온 존재들이 현재로 행진해 들어왔다. 그들이 유령이라면, 그 유령들을 사라지게 하려면 강력한 마법이 필요할 것이다."[46]

나치는 기술, 속도, 근대화를 추앙했으며 그 결과 정치 선전과 공학기술이 서로 얽히게 되었다. 1930년대 후반, 나치당은 독일의 기술 업적을 과시하기 위해 '기술의 여행Voyages of Technology'이라는 기차를 이용한 순회 전시를 시작했다. 건축공학자이자 나치당의 고급 관료였던 프리츠 토트Fritz Todt가 이끄는 이 순회 전시는 섬유 유리, 합성고무와 같은 미래지향적 신소재를 자랑하고 독일의 고속도로 아우토반Autobahn과 최첨단 독일의 기술을 다양하게 보여주었다.[47] 나치는 이 전시를 통해 세탁기, 라디오, 냉장고 등의 상품을 경품으로 제공했고, '일을 더 쉽게 만들고, 효율성을 높이며, 소망과 꿈의 실현을 더욱 가깝게 할 수 있다'라는 내용의 전단지를 배포했다.

이 선전 여행의 목적은 나치의 공학기술이 실업을 줄이고 산업을 발전시킬 수 있는 중요한 열쇠라는 믿음을 시민들에게 심는 것이었다. 그러나 동시에 경제난의 책임을 유대인 공장주들에게 돌리는 선전을 펼쳤다. 한 마을에서 기차 순회 전시에 나섰던 공학자들은 300년 된 유대인 기념비와 마주쳤다. 그들은 술에 취해 히브리어로 된 비문을 검은색 방수 바니시로 덧칠하고 이후 현지 주민들을 폭행했다.[48]

나치 독일의 위세가 커지면서 미래의 이상적인 인간을 만들겠다는 꿈은 잔인한 현실을 불러왔다. 이때 과학자들은 열등 판정을 받은 사람들, 예를 들어 유대인, 집시 그리고 정신질환자들을 실험 대상으로 삼았다. 우생학이라는 개념이 표면으로 떠올랐고 나치 독일은 장기간에 걸친 인류 유전자 구성 개량 계획을 세웠다.

역사학자 찰스 메이어가 썼듯이 "19세기가 역사학자들이 진보의 이야기를 새겨 넣은 시대였다면, 20세기는 도덕적 참극 또는 도덕적 투쟁의 서사를 강조한다."[49]

2차 세계대전 후, 한때 사라졌던 '기술의 유토피아적 약속Utopian Promises of Technology'이 서구에서 잠시 되살아났다. 원자력, 화학, 자동화는 다시금 보다 장기적이고 낙천적인 미래에 대한 기대감을 높였다. 특히 미국에서 이러한 미래 낙관론이 두드러졌으며, 1950년대 후반과 1960년대는 흔히 미국 미래주의의 황금기Golden Age of American Futurism로 묘사된다.[50] 시트콤 〈젯슨 가족The Jetsons〉이 방영됐고 미항공우주국 나사가 설립됐으며, 곧 모든 미국인이 경험하게 될 여유롭고 자유로운 삶, 로봇, 비행기 자동차, 1인용 비행기 제트팩이 이끄는 삶에 대한 기사들을 다룬 잡지들이 출간됐다.

그러나 시간이 흐르면서 이러한 낙관적 태도는 점차 사라져갔다. 약속된 유토피아적 미래는 끝내 실현되지 않았기 때문이다. 당시 그레이엄 스위프트Graham Swift는 소설 《워터랜드Waterland》에서 "오래전, 희망적인

1960년대에는 우리 앞에 수많은 미래가 제시되었다"라고 한탄했다.[51] 이후 서구 경제가 침체되고 냉전 갈등이 드러나고 환경 파괴에 대한 인식이 커지면서, 제시되었던 그 미래의 가능성도 줄어들었다.

그렇기에 20세기 서구 세계에 미래를 바라보는 장기적 관점이 있었다면 먼 과거의 과학적 발견 위에 구축된 것으로, 특히 기술 발전이나 혁신이 이끄는 미래를 지향했을 것이다. 그러한 미래는 때때로 유토피아적 화려함까지 장착하고 있었다. 그러나 이러한 낙관적 희망은 지난 수십 년에 걸쳐 자취를 감췄다.

독일의 문화사학자 알라이다 아스만Aleida Assman은 이렇게 기록한다. "경험은 인류에게 미래에 대한 구체적인 비전들이 무너졌을 뿐만 아니라 미래라는 개념조차 알아보기 어려울 정도로 변했음을 가르쳐준다. 정치, 사회 그리고 환경과 같은 여러 분야에서 미래는 그 매력을 잃었다. 미래는 소망, 목표, 전망의 소실점으로 마음대로 활용될 수 없는 개념이 되었다."[52] 아스만은 서구가 더는 미래를 바라볼 수 없는 이유를 과거의 전쟁, 식민주의 등의 기억과 그로 인한 결과들을 여전히 마주하고 있기 때문이라고 설명한다. 햄릿의 대사를 빌어 아스만은 이렇게 반문한다. "시대가 어긋나버린 것인가?Is time out joint?"[53]

근시안의 시대

20세기의 마지막 수십 년이 다가오면서, 오늘날까지 이어진 대대적인 변화의 씨앗이 뿌려졌다. 서구 세계에서 단기주의가 일상의 여러 측면에 스며들기 시작했다. 미래가 완전히 사라진 것은 아니었지만, 현재의 필요와 요구가 점점 더 강해지고 지배적인 위치를 차지하면서 정치, 경제, 미디어, 대중문화 등 다양한 분야에서 우위를 점하게 되었다.

이러한 변화는 점진적이고 단편적이며, 하나의 요인을 그 원인으로 지목하기도 어렵다. 그러나 이런 단기주의가 깊이 뿌리 내리게 된 한 가지 사건을 선택해야 하는 상황에 놓인다면, 아마도 미니애폴리스의 주간고속도로 제35호선 다리를 들 수 있을 것이다. 재난에 가까운 이 사고는 어느 여름날 저녁 러시아워에 일어났다. 이 사고가 벌어지는 데 걸린 시간은 불과 몇 초지만 그 시작은 이미 수십 년 전부터였다.

8월 1일 오후 6시가 지난 직후, 직장인들은 불쾌할 만큼 습한 날을 뒤로하고 차를 몰아 귀가하고 있었다. 수은주는 30도까지 치솟았고 주간고속도로 제35호선은 자동차, 버스, 트럭으로 가득 차 있었다.

그 대열에 은색 새턴 차량을 타고 친구와 함께 축구 경기를 보러 가던 킴벌리 브라운Kimberly Brown도 끼어 있었다. 북쪽으로 향하던 그들이 미시시피 강 위의 교량을 지나 혼잡한 도로를 뚫고 이동했다. 멕시코만으로 이어지는 3730km의 미시시피강 초입 부분이 미니애나폴리스 주를 가로지른다.

갑자기 금속이 찢어지는 듯한 굉음이 들렸다. 킴벌리는 2018년 그날의 사고에 대해 쓴 책에서 이렇게 묘사했다. "마치 도로가 흔들리는 것 같았어요."[54] 고속도로 표면이 잔물결처럼 일렁였다. "다시 충격이 더 세지더니 잔물결이 파도가 되고 평평했던 교량 바닥판이 부러졌어요." 도로, 철골보, 모든 차량이 30미터 아래 물속으로 빨려 들어갔다. "단순히 덜커덕하는 소리가 아니라 폭탄이 터지듯 '쾅' 소리를 내면서 제 주변 세상이 무너졌어요. 콘크리트가 산산조각 나고 강철이 날카롭게 긁히는 소리와 몹시 큰 소음이 들렸습니다"라고 킴벌리는 회상한다.

580미터 길이의 총 8차선 도로로 이루어진 주간 고속도로 제35호선 교량이 붕괴됐고, 미니애나폴리스 주의 하늘은 연기와 먼지 기둥으로 가득 찼다. 이후 완전한 침묵의 순간이 흘렀고, 이어 응급차의 사이렌 소리가 날카롭게 울려대고 방송사 헬리콥터들이 하늘을 선회하면서 다른 종류의 불협화음이 이어졌다고 누군가가 증언했다.

다른 차량들과 달리 브라운과 친구가 탄 차량은 물속으로 빠지지는 않았다. 그들이 탄 차량은 45도 각도로 절단 난 두 교각판 사이에 어정쩡하게 매달려 있었다. 강철 보강물이 불쑥 튀어나와 있었고, 그들이 탄 차량과 흐르는 강물과의 거리는 불과 몇 미터 떨어져 있을 뿐이었다. 겁에 질린 그들은 운전자석의 창문을 통해 차 밖으로 빠져나왔다. 주변의 다른 사람들도 물이 차오르거나 찌그러진 차량 밖으로 탈출하기 위해 안간힘을 썼다. 트럭 한 대에 불이 나기 시작했다. 결국 배 한 대가 그들을 구조해 안전한 곳으로 피신시켰다.

2007년 그날 미국 역사상 최악의 교량 사고 중 하나로 꼽히는 이 사고로 13명이 목숨을 잃었고 145명이 부상을 입었다. 후일 민주당 대선후보로 나선 에이미 클로버샤Amy Klobuchar 당시 상원의원은 이렇게 일갈했다. "미국이라는 나라에서 교량이 이렇게 허망하게 무너져서는 안 된다." 클로버샤의 일성은 그러한 사고가 일어난 것에 대한 당혹감의 표현이었다.

그러나 이후 공학자들과 연구자들이 조사에 들어가면서 그날의 사고가 충분히 예견 가능한 참사였음을 밝혀냈다. 1960년대 지어진 이 다리의 설계자들은 교량의 철골보들을 연결하는 데 거싯 플레이트gusset plate라는 얇은 보강판들을 사용했다. 두 철골보가 만나는 연결 부위와 이 얇은 보강판들을 볼트로 조여 연결했다. 그래서 이 판들은 오리 발가락 사이에 있는 물갈퀴와 흡사해 보였다. 이러한 디자인은 결점이 많아 오래갈 수 없는 근시안적 선택이었다. 그러나 건설사의 입장에서는 건설 비용을 낮출 수 있었고, 공무원들은 이 문제를 면밀하게 검토할 의지가 없었다. 특히 충격적인 사실은, 1991년부터 검사관들이 이 다리를 구조적으로 취약하다고 평가해왔다는 점이다. 만약 이 조사관들이 변형률계를 부착해놨다면, 시간이 지나면서 이 보강판에 가해지는 스트레스가 증가하고 있음을 확인할 수 있었을 것이다. 교량에 새로운 도로 차선이 추가되면서 다리의 하중이 더욱 증가했다. 교량이 붕괴되던 날, 무거운 건축용 차량과 건축자재 때문에 교량이 더는 버틸 수 없었다. 거셋 플레이트가 부러졌고 어떠한 중복 안전장치도 없었다. 플레이트가 끊어지면서 결국 교량 전체가 붕괴됐다.

주간고속도로 제35호선에 인접한 텐스 에비뉴 다리는 다소 효율성은 떨어지더라도 복원력이 보강된 설계가 어떤 것인지를 보여준다. 1929년에 완공된 이 다리는 다리 구조물을 독립적인 여러 섹션으로 나누는 콘크리트 주탑에 의해 구분된 독립적인 아치로 이루어져 있다. 아치를 이루는 여러 기둥은 지탱하는 하중에 비해 다소 커 보일 수 있지만 기둥이나 아치 중 하나가 손상되더라도, 피해는 최소한으로 제한될 수 있도록 설계되었다. 1960년대에 그러한 중복설계는 불필요한 오버엔지니어링(over-engineering: 꼭 필요하지는 않으나 안정성, 확장성을 위해 더 많은 엔지니어링을 하는 경우—옮긴이)에, 효율성과 경제성이 낮은 해결책으로 비쳤을지도 모른다.

주간고속도로 제35호선 다리의 설계는 결코 특이한 사례가 아니었다. 주간고속도로 제35호선 도로 붕괴 당시, 미국의 약 465개의 다리에 모두 비슷한 설계가 적용돼 있었다. 그리고 6만 개가 넘는 미국 교량들은 여전히 구조적으로 결함이 있다는 평가를 받는다.

공학적 관점에서 볼 때, 붕괴의 직접적인 원인은 금속 부품의 파손이었다. 그러나 근본 원인은 훨씬 더 복합적이었으며, 현재의 결정이 미래 세대에 미칠 영향을 간과하는 단기적 사고에서 비롯된 것이었다.

미네소타 대학(사고 현장에서 가까운 곳에 위치) 건축학과 교수 토머스 피셔Thomas Fisher는 주간고속도로 제35호선 붕괴사고를 '균열 파괴적' 사회에 비유한다.[55] 균열 파괴적 사회에서는 기업, 규제기관, 정치인 모두 현재의 요구만을 충족할 수 있는 근시안적 결정을 내린다.

결함투성이의 교량들은 그저 빙산의 일각에 불과하다. 미국은 범국가적으로 전력망, 하수관, 상수도, 광섬유 네트워크, 교통 인프라, 홍수 예방 장치 등 노후화에서 발생하는 다양한 문제를 겪고 있다. 사고가 한번 일어날 때마다 투자 부족 문제가 드러날 때가 많다. 예를 들어 주 전체의 정전으로 수백만 명이 난방을 공급받지 못할 수 있고, 허리케인으로 하천 제방이 범람하거나 철도 차량이 선로를 탈선할 우려도 있다. 방송 매체와 정치인이 사고 장소에 집결해 피해를 복구하고 희생자들의 억울함을 달래주겠노라 약속한다. 그러나 시간이 지나면 관심은 옅어지고 사고의 기저에 깔린 근본적인 장기적 원인은 결국 외면당한다.

경제학자 존 케네스 갤브레이스John Kenneth Galbraith에 따르면 제2차 세계대전 이후 미국은 '개인은 풍요롭지만 공공분야는 빈곤한' 상황을 당연시 받아들이는 국가로 변모했다고 지적했다. "그러한 일반 통념이 설계자와 그들의 클라이언트인 주정부들이 비교적 부족한 예산 안에서도 최대한 효율적으로 주어진 임무를 완수해야 한다는 압박을 받게 됐다"라고 피셔는 말한다. 미국이 세계에서 최고의 인프라를 갖출 수 있는 국가가 된 순간 우리는 더 많은 부를 개인의 손에 쥐여주는 것을 선택한 반면, 역설적으로 공공 부문의 자금을 압박하기 시작했던 것이다. 피셔는 또한 제2차 세계대전에 승리하면서 한껏 고양된 기술적 오만technological hubris을 부추기며 이러한 문제가 더욱 악화했다고 지적한다.

"주간고속도로 제35호선은 단순히 미시시피강 위에 세워진 물리적 구조물이 아니라 전후 미국의 정치적, 경제적, 사회적 상징이다. 애초에 근시안적인 효율성을 추구하면 결국에는 엄청난 비용, 즉 대가를 치러야 할 수 있다"라고 피셔는 주장한다.

만약 결함을 가진 인프라의 문제라면 충분한 자금 투입을 통해 문제를 해결할 수 있다. 그러나 이 사고는 더 많은 것을 함의한다. 즉 그 사건은 미국에만 국한된 것이 아닌 전 세계 모든 현대인의 삶 전반에 걸쳐 나타난 문제다. 이러한 근시안적인 태도가 전 세계에 확산돼 있다.

그러한 근시안적 접근은 비즈니스 분야에서도 찾아볼 수 있다. 분기별 실적 보고 때문에 CEO들은 장기적인 성장보다는 단기적인 투자자 만족을 우선시한다. 포퓰리즘 정치에서도 마찬가지다. 정치 지도자들은 차기 선거에 좀 더 초점을 맞추고 장기적인 정책보다는 지지층에 영합할 정책에 더 천착한다. 그리고 이러한 근시안적 태도는 지난 수십 년에 걸쳐 더디지만 침투력이 강한 사회 문제들, 즉 기후변화에서부터 불평등 문제를 해결하지 못하는 집단적 실패에서도 찾아볼 수 있다. 이러한 문제들이 어제오늘 일은 아니다. 그러나 이러한 문제들은 눈덩이처럼 커져 지금보다 훨씬 더 심각하게 먼 미래에까지 영향을 미치게 될 것이다.

주간고속도로 제35호선 교량 사고처럼 그 여파를 외면하기 힘든 사고가 많다. 불에 휩싸인 석유 굴착 시설에서 수백만 갤런의 오일이 해양으로 유입되거나, 수익을 좇는 투기꾼들 탓에 부동산 시장에 거품이 잔뜩 끼어 결국 세계 금융위기를 촉발하고, 유례없는 산불과 홍수는 지역사회의 일상을 송두리째 파괴하고, 예견하고도 대비하지 못한 팬데믹은 세계적으로 수백만 명의 목숨을 앗아갔다. 그러나 또 다른 위기가 도래하면 우리의 관심은 당면한 위기로 옮겨갈 것이다.[56]

좀 더 축소해서 보자면 역사학자 프랑수아 아르토그Francois Hartog는 현재까지의 서구 문명을 세 시대로 구분하고 '역사성의 체제regimes of historicity'라고 명명했다.[57] 그는 1700년대까지는 과거가 현재에 영향을 미쳤다고 말한다. 이후 200년 동안은 미래 관점에서 현재를 인식했다. 우리가 지금까지 겪어온 시대적 흐름과 대체로 일치한다.

그러나 1980년대 후반부터 서양 문명은 세 번째 시대 즉, 제3의 체제로 완전히 돌입했다고 아르토그는 주장한다. 이 시기에는 여러 사회적 흐름이 맞물리면서, 그가 '현재주의presentisim'라고 지칭한 시기가 시작됐다.[58] 그는 이 시기를 현재만이 존재하는 의식의 시대로 규정한다. 그는 한때 "현재는 즉각성의 폭정으로, 또는 끝없는 다람쥐 쳇바퀴로 특징지어졌다"라고 말한다.

20세기가 막을 내릴 무렵 베를린 장벽이 무너졌다. 비슷한 시기에 역사학자 프랜시스 후쿠야마Francis Fukuyama는 역사의 종말을 예견했고 자유민주주의가 계속해서 지배하는 시대가 시작될 것이라고 예견했다. 아르토그는 이 시기에 서양 문명은 미래지향적인 근대성을 완전히 포기했다고 주장한다. 이 시기에 즈음해 서구 국가들은 "괴물 같은 현재"를 선택했다는 것이다. 아르토그는 오늘날 "미래는 앞으로 향하는 발걸음을 인도하는 빛나는 지평선이 아니라, 장막처럼 서서히 다가오는 어두운 그림자에 가깝다"라고 말한다.

다른 학자들의 의견도 아르토그와 다르지 않다.[59] 그들은 현재를 "폭압적인" "끝없이 확장하는", "보편적인" "연장된" 그리고 "만연한"과 같은 형용사로 묘사한다.[60] 과거는 더는 지혜나 위안의 원천이 되지 못하며, 현재가 모든 것을 지배하고 미래는 더는 과거와 같지 않은 시대를 우리가 살아가고 있다고 말한다.

특히 서구 자본주의 문화를 중심으로, 역사 인류학자 제롬 바셰Jérôme Baschet는 영원히 지속되는 현재의 폭정에 대해 이 현재주의가 모든 시간 개념을 현재라는 우선순위로 물들이고 있다고 지적한다. 즉 "신격화된 오늘, 승리한 망각 그리고 영원으로 연장된 현재, 이 모두는 같은 현실을 설명하는 방식일 뿐이다. 다시 말해, 세계화된 시장이 지배하는 시대에서는 배울 만한 과거도, 기대해야 할 미래는 더는 존재하지 않는다."[61]

선조들과 달리 우리는 내일이 오늘과 다를 것이며 우리 사회가 장구한 시간 속 어딘가에 존재한다는 것을 충분히 인식하고 있다. 그러나 불행하게도 힘들게 얻은 이 지식이 사실상 경시되고 있다. 근시안적 시대에 모든 사고방식은 주로 당장의 문제에 의해 형성되며, 그 결과 장기적 관점은 현재의 필요를 충족하고, 수익을 확대하며, 정치 싸움에서 승리하는 수단으로만 여겨진다. 또는 심리학자 다니엘 길버트Daniel Gilbert가 말했듯 '현재가 우리의 기억 속 과거를 은은하게 물들인다면, 우리의 상상 속 미래에는 완전히 스며들 것'이다.[62]

서양 문화에서 이러한 근시안적인 사고를 조장하는 요인은 많다. 일각에서는 흔히 비난의 대상이 되는 인터넷을 꼽는다. 다른 이들은 24시간

쉼 없이 제공되는 뉴스 미디어 서비스와 정치 간 결합을 지적한다. 정책 결정자들이 미래 세대보다 헤드라인이나 여론조사에 더 집중하도록 만든다는 것이다.

한편 아르토그는 20세기 후반 서구 문화를 지배하게 된 자본주의적, 소비지상주의적인 가치관이 원흉이라고 말한다. 그는 이 시기에 "기술발전이 계속 속도를 내고 소비사회는 점점 더 비대해졌으며, 더불어 현재라는 개념도 확장되었다. 이 사회는 '현재'라는 범주를 핵심 대상으로 삼아 독특한 상징으로 차용했다. 곧이어 세계 경제라는 형태로 등장한, 세계화라는 극도로 고압적인 시대가 도래했다. 세계화는 더 큰 이동성을 요구했고 '실시간'이라는 말을 점점 더 많이 강조했다"라고 했다.[63]

그러나 근시안적 시대가 도래하게 된 이유가 다른 질병들과 마찬가지로 한 가지 원인에서 비롯한 것은 아니다. 오히려 문화적, 심리적 요인을 포함한 여러 요소가 맞물려 나타난 현상으로 이해해야 한다. 나는 이러한 요인들을 시간적인 억압과 시간적 습관이라고 지칭하는데, 앞으로의 장에서 관련해 탐구해볼 것이다."

이러한 현재 상황에 대해 절망할 필요도 없고 미래가 완전히 사라졌다고 슬퍼할 필요도 없다. 만약 시간의 역사에 대한 설명과 서구 사회에 대한 진단이 정확하다면, 단기적 사고는 현재의 문화적, 경제적, 기술적 환경에서 돌연히 나타난 현상이다. 영원히 지속될 리 없고 완전히 우리의 통제 밖에 놓인 것도 아니다.

우리 조상이 시간의 역사 속에서 자신의 위치를 인식하고 이해하는 데 비약적인 발전을 이루어냈음을 감안하면, 그런 일이 다시 일어나지 않으리라고 가정할 이유는 없다. 서구 사회가 현재 문제를 초래한 원인을 인식할 수 있다면, 무수한 가능한 미래를 보다 정교한 장기적 관점에서 바라보는 것도 불가능하지 않다.

어쨌든 장기적 관점으로 시간에 접근해야 한다는 개념은 이제 막 발견되었을 뿐이다. 현재라는 시간을 넘어 더 먼 미래를 바라볼 수 있는 호모사피엔스의 능력은 이 지구상에서는 비교적 새로운 진화적 발명품이다. 그러니 우리는 장기적 관점에서 우리 역할을 더 깊이 이해하기 위한, 긴 여정의 시작점에 서 있을지도 모른다. 우리 후손들은 우리가 먼 옛날 조상의 단편적인 시각을 되돌아본 것처럼, 오늘날 우리의 미래 인식이나 예측력 부족을 되돌아보게 될지도 모른다.

그러나 장기적 관점을 가지려면 근시안적 사고가 지배하는 시대가 시작된 이유와 그 중심에 감춰진 시간 압박을 더 깊이 이해해야 한다. 현대 사회가 직면한 이 문제를 완전히 파악하지 못한다면 우리의 시야를 확장할 수 없다.

따라서, 이어지는 두 장에서는 현대사회에서 근시안적 사고를 조장하는 주요 원인인 서구식 자본주의와 정치에 대해 더 깊이 들여다볼 예정이다. 이 두 영역에서의 동기와 억제 요인을 이해하면, 이 두 영역은 물론 다른 영역에도 숨겨진 단기주의를 밝혀낼 수 있으리라 판단했기 때문이다. 희소식은, 비즈니스와 정치 분야에서 이러한 압박을 넘어 장기적 관점을 채택한 몇몇 뛰어난 개인과 조직이 존재한다는 점이다. 우리는 그들의 경험과 지혜를 통해 교훈을 얻을 수 있다.

2. 자본주의의 가차 없는 단기주의

아마도 오늘 당장 누릴 수 있는 이익과 정확히 동일한 이익을 12년 뒤에 누릴 수 있다면, 그 두 경우가 완전히 같더라도 이를 대하는 인간의 태도는 매우 다를 것이다.

– 존 래John Rae [01]

숙련된 투자의 사회적 목적은 미래를 둘러싼 시간과 무지의 어두운 힘을 극복하는 데 두어야 한다.

– 존 메이너드 케인스John Maynard Keynes [02]

19세기 후반 어느 날, 독일인 이민자 기업가 헨리 팀켄Henry Timken은 미주리주 세인트루이스 도로에서 발명품 하나를 시험해보기로 했다. 결과는 너무나 인상적이어서 한 남자가 체포될 뻔했다. 과정은 이러했다.

당시 미국 도시에서 말이 끄는 마차를 이용해 사람과 상품을 이동시켰으나 말이 끌 수 있는 무게에는 한계가 있었다. 1860년대 뉴욕주 의원들이 동물 학대 행위를 처벌하기 시작한 이후 일부 주에서는 제한 무게 이상으로 짐이나 승객을 싣는 것을 범법행위로 간주했다. 최초의 소송 중 하나는 틴스데일 사건이다. 마부와 차장이 승객들로 가득 찬 마차를 끌지 못하는 말을 학대한 혐의로 유죄 판결을 받았다(펜실베이니아주에서는 말을 잔인하게 때리면 벌금으로 최고 200달러를 내야 했다. 반면 7세 미만 어린아이를 유기하면 고작 100달러의 벌금만 내면 됐다.)[03]

단순히 무게뿐만 아니라 마찰저항도 문제가 됐다. 짐이 실린 마차는 바퀴 방향을 바꾸기가 어려웠다. 팀켄은 말에 해를 끼치지 않으면서 마차는 더 짐을 많이 싣고 더 빨리 더 멀리 달릴 수 있게 할 방법을 깨달았다. 그는 후일 이렇게 말했다. "바퀴와 지면의 마찰을 줄일 수 있는 장치를 고안할 수만 있다면 세상을 매우 이롭게 할 수 있을 것이다."[04]

팀켄은 한 동료와 함께 롤러 베어링의 새로운 설계를 실험하기 시작했다. 롤러 베어링은 마차의 바퀴 안에 설치하는 작은 회전식 실린더다. 실험용 설계에 만족한 두 사람은 수작업으로 제작한 베어링을 장착한 마차와 말을 당시 미국에서 네 번째로 큰 도시였던 세인트루이스 거리로 내보냈다. 대형 바큇살을 장착한 바퀴는 자갈길과 흙길 위를 튕기듯 지나갔고, 마차는 약국과 식료품 시장을 쌩쌩 달려 지나갔다.

그러나 경찰이 마부를 불러 세우면서 팀켄의 실험은 갑작스럽게 중단되었다. 경찰들은 짐을 지나치게 많이 실은 행위가 말 학대 행위에 해당한다고 설명했다. 결국 이 마차의 실제 소유주인 팀켄의 아들이 법정에 출두해 롤러 베어링 설계가 어떻게 작동하는지 어떻게 작동하는지 설명한 뒤에야 이 사건은 해결이 되면서 벌금을 피할 수 있었다.[05]

1899년 헨리는 자신의 발명품을 활용하기 위해 1899년 팀켄 롤러 베어링 액슬 컴퍼니Timken Roller Bearing Axle Company를 설립했다. 이 회사는 이후 수십 년 동안 미국에서 가장 성공적인 가족 기업 중 하나로 성장했다.

팀켄의 마찰력을 줄이는 혁신적인 설계는 말이나 마차를 넘어 더 다양한 부분에서 활용됐다. 몇 년 뒤 그는 오하이오 주의 작은 도시 캔턴으로 회사를 이전했다. 이후 미국 자동차 산업의 메카가 될 디트로이트와 인접한 곳이었다. 그의 회사가 자체적으로 고품질 강철을 생산하기 시작하면서 완벽한 지리적 입지를 활용해, 팀켄은 급성장하는 자동차 산업의 수요를 완벽하게 활용할 수 있는 위치에 서게 되었다. 후일 세계대전에서 사용될 각종 차량 및 무기의 수요 증가의 이점도 누릴 수 있었다. 팀켄 컴퍼니는 캔턴의 다른 제조업 일자리가 사라질 때도 수천 명의 직원을 둔 성공한 기업으로 성장했으며 5대를 이어 가족 기업으로 자리 잡았다.

21세기가 빠르게 도래했고, 팀켄 컴퍼니의 경영은 이제 헨리의 고조손자 팀 팀켄에게 넘어갔다. 팀켄 컴퍼니는 캔턴 지역 주민에게 최선을 다했다. 직원의 기본급료도 다른 경쟁사들보다 높은 시간당 평균 23달러였고 지역 내 학교나 박물관에 꾸준히 기부한 덕에 평판도 좋았다. 또한 수억 달러를 투자해 대형 맞춤형 제강 공장에 투자했다. 기업의 단기 이익과 주주 수익을 포기하고 단행한 자본 투자였다. 그러나 몇 차례의 불경기를 겪는 동안 그러한 회사의 선택은 장기적 관점에서 성과가 있었다. 이러한 전략은 불황에도 장기적으로 효과를 발휘했다. 팀켄 컴퍼니는 미국 소도시의 다른 제조사들이 쇠락의 길을 걸을 때도 첨단 기술을 앞세운 해외 경쟁사들과 어깨를 나란히 할 수 있었다.

그러나 그 다음에 벌어진 일은 현대 자본주의에 내재된 단기적 압박이 어떻게 단기적 관점을 조장하는지를 극명하게 보여준다. 경영자 팀 팀켄과 회사 경영진은 회사가 긴 역사를 이어오는 동안 한 번도 경험하지 못했던 난관을, 회사의 운명을 판가름할 시련을 마주하게 된다. 그러나 이 사건이 주목받는 이유는 그 과정에서 적어도 전통적인 영화 속 악당 같은 악인이 없었다는 점이다. 영화적인 관점에서는 그랬다. 알게 되겠지만 팀켄 컴퍼니에 발생한 사건은 시스템 문제였다.

어느 날 릴레이셔널 인베스터스Relational Investors라는 캘리포니아의 투자 회사의 애널리스트들은 주시하던 팀켄 컴퍼니와 관련해 흥미로운 점을 발견했다. 이들은 시장에서 저평가된 회사를 찾아다니다가, 100년의 역사를 가진 팀켄 컴퍼니를 둘로 분할하면 주가를 급등시킬 수 있다고 판단했다. 헨리 팀켄의 회사는 100년 전 전국적으로 마찰을 줄이는 혁신에 성공했지만, 현재는 과거에 비해 효율이 떨어진다고 평가받고 있었다.

릴레이셔널의 애널리스트들은 팀켄을 두 회사로 분할하면 더 큰 기업 입장에게 인수 대상으로 더욱 매력적일 것이라고 판단했다. 또한 분할된 두 회사가 각각 10억 달러 이상의 신규 부채를 감당할 수 있으리라는 분석도 함께 제시되었다.

릴레이셔널 인베스터스는 계획을 세웠다. 소수 투자자가 단순히 들어와서 100년 된 회사를 분할하라고 요구할 수는 없었다. 그래서 몇 달에 걸쳐 투자자들이 주식을 사들이며 팀켄 컴퍼네에 대한 지분을 조금씩 늘려갔다. 이렇게 매입한 주식으로 마침내 투자자들은 영향력을 행사할 수 있게 되었다.

이후 팀켄의 운명을 놓고 난타전에 가까운 치열한 공개 논쟁이 이어졌다.[06] 릴레이셔널이 팀켄을 분할하려면 다른 주주들의 지지를 얻어야 했다. 그래서 그들은 아주 치밀한 캠페인을 시작하면서 설득을 위한 설명회를 열고 unlocktimken.com과 같은 웹사이트도 개설했다. 그리고 현재 상태로 회사를 유지해야 한다는 주장은 '확실한 근거도 없고 잘못된 산술에 기반한 것'이라고 주장했다.[07] 팀켄 일가는 릴레이셔널의 계획에 반대를 표하고, 이들의 계획을 무산시키기 위해 timkendrivesvalue.com라는 웹사이트를 개설하고 회사를 분할하면 안 된다고 주주들을 설득하기 시작했다(이 글을 쓸 때, 해당 웹사이트 URL은 이미 폐쇄되고 조문을 대필하는 서비스 사이트로 연결됐다). 한편 해당 지역의 근로자들과 그 가족들은 새로운 경영주가 오면 일자리를 줄이거나 생산 시설을 다른 지역으로 이전할지도 모른다는 걱정에 휩싸였다.

만약 이 이야기가 조잡한 영화였다면 감독은 '탐욕스러운 투자자' 대 '용감한 소도시 제조업체'의 대결로 구도를 잡았을 것이다. 그러나 현실은 그리 단순하지 않았다. 당시 팀켄은 대기업으로 성장해 경영진은 수백만 달러의 연봉을 받았으며, 공화당과 강력한 유착관계를 맺고 있었다. 한편 릴레이셔널의 경우 그들 또한 직면한 어려움을 극복하고 회사 이익을 극대화하려던 것이 전부였다. 〈월스트리트 저널Wall Street Journal〉에 따르면 릴레이셔널의 창업주들은 (이들 중 한 명은 당시 인후암을 앓고 있었다) CEO들과 대립하기보다는 협력하는 것을 선호했다고 한다.[08]

무엇보다도 중요한 것은 여기에 조연배우가 하나 있었다. 초기에 릴레이셔널은 영리하게도 자신들의 계획에 힘을 실어줄 중요한 주주를 이사회에 영입한 바 있었다. 세계 최대 교직원 연금펀드 운용사 중 하나인 캘리포니아 교직원 연금기금California State Teachers Retirement System이었다. 이로 인해 논쟁은 조금 더 미묘해졌다. 이 인수 프로젝트는 오하이오의 한 기업과 기업이 속한 공동체의 요구와 백만 명에 달하는 교사들과 그들의 가족의 요구 간의 대립으로 발전했다.

팀켄이 견뎌내기에는 너무나 부담스러운 일이었다. 결국 릴레이셔널이 승리했고 팀켄 컴퍼니는 둘로 분할되었다. 1899년 헨리 팀켄이 설립한 베어링 부문은 팀켄가 외부의 새로운 경영진이 맡게 되었다. 이사회는 재빠르게 연금 기금의 분담금을 삭감하고 자본 지출을 절반으로 줄였다.

나머지 새로운 사업 부문인 팀켄 스틸은 계속해서 팀켄이 이끌며 철강 제조업을 통해 가족 기업으로서의 유산을 계속 유지할 수 있었다. 초기에는 순조롭게 출발했지만, 몇 년 후 철강 수요가 급감하면서 회사 가치가 폭락했다. 2019년에는 직원 수가 14% 감축되었고, 직원 자녀들에 대한 학자금 지원 프로그램도 중단됐고, 결국 팀은 CEO 자리에서 물러나야만 했다.[09] 그는 이후 정치 로비 회사를 운영했다.

릴레이셔널은 이 과정에 전혀 관여하지 않았다. 분사되고 몇 달 뒤 그들은 주식을 모두 청산하고 떠났다. 이후 이 투자 펀드는 해체됐다.

팀켄 가의 사업부는 두 회사로 분할되어 여전히 존립했지만, 더는 가족 기업이라기보다는 하나의 브랜드에 가깝다고 봐야 한다. 20세기에 들어서면서 헨리 팀켄이 구축한 유산은 사실상 끝났다. 5대에 걸친 회사 경영의 역사는 비교적 짧았던 주가를 둘러싼 싸움으로 결국 막을 내린 것이다. 물론 릴레이셔널이 팀켄 컴퍼니를 인수 대상으로 삼지 않았다 하더라도 팀켄 컴퍼니가 가족 경영을 계속했을 경우 재정난에 빠졌을지 모른다. 그러나 이는 절대 알 수 없는 한낱 가정에 불과하다.

120년 전 헨리 팀켄이 회사를 설립했을 때, 그는 아마도 자신의 가족 유산이 이런 식으로 끝날 것이라고는 상상하지 못했을 것이다. 그가 아들들에게 건넨 조언이 이 모든 일이 벌어지고 난 후 새롭게 조명받고 있다.[10] 그는 이렇게 말했다고 한다. "성공하고 싶다면 반드시 독립적이어야 한다. 만약 네가 어떤 분야에서 앞서 나가고 싶다면 독립적인 사고, 한결같은 근면함, 추진력 그리고 확고한 목표를 갖고 있어야 해. 만약 옳다고 믿으면 끝까지 밀어붙여야 한다. 절대 다른 누군가 너의 결정을 방해 하게끔 놔둬선 안 돼. 만약 모두가 같은 생각을 하면, 발전이란 절대 없다 는 걸 명심해야 해."

물론 좋은 말이지만 사실 헨리의 후손들이 사는 세상은 바뀌었다. 캘리포니아의 한 분석가가 기업의 실적 개선이 필요하다고 판단했기 때문에 경영 책임을 수세대에 걸쳐 세습하는 것이 불가능해진 세상 그리고 한 가족과 그들이 속한 공동체가 교사들과 그들의 연금을 관리하는 기관들과 맞서 싸워야 하는 세상에 살고 있기 때문이다. 이 싸움에서는 악인이 없다. 대신 근시안적인 규범이 만든 하나의 시스템 안에서, 그리고 장기적 관점의 경영보다는 단기적인 이윤을 최우선하는 시스템 안에서 모든 관련자가 움직이고 있다.

팀켄 가의 에피소드가 아주 이례적인 사례는 아니다. 2019년에는 새로운 활동 투자자(회사 내에 중대한 변화를 일으키기 위해 이사회의 의결권을 확보하려고 하는 개인 또는 단체―옮긴이)들이 이끄는 캠페인이 그 어느 때보다 많았다. 재무 관련 자문 업무를 수행하는 리자드Lizard에 따르면 이제 그러한 활동은 전혀 비난의 대상이 아니다.[11] 한편 전문 투자자들은 보유한 주식을 과거 10년 동안 그 어느 때보다도 더 빠른 속도로 사고판다. 1960년대 뉴욕 증권거래소에서 주식을 보유하는 평균 기간은 8년 정도 였다. 그러나 오늘날 그 기간은 불과 수개월에 그친다.[12]

그렇기 때문에 S&P500(상장된 미국의 상위 500개 기업)이 상장된 기업의 평균수명이 1950년대 약 60년에서 오늘날 약 20년으로 떨어진 것은 어쩌면 당연한지도 모른다.[13] 그리고 2027년경에는 기업의 평균 수업 이 15년 정도 되리라 예측된다.[14] 이렇게 회사 문을 닫게 된 기업 중 몇몇은 21세기 테크 기업들의 주식평가가 크게 상승하면서 그런 운명을 맞았을지도 모른다. 실제로 기술주의 급상승으로 더딘 성장을 보인 기업들은 S&P 500 리스트에서 탈락했고 일부는 다른 기업에 합병되기도 했다. 그러나 분명한 사실은 서구의 기업들은 다른 국가나 다른 산업 부분의 기업들과 비교했을 때 짧은 수명을 갖고 있다는 것이다. 원칙적으로 회사가 수백 년 역사를 이어갈 수 있지만 실상은 평균 수십 년을 버티는 경우가 드물다.

"기업의 생존율이 낮은 것은 상당히 비정상적인 듯 보인다"라고 쉘의 이사였던 아리 드 게우스Arie de Geus는 말한다.[15] "지구상에 생존하는 그 어떤 종도 최대 기대수명과 실제 평균수명 사이에 그러한 큰 차이를 보이지는 않는다. 교회, 군대, 또는 대학처럼 다른 유형의 기관 중 기업처럼 낮은 생존율을 보이는 기관은 거의 없다.

만일 당신의 관점에서 이 기업들을 바라보면, 대다수 기업이 자기 능력 이하의 실적을 내고 있다는 사실을 알 수 있다. 그들은 진화 과정의 초창기에 성장을 추구하지만 잠재력 가운데 극히 일부만을 활용한다."

기업의 단기 및 장기 행동을 추적하는 리서치 기관들에 따르면 기업 내에 단기주의가 점점 더 일반화하고 있다.[16] 지난 20년 동안 보스턴에 본사를 둔 FCLT Global(Focusing Capital on the Long-Term)은 글로벌 기업들 내부에서, 예를 들면 고정투자와 같은 장기적 관점의 기업 행태는 점차 줄어드는 반면 주식환매와 배당금 지급과 같은 단기적 행태는 증가하고 있음을 확인했다.[17]

21세기 자본주의에 내재된 많은 관행과 눈에 보이지 않는 문화적 관습이 기업, 투자자, 개인을 압박해 단기적인 관점에서 결정을 내리게 만들고 있지만, 중요한 것은 어떤 한 행위자만을 원흉으로 꼽기가 어렵다는 점이다. 이러한 시간적 압박이 현대 자본주의, 특히 서구 자본주의를 지배하게 됐는지를 이해하려면 시점을 확대해 그 안의 모든 구성 요소, 즉 주주, 기업, 규제기관, 펀드매니저, 입법기관 등이 어떻게 상호작용하고 있는지 파악해야 한다. 자본주의는 반드시 태생적으로 근시안적일 필요는 없다. 그러나 지난 100년간 수많은 행위자가 관행, 유인책 그리고 억제책들을 발명하고 도입해 이 모든 것이 장기적 사고나 관점을 기르는 것을 방해하고 있다.

기업에만 중요한 문제가 아니다. 자본주의의 단기주의는 주식, 이사회, 거래소와 같은 영역을 넘어 다른 영역에도 영향을 미친다. 자본주의의 속성은 정치 그리고 사회 전체와 서로 얽혀 있고, 기후변화에서부터 공공 보건 위기에 이르기까지 21세기가 직면한 거대한 도전에 대한 범지구적 대응 방식에도 영향을 미친다.

전 세계에는 근시안적인 결정을 유도하는 시간의 압박을 받으면서도 장기적 관점에서 행동하는 기업들과 기관들이 많다는 점이 그래도 다행이다. 21세기의 자본주의는 현재에 좀 더 집중하게 만들지 모르지만, 이를 바꿀 수 있음을 앞으로 확인할 수 있을 것이다. 자본주의의 습성은 확고히 확립되어 있고 상당히 광범위하게 영향을 미치고 있지만, 바꿀 수 없는 것은 아니다.

그러나 우선 비즈니스 세계를 지배하는 조직적인 시간 압박의 원인이 무엇인지를 파악해야 한다. 이를 위해 20세기 초반 뿌리내리기 시작한 상당히 지배적인 관행을 고찰하는 과정부터 시작해야 한다.

미국에서 팀켄 컴퍼니가 번영을 구가하던 비슷한 시기에 영국 경제학자 존 메이너드 케인스는 자본주의가 장기적으로 지향해야 하는 방향과 당시 금융시장에서 확인된 행태에 대한 글을 집필하고 있었다.

20세기 가장 중요한 경제학자 중 한 사람인 케인스는 경제 위기에 정부가 어떻게 대응해야 하는지와 관련해 지대한 영향을 미친 것으로 알려져 있다. 그런데 케인스의 다른 통찰도 1920년대와 1930년대에 사람들이 미래를 어떻게 보았는지에 대해 어느 정도 힌트를 제공한다. 어떤 예측은 완전히 빗나갔지만, 일부는 놀라울 정도로 정확했다.

케인스는 버지니아 울프, EM 포스터 그리고 그의 과거 연인 던컨 그랜트와 같은 지식인, 문인 예술가들로 이루어진 블룸즈버리 그룹의 일원이었다. 당시 버지니아 울프는 케인스를 '공격적'이고 '무적'인 남자라고 묘사하면서 그는 '어떤 논쟁이든 말로 한 방 먹일 수 있지만 소설가들이 말하듯 그 어마어마한 지적 능력 아래 친절하고 심지어 소박한 마음을 감추고 있는 사람'이라고 평가했다.[18]

특권층의 보헤미안 스타일 삶을 추구하던 블룸즈버리 그룹의 멤버들이 케인스가 21세기 기업의 모습을 상상하는 데에 그리고 전반적인 그의 삶에 영향을 미쳤을지 모른다. 1928년 《우리 손자 세대를 위한 경제적 가능성Economic Possibilities for Our Grandchildren》의 1차 초고를 쓰고 있을 때 그는 서구의 생산성 증가와 경제성장으로 여가, 건강, 도덕적 계몽의 새로운 시대가 열릴 것이며 손자들은 하루 3시간만 일하면 되는 세상이 오리라 예측했다.

그는 다소 혐오스러운 질병이라고 할 법한, 돈을 위한 돈에 대한 사랑은 이미 오래전에 잊히고 정신병에 가깝다고 평가받게 되리라고 썼다. 그러나 얼마 안 가 외부 사건이 그의 예측에 문제를 제기했다. 영국의 여러 소규모 학회에서 미래 예측을 소개하기 시작했을 즈음, 세계 경제는 큰 위기에 봉착했다.

맹렬한 20세기는 특히 미국에서는 격동의 시기였다. 제1차 세계대전이 끝나고 미국의 부는 거의 두 배로 증가했으며, 전문 투자자와 주식에 투자하는 블루 컬러 노동자의 투기로 뉴욕 증권거래소도 과열되면서 놀라운 속도로 성장했다. 새로운 금융 상품이 개발되면서 평범한 일반인도 대출받은 돈을 이용해 주식에 투자할 수 있게 됐다. 경기가 좋을 때는 이러한 방식의 투자가 문제되지 않지만, 경기에 대한 신뢰가 무너졌을 때는 그러한 투자 방식은 재앙에 가까운 근시안적 결정임이 입증됐다.

1929년 10월 29일 검은 화요일Black Tuesday, 미국에서는 주가가 폭락했고 시장이 패닉에 빠지면서 투자금 수십억 달러가 증발했다. 그리고 대공황이 찾아왔다. 은행이 줄지어 파산하고 실업자가 증가했으며 농작물은 흉작이었고 노숙자도 늘어났다. 불경기는 세계로 확산되어, 새롭게 연결된 세계 경제의 부작용을 여실히 보여줬다. 한 역사학자가 지적한 것처럼 "1929년 월스트리트 대폭락 사태는 전 세계적으로 영향을 미친 최초의 경제적 사건이었다. 모든 대륙의 생산자와 소비자들이 불과 몇 개월 안에 대폭락의 여파로 휘청거릴 수밖에 없었다."[19]

깊은 불황이 물러가고, 케인스는 낙관적인 미래 예측을 계속 고수했으며 위대한 번영과 여가의 시대가 도래할 것이라고 주장했다. 그는 좀 더 에세이 형식에 맞도록 《우리 손자 세대를 위한 경제적 가능성》을 수정해서 다시 출간했다.

그러나 1930년대 중반, 그는 처음으로 금융시장에 뿌리내리던 단기주의에 대한 우려를 표시했다. 불행하게도 시간이 지나면서 그의 진단이 상당히 정확했음이 증명됐다.

1936년 케인스는 단기 이윤을 얻기 위해 근시안적 태도를 취하는 투자자들의 행동에서 새로운 트렌드 하나를 발견했다. "그들은 한 회사의 주식을 오랫동안 보유한 투자자의 투자 한 번이 지닌 가치에는 관심이 없고, 군중심리에 따라 앞으로 석 달 뒤 또는 일 년 뒤 시장이 그 주식을 얼마로 평가할지에만 관심이 있다"라고 썼다.[20]

그는 이렇게 주장했다. "전문 투자의 사회적 목표는 미래를 방해하는 시간과 무지의 어두운 힘을 극복하는 데 두어야 한다." 그러나 그가 목격하기 시작한 것은 오히려 게임과 같았다. "영어 표현에서 잘 드러나듯이, 오늘날 가장 노련한 투자는 앞서가기 위해, 손해를 보거나 가치가 떨어지는 반 크라운의 동전을 떠넘기기 위해 부정 출발beating the gun을 하는 것이다."

그는 그것이 잘못된 것은 아니며 오히려 단기적 투기를 부추기도록 설계된 시장의 속성 때문에 벌어진 불가피한 결과라고 말했다. 그는 다음과 같은 결론을 제시했다. "우리에게는 부정 출발보다는 시대의 세력과 미래에 대한 무지를 물리칠 수 있는 지성이 좀 더 필요하다." 그러나 불행하게도 시장의 구조는 부정 출발을 부추기고 있었다.

알다시피 이제 이러한 행동은 점점 더 보편화되고 있다. 실제로 케인스가 21세기에 살아 있었다면 팀켄과 릴레이셔널의 싸움과 기업의 장수 대신 주가를 부풀릴 단기적인 기회를 노리는 금융 투기꾼들이 연루된 다른 사례들을 어떻게 생각했을지 궁금하다. 또 수천분의 일 초 안에 주식을 사고파는 것이 가능해진 고빈도 알고리즘 매매에 대해서는 어떻게 생각할지도 궁금하다.

그 질문에 대한 답은 절대 알 길이 없지만 케인스의 투자 결정에서 그 힌트를 얻을 수는 있다. 《케인스의 부에 이르는 길Keynes's Way to Wealth》의 저자이자 언론인 존 바식John Wasik에 따르면, 케인스는 킹스 칼리지, 케임브리지 대학, 보험회사 두 곳 그리고 친구와 가족의 돈을 관리하면서 1928년과 1945년 사이 18년 가운데 12년간 수익을 냈다. 주목해야 하는 사실은, 케인스가 금융시장의 잡음을 무시하면서 매일의 주가 상승과 하락이 과도하고 이해하기 어려울 정도로 시장에 영향을 미친다고 말한 것이다. 그래서 바식은 만약 케인스가 오늘날 살아 있다면, 아마도 단기적인 가격 변동을 무시하고 고빈도 매매는 전문가들의 투자행위라고 말했으리라 짐작한다. "케인스식 투자의 도덕 원칙은 장기적인 게임을 하면서 투자 계획을 고수하고 한눈팔지 말라는 것이다"라고 바식은 말한다.[21]

그러나 자신이 바랐던 여가 있는 삶이 요원하다는 사실을 알게 된다면 그는 분명 실망할 것이다. 우리는 케인스가 1920년대 상상했던 바로 그 '손자들'이지만, 슬프게도 먼 미래를 내다본 그의 장기적 관점은 결코 현실이 되지 못했다. 그는 자본주의 사회의 심각한 근시안적 행동을 초래한 또 다른 시간적 압박을 굉장히 유감스럽게 이야기할지도 모른다. 그는 자본주의가 근시안적 시스템에 빠지리라 예측하지 못했다.

그러한 압박들은 무엇이었을까? 하나는 케인스가 블룸즈버리 그룹과 교감을 나누던 때와 비슷한 시기에 대서양 반대쪽에서 미국이 도입한 새로운 금융 관행이었다. 1920년대 뉴욕에서 서구 자본주의는 기업이 장기적 관점을 기르는 것을 심각하게 가로막는 관행 하나를 서서히 도입하고 있었다.

20세기 초, 뉴욕 증권거래소는 여러 상장사에 상당히 정당해 보이는 요구를 했다. 간단했다. 3개월마다 기업의 전반적인 재무 상태, 시장 전망과 계획을 공유해달라는 것이었다. 아마도 이 요구는 투명성이 부정행위를 막을 수 있다는 판단에서 내려진 결정이었을 것이다. 1931년까지 상장사들의 63%가 이 요구를 수용했고, 17%는 일 년에 두 번 정보를 공유했다.

미국의 다른 거래소들은 처음에는 이 생각에 반대했고, 규제당국은 나서서 이를 의무화할 의지가 별로 없었다. 이 때문에 분기별 보고가 보편화되기까지는 수십 년이 더 걸렸다. 그러나 자본주의적 단기주의의 역사에서 뉴욕 증권거래소의 결정은 세상을 바꾼 관행의 시작이 됐다. 이 분기별 보고 관행은 다른 금융시장으로 확산되었으며, 향후 100년 뒤 기업과 사회에 막대한 영향을 미치게 된다.

분기별 보고는 미국 기업 사이에 서서히 하나의 규범으로 자리 잡기 시작하다가 1970년대 초반 중요한 전환점을 맞이하면서 확고하게 하나의 규칙으로 뿌리내린다. 지난 수십 년 동안 간헐적으로 개입해오던 금융시장의 규제기관인 미국 증권거래 위원회가 마침내, 실적 예상을 포함한 분기 보고를 모든 미국 기업이 준수해야 하는 필수요건으로 규정했다. 이 결정은 엄청난 결과로 이어졌다.

투자자들에게 제공하는 정례 보고는 얼핏 보면 문제가 없어 보인다. 그러나 분기 보고의 정례화가 기업에 미친 영향을 연구한 영국 시티 대학의 아더 크래프트Arthur Kraft는 분기 보고가 기업의 의사결정에 막대한 영향을 미쳤다고 주장한다. 최고 경영진은 투자자들에게 뭔가 약속을 해야 하기 때문에 장기적 관점을 갖고 사업을 추진하는 것이 불가능할 때가 상당히 많다.

크래프트와 다른 연구자들의 연구는 분기 보고가 다양한 가시적 영향을 미치고 있음을 확인했다.[22] "나는 실적 보고의 빈도가 늘어나면 기업은 투자를 줄일 수밖에 없다고 확신한다"라고 크래프트는 말했다. 다른 연구에서는 분기 보고와 R&D 투자비, 특허, 광고, 인력 채용의 감소와 임의의 경비지출 삭감과 프로젝트 지연이 상관관계가 있음을 밝혔다. 2020년에 출간된 한 수치자료에 의하면, 그러한 단기주의적 태도 때문에 500대 상장기업은 해마다 거의 800억 달러에 달하는 수입을 포기해야 했다.[23]

이러한 이유로 다른 국가에서는 분기별 실적 보고에 부정적이다. 유럽연합은 분기별 보고에 대해 논의한 뒤 채택하지 않기로 했다.[24] 영국 규제기관들은 2007년 '중간 경영 설명서interim management statement'를 분기마다 제출하라고 요구했다. 그러나 의무적인 설명서 제출 관행은 7년 뒤 중단됐다.

그러나 미국의 경제력을 감안할 때 그리고 글로벌 비즈니스의 상호의존성을 고려할 때, 분기의 영향을 벗어날 방법은 없다. 의무사항은 아니지만 영국의 대기업 다수가 어찌 됐든 분기별로 실적 보고서를 발표하고 있다.

분기별 보고가 어떻게 개개인의 의사결정론자들과 기업 지도자들에게 영향을 미치는지를 면밀하게 파악한 크래프트는 이와 같은 단기적 행동을 하게 만드는 이유로 두 가지를 꼽는다. 바로 '응징'과 '근시안'이다.

응징은 투자자들이 장기적 경영전략을 추구하는 기업가들을 처벌하는 것을 뜻한다. 팀켄의 이야기가 하나의 사례가 될 수 있지만 또 다른 사례를 찾기 위해 그리 멀리 갈 필요가 없다.

가장 눈에 띄는 사례 중 하나가 바로 유니레버의 전 CEO 파울 폴먼Paul Polman의 이야기다. 그는 취임 첫날 앞으로 유니레버는 분기 보고서를 발표하지 않겠다고 공언했다. 대신 수년 뒤에나 성과를 낼 수 있는 장기 프로젝트에 집중할 것이라고 말했다. 파울 폴먼은 자사 제품의 탄소발자국 저감 노력과 유니레버의 수익 증대 노력을 별개로 운영하겠다고 다짐하면서[25] 지속 가능한 친환경 브랜드인 세븐스 제너레이션Seventh Generation을 인수했다. 미국 원주민들의 네이티브 아메리칸스Native Americans(이에 대해서는 3부에서 다시 논의할 예정이다)의 장기적 사고에 영감을 받아 결정된 사안이다.

그는 당시 "더 나은 결정들을 내리는 것이라고 생각합니다"라고 설명했다. "우리는 앞으로 분기별 성과 때문에, 투자를 하는 것이 옳은 일인데도 투자를 포기하거나 브랜드 론칭을 한두 달 연기하는 것을 논의하는 일은 하지 않을 것입니다."

폴먼이 투자자들에게 보내는 메시지는 명확했다. 그는 비전을 전달하면서 이렇게 말했다. "유니레버의 역사는 백여 년에 이르지만 앞으로도 수백 년의 역사를 더 이어가고 싶습니다.[26] 그래서 만약 당신이 장기적으로 가치를 창조 비즈니스 모델을 믿으신다면, 공평하고 분배 가능하며 지속 가능한 우리 회사의 주식에 투자하십시오. 만약 우리의 비즈니스 모델을 믿지 못하신다면 투자하지 않으셔도 됩니다. 그래도 우리는 투자자 여러분의 결정을 존중합니다."

상당히 인상적인 취임사였다. 폴먼은 "그때 난 취임 첫날 해고되는 일

은 없으리라 판단했다"라고 후일 회고했다.[27]

불행하게도 시장은 그의 생각에 지지를 보내지 않았고 유니레버의 주가를 통해서 폴먼을 응징했다. 발표가 있고 나서 유니레버 주가는 곤두박질쳤다. 시장의 태도가 바뀌는 데는 수년이 걸렸고 그 과정은 상당히 힘들었다. 폴먼은 이 일을 후일 반추하면서 결국 유니레버는 회사의 장기적 가치를 확대하는 데 성공했다고 평가했다. 그러나 그러한 성공은 단기주의적인 투자자들이 유니레버의 주식을 팔고 떠나고 장기적 투자를 선호하는 주주들이 등장하면서 비로소 가능해졌다.[28] 폴먼이 투자자들의 마음을 바꾼 것은 아니다. 단순히 투자자들이 부정 출발을 허락하는 다른 회사들을 선택해서 떠난 것뿐이었다.

폴먼은 결정을 발표한 뒤 벌어진 혼란의 시기를 잘 견뎌냈지만, 다른 회사의 경영자들이었다면 바로 자리에서 쫓겨났을 것이다. 주가가 큰 폭으로 하락하면 많은 경영자가 해고된다. 이 때문에 시장의 동요와 자신의 일자리를 위태롭게 하는 장기적 관점의 결정을 외면하는 경영인이 더 많다. 크래프트와 그의 동료들은 기업의 근시안적 태도를 부추기는 두 번째 이유가 바로 이 때문이라고 지적한다.

만약 응징이 외부 처벌에 관한 것이라면 근시안은 스스로 선택하는 것에 좀 더 가깝다. 이 경우 경영자들은 시장의 구미에 맞는, 특히 기업의 실적 예측치를 맞추기 위해 단기적 결정을 선제적으로 선택한다. 단기적 결정에는 인력 감축, 자본 투자 연기, 또는 직원 교육 프로그램의 감축 등이 포함되며, 이는 모두 기업의 대차대조표상 수치들을 긍정적으로 보이게 만든다.

한 최고 재무 책임자chief financial officer, CFO는 이 같은 행태를 연구하는 연구자들에게 근시안적 결정은 약점을 감추고 체면을 유지하기 위한 것이라고 말했다. "만약 당신이 바퀴벌레 한 마리를 발견하게 되면, 얼마 안 가서 저 벽 뒤에 수백 마리가 있으리라 추정하게 된다. 물론 이 생각을 입증할 만한 증거가 없는데도 그렇게 생각하게 된다."

이 CFO의 말은 미국 경영인 400명 이상이 참여한 한 설문조사에서 인용된 것이다. 이 설문조사의 통계 결과는 실로 놀라웠다. 거의 80%의 참가자가 단기적인 수익 전망치를 맞추기 위해 회사 가치를 떨어뜨릴 결정을 내릴 수 있다고 말했다.[29]

"이 같은 사실은 내게 정말 충격적으로 다가왔다"라고 경영 자문 전문가 로저 마틴Roger Martin은 설문조사 결과를 리뷰하면서 고백했다.[30] "사실 80%가 그렇게 할 것이라는 점에 놀란 것은 아니다. 어쩌면 현실은 거의 100%에 가깝지 않을까 짐작해본다. 그러나 80%가 실제로 그렇게 할 것이라고 인정한 것이다."

더 놀라운 것은 만약 최고 경영진의 봉급이 기업의 분기 또는 연간 실적과 연동되어 있을 경우, 이들은 그런 근시안적인 결정으로 개인적인 이득까지 취할 수 있다. 최고경영자의 상여금이 주가와 연동된 경우가 과거에는 상당히 드물었지만, 21세기에 접어들면서 CEO 중 거의 절반이 주가와 연동된 인센티브를 수령했다.[31]

이후 노령층을 위한 좀 더 장기적인 금융 상품이 등장하고, 바뀌어야 한다는 생각의 확산과 함께 2020년 장기 증권거래소의 출범과 같은 일련의 노력이 이루어지면서 상황은 약간 개선됐다. 그러나 코비드19 팬데믹 동안 단기적 압박이 다시 다수의 기업 경영자들을 엄습했고, 과거 수십 년 지속되어온 관행들은 체계적이고 확고하게 자리를 잡았다.[32]

게다가 오늘날 자본주의 경제의 거의 모든 부분에서, 이롭지 않은 목표들을 지나치게 많이 세우고 있다. 그러나 우리는 곧 이러한 유인, 즉 목표들이 기업이나 그 외 부분에서 장기적 관점을 바라보는 사람들의 태도에 커다란 영향을 미칠 수 있음을 알게 될 것이다.

목표의 횡포

기업의 단기적 목표 추구가 재난을 초래한다는 것을 보여주는 사례들을 찾는다면, 특히 한 에피소드가 눈에 들어올 것이다.

1960년대 자동차회사 포드는 차량을 유지하는 데 비용이 덜 들어가는 더 저렴하고 더 작은 자동차를 생산하는 해외 경쟁자들로부터 거센 도전을 받고 있었다. 그래서 포드의 리 아이아코카Lee Iacoccaa회장은 회사의 새로운 목표를 발표했다. 무게가 1톤 이하이고 구매비용 2천 달러 미만인 차량을 생산하는 것이었다. 회사 직원들은 작업에 돌입했다. 아이아코카는 또한 신차를 최대한 빨리 시장에 내놓겠다는 목표도 세웠다.

그 결과 포드의 핀토Pinto가 탄생했다. 1971년 출시된 핀토는 뒷부분이 쿠페 스타일로 내부 공간이 여유롭고 차량 앞부분 보닛이 긴 차량이었다. 핀토는 설계, 제조, 선적까지 총 2년이 약간 더 걸렸다. 보통 다른 차량이 생산되기까지 걸린 시간의 절반에 불과했다. 포드는 몇 개월 안에 십만 대 이상을 판매했다. 그러나 얼마 지나지 않아 엄청난 대가를 치른 몇 명의 불행한 운전자 덕분에 핀토의 심각한 결함이 드러났다.

어느 날 릴리 그레이는 이웃집 사는 열세 살짜리 소년과 캘리포니아의 고속도로 위, 중앙 차선에서 꼼짝없이 서 있었다. 뒤 차량이 릴리가 탄 차량을 들이받은 순간 화재가 발생했다. 그레이는 사망했고 아이는 심각한

화상을 입었다.

같은 해, 울리히 가문의 십 대 소녀 세 명이 발리볼 연습에 가던 중 인디애나주의 한 도로에서 멈췄다. 운전자였던 주디 울리히는 주유할 때 차량 지붕 위에 올려둔 연료캡을 그대로 둔 채 차량을 운전했다는 사실을 차량 거울을 통해서 확인했기 때문이었다. 이때 주디의 차량 뒤에서 오던 밴 운전자가 담배를 바닥에 떨어뜨렸고 운전자는 그것을 주우려고 손을 뻗었다. 다시 시선을 위로 옮겼을 때는 이미 너무 늦었다. 결국 밴은 앞에 있던 핀토를 사정없이 들이받았다. 이번에도 차량에 불이 붙었고 이 사고로 세 명의 소녀는 모두 목숨을 잃었다.[33]

핀토에 신차 출시를 서두르는 과정에서 발견하지 못했던 치명적인 디자인 결함이 있다는 사실이 이후 이어진 소송 과정에서 드러났다. 아이아코카의 목표를 맞추기 위해 관리자들은 실제 점검은 수행하지 않고 안점 점검표에 모두 정상으로 표시했다. 특히 차량 뒤 차축에 억지로 구겨 넣다시피 한 연료 탱크 부분에 대해서도 마찬가지였다. 압괴 공간의 부재로 더욱 나빠진 연료 탱크의 위치 때문에, 충돌 시 쉽게 화재가 일어날 가능성이 높았다.[34]

관리자와 엔니지니어들의 입장에서 말하면 그들은 CEO의 목표를 맞추는 데는 성공했다. 그러나 안전이나 명성보다 속도와 비용을 우선했기 때문에 디자인 결함을 놓쳤고 심지어 결함이 발견됐을 때도 수정하지 않았다. 목표를 달성하기 위해 사람들이 목숨을 잃었고 수년간 쌓아온 포드의 이미지도 타격을 입었다.

잘못된 목표가 지름길을 선택하게 하고 장기적 관점을 포기하게 만든 사례가 포드의 핀토 사례만은 아니다. 1989년 사회학자 로버트 잭콜Robert

Jackall은 베스트셀러 저서 《도덕의 미로Moral Mazes》에서 특별히 문제가 있는 경영인의 유형을 소개했다. 그는 "이러한 관리자는 실패를 저지르고도 책임을 피하는 묘한 재주를 지녔다. 이것이 가능한 이유는 그들이 자신이 속한 집단에서 뽑아먹을 수 있는 것을 최대한 뽑아먹고 도주하기 때문이다"라고 설명했다.

그들의 수법은 이런 식이다. 한 관리자가 공장이나 제조시설에 도착하면 회사 이사회로부터 상당히 높은 목표를 전달받는다. 그들은 곧장 아래 직원들을 볶아대기 시작한다. 직원들에게 더 많은 것을 요구하고 이전보다 더 혹독하게 기계류를 가동시킨다. 생산성은 향상한다. 그리고 몇 개월 후 목표는 달성되고 이사회는 만족스러워 할 것이다. 해당 관리자에게는 곧 진급이나 새로운 직책이 주어질 것이고 그 공장을 떠나게 된다. 그러나 남겨진 직원들이나 기계는 이미 엉망이 된 상태다. 직원들은 불만으로 가득 차고 능력 있는 직원은 더 나은 근무조건을 찾아 떠날 것이고, 기계는 고장 나 더는 쓸 수 없게 되어 많은 돈을 들여 새 기계로 교체해야 한다. 그리고 이 모든 상황을 정리하는 것은 후임 관리자의 몫이다.

공장을 거덜 낸 장본인과 당신이 아는 누군가와 비슷하다면, 이직 기회가 빈번하게 주어지는 현재의 비즈니스 업계 (그리고 많은 기업의) 문화가 그러한 관리자들의 행태를 뿌리 뽑지 못하기 때문이다. 그런 관리자의 잘못된 행동의 결과가 밝혀져 그 책임을 지기도 전에, 이미 새로운 자리로 옮기는 경우가 많기 때문이다.

금융업계에서도 이와 비슷한 사례를 발견할 수 있다. 여기 잘못된 목표가 어떻게 2008년 금융위기의 빌미를 제공했는지를 잘 보여주는 사례가 하나 있다. 2008년 금융위기는 월스트리트의 근시안적 태도를 그대로 보여준 무책임한 서브프라임 모기지 사태로 촉발됐다.

금융위기 관련 월스트리트의 역할에 대한 의회 조사 과정에서, 미 상원의원 칼 레빈Carl Levin은 이메일 대화 하나를 인용했다. 시한폭탄과도 같은 서브프라임 모기지 사태가 무르익어갈 때, 한 금융 분석가가 자신이 의뢰받은 거래 계약서의 내용과 관련해 한 은행가에게 "계약서 세부사항에 문제가 있는 거 아닌가요?"라고 물었다.

그러자 은행가는 "IBG-YBG"라는 답변을 보냈다.

그게 무슨 의미인지를 분석가가 묻자 은행가는 이렇게 답변했다. "나도 당신도 가고 없을 것이오(I'll be gone, you'll be gone)."[35]

다시 말하면, 차입자가 대출 상환에 실패할 즈음이면 자신도 분석가도 그 자리에 없을 테니, 그냥 그대로 진행하고 돈이나 챙기자는 의미였다.

금융서비스를 제공하는 크레디트 스위스Credit Suisse의 마이클 모부신과 댄 캘러한은 금융업계의 단기주의를 설명하는 한 보고서에서 "금융업계는 전통적으로 먹을 수 있을 때 먹자는 것이 일반적인 문화다"라고 밝힌 바 있다.[36] "자신의 실적과 돈 버는 것에 좀 더 초점을 맞추는 유형의 개인들에게 매력을 어필하는 것이 금융거래의 근본 속성이다. 이러한 개인적 특성을 통제하는 것은 어려울 때가 많다."

금융회사의 봉급은 다른 직업군과 비교하면 과도하게 높은 경우가 많다. 이러한 상황이 계속되면 결국 장기적인 신중한 투자보다는 위험률이 높고 단기적 성과를 선호하는 좀 더 공격적인 행동을 부추길 수 있다. 모부신과 캘러한은 이렇게 말한다. "서구 문화에서는 많은 월급을 받는 것이 성공과 권력의 척도 그리고 용기 있는 행동의 척도처럼 여겨지고 있어서, 좀 더 과감한 의사결정을 부추기는 결과가 된다."

FCLT 글로벌이 수행한 한 연구 결과에 따르면, 아이러니하게도 급여나 상여금만을 보상으로 받는 관리자들보다 근무하는 회사의 지분을 주식을 통해 보유한 자산 관리자들의 총수입이 장기적인 차원에서 훨씬 더 높았다.[37]

그러므로 현대 금융업계의 부정 출발 문화뿐 아니라 이를 부추기는 인센티브 구조가 장기적인 관점보다는 단기적인 관점을 따르는 사람들을 양산한다.

사업 목표가 장기적 관점을 방해하는 또 다른 방식은 목표가 '상한'으로 여겨질 때다. 이것이 가장 잘 드러난 것이 바로 '뉴욕시의 택시 효과'다. 뉴욕시의 경우 비가 내리면 택시 잡기가 어려워진다. 일반적인 상식에 따르면 수요가 높아서 그렇다고 생각할 수 있다. 그러나 수요뿐만 아니라 공급이 줄어들기 때문이기도 하다. 연구자들은 택시 기사들이 날씨가 좋지 않은 날을 충분히 활용하지 않는 경우가 많다는 사실을 발견했다.[38] 물론 기사들은 온종일 일해서 돈을 벌 수 있다. 그러나 현실에서는 기사들이 자신이 세운 하루의 목표(수입)를 서둘러 달성한 뒤 근무를 중단한다. 비가 오는 날에는 짧은 거리를 가기 위해 택시를 이용하는 승객의 수가 훨씬 많다. 이 때문에 비 오는 날 택시 기사들의 수입이 맑은 날에 비해 좋은 편이다. 그러나 (하루 목표금액을 더 빨리 달성할 수 있기 때문에) 시간이 어느 정도 지나면 운행 택시의 수가 점점 줄어들게 된다.

택시 기사들은 풍요로운 은퇴를 위해 비 오는 날 돈을 좀 더 벌겠다고 마음을 먹을 수 있지만, 쉬고 싶은 유혹 역시 상당히 강하게 느낀다. 그들을 비난할 수 있는 사람은 없다. 택시 운전은 어려운 직업이니까. 그러나 중요한 것은 택시 기사들이 하루 목표 수입을 무시하고 정상적으로 하루를 꽉 채워 일하게 된다면 장기적으로는 지금보다 더 나은 삶을 살 수 있다는 것이다.

《성과지표의 배신The Tyranny of Metrics》의 저자인 역사학자 제리 멀러Jerry Muller는 지표에 대한 집착이 현대사회가 직면한 많은 문제의 근본 원인이라고 지적한다. 이러한 지표에 대한 집착은 비즈니스뿐만 아니라 다양한 유형의 조직에서도 나타난다. 중범죄가 감소할 때 승진 기회가 주어진다면, 경찰들은 범죄 사례를 낮추거나 애초에 기록하지 않으려고 할 것이다. 외과 의사의 경우, 수술 성공사례를 발표하게 되어 있고 이것이 수입과 명성에 영향을 미친다면, 이들은 성공사례 점수를 높이기 위해서 힘든 수술을 필요로 하는 환자를 거부할 수 있다.

이와 관련해서 멀러는 이렇게 결론을 내린다. "많은 이들이 다양한 방법을 통해서 성과지표를 조작하는 일에 능숙해졌다. 당연히 이러한 행위는 궁극적으로 조직 운영에 부정적 영향을 미친다." 영국 경제학자 찰스 굿하트Charles Goodhart의 이름을 딴 "굿하트 법칙"에는 지표가 사람들의 행동에 미치는 부정적인 영향이 잘 기술되어 있다. 굿하트 법칙에 따르면 "척도가 목표가 되면, 그 척도는 척도로서의 가치를 잃게 된다."

이러한 것이 자본주의를 단기주의로 만드는 근본 이유일까? 단기주의는 모조리 다 근절해야만 하는 것일까? 반드시 그렇지는 않다. 어쨌든 단기주의도 수백 년 동안 인류 문화의 한 축을 담당해오면서, 삶의 수준을 향상하고 수억 명의 빈곤 탈출에 기여했다.

좀 더 멀리 눈을 돌려보면 다양한 형태의 자본주의가 이전에도 존재했었다는 것을 알 수 있다. 그러므로 앞으로 다양한 형태의 자본주의가 등장할 가능성도 있음을 알 수 있다. 오늘날 엄청난 지배력을 발휘하고 있는 서구식 자본주의가 자리를 잡은 것은 겨우 20세기 후반에 들어서다. 제2차 세계대전 후 학자, 비즈니스 리더, 경제학자로 이루어진 몽페를랭회Mont Pelerin Society는 서구세계에 자유시장의 신자유주의적 가치를 접목할 목적으로 케인스 사망 1년 뒤인 1947년에 결성됐다. 케인스가 살아 있었다고 하더라도 몽페를랭회에 초대를 받거나 그 자신이 가입을 원하지는 않았을 것이다.[39] 사실 몽페를랭회 회원 중 다수가 자본주의 체제 내에서 정부의 역할이 커야 한다는 케인스의 생각을 강력하게 반대했다. 대신 그들은 정부의 개입과 규제는 최소한으로 제한되어야 한다고 생각했다. 이들의 주장은 결국 공급측면의 경제학supply-side economics으로 발전했으며, 적은 세금, 작은 정부, 자유무역을 표방한 레이건과 대처 총리의 독트린이 지배하던 1980년대에 들어가 상당한 지지를 받았다.

당연히 이러한 방임주의적인 접근법은 장점이 많지만, 의식하지 못하는 사이에 근시안적인 문화를 서서히 확산하는 빌미를 제공했다. 그리고 자본주의가 불평등 확산, 환경변화, 가계 수입의 정체와 같은 오랜 시간에 걸쳐 나타나는 변화에 놀라울 정도로 제대로 대처할 수 없음을 드러냈다. 그뿐만 아니라 코비드19와 같은 팬데믹이나 2008년 금융위기와 같은 위기를 예측하는 데도 실패했다. 경제학자 마리아나 마추카토Mariana Mazzucato와 마이클 제이콥스Michael Jacobs는 "이러한 모든 면에서 보면 최근 수십 년 동안 서구식 자본주의의 행태는 상당히 문제의 소지가 있다.[40] 문제는 이러한 실패들이 일시적이지 않고 구조적이라는 데에 있다"라고 지적한 바 있다. 그렇다고 해결책이 없다는 의미는 아니다. "서구식 자본주의가 반드시 실패하게 되어 있는 것은 아니다. 그러나 다시 생각해볼 필요는 있다."

현대 서구 자본주의의 문제점을 지적한 마추카토와 제이콥스의 의견에 동의하는 경제학자 또는 기업의 최고경영자들은 더 있다. 자문회사 맥킨지의 상무이사를 지낸 도미닉 바튼Dominic Barton은 이렇게 말한다. "지난 수십 년에 걸쳐 확립된 분기 보고를 강조하는 자본주의의 문제는 자본주의 자체라기보다는 자본주의 한 유형의 결함이라고 봐야 한다." 그는 자본주의의 해체까지 필요치 않고 쇄신이 필요하다고 지적한다. "장기적인 관점에서 자본주의를 쇄신한다면 자본주의는 내구성과 회복력이 좀 더 뛰어나고, 보다 공평하고, 지금 세계가 필요로 하는 지속 가능한 경제 성장을 달성할 수 있는 좀 더 효율적인 시스템으로 거듭날 수 있다."[41]

최근 몇 년간, 쇄신에 대한 다양한 구상과 제안이 제시되고 있다. 이러한 구상과 제안들의 공통점은 기업이 단기 이익이나 성장 하나에 천착하기보다는 더 다양한 목표를 세워야 한다고 한목소리를 내고 있다는 점이다. 비즈니스 분야에는 '의식적 자본주의conscious capitalism'가 있다. 지속성장과 환경보호주의 인증을 바탕으로 비즈니스를 운영하는 브랜드들의 영향을 받아 시작된 운동이다. 정책에서는 영란은행과 바티칸이 주장하는 '포용적 자본주의inclusive capitalism'가 있다. 포용적 자본주의는 장기적인 자본주의의 활용을 주장한다. 비콥 운동B-corporation movement도 있다. 이 운동에서 인증을 획득한 기업은 "자신들의 결정이, 직원, 고객, 공급업체, 이웃공동체 그리고 환경에 미치는 영향을 의무적으로 고려해야 한다."

한편 우리도 장기적 안목을 가질 수 있다는 것을 몸소 보여준 개인이나 기업들이 상당히 많다. 앞서 확인했듯이, 유니레버의 파울 폴먼은 분기 보고를 하지 않겠다고 발표한 후 투자자들로부터 외면당했지만 10년 후 유니레버는 훨씬 더 건강한 기업의 모습으로 거듭났으며, 여타 경쟁사들보다 앞서가고 있다. 현재 환경친화적인 세제를 생산하는 세븐 스 제너레이션이나 비콥 인증을 획득한 벤 앤 제리스를 포함해 유니레버의 많은 자회사는 모기업의 장기적 비전이 대중의 신뢰를 얻으면서 지속적인 성장을 이어가고 있다.

폴먼이 회사를 떠나자, 〈파이낸셜 타임스Financial Times〉는 그를 "이 시대에 가장 특별한 최고경영자들 중 한 명"이라고 기술하면서, "회사 운영과 기업의 사회적 역할에 대한 그의 철학은 가치가 있을 뿐만 아니라 선구적이었다. (중략) 그는 기업과 기업의 행태에 환멸을 느끼는 이들에게 새로운 담화를 던지는 데 기여했다."[42]

맥킨지는 투자계획서, 실적, 성장 데이터를 바탕으로 600여 개의 미국 공기업들의 단기적·장기적 습성을 13년에 걸쳐 분석했다.[43] 이 기간에 맥킨지의 분석가들은 장기적 투자를 한 기업들이 다른 기업들의 수입에 비해 평균 47퍼센트 더 신장했으며 변동성도 더 작았다는 사실을 발견했다. 또한 장기 투자한 기업들의 시가총액 역시 다른 기업들보다 70억 달러 더 신장했으며 주주 수익률도 더 나았다. 마지막으로 장기 투자 기업들은 다른 기업들보다 평균 1만 2000개의 일자리를 더 창출했다. 만약 모든 기업이 장기적 안목으로 기업을 운영했다면, 미국 경제는 13년 동안 5백만 개 이상의 신규 일자리를 창출할 수 있었다.

폴먼이나 다른 기업인들의 접근방식은 기업들이 공개하는 미래에 관한 정보가 바뀌면, 장기적 비전을 선호하는 주주들, 일명 헌신적(동반자적) 투자자들dedicated investors의 투자를 받을 수 있다.[44] 반면 단기주의적 접근법은 단기 성과를 노리는 투기 성향의 투자자들을 유인한다. 영향력 있는 투자자 워런 버핏Warren Buffett은 이렇게 말한 바 있다. "기업은 기업이

지향하는 주주들을 모으게 마련이다."

　이러한 접근법을 취한 것으로 잘 알려진 사람 중 한 명은 바로 경영일선에서 물러나기 전, 아마존 CEO 제프 베이조스Jeff Bezos다. 그는 아마존의 장기 원칙들을 시장과 정기적으로 공유했다. 1997년 주주들에게 보내는 첫 번째 뉴스레터에서 그는 이렇게 밝혔다. "우리 기업의 가장 근본적인 성공 기준은 장기적 관점에서 우리가 창출하는 주주 가치가 될 것이다." 이 말을 매년 거듭 천명했다. "투자자들을 위해 우리가 할 일은 우리가 지향하는 방향을 굉장히 투명하게 밝히는 것이다. 그러고 난 뒤 선택은 투자자의 몫이다."[45] (베이조스는 기업 경영 이외에도 장기적인 관점을 지향했으며, 간혹 분열을 초래하는 결과를 내기도 했다. 그는 우주탐사나 핵융합 분야에도 투자했다. 롱 나우 파운데이션Long Now Foundation의 '만년 시계'가 설치된 부지의 소유자이기도 하다. 만년 시계는 장기적 사고의 중요성을 상징하는 프로젝트로 만년마다 째깍거리게 설계되어 있다. 이 프로젝트는 3부에서 다시 논의하게 될 것이다.)

　이처럼 장기적 관점을 이야기하고 이를 소통하는 것은 중요해 보인다. 연구자 프랑스와 브로쉐François Brochet, 조지 세라파임George Serafeim, 마리아 루미오티Maria Loumioti는 3613개 회사의 실적 컨퍼런스콜 전사 자료를 무려 7만 개 이상 분석했다. 그들은 '다음 분기,' '올해 하반기'처럼 단기를 강조하는 단어들의 수와 '수년' 그리고 '장기'와 같은 장기적 사고를 강조하는 단어들 수를 각각 셌다. 단기주의적 언어를 사용하는 관리자들은 대체적으로 실망스러운 실적을 보고할 때 수년간의 R&D 예산을 삭감하는 경향을 보이는 기업에서 일했다. 연구자들은 이러한 기업의 주주 구성도 분석했는데, 헌신적인 투자자들보다 단기수익을 노리는 투자자들이 좀 더 많은 것으로 확인됐다.

브로쉐와 그의 동료들은 관리자가 메시지의 톤을 결정하는 데 크게 기여한다는 점을 명심해야 한다고 말한다. "투자자에게 말할 때 기업이 사용하는 언어는 해당 기업이 나아갈 방향을 가리키는 중요한 지표다. 단기 실적을 강조하는 콘퍼런스콜에 참석한 투자자들은 대체적으로 단기 실적을 중시한다."[46]

그러나 서구식 자유시장 자본주의가 진정한 장기주의적 사고의 자본주의로 변모하려면, 오늘날의 자본주의가 확립된 문화권이 아닌, 다시 말하면 서구식 자본주의의 관행을 온전히 다 받아들이지 않은 국가들의 생각에 주목할 필요가 있다. 수백 년 동안 장기적 관점에서 경영활동을 해온 기업들을 다수 보유한 국가는 바로 일본이다. 나머지 국가들이 일본을 통해서 배울 교훈이 있지 않을까?

천년 기업

약 10년 전, 일본의 테크 기업 소프트뱅크의 카리스마적인 경영인 마사요시 손Masayhoshi Son은 무대에서 장기적 관점에 기반한 미래 비전을 이야기하고 있었다. 그런데 이 계획은 내가 미국이나 유럽의 대기업에서는 한 번도 들어본 적 없는 것이었다. 굉장히 대담하면서 어떤 부분은 약간 기이하게 들리기는 하지만 전체적으로 매력적인 비전이었다.[47]

한 주주 회의가 끝나고 손은 침울한 목소리로 시작해 슬픔, 고독, 절망을 이야기했다. 이쯤 되면 당신은 불편한 마음에 의자에서 몸을 뒤척이는 관객도 몇 명 있으리라 짐작할 것이다. 그리고 나서 행복, 자아실현, 과업 완수에 대해 말하면서, 소프트뱅크의 역사가 회사를 인류 행복을 뒷받침할 정보혁명을 이끌 적임자로 만들었다고 주장했다. 지금까지는 그런 기업이다.

그러나 몇 가지 사실과 수치들을 제시한 뒤 그의 발표는 정말로 대담해졌다. 손 회장은 발표 슬라이드의 제목을 〈30년의 비전〉이라고 붙였다. 그러나 그의 비전은 30년보다 훨씬 더 먼 미래를 지향하고 있었다. 그는 향후 300년 뒤 소프트뱅크의 역할을 이야기할 예정이었다. 그는 "30년만으로는 충분하지 않습니다"라고 말했다. 그 뒤 상당히 이례적인 내용을 담은 여러 장의 슬라이드가 등장했는데, 공상과학소설에나 등장할 이야기가 많았다. 슬라이드 안에는 다소 화질이 떨어지는 스톡 이미지들과 마더 테레사의 말, 침팬지의 뇌세포와 인간의 뇌세포 비교, 복제 양의 이미지, 인류 종말에 대한 논의 등이 담겨 있었다.

손은 수백 년 뒤에 등장할, 뇌 기반의 컴퓨터, 감정이 있는 AI, 복제, 텔레파시, 뱀 모양의 재난 구조 로봇, 가상현실, 인공 장기, 인간과 기계의 공생을 포함해서 미래 기술에 관해 이야기했다. 그는 2030년이 되면 인간의 평균수명이 200세에 이를 것으로 예측했다. 그리고 그는 미지의 바이러스를 포함해 앞으로 도래할 위기에 대해서도 짧게 이야기했다. 바이러스의 공격에 관한 이야기는 2020년 팬데믹을 미리 내다본 듯했다.

한 장의 슬라이드 위에는 "길을 잃을 때마다 시선은 먼 곳을 향해야 한다"라고 쓰여 있었다. 또한 300년 전의 과거와 300년 후의 미래를 볼 수 있는 지혜가 있어야 한다고 강조하면서, 유대감이나 사랑에 대한 필요와 같이 시공을 초월해 이어져 내려오는 인간 본성이 지닌 특성을 강조했다.

아마도 이 슬라이드를 통해서 그가 달성하려고 했던 것은 확실한 미래예측이 아니었을 것이다. 어떤 면에서 미래 기술에 관한 설명은 자의적이었다. 그러나 결과적으로는 소프트뱅크가 장기적 사고를 하고 있음을 주주와 세상에 보여줬다.

이후 소프트뱅크는 막강한 투자회사가 되어 일본 밖으로 사세를 확장했다. 소프트뱅크는 세계 최대 규모 벤처기금 중 하나인 천 억 달러 규모의 '비전' 기금을 통해 회사의 핵심 분야인 통신 부문 이외에도 인공지능에서부터 의료기술에 이르는 다양한 분야에 장기 투자한다. 또한 소프트뱅크는 우버, 알리바바, 스프린트, 티모바일과 같은 기업의 지분을 보유한 대주주가 됐다. 물론 사무실 임대 전문 기업 위워크의 사례에서처럼 막대한 투자 손실을 본 경우도 종종 있지만, 손 회장은 자신이 믿는 장기적 사고를 끈질기게 밀고 나간다. 그는 이러한 접근법을 '함대 전략fleet stretagy'이라고 하는데, 다양한 산업 부문에 투자하는 것이다.

소프트뱅크는 비교적 현대인 1980년대에 수립된 회사지만, 앞으로 300년 동안 번영을 구가한다면 이는 일본 기업의 국가적 전통과 일치한다. 일본의 몇몇 기업은 세계에서 가장 오래된 역사를 자랑한다. 일본 기업 중 3만 3000개 이상이 100년이 넘는 역사를 지녔다.[48] 차판매회사에서부터 대형 건설사에 이르는 이 기업들은 노포oldshop를 의미하는 '시니세shinise'라고 한다. 유럽의 경우 수백 년이 넘는 역사를 가진 기업은 극소수다. 이탈리아의 화기 제조사 베레타Beretta는 1526년에 창립됐고 네덜란드 맥주회사 그롤쉬는 1615년에 설립됐다. 그러나 일본에서는 수백 년 된 오래된 기업을 만나는 것이 훨씬 흔하다.

일본 기업의 수명이 이렇듯 오래 지속되는 이유는 무엇일까? 물론 일본의 문화적인 이유를 빼놓을 수 없다. 예를 들어 다수의 일본 기업은 입양을 장려하는 독특한 문화를 갖고 있다. 일본에서는 성인 남성을 가족의 일원으로 입양하는 관행이 있다. 몇몇 추정치에 따르면, 전체 입양 가정 중 90퍼센트 이상이 어린이가 아닌 성인을 입양한다.[49] 입양된 아들이 가족의 성을 물려받고, 가족이 된 집안의 조상 앞에서 충성을 맹세하며, 결국 가족의 호주인 가토쿠katoku가 된다. 일본 대기업 중 파나소닉과 스즈키 사도 아들을 입양했다.

일본 기업을 연구하는 연구자들에 따르면 상속자를 입양한 회사들이 친자 상속자가 이끄는 회사보다 지속적으로 나은 실적으로 보이고 있다. (그리고 친자 상속자의 회사들은 비가족 회사들보다는 실적에서 앞선다.)[50] 상속자를 입양하는 일본의 문화적 관행은 자신도 입양의 영광을 얻을 수 있다는 가정을 바탕으로 유능한 관리자들이 장기적으로 회사에 헌신할 수 있도록 유도한다. 반면에 입양아에게 자리를 빼앗길 수 있다는 생각에 친자 상속자들 역시 최선을 다해 회사에 헌신한다. 이는 '일반적으로 유산 상속은 재능과 에너지를 죽인다'라고 말한 1899년 미국 재벌 카네기의 주장과 배치된다.

앞서 일본에 장수 기업이 많은 이유가 문화적 특징 때문이라고 지적한 바 있다. 부인할 수 없는 사실이다. (몇몇 연구에 따르면 서구의 경우, 여성 이사가 더 많이 포함된 이사회들이 장기적 관점의 전략을 수립하는 경우가 많다.)[51] 그렇다 해도 이러한 장기적 관점의 유인 구조는 다음 부서나 직장으로 이동하기 전 '자신의 이익을 위해 조직을 희생시키는' 서구 관리자들의 관행과는 상당히 대조적이다. 이러한 차이가 의미하는 것은 직원들에게 경영주의 장기적 비전에 투자할 수 있는 기회가 주어질 때, 기업수명의 궤적과 부에 막대한 영향을 미칠 수 있다는 것이다. 생각해보면 팀켄 컴퍼니도 그렇다. 회사가 분할되기 전, 팀켄은 5대에 걸친 가족 경영

시대를 구가했다.

기업 경영인 아리드 게 우스Arie de Geus는 "장수 기업에는 공동체 의식이 존재하며, 관리자는 자신을 장수 기업의 집사라고 생각한다"라고 주장한다. 직원들이 자신을 회사라는 공동체의 일원으로 생각할 경우, 장기적 관점을 고취하기가 좀 더 수월하다. 단기주의 원칙에 따라 운영되는 조직은 물웅덩이와 같아서, 나쁜 환경이 조성되면 사라질 가능성이 높아진다. 반대로 장기적 안목을 갖고 운영되는 조직은 강에 비유할 수 있다. 그는 이렇게 덧붙였다. "물웅덩이와 달리, 강은 자연의 영구적인 특징, 즉 상수에 해당한다. 비가 오면 강은 불어날지 모른다. 햇볕이 내리쬐면 강물은 줄어들 수 있다. 그러나 강 하나가 사라지려면 길고 심각한 가뭄이 닥쳐야 한다."[52]

그러나 일본과 같은 미국 이외의 나라에서 장기적 관점의 자본주의가 운영되고 있는 이유는 문화적인 요인 이외에도 많다. 시니세와 관련해서 한 가지 흥미로운 사실은 일본 장수 기업 중 다수가 유행이 절대 식지 않는 서비스를 제공한다는 것이다. 300년 이상의 역사를 지닌 1000개의 장수 기업 중 230개는 주류 회사이고 117개는 호텔사업을 하며 155개는 식품 회사들이다.[53] 그러나 장수 기업이 많은 이유는 회사가 스스로와 직원들에게 부과하는 목표 그리고 우선순위와 관련이 있다. 규모 확장, 이윤의 극대화, 분기 보고, 또는 시장 확대 등이 기업의 최우선 순위가 아니다. 대신 최우선 순위까지는 아니더라도 윤리적이고 안정적인 경영 또는 차세대에게 물려주기 등과 같은 다른 목표들을 이루고자 노력하는 것 역시 중요하다. 일반적으로 일본 기업들은 위기 혐오 성향이 더 강해서 유사시를 대비해 막대한 현금준비금을 보유한다.

목판화와 화보집을 생산하는 128년 된 기업 은소도Unsoudou의 회장은 시니세를 연구하는 연구자들에게 유산과 혁신의 균형을 맞추려는 지속적 노력이 필요하다고 말했다. "나는 조상님들에게 감사한다. 그들이 남긴 유산을 바탕으로 지금 우리가 기업을 운영할 수 있기 때문이다. 그런 감사의 마음이 상당히 강하다. (중략) 비즈니스 기회가 온다면 거절하지는 않는다. 그러나 이 사업 기회를 잡은 것이 항상 최선의 선택이라고 생각하지는 않는다. 그 기회는 긴 역사의 작은 일부에 불과하기 때문이다. 중요한 것은 오래 지속될 수 있는 기업을 만드는 것이다."[54]

그의 말을 단적으로 보여주는 사례는 578년에 설립된 건축회사 곤고구미Kongō Gumi다. 이 회사는 일본어로 집을 의미하는 '이에ie'라는 개념을 도입하고 지속성을 강조한다. 또한 18세기에 시작된 구체적인 지침이 지금까지 이어 내려온다.[55]

늘 상식적으로 생각하고 행동하라.

지나친 음주를 삼가고, 외설스러운 언어를 사용하지 않으며, 타인에 대해 나쁜 마음을 품지 아니한다.

독서를 섭렵하고 주판으로 계산하고 기술을 항상 단련한다.

주어진 업무에 항상 최대한 집중한다.

문어발 확장을 하지 않고 핵심 사업에 집중한다.

예의 바르고 겸손하게 행동하며 자신의 위치를 자각한다.

타인을 존중하고 그들의 말에 귀를 기울이되, 지나치게 휘둘리지 않도록 한다.

직원을 따뜻한 마음과 친절한 말로 대한다. 그들이 편하게 일할 수 있게 해주고 진심으로 대한다. 그러면서도 보스로서 너의 역할을 강화할 수 있는 환경을 만든다.

임무를 부여받고 나면 다른 사람과 그 일로 다투지 말아라. 특히 고객과 다퉈서는 절대 안 된다.

곤고구미는 신도 사상의 원칙을 지키는 것으로 오랜 세월을 버텨내고 태풍, 전쟁, 지진과 같은 다양한 위기의 순간들을 견뎌낼 수 있었다. 경영진이 항상 옳은 결정을 내린 것은 아니다. 특히 1980년대와 1990년대 아파트, 병원, 호텔 건설로의 확장은 변동이 심한 부동산 시장에서 타격을 입기도 했다. 그리고 2021년 현재 곤고구미는 여전히 건재하고 1400년 전 목수들이 사용하던 동일한 건축기술을 사용하고 있다.[56]

어떤 장수 기업은 지속적 요구를 충족시키는 서비스로 살아남았다면 어떤 장수 기업은 사회적 변화에 끊임없이 적응하면서 살아남았다. 1560년 쇠 주전자 제조업체로 시작한 NBK는 현재 하이테크 기계 부품을 생산하고 있다. 일본식 화투hanafudu 제조사로 출발한 기업의 이름을 들어본 적이 있을 것이다. 바로 일본의 거대 게임회사 닌텐도. 비록 '슈퍼마리오'와 '젤다의 전설' 등과 같은 디지털 세계를 구축한 닌텐도의 기원을 알게 되면 백만 마일 떨어진 먼 과거 이야기처럼 들릴지 몰라도, 여전히 닌텐도의 핵심 사업은 절대 사라지지 않을 인간 본성의 한 축인 놀이다.

장수 기업들의 특징을 분석한 게우스는 일본의 장수 기업들은 주변 세상(주변인들)에 대한 남다른 세심함을 갖고 있다고 지적했다. "불경기, 기술, 정치의 업앤다운이 있을 때, 그들은 늘 안테나를 켜고 주변 변화에 주시하는 데 능하다."

장수 기업이 되고 싶은 기업은 주변의 소음을 무시하고 인간 본성의 변하지 않는 요구를 충족시키는 데 집중해야 한다. 기술은 와해될 수 있고 재료와 광석은 고갈될 수 있으며 수요와 유행은 오고 간다. 그러나 인간 세상이 어떻게 변화하든 인간의 활동, 행동, 욕구는 한결같이 그 자리를 지킬 것이기 때문이다.

이러한 특징 중 다수가 수백 년의 역사를 이어온 장수 기업들에게서 발견된다. 2019년 프레데릭 하누쉬Frederic Hanusch와 프랑크 비어만Frank Bierman은 곤고구미와 서구식 자본주의 안에서 그리고 그 외에도 사업을 운영하는 전 세계 다른 장수 기업들 사이의 공통점을 연구했다. 이들 기업은 1668년 설립된 스웨덴의 중앙은행Sveriges Riksbank, 1534년 설립된 케임브리지 대학, 1787년 설립된 메리본 크리켓클럽Marylebone Cricket, 1824년 창설된 왕립인명구조협회the Royal National Lifeboat Institution, 1839년 설립된 반노예연대Anti-Slavery International, 859년 설립된 모로코의 알카라윈 대학University of Al Quaraouiyine, 829년 설립된 오텔 디유Hôtel-Dieu de Paris병원이다.

분석 결과 이들 기관에서 다수의 공통점이 발견됐다. 이 기관들은 시공을 초월한 인간의 욕구를 달랠 수 있는 탁월한 서비스를 제공하는 '선의의 독점자'들이 많다. 또한 이들은 왕족이나 종교단체와 같이 권력과 다른 장수 기관들과의 긴밀한 연대 관계를 맺고 있는 경우도 많다.

그러나 오늘날 기업이 기억해야 할 가장 중요한 교훈 중 하나는 장수 기업들이 사회 공동체를 광범위하게 이롭게 한 사회변화 또는 사회안정의 주체로 인정받는다는 것이다. 이 장수 기업들은 주주나 고객만이 아닌 장기적 공익을 중시하는 경우가 많다.

반노예연대Anti-Slavery International는 전 세계의 노예제도를 없애고자 노력한다. 스웨덴 중앙은행은 '힘과 안정을 위해'라는 원칙을 통해서 안정을 도모하며, 이는 은행의 투자원칙에 근간을 이루고 단기적 수익에 천착하지 않으려고 한다. 그리고 모로코의 알라카윈 대학University of Al Quar-aouiyine은 이슬람교의 신념과, '자카트zakat'를 의미하는 이슬람공동체의 사회적 책임과 '와크프waqf'를 통한 기부와 같은 자비의 개념에 기초한 교육을 제공한다. 이슬람의 종교적 신념 하에 와크프는 사후에도 남을 수 있게 부를 나눌 것을 권장한다. 이 원칙은 이 대학의 설립 연도인 859년으로 거슬러 올라간다. 당시 튀니지 출신의 이민자 파티마 알 피리Fatima al-Fihri는 상속받은 재산을 공동체 모스크와 학교를 짓는 데 기부했다. 이 대학은 유럽의 가장 오래된 대학들보다 거의 100년 이상을 앞서서 설립됐다(볼로냐 대학은 1088년 설립됐다).

일반적인 회사가 이러한 교훈을 모두 따를 수는 없다. 그러나 현대의 기업들보다 훨씬 오랜 세월을 이어져 내려온 조직들에서 배울 것은 훨씬 많다. 오랜 지혜의 측면에서 서구식 자본주의는 실리콘 벨리의 발명가들을 포함한 가장 최근의 성공사례들만을 참고한다. 현대의 현자들은 최신 과학전문가들일 때가 많다. 이들은 우주탐사 또는 하이퍼루프 여행에 대해서 말한다. 그러나 이러한 기술회사들은 사회 속에서 이미 뿌리를 내린 장수 기업들에 비하면 역사가 훨씬 짧고 입증된 기록도 많지 않다는 것을 기억할 필요가 있다.

작가 나심 니콜라스 탈레브Nassim Nicholas Taleb가 제안한 '린디 효과Lindy Effect' 규칙에 따르면, 만일 아이디어, 신념, 문화와 등 어떤 것이 얼마나 오래갈지 궁금할 때는 "존속 기간이 얼마나 됐지?"라는 간단한 질문 하나만 던져보라고 말한다.[57] 한 실체entity의 수명이 정해지지 않은 경우, 오래된 것일수록 더 오래 생존할 가능성이 더 크기 때문이다.

그러므로 요약하자면, 분기 보고에서부터 잘못된 개별 목표에 이르기까지, 자본주의의 최근 발명품이나 규범 중 다수가 결합되어 21세기 근시안적 행동을 부추기는 주요 요인으로 작용했다. 단기주의를 유발한 요인을 하나만 꼽을 수 없듯이 이를 해결할 하나의 만병통치약 또한 없다.

이 장에서는 자본주의에 초점을 맞췄지만 모든 조직에 적용될 수 있다. 보건, 교육, 의료, 자선단체 등 어느 분야에서 일하든, 이러한 잘못된 유인책들은 일과 삶의 다양한 영역에서 발견된다. 다행히도 장기적 안목을 지닌 개인이나 장수 기업이 주는 교훈은 기업이 단기주의의 시간적 압박을 초월하는 것이 불가능한 일은 아니라는 것이다. 자본주의는 과거에 변화를 겪었으므로 다시 변화할 수 있다. 그럴 뿐만 아니라 지도자들이 즉각적인 즐거움을 뒤로 미루고 장기적인 비전을 세상과 소통할 준비가 되어 있다면, 보상이 따라오리라는 것을 보여주는 증거는 많다.

그러나 자본주의 전반을 지배하는 단기주의만으로 근시안의 시대가 도래한 이유를 설명할 수는 없다. 다음 장에서 알게 되겠지만 사회의 다른 여러 중요 부분이 복합적으로 작용해 현재에 천착하게 만든다. 그것은 투표소에서 시작된다.

3. 정치적 압박과 민주주의의 최대 결함

소유물이 무엇이든 보유 기간의 안정성 또는 불안정성에 비례해 그 소유물에 관심을 보이는 것이 인간 본성의 일반 원칙이다.

- 알렉산더 해밀턴Alexander Hamilton [01]

국가는 국민이 종교나 사회를 통해 더는 얻을 수 없는 미래에 대한 희망을 다시 회복하는 데 헌신해야 한다.

- 알렉산더 드 토크빌Alexander de Tocqueville [02]

1980년대 초반 미국의 정치가 데이비드 스톡맨David Stockman은 오만한 단기주의와 몇 차례 개념 없는 발언으로 유명세를 얻었다. 당시 그는 젊고 이념적인 보수주의자였다. 잡지에 부정적인 인물 소개를 쓴 한 기자의 말을 빌리면, "그는 34세지만 나이보다 어려 보였다. 덥수룩한 머리에 중간중간 흰머리가 보였지만 약간 어리숙한 대학생처럼 보였다. 촌스러운 안경을 썼으며 목젖이 두드러지게 튀어나와 있었다. 딱딱한 푸른색의 정장을 입은 패기에 찬 보좌관들이 의사당 복도를 총총걸음으로 돌아다닐 때 하원의원 스톡맨도 같은 푸른색 정장을 입고 있어서 보좌관으로 오인되는 경우도 많았다."[03]

스톡맨은 정치 초보였지만 영리한 정치전략가였다. 당시 로널드 레이건Ronald Reagan 대통령 눈에 들어 1981년 행정관리예산국 국장에 임명됐다. 이 행정관리예산국은 국가 재정의 지출 감독 기관으로 미국 행정부 내에서 가장 강력한 권한을 가진 기관 중 하나다.

레이건은 연방 예산의 낭비를 없애겠다는 공약을 밀어붙인 덕택에 대통령에 당선됐다. 따라서 스톡맨은 그 공약을 지키는 것이 자신의 임무라는 것을 알았다. 그는 최대 400억 달러에 달하는 사업들을 연방 예산에서 삭감했다. 그는 대통령의 재선을 목표로 빠르게 행동해야 했다. 곧 워싱턴 정가에는 볼멘소리가 터져 나왔다. 에너지부 예산은 반토막이 났고 낙농가 정부 보조금은 10억 달러나 삭감됐으며 노령층 사회보장제도인 메디케이드 지출은 상한액이 정해졌다. 식품 구입권의 수령요건이 강화됐고 교육비 지원금도 25% 삭감됐다. (그러나 국방비 예산은 레이건 대통령의 공약 때문에 그대로 유지했다).

1981년 〈워싱턴 포스트Washington Post〉의 한 기사는 "야망을 이루기 위해 조급했던 이 엘리트 청년은 남들보다 앞서 달리면서, 정책 변화를 관철하고 여기저기 예산을 삭감했으며 그가 언급했듯 하루 20시간에서 25시간씩 열심히 일했다"라고 전했다.[04] "이전의 수많은 똑똑한 젊은 정부 관료들처럼 그의 시야도 좁아졌다. 모든 결과는 즉각적이어야 했다. 장기주의적 사고는 설 자리를 잃고 단기주의적 사고가 그 자리를 메웠다."

그러나 곧 스톡맨은 다른 모든 정치인과 보좌관처럼 장기적인 문제에 직면했다. 당시 파산 조짐을 보이던 공공연금(사회보장연금)을 개혁하라는 압박이 거세지고 있었다. 야당인 민주당 의원들은 현금을 투입하는 계획을 제안했지만 스톡맨은 거절했다. 대신 즉각 숨통을 트이게 해줄 것이라는 이유로 조기 퇴직자의 연금 혜택을 대폭 삭감하는 계획을 제안했다.

자신이 제안한 계획에 관한 질문에 그는 다음과 같이 황당한 답변을 내놨다. "전 누군가가 2010년에 직면할 문제를 해결하는 데 막대한 정부 예산을 사용해서는 안 된다고 생각합니다."[05]

참으로 경솔한 말이었다. 수십 년 뒤, 이는 정치인의 단기주의적 사고를 보여주는 일례로 학술서적이나 논문 그리고 예산 관리에 관한 무수한 신문 기사와 요약 보고서에 수도 없이 인용됐다.[06]

스톡맨은 상당히 솔직한 사람이었다. 과거에도 그리고 지금도, 그와 같은 위치의 정치인이 막대한 희생을 치르면서까지 차기 행정부를 이롭게 할 정책을 추진할 이유는 없다. 그러나 솔직함은 정치 세계에서 중요한 덕목은 아니다. (불명예스럽게 끊임없이 인용되어 그를 괴롭히는 직설화법은 또 있다. "우리 중 누구도 이 막대한 돈을 써야 하는 이유를 이해하는 사람은 없습니다.") 기자들에게 자신의 근시안적 사고를 숨김없이 드러낸 것까지는 용납할 수 있는 일이지만, 레이건 대통령의 경제 정책을 비판한 그는 문책성으로 백악관의 호출을 받았다.

스톡맨은 당시 백악관 비서실장 짐 베이커가 자신에게 한 말을 회고했다. "'자네, 잘 듣게. 지금 윗분 심기가 아주 불편하시네'라고 말하면서 자기가 아니었다면 난 해고됐을 거라고 말하더군요. '각하와 점심을 하게 될 것이고 메뉴는 굴욕일 걸세. 그렇더라도 끝까지 참고 하나도 남김없이 다 먹고 나와야 하네. 말도 안 되는 실수를 저질렀으니 당연하다고 여기고.'"[07]

스톡맨은 점심을 마치고 나와서 '벌'을 받았다고 말했다. 그는 미시간의 부모님 농장에서 어린 시절 받았던 벌이라는 단어를 사용했다. 그는 레이건 대통령이 눈물을 보였다는 말도 흘렸다. 스톡맨은 이후 몇 년간 행정관리·예산국장으로 일하다가 이후 월가로 갔다.

이념과 소속 정당과 떠나 모든 정치인에게 30년 뒤 일어날 타인의 문제에 집중한다는 것, 생각나지 않는 먼 미래의 일에 관심을 두는 일은 하나의 도전이다. '정치하면서 가장 어려운 일 중 하나는 아주 먼 미래에 성과를 낼 수 있는 일이나, 아무 조처를 취하지 않은 데 대한 대가를 수십 년 뒤에나 치를 건을 지금 처리하는 것'이라며 버락 오바마 전 대통령은 진한 아쉬움이 묻어나는 말로 임기를 회고했다. 장 클로드 융커Jean-Claude Juncker유럽연합 집행위원도 어렵지만 꼭 필요한 경제 정책의 결정과 관련해서 이렇게 말한 바 있다. "우리 정치인은 어떤 사안을 선택해야 한다는 것을 알지만, 그 결정 때문에 재선이 물 건너갈 수 있다는 것도 안다."[08]

문제는 정치권의 단기주의가 앞으로 더 심화될 것이냐다. 답은 반반이다. 역사를 되돌아보면 근시안적인 의사결정은 늘 존재했음을 알 수 있다. 문명이 시작된 이후 민주주의냐 전제주의냐 할 것 없이, 정치 지도자는 늘 눈앞의 이익을 따라 행동했으며 분노나 복수심에 불타 잘못된 판단으로 전쟁을 일으켰고, 소중한 자원을 함부로 낭비해 궁극적으로 자국의 몰락을 초래했다.

이 과정에서 드물지만 주목할 만한 미래지향적 사고를 지향했던 순간들도 있었다. 몇몇 혜안을 지닌 정치인들은 지속 가능한 헌법을 제정하고 여성과 소수민족들에게 새로운 권한을 부여하며 수십 년 또는 수백 년까지 지속될 진보적인 제도를 수립하는 것이 가능하다는 사실을 보여줬다.

또 어떤 정치인들은 도시하수시설에서부터 대륙 간 철도에 이르기까지 먼 미래 사회가 직면하게 될 요구를 충족할 인프라를 구축했으며[09], 미래

세대들에 오늘의 부를 상속하기 위해 국부펀드를 조성하기도 했다.[10]

위기를 겪고 난 뒤, 장기 계획들이 수립되곤 했다. 루즈벨트 대통령은 대공황 이후 미국 경제를 일으키기 위해 뉴딜정책을 시작하고, 국가가 지원하는 은퇴자연금에서부터 아동노동의 종식에 이르는 사회 변화의 초석을 마련했다. 그리고 제2차 세계대전이 끝나고 세계 각국 지도자들은 유엔, 유럽연합, 영국의 국민 보건 서비스 설립을 통해 시민에게 보다 안정적이고 진보적인 세상을 만들어줄 수 있다고 믿었다.

이러한 정치적 결정의 배경에는 경제적인 이유가 존재할 때가 많지만 늘 그렇지는 않았다. 과거와 현재에 중요한 것을 보존하고 싶은 욕망이 미래에 도움이 되는 경우도 많다. 예를 들면 역사적인 중요성을 지닌 유산을 보존하려는 시도 또는 아름다운 풍경과 자연이 파괴되거나 개발되는 것을 막기 위해 국립공원을 수립하려는 시도 등이 그렇다.

그러므로 정치인들이 자신의 이익을 위해 또는 미래지향적인 사고에 따라 결정을 내릴 수 있다. 과거에도 그랬듯이 지금도 그렇다. 그러나 내가 주장하고 싶은 것은 눈에 보이는 그리고 눈에 보이지 않는 단기주의적인 시간의 압박이 미치는 영향이 21세기에 점점 더 커지고 있고 동시에 장기적인 문제들은 점점 더 적재되고 있다는 점이다. 그러나 민주주의 정치가 아직 이를 따라가지 못하고 있다.

민주주의는 인류의 가장 위대한 발명 중 하나지만 완벽하다고 말하기는 어렵다(또는 처칠의 유명한 말을 인용하자면 "민주주의는 종종 시도되고 있는 다른 모든 형태의 정부를 제외하면 최악의 통치제제다."). 시민들에게 표현의 자유를 허락하고 있지만 민주주의의 유인이나 억지력은 장기적인 관점을 지향하는 정치인에게는 특별히 힘든 딜레마를 안긴다. 장기적 사고는 정책입안자에게는 중요한 과제다. 그러나 기후변화나 팬데믹과 같은 문제가 등장하면서 장기적 사고의 중요성은 그 어느 때보다도 훨씬 크게 부각되고 있다. 모든 정치는 지역적이라는 말이 있지만, 모든 정치는 시간의 제약을 받는다는 사실을 앞으로 확인할 수 있을 것이다.

그 이유를 이해하려면 우선 뉴잉글랜드부터 가보기로 하자. 이곳에서 우리는 동시대 정치가 잘못 집행될 때 어떤 일이 벌어질지 좀 더 포괄적인 교훈을 배울 수 있다. 또한 뚜렷하고 시급한 위기와 눈에 잘 보이지 않는 미래 문제들을 균형 있게 처리하는 것이 얼마나 중요한지에 대해서도 배울 수 있다.

급발화와 더딘 발화

최근 어느 겨울, 우리 가족은 보스턴과 강 하나를 사이에 둔 매사추세츠주 케임브리지에 살았다. 여름과 가을 내내 친구들과 동료들은 눈을 대비하라고 경고했지만, 눈이 내리면 마냥 신기하기만 했다. 고국인 영국의 겨울은 온통 회색이다. 매사추세츠에서 수 시간 안에 흰 눈꽃들이 흰색 강둑에 내려앉는다. 심지어 그 눈이 녹아도, 해가 비치지 않는 음지에는 푸른빛을 띤 얼음이 몇 주 동안 그대로 남아 있다. 매일 아침, 내가 학교 버스 정거장까지 데려다줄 때마다 딸아이는 눈 쌓인 제방을 기어 올라가곤 했다. 이때 나는 딸아이가 비틀거리지 않게 손을 잡아주었는데, 아이가 신은 장화 밑창에는 하얀 눈이 묻어 있었다.

영국인에게는 신기하기만 한 눈이 보스턴 사람들에게는 해마다 힘든 일이 될 수 있다. 하루만 눈이 내려도 보스턴 경제는 2.65백만 달러의 비용이 발생한다.[11] 몇 년 전, 보스턴은 특별히 잔인한 겨울을 경험했다. 당시 3주 동안 220cm가 넘는 눈이 내려서 대중교통수단, 학교, 상점들이 며칠 동안 전면 중단됐다.

쌓인 눈을 그대로 둔 도로가 많았고 눈을 치우는 것 자체가 위험하기도 했다. 모든 비난의 화살은 시장인 마티 월시Marty Walsh에게로 쏟아졌다. 그는 뉴잉글랜드 패트리어츠(미국 프로 미식축구 리그 NFL의 아메리칸 풋볼 콘퍼런스 동부지구 소속 팀—옮긴이)의 시가행진을 허가하면서 상황을 더욱 악화시켰다. 성난 시민들은 이 시가행진 때문에 눈으로 고립된 곳에 필요한 제설자원을 사용할 수 없었다고 생각했다. 동시에 매사추세츠 주지사 찰리 베이커Charlie Baker는 폭설로 발이 묶인 버스와 철도 서비스 때문에 온갖 비난을 받고 있었다. 그는 매사추세츠만 교통공사Massachusetts Bay Transportation Authority와 서로 책임을 전가하는 추태를 보였다.

월시 시장과 베이커 주지사는 폭설이 자신들의 정치생명을 끝낼 수 있다는 것을 분명하게 인지했을 것이다.[12] 1959년 뉴욕시 시장 존 린제이 John Lindsay는 살인적인 폭설이 내렸을 때 비난을 한 몸에 받았다. 제설기를 평소 유지 관리하는 데 소홀한 나머지 폭설에 내렸을 때 제설기를 사용할 수 없었기 때문이다. 게다가 꽉 막힌 도로 정체를 해결해야 하는 시점에 그와 그가 탄 리무진이 퀸즈에서 옴짝달싹도 할 수 없게 되면서 상황은 더욱 악화됐다. 반대자들은 린제이를 '리무진 진보주의자'라고 조롱했다. 이 용어는 미국 정치권 내에서 위선적인 정치인을 조롱하는 말로 사용되어왔다. 이런 비슷한 이야기는 수십 년 후에도 반복됐다. 시카고 시장 마이클 빌란딕Michael Bilandic은 눈 덮힌 차량에 주차위반 딱지를 부과하면서 비난받았다. 또한 덴버 시장 빌 맥니콜스Bill McNichols는 크리스마스 휴가 동안 폭설이 내렸지만 33시간 동안 아무런 조치를 취하지 않아서 정치생명이 단축됐다.

눈은 시정부나 주정부가 어떻게 운영되고 있는지를 판단할 수 있는 상징적인 방법일 수 있다. 정치인에게 감당하기 힘들 정도의 폭설은 책임감과 정당성을 시험받는 무대가 될 수 있다. 또한 유권자들에게 폭설은 자신들이 선거를 통해 뽑은 관리들이 시민에게서 일임받은 권력을 휘두를 수 있는 능력이 있는지를 알 수 있는 명백한 증거가 되기도 한다.

이러한 사건, 예를 들면 이상 기후, 지진, 테러리스트 공격, 폭동, 대량 인출사태 등이 일어날 경우 정치인의 역할은 뚜렷해진다. 조치를 취하고 대응팀을 구성하고 비상 회의를 소집하며, 언론 브리핑을 실시하고 전략 회의를 하는 것이다. 이때는 지엽적인 단기주의 사고가 필요하다. 정치과학자 사이먼 캐니Simon Caney가 지적한 것처럼 단기주의적 목표에 천착하는 것이 반드시 나쁘거나 위험한 것은 아니다. 단기주의적 사고가 허용될 수 있고 심지어 필요한 때도 간혹 있다. 나는 이처럼 필요하고 의식적인 단기주의를 '현재 중심적 사고present-minded'라고 한다.[13] 현재 중심적인 사고는 장기적 사고에서 아주 중요한 일면이며, 이에 대해서는 앞으로 좀 더 논의하게 될 것이다.

불행하게도 정치의 너무 많은 부분이 뚜렷하고 자극적인 현재 위기에 좌우된다. 많은 사안이 전혀 긴급을 요하는 문제가 아니지만, 경쟁적인 미디어의 보도에 의해, 또는 정치인의 개인적 이익을 위해 과장되고 과도한 관심을 받는 경우가 많다. 예를 들어 성 스캔들, 가십, 정당내 이권 다툼 등이 그렇다. 이러한 문제들에도 관심을 기울여야겠지만 지나칠 정도로 과도한 관심을 받는 경우가 너무 많다.

한편, 더딘 발화로 관심을 끌지 못하는 문제들이 보이지 않는 곳에서 일어나고 있다. 이러한 변화들은 수십 년 또는 수백 년이라는 긴 기간 동안 서서히 진행된다. 이러한 변화들은 극적이지도 눈에 띄지도 않지만, 세상을 완전히 바꿔놓을 수 있다.[14]

그러므로 우리는 긴급성, 중요성, 진행 속도에 따라 정치 이슈를 두 가지 유형으로 분류할 수 있다. 하나는 '더딘 발화slow burn'이고 그 반대는 '급발화fast fire'이다.[15] 급발화는 빠르게 드러나고 확산되어 관심을 한 몸에 받지만, 더딘 발화는 전면에 드러나지 않고 진행되어 심각한 수준에 도달하기 전까지는 인지하기 어렵다.

그렇다면 이에 적절한 사례가 있을까? 기후변화는 더딘 발화에 해당한다. 월시 시장이나 베이커 주지사, 뉴잉글랜드의 그들의 후임자들에게는 겨울철 폭설보다 훨씬 더디고 심각한 문제가 서서히 다가오고 있었다. 미국의 북동부의 경우 기후변화는 앞으로 수십 년 간 지역경제와 야생동물들을 위협하는 극단적인 이상 기후, 예를 들면 훨씬 더 많은 눈과 훨씬 더 잦은 폭설을 의미한다. 〈네이처〉에 게재된 2020년 리뷰에 따르면 2011년에서 2020년까지 10년 동안 파괴적인 폭설이 미국 동부 해안 도시들을 강타한 경우가 2001년에서 2010년까지 십 년간 보고된 것보다 세 배 더 많았다.[16] 북극의 온난화 가속화가 대기 중 '블록blocks'을 형성해 기후 시스템이 지구의 표면을 이동할 때 속도를 늦추거나 흩어지지 못하게 한다. 이는 저위도 지역의 기후에 영향을 미칠 수 있다. "인공바위인 볼더boulder가 강물을 막는 것처럼 대기 중에 블록이 한번 형성되면, 그 영향은 상층과 하층 모두에서 느껴진다"라고 연구자들은 주장한다.

이러한 지구 대기의 흐름이 막히면 중간 위도 지역의 겨울은 더욱 혹독해질 수 있다. 그리고 백 년에 한번 일어날 만한 극단적인 이상 기후가 더 정기적으로 발생할 수 있다. 재난에 가까운 겨울철 폭설이 내릴 가능성이 있지만 비정상적으로 더운 겨울을 맞이할 가능성도 높다.

나는 1월 중순 보스턴에서 이런 이상한 기후를 경험한 적이 있다. 우리 가족은 운좋게도 몇 년 전 매사추세츠를 덮친 폭설을 피할 수 있었지만 다른 방식으로 달갑지 않은 이상 기온을 경험했다. 2020년 1월 12일 보스턴의 수은주는 섭씨 23도의 기록적인 더운 날씨를 알렸다. 한 겨울철 기온이 무려 23도에 이른 것을 비정상적이라고 말하는 것을 과장이라 말하기 어려울 것이다. 우리는 몇 주 동안 오리털 재킷과 방한화를 착용하다가, 어느 일요일에는 티셔츠 바람으로 작은 이탈리아라는 보스턴의 노스엔드를 돌아다녔다. 노스엔드의 카페들은 서둘러 야외에 테이블과 의자를 배열해야 했다. 딸아이가 손에 들고 있던 아이스크림이 녹아 손가락 사이로 흘러내렸다. 휴식처럼 주어진 화창한 날씨가 좋으면서도, 한겨울 1월의 비정상적으로 더운 날씨에 당혹감을 감출 수 없었다. 특히 불과 며칠 뒤 수은주가 다시 0도 이하로 떨어졌을 때도 그랬다.

이상 기후는 전세계 정치인들에게는 새로운 과제를 안긴다. 뉴잉글랜드의 경우 이상 기온으로 폭우가 내리면서 대형 홍수가 일어날 가능성이 높아지고 어업과 농업에 치명적 위협을 가하며, 질병을 전파하는 벌레들이 창궐할 수 있다.[17] 이러한 영향은 특정 지역에 국한돼 있어 해당 지역의 정치인들이 이 문제를 해결할 것이라 예상되지만, 기후변화의 원인들은 선거구나 책임의 경계를 초월한다.

다행히 몇몇 지도자들은 손 놓고 바라보고만 있지는 않았다. 기후정책의 측면에서 매사추세츠는 다른 주보다 늘 앞서갔다. 보스턴의 월시 시장은 460개 도시 지도자들로 구성된 "기후변화 시장 연합Climate Mayors"을 이끌고 있다. 그러나 베이커 주지사에 대한 평가는 다소 엇갈린다. 환경 단체들은 기후변화 회복력에 대해서 'A-'의 성적표를 준 반면, 다른 사안들에 대해서는 복수의 B와 C학점, F학점 하나를 부여한 바 있다.[18]

환경정책이 정치 분야에서 급발화와 더딘 발화를 적용할 수 있는 유일한 분야는 아니다. 앞으로 확인하게 되겠지만 시간의 렌즈는 보건, 사회, 가정, 외교 분야에도 적용할 수 있다.[19]

환경

급발화

이상기후

자연재해

환경공해

물 공급

식량 공급/농업

자원 희소성

기후변화

더딘 발화

보건

급발화

   병원 스캔들

   팬데믹 발발

     의료보험 개혁

     비만과 같은 보건 문제의 예방

       팬데믹 예방

         항생제 내성

           더딘 발화

외교정책 및 안보

급발화

   테러리즘

     스파이 행위

       군대배치

       해외원조

         국방 투자

          국제협약

           더딘 발화

경제

급발화

  은행 대량 인출

  시장 폭락

    금리/인플레이션

    에너지 가격

      실업

     세금정책

        금융규제

          세계화

            더딘 발화

기술

급발화

  소셜 미디어

    자동화

     인프라

     유전자 편집

      인공지능

      핵폐기물 처리

         더딘 발화

위에서 언급한 정치 사안이 모두 부정적인 것만은 아니다. 더딘 발화 중에는 긍정적인 것도 있고 파괴적인 사건이 오히려 전화위복이 되는 경우도 있다. 그렇다고 해서 가장 더딘 경제적 변화를 가장 더딘 환경변화나 가장 더딘 기술변화와 같은 속도로 다뤄야 한다는 뜻은 아니다. 그러나 중요한 것은 정치적 어젠다에 시간의 렌즈를 들이대 보면 가장 눈길을 끄는 이슈에 언제 과도한 시간, 에너지, 정치 자원이 투입되는지 알 수 있다는 것 그리고 그 시기는 일반적으로 양극단에서 급발화 쪽이라는 사실이다.

더딘 발화slow burn과 급발화fast burn는 서로 연관되어 있을 수 있다는 사실이 중요하다. 더딘 발화를 무시하면 스펙트럼 아래쪽에서 더 많은 급발화의 문제와 마주하게 된다. 21세기에 우리가 직면한 모든 정치 과제 중에서 가장 우려스러운 점은 지나치게 많은 위기 상황을 방치해 누적될 경우, 어떤 일이 일어날 것인가 하는 문제다. 우리는 이 질문에 대한 단편적인 답을 코비드19를 겪으며 경험한 바 있다. 이 시기에 각국 정부는 연이어 일어나는 급발화 문제로 휘청거리기에 바빴다. 예를 들어 개인보호장비 부족, 병원의 환자 수용능력 초과, 요양원에서의 죽음, 접촉자 추적 실패, 경제적 피해, 백신 공급 문제, 신변종 바이러스 등을 꼽을 수 있다. 이러한 문제들이 미디어를 통해 유명 정치인의 봉쇄 명령 위반, 미국 대선, 인종 평등 시위 등과 같이 중요한 정치적인 이슈들과 뒤섞였다. 나는 이 시기에 정치인들이 장기적 사고에 바탕을 두고 행동하길 바라지만, 그럴 가능성은 낮아 보인다.

오슬로 대학의 문화역사학과 교수 헬게 요르드헤임Helge Jordheim과 에이나르 바이겐Einar Wigen은 20세기 후반 서구식 발전이라는 중요한 인식의 문제가 일련의 기후변화, 사회적 격변, 테러리즘, 이민, 금융 위기 등과 같은 '위기'에 대한 이야기로 대체됐다. "우리는 국제질서가 위기라기보다는 위기를 이용해 국제질서를 잡으려는 경우가 점점 더 늘어난다고 생각한다…"라고 두 사람은 주장했다.[20] 이 두 사람의 말은 다음과 같은 엄중한 경고로 받아들여야 한다. "만약 우리가 그 어느 때보다 많은 현재의 위기를 처리하면서 사느라고 내일의 위험을 외면한다면, 결국 세계는 파국으로 치달을 수 밖에 없다."

그러한 파국을 막는 일이 우리 세대가 해야 하는 가장 어려운 과제 중하나일 것이다. 그러나 이 과제의 수행을 더욱 어렵게 만드는 것은, 지금의 정치인들이 활동하는 민주주의 시스템이 더딘 발화로 분류되는 심각한 글로벌 이슈가 많지 않았던 시대에 설계됐다는 사실이다. 수백 년 전, 과거 정치 지도자들은 더딘 발화성 문제 또는 간헐적인 문제들과 마주한 경험은 있지만 기후변화, 생물다양성 붕괴, 또는 인공지능의 위협과 같은 문제들은 그들의 어젠다에 없었다. 당시에는 기술, 무역, 경제발전 등이 그러한 문제들을 아직 만들어내지 않았기 때문이다.[21]

이처럼 더디게 발화하는 글로벌 이슈들은 또 다른 복잡한 문제들을 낳는다. 애초에 민주주의 통치는 관할권과 그 관할권 내에서의 권력 적용에 의존한다. 즉 관할권은 선거구, 주정부, 국가에 국한된 개념이다. 그러나 최근 수십 년에 걸쳐 이 원칙은 점점 더 도전에 직면하고 있다. 현대 정치인은 선거를 통해 얻은 권한과 책임이 미치는 경계선, 즉 지리적 시간적 경계선을 넘어가는 문제들을 다루어야 하기 때문이다.

지리적 과제는 상당히 두드러지게 나타나고 있다. 현재 직면한 수많은 문제는 세계화로 인해, 한 국가의 의사결정권 범위 밖에 있는 국제적인 트랜드에 따라 더욱 심화된다. 예를 들어 직원 2천 명을 거느린 오하이오 주나 글래스고의 공장이 중국 지도자의 명령으로 문을 닫을 수 있다. 그러나 공장 폐쇄의 후폭풍 처리와 비난은 미중서부 또는 스코틀랜드 정치인의 몫이다.

동시에 정치는 그 어느 때보다도 시간 제약을 많이 받는다. 21세기가 풀어야 하는 중대 과제 중 다수가 수십 년 이상이 걸려서 해결해야 하는 문제다. 그러나 문제는 이 시간의 범위가 정치인이나 정부의 임기와 일치하지 않는다는 것이다. 대통령이든 주지사든 지방의회 의원이든 재직기간(차기 선거까지의 기간과 거의 일치), 즉 임기를 무시하기가 어렵다. 세계적으로 선거와 선거 사이에는 일반적으로 4년에서 5년의 시간이 주어진다. 그러나 어떤 경우에는 이보다 훨씬 짧은 시간이 주어지기도 한다.[22] 예를 들어 매사추세츠 주지사의 임기는 4년이지만 인근의 뉴햄프셔나 버몬트 주지사의 임기는 각각 2년이다. 그래서 선거 당선 이후 뭔가를 할 수 있는 기회가 짧게 주어지고 얼마 안 있으면 재선을 위한 선거운동에 돌입해야 한다.

일부 연구자들은 공직자의 임기와 정치적 이슈의 수명 사이에 차이를 '시간 불일치성'이라고 한다.[23] 사이먼 캐니Simon Caney와 같은 정치과학자는 이를 '부정합'이라고 한다.[24] 캐니는 또한 정치인이 옳은 결정을 하더라도, 다음 행정부가 우선하는 사안들이 있을 수 있거나 아니면 단순히 정치보복이라는 낡은 구태에 의해 후임자가 그 일을 지속 추진해 나갈 것이라는 보장이 없다고 지적한다. 그는 어떤 행정부도 다음 정부가 자신들의 제안이나 정책을 계승하지 않을 것이라고 믿는 것을 '시차에 의한 무정부상태intertemporal anarchy'라고 정의했다.

따라서 이 말이 의미하는 바는 더딘 발화성 문제를 예방하기보다는 다급하고 추적이 가능한 급발화성 문제에 유인이나 행정력 대부분을 쏟을 수밖에 없다는 것이다. 결국 더딘 발화성 문제는 데이비드 스톡맨의 말을 빌리자면 다른 누군가가 30년 뒤 직면하게 되는 문제다.

이 모두를 종합해볼 때, 민주주의 자체가 문제이고 다른 정치 시스템들이 장기적인 관점의 통치를 위해 좀 더 바람직할 수 있다는 결론을 내리고 싶은 유혹에 빠질지 모른다. 그러나 전제주의 국가에서도 현재의 정치적 우선순위가 똑같이 근시안적인 결정을 부추길 수 있다.

역사는 권력을 차지한 비민주적인 지도자들이 장기적으로 시민의 이익에 반하는 결정을 내린 사례들로 가득 차 있다. 예를 들어 16세기와 17세기에 오스만 제국의 전제군주들은 잠재적인 정치 후계자들을 처형하거나 투옥하기 위해 근시안적인 결정을 내리는 경우가 많았다. 그러한 결정은 그들 개인에게는 이득이 됐지만 유능한 후계자들의 후보군을 줄이는 결과를 초래했다. 1595년 메흐메트 3세는 부하들에게 그의 친형제들과 이복형제들 19명을 비단 끈으로 목 졸라 죽이라고 명령했다. 다른 왕들은 궁궐 속 알려지지 않은 장소에 화려하게 장식된 또는 금박을 입힌 우리에 친척을 가두고 유배했다.[25] 어린 시절 감옥에 갇힌 후계자들은 호의호식하는 안락한 삶을 산 경우가 많았지만 사실상 외부 세계와는 단절된 삶을 살아야 했다. 그들이 극단적으로 고립된 생활을 하다가 결국 왕위에 오른다고 하더라도, 국정에 대한 지식도 없고 정신적 육체적으로 온전치 못한 상태였기 때문에 국가를 통치하기에 적합하지 않았다(술탄 이브라힘 매드Ibrahim the Mad의 통치기간은 특히 불안정했다.) 오스만제국은 장기적으로 피해를 입었다.

오늘날 장기적 관점에서 국가를 통치하는 일례로 중국을 꼽기도 하지만 현실은 좀 더 복잡하다. 중국 지도자들은 선거라는 제약을 받지 않기 때문에, 장기계획을 수립하는 것이 좀 더 쉽다고 볼 수 있다.[26] 물론 다른 민주 정보가 일방적으로 할 수 없는 일, 예를 들어 댐을 건설하기 위해 수백만 명을 이주시키거나, 산업을 지원할 목적으로 도시를 건설하는 일을 중국 정부는 할 수 있는 권한을 갖고 있다.

2017년 시진핑 주석은 2035년까지의 장기계획을 발표했다. 이 계획은 중국을 혁신 분야 세계 1위와 국제적으로 우수한 소프트파워 국가로 발전시키고 GDP 2배 신장을 골자로 한다. 이 계획을 완수하고 나면 2050년까지 2차 계획을 수행한다. 이를 통해 중국은 강력한 군사력과 경제력을 가진, 문화적으로 발전된 민주적이고 조화롭고 아름다운 나라로 거듭나고자 한다.

중국 지도자들은 선거를 걱정하지 않아도 되지만, 현재의 우선순위와 권력 유지에 집중하게 만드는 다른 도전을 끊임없이 받고 있다. 그러한 도전은 마오쩌둥 사망, 1989년 천안문사건, 대약진운동의 경제적 영향, 소련연방의 붕괴 등이다.

시진핑 주석이 향후 15년에서 30년을 내다본 미래 전략을 세울 수는 있지만 그 전략은 바뀔 수 있다. 중국은 1949년 이후 크게 연속 4개의 국가 대전략을 수립했으며, 각각의 대전략 수행기마다 당시 정치인들의 최우선 관심사가 전면에 배치됐다. 4대 국가 대전략기는 중국 혁명(1949-1977), 회복기(1978-1989), 포괄적 국력 구축기(1990-2003), 국가중흥기(2004-현재)로 나뉜다.[27] 각 시기는 오늘날까지 계속 이어지고 있는 인권 유린(위구르족 처우 문제)이나 부패 문제는 말할 것도 없고 단기주의적인 개인의 이익과 부패로 얼룩져 있다.

전제주의 정부가 장기적 사고를 한다는 근거 없는 믿음이 생겨나게 된 이유는 전 세계 정부의 장기 정책들을 분석한 흥미로운 결과 때문이다. 제이미 맥퀼킨Jamie McQuilkin이 구축한 '세대간 연대지수Intergenerational Solidarity Index'는 9가지 척도를 활용해 장기계획 수립의 우수성 측면에서 국가에 점수를 부여한다.[28]

환경

산림황폐화 비율

저탄소 에너지 소비 비중

탄소발자국

경제

조정 순저축

경상수지

부의 불평등

사회

초등학교 교사 비율

출산율

GDP 조정 아동사망률

2019년 맥퀼킨은 호주의 공공철학자 로만 크르즈나릭Roman Krznaric과 공동으로 다른 정치 시스템을 운영하는 국가들과 민주주의 국가들의 성과를 비교했다. 이 중에서 중국은 25위를 차지한 반면, 중국보다 상위에 기록된 국가 중 21개국이 민주주의 체제를 갖고 있었다. 가장 낮은 점수를 기록한 25개 국가 중 21개 국가가 전제주의 체제하에 있었다.[29]

상위권 국가 목록은 아래와 같다.

1. 아이슬란드   2. 스웨덴

3. 네팔   4. 스위스

5. 덴마크   6. 헝가리

7. 프랑스   8. 코스타리카

9. 벨기에   10. 우루과이

11. 아일랜드   12. 오스트리아

13. 슬로베니아   14. 스페인

15. 스리랑카   16. 핀란드

17. 크로아티아   18. 네덜란드

19. 불가리아   20. 벨라루스

21. 베트남   22. 뉴질랜드

23. 이탈리아   24. 룩셈부르크

25. 중국

서구 민주주의의 승리일까? 꼭 그렇지는 않다. 여러분은 아마도 이 순위 목록에 가장 부강한 민주주의 국가 중 다수가 빠져 있음을 인지했을 것이다. G7 국가 중에서 프랑스와 이탈리아만 상위 25위에 들어가 있고,

독일은 28위, 일본은 29위, 영국은 45위 그리고 캐나다는 55위를 각각 기록했다.

언덕 위의 빛나는 도시, 미국은 과연 몇 위를 기록했을까? 저 아래 62위를 기록했으며 60위를 기록한 러시아보다도 순위가 낮다. 미국의 순위가 낮은 이유는 다른 선진 민주주의 국가들과 비교했을 때, 높은 탄소발자국과 놀라울 정도로 높은 아동 사망률 때문이었다(특히 무엇보다도 비싼 의료보험료와 부족한 산모 지원 측면에서 낮은 점수를 받았다.)[30]

특정 국가가 높은 점수를 받은 이유를 단 한 가지로 명확하게 지적할 수는 없지만, 몇 가지 눈에 띄는 상관관계가 있다. 예를 들어 맥퀼란과 크르즈나릭은 정치적으로 안정된 국가가 높은 점수를 받았을 가능성이 더 높다고 말한다. 불안정하고 취약한 정부가 세대간 연대보다는 단기적인 생존에 좀 더 초점을 맞추는 것은 상당히 일리가 있다. 높은 점수는 또한 분권주의decentralisation와도 연관이 있다. 두 사람은 중국(25위)와 베트남(21위)이 중앙집권적인 정부를 가진 이집트(103위)나 사우디아라비아(98위)보다 더 나은 실적을 보인 이유가 바로 분권주의적 통치제도라고 지적한다.

경제력이 반드시 높은 점수로 이어지지는 않는다는 건 확실하다. G7 국가과 마찬가지로 높은 GDP를 자랑하는 다른 국가들도 상위권에 포함되지 못했다. 한국은 32위, 호주는 50위, 브라질은 54위, 인도는 68위를 각각 기록했다. 그러나 어떤 면에서 이러한 결과를 긍정적으로 바라봐야 하는 이유가 있다. 유럽, 중앙아메리카, 아시아의 좀 더 작은 국가들이 상위권에 오를 수 있다면, 원칙적으로는 다른 국가들도 장기적 관점에서 사회정책이나 환경정책을 시작으로 이 선례를 따를 수 있다는 의미다.

불행하게도 이들 상위권 국가에서 이루어진 장기적 안목의 통치에서 배울 만한 교훈들이 있는데도 지금까지는 외면받아 왔다. 그리고 단기주의 정책을 부추기는 다수의 외적 요인은 앞으로 더욱 심화될 것이다. 이유가 무엇일까?

근시안적 시야와 벅스톤 지수

민주주의 정치에서 근시안적인 행동이 항상 문제가 되어온 한편, 21세기 들어 정치권 밖에서 가해지는 외적 압박도 계속 늘어나고 있다. 이러한 외적 압박들 때문에 정치지도자들은 근시안적인 사고를 할 수밖에 없다. 최근 수십 년 동안 정치인들은 선거 주기보다 더 짧은 시각적 틀을 가지고 정책을 수행한다. 나는 이를 근시안적 시야horizon creep라고 한다. 근시안적 시야를 유발하는 요인은 다양하다.

정치는 단기적 관점을 가진 사회의 다양한 분야와 상호작용한다. 그리고 다양한 사례에서 이들 분야가 정치인의 의사결정에 미치는 영향력은 지속 증가했다. 정책 결정은 고립된 상태에서 이루어지지 않는다.

이들 각기 다른 분야가 어떻게 상호작용하는지를 알아보기 위해 벅스톤 지수Buxton Index라는 간단한 척도를 활용할 수 있다. 이 지수를 이용하면 정치가 상호작용하는 기업, 미디어, 씽크탱크와 같은 다른 분야와는 다른 시야를 갖고 있다는 것을 알 수 있다.

원래 영국 워릭대학교의 존 벅스톤John Buxton 교수가 고안한 이 벅스톤 지수는 하나의 독립체가 계획을 수립하는 연 단위의 평균 기간으로 정의할 수 있다.[31] 예를 들어 일반적인 기업의 벅스톤 지수는 1년에서 2년이지만 기후변화와 관련된 과학 자문단의 벅스톤 지수는 30년에서 80년에 가

깝다.[32]

정치권의 경우 벅스톤 지수가 다양하게 나타날 수 있다. 환경이나 연금 관련 정부기관은 기업이나 문화 관련 정부기관에 비해 좀 더 장기적인 안목으로 계획을 수립할 수 있다. 그리고 2030년 지속 가능성 목표를 논의하기 위해 유엔 회의에 참석한 한 정치인은 일시적으로 자국의 벅스톤 지수를 상향시킬 수 있지만 데이비드 스톡맨이 그런 것처럼 예산 삭감으로 수치는 다시 하향될 수 있다. 관대하게 말하자면, 압도적인 정치적 입지를 구축하지 못한, 재선을 노리는 전형적인 정치인의 벅스톤 지수는 약 5년에서 10년이다.

그러나 이 정치인이 만나게 될 경영자 중 다수는 그에 비해 좀 더 짧은 시야로 계획을 수립한다. 기업은 로비와 선거자금을 통해 정책 결정에 상당한 영향력을 행사하고, 정부에 세금 인하나 규제 완화와 같은 단기적인 경제성장 목표에 좀 더 집중할 것을 요구한다. 정치과학자들은 기업이 미국이나 유럽의 정치 시스템 안에서 활동하는 단일한 최대 이익집단이 되었다고 말한다.[33] 수십 년 전 기업은 노조를 앞세워 집단적으로 활동하고, 공동의 관심사나 해당 분야의 전반적인 건전성이나 수명을 위해 로비활동을 벌였다. 그러나 유럽이나 미국 모두 기업이 단독으로 정치 프로세스에 관여하는 경우가 늘었으며, 지배적인 영향력을 행사하고 각각의 기업이 자사의 재무 지표 개선을 위해 로비활동을 벌인다(좀 더 포괄적으로 말하자면 자본주의적인 압박이 '할인discounting'이라는 경제 관행을 탄생시켰고, 이러한 할인은 미래 세대의 행복을 위협하고 정치적 단기주의가 경제적 합리화를 내세울 수 있게 한다. 할인은 복잡하고 그 영향력이 상당히 크기 때문에, 3부에서 이와 관련해서 좀 더 심도 있게 논의해볼 예정이다).

그러나 정치권의 근시안적 행태를 초래한 원인이 자본주의에만 있는 것은 아니다. 뉴스 미디어 집단의 압박도 한몫한다. 뉴스 미디어 집단은 기업들보다 훨씬 더 근시안적인 사고를 갖고 있다. 이것이 왜 중요한지를 알아보려면 최근 몇 년간 저널리스트와 정치인의 관계에 어떤 변화가 있었는지 살펴볼 필요가 있다.

미디어의 중요성

2019년 어느 날, 나는 언론의 장기적 관점에 관한 강의를 준비하다가 정확히 10년 전 BBC 뉴스의 제1면 기사를 찾아보게 됐다.

내가 확인한 2009년 2월 24일 출간된 주요 뉴스의 리스트는 아래와 같다.

- 미국 경제불황 2010년까지 지속 가능하다
- 스페인 관타나모 제안하다
- 나지 관련 논쟁을 일으킨 가톨릭 주교 아르헨트나에서 추방
- 허드슨 파일럿 안전 기금 촉구하다
- 오바마 미일 공조 환영하다
- 영국 이라크전쟁 문서 공개에 거부권을 행사하다
- 나사의 이산화탄소 추적 인공위성 발사 실패하다
- 이탈리아와 프랑스 핵 협상에 사인하다
- 머독 '인종주의'적 만화에 사과하다

나는 이 1면의 헤드라인들이 일시적이고, 10년 뒤 이러한 문제 중 다수가 그다지 중요하지 않은 문제가 되었다는 사실에 놀랐다. 지나고 생각해

보면 정말로 오랫동안 논의되는 문제는 그리 많지 않다. 불경기 관련 기사를 제외하고, 나머지 기사 제목만 봐서는 2009년에 가장 영향력이 컸던 사건이 무엇이었는지 알 수 없다. 이 시기보다 불과 몇 개월 앞서서 세계 금융위기가 발발했다.

부분적으로 이는 습관 문제다. 즉 지난 세기에 확립된 뉴스 미디어 규범들은 이러한 더딘 발화 문제에 아직은 적응하지 못한 상태다. 예를 들어 신문이나 TV 방송에서는 인공지능의 위협보다는 미국의 워싱턴 정가의 세금과 관련 입법 논의를 더 많이 다룬다. 단순히 언론에서 이러한 문제들을 많이 다뤄왔기 때문이다.[34]

그러나 여기에는 그러한 규범의 문제 그 이상이 관련돼 있다. 장기적인 관점에서 정부의 결정이 이루어지는 경우는 거의 없다. 대신 정치 저널리즘의 보편적 특성은 논란이다. 현재의 사안들을 놓고 큰 싸움을 벌이고, 서로 날을 세우는 배우들이 있고 승자와 패자가 있다. 논란은 시각적이기도 하다. 만약 당신이 TV 프로듀서라면 정치인들이 국회에서 싸움을 벌이고, 공보 비서들과 회장들이 연단에서 공격적인 질문을 주고 받는 모습을 보여줄 수 있고, 성난 유권자의 목소리를 방송할 수 있다.

장기적인 관점의 문제에 대해서도 같은 자세를 취해보자. 그러면 저널리즘이라는 팔레트는 좀 더 회색에 가까울 것이다. 즉 신중한 양방향 인터뷰를 방송할 수 있고 몇 장의 영상을 내보낼 수도 있다. 반성적인 언론인은 그해 기후변화에 관한 뉴스를 매일 다뤘어야 했다는 뒤늦은 후회를 할 수 있다. 기후변화가 가장 중요한 주제이기 때문이다. 그러나 기후변화는 새로운 주제가 아니며, 어제 일어난 산불 또는 허리케인의 발생 원인이 기후변화 때문이라고 생각에 미치지 않는 한 가시적인 문제가 되지 않는다. 기후변화의 가장 확실한 결과는 미래에 나타나기 때문이다.

분명히 뉴스는 전날 또는 그 이후에 일어났던 일을 다룬다. 그리고 미래를 기획하는 시야를 갖고 만들어진다고 하더라도, 수년 또는 수십 년보다는 며칠 또는 몇 주 단위로 만들어지는 것이 일반적이다. 〈가디언〉의 전 편집장 앨런 러스브리저Alan Rusbridger가 이야기했듯이, "저널리즘은 백미러로 보는 경향이 있다." 저널리스트들은 앞으로 일어날 일보다는 이미 일어난 일을 다루는 것을 좋아한다. 우리는 예외적인 것을 선호하고 평범하고 숨겨진 것을 밝히는 것을 좋아한다. 다른 이례적이고 중요한 일이 벌어지고 있을지 모르지만, 그러한 일들은 촌각을 다퉈야 하는 뉴스룸의 참을성 없는 기자들이나 피곤에 지친 출근길 직장인의 관심을 끌기에는 너무 서서히 그리고 눈에 보이지 않게 일어난다."[35]

이러한 언론의 습관은 신문이 등장한 이후부터 계속 존재해왔지만, 현재 언론이 가진 힘은 최근 몇 십 년에 걸쳐 훨씬 강화됐다. 그것은 20세기 후반, 정보성과 오락성이 혼재된 24시간 TV 뉴스의 등장과 함께 시작됐다. 로키 마운틴 미디어 워치Rocky Mountain Media Watch라고 하는 미국의한 공익 캠페인 단체가 미국의 지방 뉴스 방송사 100여 개 프로그램 분석을 통해 TV 뉴스 산업의 최악의 습관들을 조사했다.[36] 언론인인 내가 그들의 분석 결과를 읽는 일은 불편한 경험이었다. 그들이 지적한 TV 뉴스 초기 뉴스 산업의 문제점들이 이후 훨씬 더 악화됐기 때문이다.

그들은 TV 뉴스를 지배하는 세 가지 공통주제를 제시했다.

폭력

범죄와 자연재해 또는 인간이 초래한 재난에 관한 이야기는 홍미, 두려움, 공포, 소외감 등을 유발한다. 그러한 폭력적인 뉴스가 판타지 또는 액션 오락물에 비해 훨씬 더 큰 영향력을 가질 수 있는데, 이는 그것이 진짜이기 때문이다.

예외적이라고 간주되는 괴짜, 비극, 충격적 이야기가 뉴스를 이끌고 있다고 해도 과언이 아니다. 종합하면 이러한 이야기들이 실제 세상과 다른 비현실적인 그림을 만들어낼 수 있다. 만약 어떤 이야기가 뉴스를 이끈다면, 본질적으로 규범에서 벗어난 또는 아주 특이한 것일 가능성이 높다. 정치 저널리즘이 좀 더 지루하고 기능적인 통치 프로세스에 무관심한 이유도 바로 여기에 있다.

밝고 가벼움

"폭력적인 어두운 뉴스에 웃음으로 안도할 수 있는 여지를 더한다. 귀여운 동물이나 어린이, 경연 그리고 부자나 유명인의 이야기가 바로 그것이다. 밝고 가벼운 소재는 시청자의 깊은 정서적 반응을 유발한다. 그것은 또한 따뜻함, 유머, 친숙함, 기대, 관음증적인 즐거움을 촉발한다."

물론 뉴스가 긍정적인 이야기를 다뤄서는 안 될 이유는 없다. 그러나 이러한 밝고 가벼운 이야기가 진짜 좋은 뉴스를 놓치게 만드는 경우가 많다. 예를 들어 폭력 범죄나 글로벌 빈곤의 장기적 감소, 또는 한때 소외된 집단에 좀 더 많은 권리가 보장된 것과 같은 뉴스는 외면당할 수 있다.

조건반사

간단히 말해 뉴스는 예측 가능한 구성양식을 갖추고 있다. 뉴스의 제시방식 때문에 특정 모듈 안에서 이야기에 접근한다. TV에서 정보는 화면에 대고 말하는 사람을 통해 전달된다. 정치에서 정보는 장관의 섹스 스캔들 또는 최신정보에 근거한 하나의 결정을 '정부의 태도전환"으로 프레이밍된 것일 수 있다. 개인과 이슈를 제거하면 이야기의 틀은 언제나 똑같다.

로키 마운틴 미디어 와치가 특정 진영을 지지하는 방송사나 소셜 미디어가 등장하기 전 미국의 TV 뉴스 환경을 고찰했기 때문에, 나는 현재 뉴스를 지배하고 우리 관심을 현재에만 묶어놓는 또 다른 주제 하나를 더 제안하고자 한다. 바로 분노다. 오늘날 뉴스는 더는 능동적 경험이 아니라 단순히 사실을 받아들이기 위한 것이다. 오히려 뉴스는 온라인 상에서 시청자들이 정체성, 정치 성향, 신념을 밝힐 수 있도록 부추기는 역할을 한다. 다수의 냉소적인 방송 매체들은 이러한 사실을 인지하고, 독자 반응을 유발하도록 설계된 독선적인 분석이나 이야기를 그 어느 때보다 더 많이 제공한다. 소셜 미디어상에서 분노의 파급효과는 훨씬 더 크다.

디지털 시대의 도래는 이러한 습관과 규범을 더욱 강화했다. 인터넷의 도움을 받아서 뉴스 사이클은 짧아지고 커지고 끝없이 무한 반복된다. 당신이 이 글을 읽고 있을 이 순간에도, 온라인에서 분노를 자아내는 가장 주목받는 뉴스 중 다수는 지금부터 10년 정도 지나면 거의 기억조차 나지 않는, 좀 더 광범위한 역사 속 이야기에서 추가된 주석 중 하나에 불과해질 것이다. 저널리즘의 상당 부분은 세상사의 단면만을 보여준다. 그러나 그러한 관행은 좀 더 심오한 패턴을 파악하는 것보다는 찰나에 불과한 현재에만 우리 시선을 머물게 만든다.

그래서 정치인이 하나의 문제에만 관심을 쏟는 것처럼 새로운 뉴스 사이클이 또 다른 문제를 조명하고 쉼 없이 계속되는 저널리즘의 시간 속으로 시청자들을 빨려 들어가게 만든다.

미디어 산업의 이러한 상황들과 맞물려서 포퓰리즘이 부상했다는 것, 이러한 환경에서 부상한 새로운 부류의 정치인이 등장한다는 것은 놀라운 일이 아닐지 모른다. 이러한 부류의 정치인들은 자극적이고 일시적인 뉴스를 만들어 장기 전략이 없는 자신의 약점을 감추고, 거짓된 주장으로 담화를 오염시킨다. 도널드 트럼프 대통령은 이러한 방식으로 미디어를 조종하는 데 능숙하기로 유명하다. 그는 트위터에 글을 쓰거나 관심을 다른 데로 돌릴 만한 말을 해서 자신의 문제에 쏠렸던 대중이나 언론의 관심을 다른 데로 돌린다.

이러한 관행은 '데드캣'전략이라는 용어에 잘 드러난다. 이 용어는 호주 정치전략가 린톤 크로스비Lynton Crosby가 처음 사용했다. 영국 총리 보리스 존슨Boris Johnson은 크로스비의 전략에 대해 이렇게 말한 적이 있다. "식탁 위에 죽은 고양이를 던져놓을 때 확실한 것 한 가지는 그 행동으로 사람들을 화나게 하거나 무섭게 하거나 소름 끼치게 만들려는 의도는 없다는 것이다. 이는 사실이지만 중요하지 않다. 크로스비에 따르면, 중요한 것은 모두가 "맙소사, 식탁 위에 죽은 고양이가 있어"라고 말한다는 것이다. 다시 말해 모두가 죽은 고양이에 대해 이야기할 것이고, 그것이 바로 당신이 다른 사람의 입을 통해 전달하고 싶은 메시지다. 그러나 누구도 당신이 고양이의 죽음으로 얼마나 슬픔을 겪었을지에 대해서는 이야기하지 않는다."[37]

이 시점에서 우리는 실망했던 우리 행동을 용서받을 수 있다. 너무나 많은 압박을 받은 정치인들은 근시안적 관점을 갖게 되었고 해결책을 찾는 것은 어렵다. 그러나 희망적인 소식은 각국 정부의 관심을 보다 장기적인 정책에 돌리기 위해 노력하는 개인, 조직, 활동가들이 점점 늘어나고 있다는 것이다. 그들은 다양한 방식으로 스스로에게 가장 힘든 임무를 부여하고 있다. 정치인들에게 오늘의 우선순위에서 시선을 돌려야 한다고 말할 뿐만 아니라 아직 태어나지도 않은 미래 세대에 대한 배려를 잊어서는 안 된다고 말하고 있다. 그리고 서서히 그들의 말에 귀를 기울이는 정치인들이 등장하고 있다.

미래 세대의 권리

오랜 시간 동안 많은 이들이 미래 세대를 대변해왔다. 토머스 제퍼슨Thomas Jefferson은 미래 세대의 세상 사용권은 이전 세대로 인해서 제약받아서는 안 된다고 주장했다. 1866년 존 스튜어트 밀John Stuart Mill은 영국 하원House of Commons에서 '후손에 대한 의무'에 대해 열띤 연설을 했다. 그리고 칼 마르크스Karl Marx는 어떤 사회도 지구의 주인이 아니며, 사회 구성원들은 그저 지구의 일시적 관리자, 수혜자일 뿐이고 더 나은 환경의 지구를 미래 세대에 물려줘야 한다고 말했다."[38]

최근 정치 활동가 중 가장 뜻밖의 인물은 정치인이 아니다. 그는 프랑스의 해양 탐험가 자크 쿠스토Jacques Cousteau다.

자크 쿠스토는 선구적인 스쿠버 다이버, 환경보존주의자 그리고 다큐멘터리 제작자로 유명세를 얻었다. 그러나 인생 말년으로 향하는 시기에 그는 미래 세대에게 망가진 지구를 물려줘서는 결코 안 된다는 믿음을 강하게 갖게 됐다. 그래서 정치옹호 활동을 통해 사람들의 마음을 바꿔보기로 마음먹었다. 쿠스토 협회의 CEO는 그의 접근법에 대해 그와 나눴던 대화를 기억해냈다. "하나같이 근시안적인 정치인들은 잊어버립시다. 하지만 통할 만한 방법을 하나 찾아냈어요. 감정에 호소할 수 있는 캠페인과 이슈를 연결하는 겁니다. 구체적인 정책을 홍보하는 거죠. 서명, 청원서 그리고 팩스를 받아봅시다. 수천 명의 서명을 받아낸다면 아마 정치인들도 참여할 것이 분명합니다. 아니, 오히려 자신들이 앞장서서 하겠다고 나설 겁니다. 내가 생각할 때는 이 방법이 최선이에요."[39]

1990년대 초 쿠스토는 이를 행동으로 옮겼다. 그는 미래 세대를 위한 〈권리장전〉을 썼다. 명확하고 직설적인 언어로 쓰여진 이 문서는 정치인들에게 "모든 세대가 신탁자로서 지구에서의 삶과 인간으로서의 자유와 존엄과 관련해 미래 세대에 회복 불가능한 해를 입히지 않을 의무가 있음을 인정할 것을 요구했다." 각국은 이러한 권리를 보장할 책임을 갖고 있다고 권리장전에는 명시돼 있다. "이 권리를 보장하고자 현재의 편의와 편리를 위해 미래 세대의 권리가 희생되지 않도록 가능한 모든 조치를 취해야 한다."

그러고 나서 그와 쿠스토 협회는 이 권리장전을 지지하는 의미의 청원서를 배포했으며 106개 국가에서 9백만 명의 서명을 받아냈다. 인터넷 등장 전임을 감안할 때 이는 실로 엄청난 성과였다. 이후 이 캠페인에 영감을 받은 과거 출판회사를 이끈 피에르 사스탕Pierre Chastan과 같은 자원사들은 어디를 가든 이 청원서를 배포하고 다녔다.[40] 그는 한번은 비행기를 타고 여행하면서 탑승객 전원에게서 서명을 받는 데 성공했다. 이후 그는 자신의 가문 소유의 산에서 자란 나무로 제작하고 메시지라는 이름을 붙인 길이 10m짜리 목선을 타고 대서양을 건너가, 뉴욕시에 본거지를 둔 유엔에 청원서가 가득 담긴 대형 상자를 제출했다. 사스탕은 쿠스토가 쓴 것과 동일한 선명한 빨간색 비니모자를 쓰고 당시 유엔 사무총장이었던 코피 아난을 만날 수 있었다.

미래 세대를 위한 쿠스토 캠페인은 당시 정치권의 관심을 받지 못한 문제를 부각할 수 있었다. 허나 쿠스토는 그의 노력의 산물을 살아서 지켜볼 수 없었다. 그러나 그가 소망했던 대로 앞장서서 캠페인을 이끄는 정치인들이 점차 늘어났다.

정치의 수레바퀴는 더디게 굴러가지만 어떻게든 굴러간다. 쿠스토가 세상을 떠나고 몇 개월 후 그가 주창한 권리장전에 포함된 원칙들은 미래 세대에 대한 유네스코의 책임감을 천명한 선언서에 포함되기에 이르렀다. 이 선언문은 유엔 총회의 승인을 받았다.[41] 10년 후인 2013년 유엔은 〈세대 간 연대와 미래 세대의 요구〉라는 제하의 보고서를 발간하고,[42] 이 문제의 중요성을 인정하고 미래 세대를 위한 고등판무관의 임명 등의 조치를 고려했다. 미래 세대에 대한 책임감이라는 개념은 유엔이 지지하는 지속 가능한 개발의 핵심 개념으로, 유엔은 지속 가능한 개발이란 "미래 세대가 자신들의 요구를 충족하는 미래 세대의 능력을 약화시키지 않으면서 현세대의 요구를 충족시키는 것을 의미한다"라고 규정한 바 있다.

최근 유엔은 훨씬 중요한 약속을 제안하기에 이르렀다. 2021년 후반, 유엔 사무총장 안토니오 구테후스Antonio Guterres는 구스토의 관심사와 미래 세대를 위한 좀 더 진보된 개념을 결합한 보고서를 발간했다. 〈우리의 공통된 어젠다Our Common Agenda〉라는 제목의 이 보고서는 미래 세대들에 권리를 제공하고 미래 세대의 생존을 위협할지 모르는 위기에 국제적 협력을 독려하는 제안을 포함하고 있다.[43] 쿠스토의 신념을 반영한 구테후스의 보고서는 미래 세대를 대신한 신탁자로서 현세대가 행동할 수 있는 장을 마련해야 한다고 주장한다. 그는 또한 미래 세대의 이익을 대표하고 보호할 방법을 조언할 특사의 임명도 제안했다. 그리고 코비드19로 더욱 자극받은 구테흐스 사무총장은 각국 정상과 그 외 이해당사자로 이루어진 비상 플랫폼Emergency Platform의 설립을 제안하기도 했다. 비상 플랫폼은 팬데믹, 핵의 사용, 또는 생물학적 공격과 같은 급발화성 문제가 발발하면 모여서 문제를 논의하게 된다.

유엔의 한 보고서는 의지의 천명이지 확실성을 보장한 것은 아니다. 유엔 보고서는 회원국의 지지가 필요하지만, 장기주의적 정치적 사고를 위한 하나의 예행연습이자 현재와 현재가 직면한 문제들을 등한시하지 않으면서 장기적인 인류 발전에 우리가 미치게 될 영향을 강조한다. 유엔 사무총장이 30년 전 쿠스토가 시작했던 캠페인을 이끌고 있다는 것은 상당한 의미를 지닌다.

한편 전 세계의 여러 단체와 개인도 이 캠페인에 동참하기 시작했다. 지난 몇 년 동안 미래 세대에 권리를 부여하고 그들의 목소리를 정치에 반영해야 한다고 생각하는 사람들이 늘어났다. 핀란드, 일본, 싱가포르, 헝가리, 이스라엘을 포함해 전 세계적으로 세대 간 권리를 정책 수립에 반영하려는 다양한 노력이 이루어지고 있다.

나 역시도 이러한 노력에 흥미를 느껴서 2019년 중반기 영국 상원에서 벌어진 토론을 지켜보게 됐다. 이 토론은 영국의 정책입안자들이 정책을 수립할 때 미래 세대의 권리와 이익에 좀 더 관심을 기울이게 하려는 노력의 일환이었다.

영국 국회의사당은 미래지향적인 장소처럼 느껴지지는 않는다. 방문할 때마다 나는 전 세계 다른 입법기관의 건물과 비교했을 때 그곳 환경이 얼마나 과거의 틀에서 벗어나지 못하고 있는지를 몸소 느낄 수 있다. 건물 자체에서도 누수와 세월의 흔적을 찾아보기 쉽다. 그리고 고리타분한 관행과 전통으로 가득 찬 곳이다. 상원의원들이 토론을 시작하기를 기다리고 있을 때, 반짝이는 구두를 신은 관리 하나가 우리 중 넥타이를 매지 않은 남성들에게 못마땅한 시선을 보냈다.

상원의 토론을 보기 위해 의사당 관객석에 자리를 잡은 이들 중에는 앞서 언급했던 세대 간 연대지수를 분석보고서를 작성한 로만 크르즈나릭도 끼어 있었다. 그는 최근 미래 세대의 권리를 보장해야 한다고 목소리를 내는 대표적인 인물 중 하나다. 그는 '시간 반역자'로 이루어진 새로운 운동을 일으켜야 한다고 주장한다. 그는 특히 가장 잘사는 국가들의 근대 민주주의 정부가 '미래를 식민지화'하고 있다고 주장한다.

그는 그해 내가 제작한 BBC의 한 프로그램에 발표할 에세이에서도 다음과 같이 주장했다. "우리는 미래를 마치 아무도 살지 않는 오지의 식민지 전초기지 정도로 생각하는 것 같다. 그곳에서 우리는 생태학적 약화, 기술적 위험, 핵폐기물, 공공부채 등을 마음대로 자행해도 된다고 생각한다. 또한 우리는 그곳에서는 마음먹은 대로 자원을 탕진할 자유가 있다고 느끼는 듯하다.[44] 아직 태어나지도 않은 미래 시민은 미래와 관련해 할 수 있는 일이 아무것도 없다. 여성 참정권 운동가처럼 왕의 행차를 막기 위해 몸을 던질 수도 없고, 시민평등권 운동가처럼 앨라배마 다리를 막아서거나 마하트마 간디처럼 소금세폐지를 주장하며 식민 지배자들에 저항의 뜻을 보여주기 위한 '소금행진Salt March'을 할 수도 없다."

그는 비교할 만한 예를 역사에서 찾을 수 있다고 말한다. 영국이 호주를 식민지화하고 그곳에 살던 원주민들을 이주시킬 때, 영국은 '무주지

terra nullius' 즉, 누구에게도 속하지 않은 땅이라는 법적 원칙을 이용했다. "오늘날 우리의 태도는 '누구에게도 속하지 않은 시간'의 원칙을 악용하고 있다. 미래는 '빈 시간'이며 아무도 소유권을 주장하지 않는 영토로 아무도 살지 않는다. 제국이 점령한 오지의 영토처럼 미래는 우리가 마음대로 할 수 있는 우리 것이라는 태도로 살아간다"라고 그는 말한다.

로비를 서성이다가 한 직원이 나와서 토론이 벌어질 의사당 회의실 안으로 우리를 안내했다. 우리는 그곳에서 존 버드John Bird 상원의원이 미래 세대를 위한 정책을 발표하는 광경을 볼 수 있었다. 그의 계획은 정책입안자들이 정책 결정에서 장기적인 안목으로 접근할 것을 요구하는 법안을 만드는 것이었다. 이 법안은 후일 '미래 세대를 위한 복지법Well-being of Future Generation Bill'이 되었다.[45] 만약 이 법안이 통과된다면 공공기관들은 정책 제안과 더불어 의무적으로 '미래 세대 영향 추정보고서'를 발표해야 하고, 미래 세대를 위한 특임 위원장이 업무수행을 감독하게 된다.

만일 의사당 건물 술집에서 버드와 와인 한 잔을 하게 된다면, 그를 무례하고 부적절한 말을 하는 상대하기 어려운 인물이라고 생각할 것이다. 보좌관들은 그가 새로운 주제로 이야기를 시작할 때마다 불안함 때문에 자세를 고쳐 앉는다. 그러나 그가 상하원의 그 어떤 정치인보다 사회의 가장 취약한 계층이나 소외된 계층을 지원하기 위해 더 많은 일을 해왔다는 것은 의심할 여지가 없다. '빅이슈Big Issue'의 창립자인 존 버드는 수천 명의 노숙자가 자립할 수 있도록 도움을 주었다. 존 버드의 이러한 배경과 경험은 상원의 다른 세습 귀족 의원들과 그를 다르게 만든다.

버드가 미래 세대를 위한 토론을 시작했을 때, 나는 관람석 아래 붉은색 가죽 벤치에 모여 앉은 다른 의원들을 쳐다봤다. 그들 사이에 양털로 채워진 크고 푹신한 의장석에 앉아 있는 상원의장이 앉았다. 양털로 채워진 의장석은 14세기부터 시작된 전통으로 원래는 당시 양털 교역이 얼마나 중요한지를 상기시키기 위한 것이었지만, 지금은 한 국가의 가장 중요한 산업이 오래가지 못하고 쇠퇴할 수 있음을 잘 보여주는 상징이 되었다. 내가 앉았던 자리 바로 밑에 앉아 있던 상원의원은 벤치에 지팡이를 비스듬히 기대놓았다. 다른 의원들이 이야기할 때 그는 손을 뻗어 자신의 스마트폰을 잡았다. 그리고 다음 1시간 동안 엄지손가락으로 전화기 화면을 연신 넘겨대면서 한가하게 혼자 놀기에 몰두했다.

버드는 연설 중에 노숙자들을 위한 활동을 한 뒤 미래 세대의 중요성을 깨닫게 됐다고 말했다. "나는 한때 현재에 집착했습니다. 과거는 실패했기 때문입니다. 위기를 시작한 것은 나입니다. 고장 난 시계를 계속 고치는 일이 이제는 신물이 납니다. 대신 처음부터 시계가 고장나지 않게 만들고 싶습니다." 그는 여러 세대가 겪을지 모르는 트라우마, 실패, 불평등과 같은 잠재적 위기를 예방하는 일보다는 노숙자와 중독과 같은 현재의 위기를 해결하는 데 대부분의 돈과 시간이 투자되고 있다고 지적했다. 그는 또 "빈곤 문제를 해결하려면 새로운 미래를 만들 수 있어야 한다고 생각합니다"라고 덧붙였다.

존 버드는 영국 이외에 다른 국가들은 이미 미래 세대를 위한 행동에 돌입했다고 말했다. 단적으로 웨일스에서는 미래 세대의 복지를 보장하는 법안이 통과됐다. 2015년 새로운 법안에 마련된 이후, 웨일스의 정책 입안가들은 이제 자신이 수립한 정책이 세대 간에 미칠 영향을 고려해야만 한다. 그리고 웨일스는 소피 하우Sophie Howe를 미래 세대 위원장에 임명했다.

몇 달 전 나는 웨일스에서 어느 비오는 날 내가 조직한 헤이 페스티벌의 BBC 행사에서 하우를 만났다. 고위 경찰이었던 소피 하우는 미래 세대 위원장이라는 역할과 미래 세대 법안에 대해 상당히 열정적이었다. 그녀는 이렇게 말했다. "이 법은 웨일스의 모든 공공서비스에 적용됩니다. 보건, 지방정부, 국가기관, 특히 웨일스 정부는 미래 세대의 요구를 충족시킬 능력을 약화시키지 않으면서, 현재의 요구를 충족시킬 결정을 내리게 된 과정을 설명해야 합니다." 그녀에게 견책의 권한은 없지만, 적어도 단기주의적인 사고를 하는 정치인들을 적발해 명단을 공개할 수는 있다.

물론 모든 것이 순조롭게 진행됐다고 말하기는 어렵다. 견고한 정치 관료주의를 바꾸는 데는 시간이 걸리기 때문이다. 그리고 하우의 관할권은 지역 또는 지방의 영역에 국한돼 있지만, 기후변화를 악화시킬 수 있는 우회도로 공사 취소나 학교 시험 개혁을 위한 로비와 같은 성과를 이루어냈다. 그러나 이러한 웨일스의 실험적 실천의 진정한 의미는 현실 정치의 노력이 이론에서 실천으로 이동했다는 데 있다. 장기적 관점에서 접근하기 위한 노력의 일환으로 국회 자문단을 도입한 핀란드와 스웨덴, 미래 세대를 위한 옴부즈맨 제도를 도입한 헝가리와 함께, 웨일스는 다른 국가에 통치와 관련된 규범이나 문화를 재평가할 것을 촉구하고 있다.

다시 상원의 갤러리로 돌아가보자. 나는 버드 상원의원이 웨일스 사례의 의미와 어떻게 하면 영국도 웨일스의 선례를 따를 수 있을지 이야기하는 모습을 지켜봤다. 그의 주장은 전폭적인 동의를 얻지는 못했다. 세습귀족 토리당의 상원의원 제임스 베델James Bethell은 우려를 나타냈다. "나는 아직 태어나지 않은 미래 세대에 대한 정치 개입을 우려하게 됩니다. 투표소에서 아직 세상에 없는 엄마나 아빠를 위해 투표권을 행사하는 사람이 있을까 봐 걱정됩니다."

그러나 베델은 소수의원 중 한 명에 불과했다. 버드 상원의원은 상하원에서 많은 의원의 지지를 받았다. 2019년 총선 전에 주요 정당의 지도자들 모두 그의 〈미래 세대 서약〉에 서명했다. 이 서약은 하원에 미래 세대의 권리 보장을 약속하고 '단기주의적 사고를 바탕으로 정치적으로 시급한 문제들을 처리하는 대신 기후 위기나 빈곤 같은 문제가 발생하지 않도록 노력할 것을 요구'한다. 단순히 입에 말린 말에 불과할 수 있지만 첫발을 뗐다는 것과 모든 정당의 지지를 얻어냈다는 점에서 상당한 성과라고 말할 수 있다.

웨일스의 하우 위원장의 노력과 영국 버드 상원의원의 캠페인은 영국 의회 안팎으로 다수의 사람을 하나로 규합하는 하나의 원심력으로 작용했다. 그리고 이 미래 세대 운동은 최근 개혁을 위한 다양한 제안을 탄생시키는 역할을 하고 있다.

내가 가장 좋아하는 제안 중 하나는 철학자 타일러 존Tyler John과 윌리엄 맥아스킬William MacAskill의 '세대간 변화 효과'라는 다소 엉뚱한 제안이다.[46] 이 두 철학자는 장기적 관점에 초점을 맞추게 하는 유인으로 다음 정치세대가 도래하기 전까지는 정치인의 연금 지급을 확정하지 않아야 한다고 주장한다. 이 제안은 정치인 개인이 장기적 관점에서 정책 결정을 내려야 하는 확실한 이유를 제공한다. 다시 말해 미래 세대에 불합리한 유산을 물려준 정치인은 대가를 치러야 한다는 일종의 경고다.

존과 맥아스킬은 또한 미래에는 입법부의 일정 부분은 선출된 의원들로 채워야 한다고 제안했다. 두 사람의 제안은 영국의 시스템 안에서 상원은 오롯이 미래 세대의 행복 증진에만 집중하는 것을 의미할 수 있다.

정치과학자 사이먼 캐니는 정치권의 관심을 장기적 관점으로 돌리게 하는 (아마도 좀 더 현실적인) 방법을 제안했다. 그는 의회 일정 중 특정한 날 며칠을 '미래의 날을 위한 비전Visions for the Future Days' 또는 '미래연합국가State of the Future Union' 연설의 날로 지정하자고 제안했다. 이날 정당, NGOs, 기타 단체들이 미래에 대해 공개 논의를 하게 된다. 그는 또한 지방 정부들과 야당들이 선거에 앞서 '미래를 위한 성명서Manifesto for the Future'를 발표할 것도 제안했다.

미래 세대를 대표하는 시민의회 또는 미니 퍼블릭스mini publics가 또 다른 경로가 될 수 있다. '미래의회'라고 하는 시민의회는 숙의민주주의의 한 형태로 역할 놀이를 하는 미래의 시민까지도 참여시킬 수 있다. 현실의 정책을 만들기 위해 아일랜드에서부터 벨기에 등 전 세계적으로 이미 도입된 의회를 기반해 구축할 수 있다.[47]

나는 다른 사람의 입장이 되어보는 연습을 2020년 후반 비영리 정치자문단체인 국제미래 학교(스쿨 오브 인터내셔널 퓨처스School of International Futures)가 조직한 한 행사에서 직접 경험해본 적이 있다. 그들은 나에게 2040년대에 사는 아담이라는 남자라고 생각해보라고 말했다. 아담은 다국적 수퍼마켓 체인을 운영 중이며, 기술과 미래 직업에 대한 십대 자녀들의 태도 때문에 힘든 시간을 보내고 있다. 같은 조에 속한 또 다른 사람은 장관이 되어보는 연습이었다. 아담의 역할을 하면서 나는 (사실상 존재하지 않는) 아담의 십 대 자녀들과의 관계 등과 같이, 현재 나의 삶과는 상당히 동떨어진 우선순위를 이야기하고 있는 스스로를 발견하고 깜짝 놀랐다. 짧은 역할 놀이였지만 미래 세대의 요구, 관점 그리고 그들의 우선순위를 상상해보는 아주 간단한 행위만으로 시간을 초월한 공감을 경험하는 매우 흥미로운 경험이었다.

이러한 미래의회Future Council에 관한 아이디어는 일본에서 시작된 미래설계Future Design이라고 하는 활동과 유사하다. 일본 교토에 위치한 인류와 자연 연구소Research Institute for Humanity and Nature in Kyoto 소속 경제학자 사이조 다쓰요시가 고안한 이 실험에서 참가자들은 예복을 입고 미래 세대의 입장이 되어 정책에 대해 찬반토론을 한다. 이 간단한 의식은 참가자들의 사고방식에 변화를 가져올 수 있음을 입증했다.[48] 사이조와 동료들은 장기적으로 2060년 교토의 물 인프라를 개선하기 위해 현재 세금을 납부한다는 정책에 동의할 시민들이 많다는 것을 확인했다. 실질적으로 요하바와 같은 도시에서는 가시적인 정책 변화를 유도하기도 했다. 사이조는 시간을 초월한 공감행위를 '미래성futurability'이라고 한다. "어떤 한 사람이 현재 이득을 포기하고 미래 세대의 삶을 풍요롭게 하는 결정을 내리거나 조치를 취하고, 그 결과 행복감이 증가하는 경험을 했을 때 미래성을 보여준 행동이라고 할 수 있다"라고 그는 말한다.[49]

앞으로 가야 할 길

근시안적인 정책에서 벗어나기 위해서 우리는 상당히 힘든 일을 해야 한다는 것을 부인하기는 어렵다. 자유민주주의가 현재의 모습으로 설계된 데는 충분한 이유가 있다. 정치인의 짧은 임기는 장기적인 관점을 견지할 수 없게 하는 요인이 되기도 하지만 권력남용을 막는 역할도 한다. 좋든 싫든 민주주의라는 시스템은 늘 현재의 유권자를 위하는 쪽으로 기울어질지 모른다.

그러나 역사는 정치가 변할 수 있음을 보여준다. 지금 미래 세대와 그들의 요구를 등한시 할 수 있지만, 과거에도 소외된 집단의 요구를 무시한 적이 있다. 미국의 여성이나 흑인이 그랬다. 수십 년 전 그리고 수백년 전, 지금의 변화를 가져오기 위해 노력했던 사람들은 좀 더 공평한 정치를 만들기 위한 여정을 시작할 때 지금 우리와 비슷한 암담함을 느꼈을 것이다.

1830년대 알렉시스 드 토크빌Alexis de Tocqueville은 정치인의 역할이 미래에 빛을 가리는 것이 아닌 미래에 불을 밝히는 것이라고 말했다. "자본주의 사회에는 빈곤에 대한 두려움에서부터 미래에 대한 기회에 이르기까지 시민의 시선을 다른 곳으로 돌리게 만드는 일들이 많다. 그리고 끊임없는 운명의 부침 속에서 현재의 크기는 점점 더 커진다. 그렇게 커진 현재가 미래를 가리게 되고 결국 지워지게 된다. 그래서 사람들은 다음 날에 대해서만 생각하고 싶어진다. 인간의 시야는 한정되어 있다."[50]

그러므로 정치인의 책임이 더욱 커진다. "국가는 종교나 사회가 더는 영감을 줄 수 없는 미래에 대한 기대감을 시민의 마음속에 다시 심어주기 위해 전심전력을 다해야 한다"라고 토크빌은 주장했다.

지난 수년간을 지켜보면서 안심이 되었던 한 가지 사실은 가장 포괄적인 의미의 장기주의가 모든 정치적 노선을 포기하게 만들 수 있다는 것이다. 단기주의는 종종 가장 부족적이고 분열적인 정치와 연관된다. 그러나 미래에 대한 책임감을 논할 때는 초당적인 지지를 얻어내는 경향이 있다. 지구를 현 상태 그대로 미래 세대에 물려주자는 요청이 있을 때, 매일매일의 정당 정치의 싸움보다는 좀 더 보편적이고 좀 더 고상한 과업에 정치인의 참여를 유도할 수 있다. 장기적 사고를 받아들이는 것이 반드시 희생을 필요로 하는 것은 아니다. 우리가 현재 정치 시스템 안에서 좀 더 장기적인 사고를 하는 법을 배울 수 있다면, 미래 세대는 물론 오늘을 살아가는 우리에게도 도움이 될 것이다.

앞의 3개 장에서 우리는 오늘날 사회를 단기적인 사고에 빠뜨리는 다양한 압력을 살펴봤다. 문화, 자본주의 그리고 정치에 걸쳐 얼마나 다양한 요소가 영향력을 키우고 장기적 사고를 방해하는지를 확인했다. 예를 들면 고질적인 나쁜 습관, 잘못 설정된 목표, 시스템 전반의 압박 등이 그것이다. 어떤 요인은 분명하고 눈으로 확인이 가능하다. 그러나 어떤 것들은 얼핏 보면 잘 보이지 않는다. 그러나 좋은 소식은 그러한 요인이 무엇인지 파악하고 이러한 요인이 어떻게 결합하는지를 알게 된다면 그러한 결과를 막는 것이 완전히 불가능한 일은 아니라는 것이다.

그러나 근시안적인 사고를 벗어나 좀 더 장기적인 사고를 하는 사회를 만들기 위한 첫걸음을 떼려면 인간의 심리가 어떻게 작용하는지를 좀 더 명확하게 이해해야 한다. 1부에서 우리의 근시안적 행위를 부추기는 외적인 요인들을 살펴봤다면 2부에서는 내적인 요인들을 살펴볼 것이다. 우리의 목표는 인간이 어떻게 애초에 시간에 대해 생각할 수 있는 능력을 갖게 되었는지, 인간의 심리가 과거, 현재 그리고 미래에 대한 그들의 태도에 어떤 영향을 미쳤는지를 추적해보는 것이다. 2부의 목표는 개인으로서 장기적 사고를 갖기 위해 단기적 사고의 편견을 버리고, 인간의 인지적 잠재성을 완벽하게 이해하기 위해 무엇이 필요한지를 보다 포괄적으로 이해하는 것이다. 2부는 버지니아 울프Virginia Woolf, 비교 불가한 개구쟁이 침팬지, 지구상에서 가장 희귀한 뇌를 가진 한 남자의 이야기에서 시작할 것이다.

2부

단기주의적 마음 상태

: 인간의 시간 인식 이해

4. 시간을 기록하는 유인원

시간은 발명품일 뿐이다.

– 앙리 베르그송Henri Bergson[01]

작가 버지니아 울프는 시간이라는 개념에 매료됐다. 20세기 초 철학자들에게 영향을 받은 울프는 시계가 가리키는 시간과 인간이 머리로 인지하는 시간 사이에 분명한 차이가 있음을 알았다.[02] 시침과 분침은 예측가능한 규칙성을 가지고 앞으로 움직이는 데 반해 과거, 현재, 미래에 대한 정신적 조작은 훨씬 더 유동적이라고 생각했다.

《댈러웨이 부인Mrs. Dalloway》의 주인공 클라리사는 기억과 계획 사이를 자유롭게 오가는 의식의 흐름을 보이다가, 결국은 빅벤 종소리가 정각에 울리면 다시 현재로 돌아온다. "큰 소리가 울렸다. 처음엔 경고 같지만 음악적이다. 그리고 나서 시간은 되돌릴 수 없다. 납덩어리 원들이 공기 중에서 녹아버렸다."[03]

몇 년 뒤, 울프는 《올란도Orlando》의 한 문장에서 이 주제를 확장했다.

"시간은 놀라울 정도의 정확성에 따라 동물과 식물이 성장하고 소멸하게 만들지만, 불행하게도 인간의 마음에 미치는 영향이 그렇게 단순하지 않다. 인간 정신의 기이한 요소에 자리를 잡으면 한 시간은 시계가 가리키는 시간보다 50배 또는 100배까지 늘어날 수 있다. 반대로 한 시간은 인간의 내적 시계에 의해 1초라는 시간으로 정확하게 표현될 수도 있다. 시계가 가리키는 시간과 인간의 정신이 인지하는 시간 사이의 불일치는 잘 알려져 있지 않으므로, 좀 더 면밀한 조사가 필요하다."[04]

그럼 울프가 이야기한 대로 이에 대해 좀 더 면밀한 조사를 시작해보자. 시간의 인식에 대한 과학적 이해는 20세기 초 철학이론 이후 상당히 발전했다. 내면의 세계가 어떻게 과거와 미래라는 시간과 경쟁하는지(인식하는지)에 대한 문제는 울프나 동시대인들이 생각했던 것보다 훨씬 더 복잡하다. 이제 우리는 인간이 '현재'가 아닌 시간에 벌어진 사건을 생각하는 능력이 결코 단순한 행위가 아님을 안다. 그것은 인간의 놀라운 재능인 것은 맞지만 지구에 등장하기까지 수백만 년이 걸렸다. 생명체는 먼 미래나 먼 과거를 그려보지 않고 수십억 년을 버텨냈다. 인간의 뇌로 시간을 인식하기 시작했을 때 그것은 새로운 진화의 발명품이 되었다.

이러한 능력이 대단한 것은 맞지만 완벽한 것은 아니다. 우리가 1부에서 확인했듯이 사회, 기업, 정치 시스템은 다양한 문화적 압박의 작용으로 장기적인 결정을 내리기 힘든 지경에 이르렀고, 그러한 시스템 안에서 살아가는 개인도 근시안적인 선택을 할 수밖에 없게 만든다. 그러나 장기적 관점의 선택을 어렵게 만드는 것은 그러한 외적인 요인만 있는 것은 아니다. 그 이유를 밝히기 위해 우리는 인간의 뇌 작용을 좀 더 심도 있게 파악해야 한다. 좀 더 장기적인 사고를 하고 싶다면 우리는 내면의 눈이 현재라는 시간 너머의 시간을 바라볼 때 인간의 뇌 속에서는 어떤 일이 벌어지는지를 좀 더 확실하게 이해할 필요가 있다.

그러나 지금부터는 과거, 현재, 미래라는 시간을 인식하게 만드는 것이 무엇인지를 진화적인 근원에서부터 인간의 심리적 편견에 이르기까지 다양한 관점에서 살펴볼 예정이다. 인간은 조상으로부터 어떤 정신적 구조를 물려받았는가? 장기적 관점에서 시간을 생각할 때 인간의 뇌는 얼마나 잘 적응하는가? 그리고 인간의 심리에 대해 우리가 알아야 하는 모든 것을 알게 된다면 우리는 새로운 사고방식을 발견할 수 있을까?

우선 스웨덴에 사는 버릇없는 침팬지를 포함해 동물 중 인간의 가장 가까운 친족 중 몇몇 동물과 인간의 능력을 비교해보는 것으로 탐구를 시작하고자 한다.

어느 날 스웨덴 스톡홀름 북쪽으로 몇 시간 떨어진 곳에 위치한 푸루빅 동물원의 사육사들은 침팬지 한 마리의 행동이 특이하다는 것을 감지했다. 산티노라는 이름의 수컷 침팬지는 돌을 주워 우리 주변에 쌓기 시작했다. 이 수컷 침팬지의 돌 수집 습관은 지질학적 흥미에서 촉발된 것은 아니었다. 대신 그의 행동은 놀라우면서 상당히 지적인 장난이라는 것이 밝혀졌다.

이른 아침 산티노는 우리 근처에서 조용히 돌을 주워 모았다. 그는 콘크리트 표면을 두드려 얼마나 약한지 파악한 뒤, 콘크리트 조각을 떼어내는 방법도 터득했다. 그가 만든 돌무덤은 건초 더미 아래, 또는 통나무 뒤쪽과 같이 총 여섯 군데에 널리 분포돼 있었다. 그러나 여섯 군데 모두 관람객들이 구경하는 구역과 가까운 곳이었다. 당시 산티노는 유일한 수컷 침팬지였으며, 암컷 침팬지들은 산티노가 돌무덤을 쌓는 일에는 전혀 관심을 보이지 않았다.

동물원이 개장한 뒤, 산티노가 왜 이런 일을 하는지 분명해졌다. 그의 행동은 주로 점심시간 직전에 일어났다. 관람객들이 침팬지 우리를 내려다보기 위해 모였을 때, 그는 어슬렁거리며 돌무덤으로 다가가서 관람객을 향해서 돌을 던지기 시작했다. 사육사들은 관람객들에게 돌이 날아온다는 사실을 빠르게 알린 다음 산티노를 우리 안으로 데리고 들어갔다. 그 안에서 산티노가 스웨덴어로 호된 잔소리를 들었을 것임을 짐작할 수 있다.

이후에도 며칠 동안 사육사들은 산티노를 관람객들에게 가까이 가지 못하게 했지만 소용이 없었다. 그들이 할 수 있는 일은 고작해야 야단 치는 것이 전부였기 때문이다. 그래서 사육사들은 관람객들에게 산티노에게 가까이 가지 말라고 당부하기로 했다. 한 사육사는 이 사건을 산티노의 '우박 공격'이라고 묘사했다. 우박 공격이 5일간 지속된 뒤 직원회의가 열렸고, 산티노를 낮에는 우리 밖으로 나오지 못하게 하기로 했다.

산티노의 이야기는 '침팬지의 장난' 그 이상의 의미가 있었다. 과학자들이 그의 행동을 연구하기 위해 동물원을 방문했을 때, 그들은 그 사건 뒤에 감춰진 의미를 알고 깜짝 놀랐다.[05] 동물의 왕국에서 가능하다고 생각했던 것보다 좀 더 고도의 계획을 세우는 것이 가능하다는 잠정적 증거가 여기에 있다. 산티노가 아침에 조용히 돌을 모을 때, 그는 점심시간 전에 돌을 던질 생각을 하면서 즐거웠을까? 아마도 아주 기본적인 차원에서 그랬던 것처럼 보인다.

그러나 산티노의 행동은 상당히 이례적이었다. 같은 행동을 한 침팬지는 없었다. 야생에서도 비슷한 행동을 하는 침팬지가 발견된 적이 없다.

동물원 방문객에게는 희소식이고 과학자들에게는 슬픈 소식이지만, 이후 사육사들은 산티노의 공격성을 누그러뜨리고 우박 폭풍 행동을 중단시킬 조치를 취하기로 했다. 그래서 더는 산티노의 특이한 행동에 관한 소식을 들을 수 없다. 산티노에게는 잔인한 일이지만 거세라는 조치가 취해졌다.[06]

내면의 눈을 과거, 현재, 미래로 옮길 수 있는 능력은 인간만이 소유한 것일까? 수백 년 동안 철학자들은 그렇게 생각했다. 아리스토텔레스는 다른 생명체들은 현재에 갇혀 있다고 주장했다.[07] 그리고 1800년대 프리드리히 니체Friedrich Nietzsche는 가축에 대해 쓰면서 "가축은 어제 또는 오늘의 의미를 알지 못한다. 가축에게 모든 순간은 소멸하고, 밤과 안개 속으로 가라앉으며, 영원히 사라진다"라고 하며 동물들은 기억 속에 과거의 짐을 간직할 수 없는 축복을 받았다고 주장했다.[08]

과학자들은 확신하지 못한다. 산티노의 사례만이 우리 가정에 이의를 제기하는 유일한 사례는 아니다. 우리에 갇혀 사는 난쟁이 침팬지와 오랑우탄도 실험 기간 동안 도구 사용과 관련해 아주 기본적이지만 사전에 계획을 세울 수 있다는 것을 보여줬다.[09] 쥐들도 미로에 대한 공간적 기억을 갖고 있어서 미래에 길을 찾을 때 활용할 수 있는 것처럼 보인다. 그리고 어치도 다음 날 비거나 고갈될 것임을 알고 있는 장소에 음식을 숨기는 것을 좋아한다는 것이 관찰됐다.

그러나 일부 동물들이 인간처럼 계획을 세울 가능성은 진화생물학자들 사이에서 계속 논의 중이다.[10] 다른 방법을 통해 겉으로 보기에 상당히 지능적으로 보이는 행동들을 설명할 수 있다. 동물의 행동을 해석할 때, 많은 연구자의 기억 속에 여전히 생생하게 떠오르는 사례는 영리한 한스Clever Hans라는 말이다. 한스는 20세기 초반 산수와 다른 인지 활동을 수행해서 사람들을 놀라게 한 바 있다. 사실 한스는 훈련사의 신체언어가 전달하는 의도치 않은 신호에 반응한 것뿐이었다. 따라서 이 말이 똑똑한 것은 아니었다.

과학자들은 대다수 동물에게 인간처럼 내면 의식을 장기적인 시간의 개념에 투영할 가능성도, 능력도 없다고 확신한다. 산티노를 포함한 동물들이 불과 몇 시간 앞으로의 일을 계획할 수 있을지 몰라도, 수년, 수십 년, 또는 수백 년 앞을 내다볼 정도로 유연하게 사고할 수 있다는 증거는 어디에도 없다.

가장 중요한 장애 요인 중 하나는 아마도 동물이 복잡한 언어를 갖고 있지 않기 때문일 것이다. "언어의 설계상 특징 중 하나는 전위성displacement이다. 그것은 현재 존재하지 않는 것을 지시할 수 있는 능력을 말한다"라고 진화심리학자 마이클 코발리스Michael Corballis는 말한다.[11] "우리는 캠프파이어 주변에서, 미디어에서 그리고 어떤 이들은 공상과학소설 등을 통해 무수히 많은 픽션, 가십, 이야기들을 언급한다. 역사적인 설명은 우리를 수백 년 전 과거로, 과학이나 공상과학소설은 현세의 삶을 뛰어넘어 먼 상상 속 미래로 우리를 데려간다."

동물이 미래의 자아에 도움을 줄 것을 배울 능력이 없기 때문이 아니다. 애완견은 당신이 누구인지, 당신의 냄새 그리고 당신의 목소리를 구분할 줄 알고, 당신이 음식과 보살핌의 원천이라는 것도 안다. 이반 파블로프Ivan Pavlov의 실험에서 봤듯이 개들은 맛있는 식사를 예상하면서 침을 흘리기도 한다. 심지어 양을 훈련시켜 사람의 얼굴을 인식하게 할 수도 있다. 실제로 한 실험에서 양들은 미국의 유명 영화배우 제이크 질렌할

Jake Gyllenhaal과 엠마 왓슨Emma Watson의 얼굴을 구분할 수 있었다.[12]

그러나 개나 양도 간단한 연상을 할 수는 있다. 많은 생명체가 며칠 또는 몇 주 후의 복지를 개선하기 위한 행동을 하는 듯 보일 수 있지만, 그들의 행동은 좀 더 자동에 가깝다. 그러므로 거미가 거미줄을 치고 곰이 먹이를 비축하며 연어가 상류로 헤엄쳐 올라갈 때, 그들의 행동은 인간의 기억과 유사한 기제에 영향을 받은 것도 미래를 위한 전략 계획에 의한 것도 아니다. 대신 그들의 행동은 수백 년 전 일어난 자연선택을 통해서 발현된 선천적인 충동에 해당한다. 다시 말해 이들의 행동은 생존에 성공한 선조의 행동을 모방하는 것에 불과하다.

인간과 대다수 동물 사이의 차이의 크기는 시버스 원숭이의 이해하기 힘든 식사시간 습관을 통해 설명할 수 있다. 검은 궁둥이, 흰 얼굴, 둥글게 말린 꼬리를 가진 이 원숭이들은 '오르간 연주자' 원숭이 또는 영국 전자음악가 로스 프롬 프랜즈Ross from Friends의 애완동물로 알려져 있다. 1970년대 과학자 마이클 다마토Michael D'Amato는 자신의 실험실에서 시버스 원숭이들의 행동을 지켜보다가 이들에게는 미래를 예측하는 능력이 없다는 사실을 발견했다. 매일 먹이를 줄 때면 다마토의 실험실의 이 굶주린 원숭이들은 실컷 먹고 배가 부를 때까지 게걸스럽게 비스킷을 먹곤 했다. 그러면 먹고 남은 먹이를 어떻게 했을까? 혹시 나중에 먹으려고 비축해뒀을까? 그렇지 않다. 원숭이들은 남은 비스킷을 서로에게 던지거나 프리스비를 던지는 것처럼 우리 밖으로 먹이를 마구 던졌다. 불과 몇 시간 뒤 이 원숭이들은 다시 배가 고파졌고, 먹고난 음식을 던지는 행동은 또 반복됐다.[13]

버트란트 러셀Bertrand Russel은 1954년 이런 말을 했다. "배고픈 동물은 앞에 먹을 것이 있으면 충동적으로 먹어버린다. 그리고 의식적 욕망의 특징이라고 할 수 있는 현재와 미래 사이의 차이가 없다."[14] 반면 인간은 앞으로 며칠 동안, 몇 달 또는 그 이상 동안 계속될 굶주림을 해소하기 위해서 미리 계획을 세운다. 성서 속의 이야기 주인공 요셉처럼 우리 인간에게는 생각할 수 있는 능력이 있다. 요셉은 7년 간의 풍년 뒤 7년의 가뭄이 이어질 것을 알았기 때문에 남은 곡물을 저장할 수 있었다.

"미래를 생각할 줄 아는 능력은 인간을 동물과 차별화하는 가장 중요한 요인 중 하나다. 이 능력은 시간이 흐르면서 점점 더 중요한 요인으로 자리매김했다"라고 러셀은 주장했다. 농업의 등장에서부터 법의 수립, 교육과 통치에 이르기까지 미래를 장기적인 관점에서 접근할 수 있었기 때문에 인류는 오랜 역사 동안 많은 업적을 달성할 수 있었다.

그런데 오래전부터 인류는 시간을 초월해 내면의 자아를 투영할 수 있는 인지 구조를 발달시켜온 것으로 보인다. 사실 인간이 그러한 인지적 구조를 갖게 된 것은, 지구상에서 가장 진화한 종이 될 수 있었던 가장 중요한 진화적 적응 중 하나였을 수 있다. 이러한 진화적 적응이 일어난 시기, 이유 그리고 방식은 무엇이었을까?

'정신적 시간여행'의 기원

280만 년 전 홍적세 시기의 삶은 어떤 모습이었을지 상상해보자. 홍적세기에는 매머드와 자이언트 나무늘보와 특별히 덩치가 큰 동물들이 살았으며, 빙하기와 간빙기를 오고 가는 이상 기후가 나타났던 시기였다.

이 시기에 사람 속homo genus이 등장했다. 어느 시점에 인류 이전의 조상들이 숲에서 사바나 지대로 이주했다. 사바나는 상당히 중요한 실험무

대가 됐을 것이다. 사바나라는 텅빈 녹지에서 수렵채집, 이주, 전투를 점철된 삶은 점차 위험하고 불확실해졌다. 인류 이전의 조상들은 수렵채집의 삶의 방식을 시작하면서 자원이 고갈될 때마다 자주 이동해야 했고, 기본적인 석기를 만들어 사냥터로의 이동계획을 세워야만 했을 것이다. 나중에 아프리카에서 시작된 장거리 이주를 단행할 때는 그 어느 때보다 더 기억과 계획이 중요해졌을 것이다. 30만 년 전에 호모사피엔스가 등장했고 홍적세가 끝날 무렵 지구 구석구석으로 퍼져나갔다.[15]

이 시기에 인류라는 종이 그토록 성공을 거둘 수 있었던 이유는, 불의 사용, 협동 성향의 발현 그리고 7만 년 전 인지 혁명을 초래한 구어의 등장에 이르기까지, 다양하게 제안됐다. 호모사피엔스의 부흥은 적절한 행운과 더불어 무수한 진화적 적응에 관한 이야기다.[16]

인류가 과거, 현재, 미래에 대한 좀 더 진화된 인식을 할 수 없었다면, 초기 선사시대에 성취한 업적은 불가능했을 것이다. 이 시기에 인류의 조상들은 적어도 그들의 마음 속에서 시간여행을 할 수 있는 능력을 갖게 됐다.

인류 진화에서 이러한 큰 변화를 이야기하고 정신적 시간 이동이 왜 중요한지를 설명한 최초의 진화 심리학자들 중 한 사람은 호주 퀸즐랜드 대학의 토마스 수덴도르프Tomas Suddendorf다.

나는 2016년 시드니에서 수덴도르프를 처음 만났다. 그는 꽃무늬 셔츠를 입고 귀에 검은색 스터드를 하고 있었다. 호주에서 수십 년 거주했는데도 독일식 억양이 그대로 남아 있었다. 뒤셀도르프에서 북쪽으로 100km 떨어진 브레덴이라는 작은 마을에서 태어난 그는 젊은 시절 주변에서 이루어지던 가톨릭 교육에 지루함을 느낀 뒤 과학에 관심을 가지게 됐다. 그보다는 인간을 인간으로 만드는 것이 무엇인지, 그의 말을 빌리자면 왜 우리는 현재와 같은 종으로 진화한 것인지와 같은 거대한 질문에 답을 찾아보고 싶었다.[17]

공익서비스로 구급차 운전과 동남아시아로 배낭여행을 한 뒤, 그는 뉴질랜드로 가서 오클랜드대학의 진화심리학자 마이클 코발리스Michael Corballis와 함께 일하게 됐다. 그는 와이헤케섬 습지에서 보트하우스를 빌려서 살았다. 이 보트하우스는 배터리와 태양전지로 전력을 공급받았다. 1990년대 바로 이 보트하우스에서 그의 평생의 연구를 결정하는 석사학위를 썼다.[18] (사실 보트하우스에 전력이 끊어지면서 첫 번째 원고가 사라지는 바람에 그는 이 석사 논문을 두 번이나 써야 했다.)

수덴도르프가 집착했던 한 가지 질문은 인간 정신의 진화와, 인간과 동물 간 인지 차이다. 인간의 내면에서 어떤 변화가 일어났기에 인류는 이처럼 엄청난 지배력을 가지고 현재의 지구를 만들 수 있었을까? 인류의 조상 호미닌족이 숲에 그대로 남아 있을 때 인류는 숲을 나와 도시를 짓고, 기술을 개발하고, 문명을 발전시킨 이유는 무엇일까?

그는 인류가 진화적으로 성공할 수 있었던 가장 중요한 기술로 '정신적 시간 이동'을 꼽는다. 시간 이동은 인류가 과거의 사건을 기억해 미래의 사건을 구축할 수 있도록 해준다. 이는 정신이라는 극장에서 기억을 재생하고 반복할 수 있다는 것을 의미한다. 즉 어제, 지난주말에 그리고 어린 시절 집에서 먹은 것을 기억할 수 있다. 그리고 마음속으로 당신과 다른 사람들의 향후 모습을 투사해볼 수도 있다. 즉 오늘 먹게 될 저녁밥, 내년에 가게 될 휴양지 바닷가 그리고 은퇴해서 살 집을 그려볼 수 있는 것이다.

수덴도르프는 동물은 우리 인간처럼 과거와 미래로 이루어진 풍요로운 캔버스 위에 자신이 알고 있는 것과 행동을 통합해 그림을 그려 넣을 수 없고, 인간이 지금의 인간이 된 이유가 바로 이 시간 이동에 있다고 주장한다.[19]

인류의 초기 조상들이 가까스로 위험천만한 사바나 지대로 이주해 나왔을 때, 정신적 시간 이동은 이들에게 차별화된 강력한 이점을 제공했을 것이다. 이제 막 곰이 사는 동굴로 들어서려는 두 사람이 있다고 상상해보자. 곰에게 물릴 것을 상상하고 동굴 밖에서 우물쭈물하던 사람은, 아무 생각 없이 동굴 속으로 들어갔던 나머지 한 사람보다 더 오래 살았을 것이다. 의사소통이 가능해진 이후, 이 초기 호미닌족은 식량원에 대한 기억을 공유하고 포식자의 접근 또는 앞으로 피해야 할 위험한 장소를 전달할 수 있다는 것을 깨달았을 것이다. 그 나머지는 자연선택에 따라 이루어졌을 것이다.

홍적세기에 호모사피엔스만 정신적 시간 이동을 할 수 있었던 것은 아니다. 다양한 호미닌족이 이 기술을 발달시켰을 것이다. 고고학적 증거들은 호모에렉투스는 아마도 나중에 죽은 동물의 고기를 얻기 위해 손도끼를 만들었다는 사실을 보여준다. 분명 그들은 도구 제작 기술을 자자손손 물려줬을 것이며, 일상에서 필요한 것보다 훨씬 더 많은 손도끼를 소유하고 있었을 것이다. 모두 미래를 예측하고 한 행동들이다. 나중에 네안데르탈인이나 데니소바인들도 분명 그러한 기술을 갖고 있었다. 네안데르탈인의 매장지에서 출토된 증거들을 보면 이들은 한 개인의 삶이 끝난 뒤에도 미래라는 시간이 있다고 생각했던 것 같다.[20] 그러나 이러한 인류의 조상들이 지구상에서 사라지고 난 뒤, 인류와 다른 동물의 능력 격차는 점점 더 커졌다.

정신적 시간 이동이 홍적세와 그 이후에도 인류에게 얼마나 귀중한 기술이었는지를 이해하려면 그 기술이 없을 때 삶이 어땠을지를 상상해봐야 한다. 우리의 의식 세계 밖으로 나가는 것이 힘든 주문이기는 하지만 아주 극소수의 사람에 대한 설명에서 약간의 힌트를 얻을 수 있다. 여러분이나 나와는 달리 시간을 인식할 수 없는 어른들도 있다. 그들은 과거나 미래를 생각할 수 있는 능력이 없는 상태에서 삶을 살아간다. 심리학자들은 이들에게 그렇게 사는 삶이 어떤지 물었다.

내일이 없는 남자

켄트 코크레인Kent Cochrane은 다른 사람들과는 완전히 다른 정신을 가진 사람이다. 1951년 토론토 외곽에서 태어난 켄트는 평범한 어린 시절을 보냈고 일반적인 교육을 받았다. 그는 사교적이었으며 모험을 즐겼다. 그러나 서른 살이 되던 해, 오토바이 충돌사고로 뇌손상을 입었다. 이 사고로 독특하고 이례적인 형태의 기억상실을 겪게 되었다.

만약 당신이 그에게 질문하면 그는 프랑스의 수도, 온도조절장치의 정의, 루이 암스트롱이 누구인지 등등 무수히 많은 사실을 기억해낼 수 있다. 그는 시간에 관해서도 이야기할 수 있었다. 분, 초, 시간이 어떻게 작동하는지, 그리고 시계와 달력이 무슨 일을 하는지 말할 수 있었다. 우리가 알고 있는 이런 정보를 기억해내는 것을 의미기억semantic memory이라고 한다. 비록 켄트는 뇌 손상을 입었지만 그러한 의미기억에 관여하는 뇌 영역은 손상되지 않았다.

대신 과거의 사건이나 장면을 회상할 수 있는 능력을 잃었다. 그는 사고 몇 년 전 일어난 사랑하는 동생의 죽음이나 치명적인 화학약품의 누출로 가족 전원이 집을 버리고 대피해야 했던 기억, 열차탈선 사고와 같은 과거 기억을 떠올릴 수 없다. 즉, 일화기억episodic memory을 잃어버렸다.

의미기억과 일화기억은 마음속에서 과거의 시간을 현재의 시간으로 가져올 수 있는 두 개의 각기 다른 기억 방식이다. 이 둘의 차이를 이해할 수 있는 또 다른 방법은 어린 시절 어떻게 살았는지를 떠올려보는 것이다. 당신은 태어난 곳과 시간을 말할 수 있다. 그 정보는 의미 정보다. 반면 태어날 때 어땠는지에 대한 기억은 전혀 없다. 일화기억이다.

일화기억과 관련해 정말로 흥미로운 점은 미래를 상상할 수 있게 한다는 것이다. 일화기억을 잃은 코크레인은 과학계 입장에서는 상당히 이례적인 사례다. 과거에 일어난 일들을 기억할 수 없을 뿐만 아니라 앞으로 일어날 일도 상상할 수 없기 때문이다. 과학자들이 이 사실을 알았을 때, 그것은 일종의 충격으로 다가왔다.

그럼 미래에 대한 의식이 없는 삶을 살아야 하는 코크레인은 어땠을까? 그는 차분하고 친절하며 생각을 분명하게 기술할 줄 아는 사람이었다. 그는 심리학자들의 흥미로운 질문에 답하는 것을 좋아했다고 알려져 있다. 물론 코크레인은 일전에 그 심리학자들을 만났던 사실을 기억할 수는 없었다. 그는 종종 활짝 웃으면서 심리학자들에게 이야기를 하는 순간 자신이 사용할 단어들을 생각해내면서 차분하게 이야기하곤 했다.

다음은 1980년대 심리학자 엔델 툴빙Endel Tulving과 한 인터뷰 중 하나에서 발췌한 짧은 대화다. 툴빙은 수년간 코크레인 사례를 연구했다.[21]

툴빙: "내일은 뭘 할 생각이죠?"

(15초 휴지)

코크레인: (살짝 미소지으며) "모르겠어요."

툴빙: "질문이 뭐였는지 기억나요?"

코크레인: "내일 뭐 할 거냐고 물으셨잖아요."

툴빙: "그래요. 맞아요. 그 질문을 받았을 때 마음상태에 대해 설명해줄 수 있어요?"

(15초 휴지)

코크레인: "아무 생각도 안 났던 거 같아요."

또 한번은 '아무 생각이 나지 않는 상태'에 대해 기술해달라는 요청을 받았다. 그는 그 상태가 '마치 잠을 자는 것'과 비슷해요, 또는 "아무것도 없는 방에 있는데 한 남자가 제게 의자를 찾아오라고 하는 거예요. 방 안에는 아무것도 없는데 말이죠"라고 답했다. 또 한번은 "호수 한복판에서 수영하는 것과도 비슷해요. 몸을 떠받쳐주거나 뭔가를 할 것이 아무것도 없는 호수에 있는 것 같아요"라고 코크레인은 설명했다.

코크레인의 사례는 미래를 투사하려면 우리의 마음이라는 무대에서 과거의 일화들을 기억해낼 필요가 있다는 것을 보여준, 최초의 실증적 증거를 제공했다.

직접 그것에 대해 생각해보면 이 말이 무슨 의미인지 알 수 있을 것이다. 만약 내가 당신에게 이 책을 내려놓은 다음에 무엇을 할 것인지 묻는다면 당신은 마음속으로 한 장면을 상상해볼 것이다. 아마도 당신은 커피를 마시거나 열차에서 내리거나 침대에 누워 있을 것이다. 중요한 것은 뇌가 이러한 행동을 했던 과거의 기억을 조합해 미래라는 태피스트리 위에 그러한 장면들을 그려낼 수 있다는 것이다.

어떤 면에서 우리는 태어났을 때 모두 코크레인과 비슷하다. 아주 어린아이는 어른처럼 과거 일을 기억하지 못한다. 그리고 어린아이들은 미래에 대한 인식도 없다. 태어나면서 엄마의 목소리 구분하기, 새로운 어휘 배우기, 두 다리로 걸어보기 등 많은 것을 배우지만 일화기억이나 불과 몇 년 안에 일어날 일에 대한 예측력도 없다.

토마스 수덴도르프와 동료들은 네 살 경에나 겨우 정신적 시간여행 기술을 습득하고 예지적으로 생각할 수 있고 미래의 요구를 충족할 수 있는 능력을 검증하는 실험과제들을 성공적으로 완수할 수 있다는 사실을 발견했다.[22] 이러한 실험들은 유명한 '마시멜로 실험'과는 차이가 있었다. 마시멜로 실험은 희열감에 저항하는 능력을 측정한다(이 실험에 대해서는 추후 다시 논의할 것이다). 이 실험은 디저트를 먹고 싶은 한 소녀에 관한 에스토니아의 동화에서 영감을 얻었다. 동화 속에서 이 소녀는 초콜릿 푸딩을 간식으로 먹을 수 있는 생일 파티에 가는 꿈을 꾼다. 그러나 이 소녀는 수저가 없어서 그 생일 파티에 갈 수가 없다. 이 생일 파티에 가려면 모두가 자신의 수저를 가져가야 하기 때문이다. 그래서 다음 날 저녁 이 소녀는 손에 수저를 쥐고 침대에 누운 다음 베개 밑에 수저를 숨겼다.[23]

수덴도르프와 동료들은 어린이들을 울게 만드는 윤리적으로 문제가 있는 수저와 디저트 실험을 수행하지 않기로 했다. 대신 연구자들은 퍼즐 조각이 빠져 있는 〈내 친구 바나나Bananas in Pyjamas〉(1992년 호주의 어린이 TV 프로그램)의 퍼즐을 세 살, 네 살, 다섯 살짜리 어린이들에게 연속으로 보여줬다. 나중에 각기 다른 방에서 어린이들은 장난감을 골라 바나나-파자마 방으로 되돌아갈 기회를 부여받았다. 아이들은 빠진 퍼즐 조각을 선택할 수도 있었지만 세 장난감 중 하나를 선택할 수도 있었다. 네 살, 다섯 살짜리 어린이들은 퍼즐 조각을 선택해 퍼즐을 완성하는 데 성공했지만 세 살짜리 어린이 중 절반만이 사라진 퍼즐 조각을 선택했다.

자신의 네 살짜리 아들이 자신에 낸 테스트 중 하나를 통과한 날, 수덴도르프는 이후 일어난 아주 놀라운 순간에 대해 기록했다.[24] 아이는 아빠의 다리에 한 손을 얹으며 이렇게 말했다. "아빠, 난 아빠가 죽는 거 싫어."

울컥한 수덴도르프도 이렇게 답했다. "아빠도 싫어."

아이는 말을 이어나갔다. "내가 더 크면 나도 아이들을 낳을 거고, 그러면 아빠는 할아버지가 되고 그러고 시간이 되면 아빠가 죽을 거잖아요."

이 순간 마치 아들의 마음의 눈이 열리고, 정신적 시간 이동 기술을 얻게 되며 떠오른 실존적인 질문들에 대해 고민하기 시작한 듯하다고 수덴도르프는 회상한다.

만약 홍적세기의 인류 조상들이 이 기술을 갖지 못하고, 아주 어린 아이의 사고를 그대로 유지하거나 코크레인처럼 좀 더 복잡한 사고를 할 수 있었다면 호모사피엔스의 운명은 아마도 상당히 달라졌을 것이다. 아마도 인류라는 종은 죽음이나 암울한 미래에 대한 걱정이 없이 현재에 좀 더 만족하면서 살았을지 모른다. 결국 시간의 궤적을 알지 못하는 데서 오는 안정감이나 안도감을 느끼면서 살고 있을 것이다. 물론 근거는 없는 말이다.

코크레인은 우연히 자신이 행복하다고 기술한 적이 있다. 그는 2014년 세상을 떠날 때까지 건강하게 살았다. 한 초기 인터뷰에서 툴빙은 그에게 행복한지를 물었다.

툴빙: 당신은 당신의 삶이 전반적으로 어떻다고 생각하나요?

코크레인: (활짝 웃으며) 잘 모르겠어요, 살 만한 거 같아요.

툴빙: 5점 만점에서…… 몇 점을 줄 수 있어요?

코크레인: 4점이요.

툴빙: 혹시 불만은 없어요?

코크레인: 없어요.

툴빙: 그럼 스스로에 대해서는 어떻게 생각해요?

(8초간 생각)

코크레인: 꽤 괜찮은 사람인 거 같아요.

그러나 정신적 시간 이동이 불가능했다면 우리는 현대 문명을 건설할 수도, 생명을 구하는 의학을 발전시킬 수도, 위대한 예술작품을 창조할 수도, 달 탐사를 할 수도, 우주 안에서 지구의 위치를 발견할 수도 없었을 것이다. 수덴도르프의 동료 마이클 코발리스가 말한 것처럼 정신적 시간 이동은 '상상력의 핵심'이다.[25] 이러한 시간 이동 기술에 뇌와 언어능력을 결합하고자 한 인류라는 종의 욕구가 더해져, 단순한 삶에서 오늘날 우리의 삶으로 놀라운 진보의 궤적을 타고 이동할 수 있었다.

심리학자 마틴 셀리그먼Martin Seligman은 우연히 우리 자신을 호모사피엔스(지혜로운 인간)라고 명명했을지 모르지만, 이 호칭은 문자 그대로의 의미 이상의 자부심을 내포하고 있다. 인류의 명칭을 '호모 프로스펙투스 Homo Prospectus(전망하는 인간)라고 재명명하는 것이 좀 더 정확하다.[26] 셀리그먼은 이렇게 주장한다. "인류가 번영을 구가할 수 있었던 이유는 미래를 생각했기 때문이다. 예측의 힘이 인류를 현명한 종으로 만든다."

그러나 우리 뇌가 시간을 다루는 방법에 관한 한 셀리그먼의 주장은 사실과는 거리가 멀다. 우리가 아직 풀지 못한 수수께끼는 인간의 심리다.

당신에게 이런 선택을 요구한다고 상상해보라. 당신은 오늘 100달러를 받거나 1년 뒤에 120달러를 받을 수 있다. 당신이라면 어떤 것을 선택하겠는가? 이런 질문을 받았을 때 대부분은 좀 더 큰 보상을 받기 위해 당장의 즐거움을 지연하는 대신 적은 돈을 지금 당장 받는 것을 선택한다. 사람들이 미래 자신의 모습을 그려볼 때, 그들이 보는 미래의 자아는 다소 낯설다.

이러한 '현재편향presnet bias'은 은퇴에 대비한 저축을 하지 않는 것에서부터 달고 기름진 음식을 마구 먹어대고 싶은 충동에 이르기까지 삶의 많은 영역에서 발견된다. 사람들이 주택보험에 거금을 투자하지 못하는 이유, 충동구매 뒤 후회하는 이유, 나중에 두 개를 받을 수 있는데 포기하고 눈앞에서 한 개를 먹는 아이의 선택 등은 이러한 현재편향으로 설명할 수 있다.

그러나 우리가 즐거움을 지연시키지 못하는 것은 인간의 시간심리를 다루는 데 있어서는 아주 피상적인 설명밖에는 되지 못한다. 익히 아는 바처럼 인류의 과거, 현재 그리고 미래에 대한 인식은 선천적으로 아주 독특한 것일 수 있다. 그러나 그러한 능력을 획득하기 위해 인류는 진화 과정에서 몇 가지 지름길을 선택해왔다. 그러한 정신적 능력은 불완전하고, 우리의 태도와 행동에 미묘한 영향을 미치는, 눈에 보이지 않는 습관이나 편향들을 내포한다. 영향력 있는 심리학자 대니얼 카너먼Daniel Kahneman은 이렇게 주장한다. "마음은 이야기를 잘 만들어내지만 시간을 처리하는 능력은 그다지 우수하지 못한 것 같다."[27]

그러면 이러한 심리적인 약점들이 인간의 사고 구축에 어떤 영향을 미칠까? 어떤 사람들은 다른 사람들에 비해 좀 더 심리적 약점을 많이 가지고 있지 않을까? 심리적 약점을 피할 방법은 있을까? 답을 얻기 위해 '이카루스Icarus'를 주제로 한 어느 유명한 그림 안에 숨겨진 의미를 살펴보자. 이 그림은 얼핏 보는 것보다 다양한 의미를 내포하고 있다는 사실을 알게 될 것이다.

5. 어제, 오늘 그리고 내일의 심리학

먼 곳에 있는 사람에 대한 공감은 가까이 있는 사람에 대한 공감보다 훨씬 희미하다.

-데이비드 흄[01]

같은 시간에 살아 있는 두 사람이 똑같은 시간으로 인식하는 경우는 없다. 같은

시간에 살아 있는 두 사람은 모두 각자의 시간 인식을 갖고 있으며, 자신만의 과

거와 미래와의 삶의 연결고리, 외모, 지문, 성격, 바람, 존재가 각기 다르듯 연결

고리의 내용과 범위도 다 다르다.

- 엘리엇 자크스Elliot Jaques

〈이카로스의 추락이 있는 풍경Landscape with the Fall of Icarus〉, 피터르 브뤼
헐 더 아우더, 벨기에 왕립미술관

〈이카로스의 추락이 있는 풍경〉 부분.

1500년대에 그려진 〈이카로스의 추락이 있는 풍경Landscape with the FAll of Icarus〉을 처음 본다면, 실제 추락이 일어난 곳을 파악하는 데 시간이 좀 걸릴 수 있다.[02]

전경에는 말과 쟁기를 다루며 일하는 농부가 상당히 세밀하게 묘사되어 있다. 키 작은 나무의 잎들을 하나하나 볼 수 있고 농부의 로브 주름들도 잘 보인다. 시선을 옮기며 그림을 바라보다 보면 수평선 끝의 산, 바다에 떠 있는 배, 바람에 흔들리는 배의 돛을 발견할 수 있다. 그러고 나면 비로소 오른쪽 구석에서 하늘에서 추락한 이카로스가 물에 거꾸로 쳐박혀 발버둥 치는 모습을 발견하게 된다. 바닷물 위로 떨어져 내리는 깃털 몇 가닥을 알아볼 수 있지만 태양에 녹아내린 밀랍은 볼 수가 없다. 이카로스는 익사 직전이지만 다른 곳의 삶은 변함없이 그대로 지속된다.

WH 오든은 1938년도에 쓴 시 〈미술관Musee des Beaux Art〉에서 이 장면을 언급하며 화가가 보편적인 진실 하나를 굉장히 날카롭게 포착했다고 말했다. 즉 뒤쪽의 인간은 고통 속에 있지만 한가로운 방관자들은 그의 고통에 무관심하다.

그러나 이 그림은 그보다 훨씬 심오한 의미를 담고 있다. 이 그림은 인간의 마음이 가까운 미래 또는 먼 미래에 대한 풍경을 어떻게 구축하는지를 보여주는 도입부 역할을 할 수 있다.

그 이유를 이해하려면 우리는 먼저 화가와 관찰자와 같은 시점을 가진 농부의 시점을 들여다봐야 한다. 농부의 태도를 무신경하고 냉정하다고 말하기는 쉽지만, 심리학은 훨씬 더 복잡하다. 뇌가 근거리 또는 원거리 사건을 어떻게 처리하는지를 알면 농부의 태도를 부분적으로 이해할 수 있다. 물에 빠진 이카로스와의 거리는 단순히 지리적이지만은 않다. 여기에는 심리적 거리도 존재한다. 근거리이기는 하지만, 농부가 급박한 상황을 좀 더 잘 알고 있었다면, 또는 숨을 쉬기 위해 헐떡이는 이카로스가 도움을 요청하는 소리를 들었다면 아마도 농부는 행동에 나섰을 것이다. 그러나 죽어가는 이카로스의 세세한 사정을 농부는 정확하게 알 수 없고 그래서 좀 더 추상적이다.

슬프지만 이것이 인간사의 보편적 진실이다. 스토아학파가 처음으로 '오이케이오시스oikeiôsis'라는 개념을 통해 명확히 설명했듯이, 개인의 근접성이 타인에 대한 도덕적 의무감이나 공감에 영향을 미친다. 후일 다른 학자들은 이를 일련의 동심원으로 설명했다. 가족이나 친구는 가장 안쪽 원을 차지하고, 반면 원거리에 있는 낯선 인물들은 동심원의 가장 바깥쪽 원을 차지한다.[03]

그렇다면 우리 뇌 속에서는 무슨 일이 벌어지고 있을까? 2000년대 후반 심리학자 야코프 트로프Yaacov Trope와 니라 리버만Nira Liberman은 인간이 심리적 거리를 경험하는 방식과 그 원인을 알아보기로 했다. 그들은 '해석수준이론Construal level theory'라는 분석틀을 고안해냈다.[04] 이 이론은 우리가 개인적 차원과 사회적인 차원에서 세상사를 다루는 방법과 관련해서 다양한 측면을 설명할 수 있다는 점에서 심리학은 물론 다른 학문 분야에서도 상당히 영향력 있는 이론으로 자리 잡았다.

간단히 말해서 트로프와 리버만의 이론은 자신, 현재 또는 지금을 기준으로 '가깝다 또는 멀다'라고 느끼는 주관적 경험을 설명한다. 그리고 이 과정에서 이러한 경험이 우리의 결정 그리고 행동에 영향을 미친다. 과거와 미래의 사건을 우리가 어떤 방식으로 인지하는지를 이해하는 것도 상당히 중요하다. 건너편 공간에서 몸부림치는 이카로스의 고통에 무관심했던 농부처럼, 우리는 맞은편에 있는 시간에 대해서도 거리감을 느낄 수 있다. 어떤 한 사건이 시간적으로 멀리 떨어져 있을수록 사건의 세부 사항이나 윤곽이 잘 보이지 않는다.

근원 효과

시간을 생각할 때 인간의 뇌는 간단하지만 놀라운 일을 한다. 바로 시간을 물질적인 차원으로 전환한다. 만일 과거나 미래를 상상하면 우리는 시간적 공간에 우리 자신을 넣어보지 않을 수 없다. 이는 상당히 뿌리가 깊고 익숙한 행위라 우리가 이런 행동을 하고 있다는 것을 인식조차 할 수 없을지도 모른다. 그래서 영어는 물론 다른 많은 언어에서 과거는 뒤쪽에 놓인 'behind'라는 의미로 미래는 앞에 놓인 'ahead'라는 표현을 사용한다. 간혹 심리적 자아가 이 영역을 가로지를 때도 있다(예를 들어, "휴, 이제 끝났으니, 지금부터는 주말을 기대해보자고). 반면에 또 어떤 때는 우리는 그 자리에 그대로 서 있는데 사건들이 우리 앞으로 가기도 하고 멀어져가기도 한다("겨울이 오고 있어" 또는 "밤과 낮이 흘렀다.")

이는 인간이 시간적으로 '좀 더 가까운 시점'에 일어난 사건들과 비교해 현재 경험에서 지리적으로 좀 더 멀어진 것으로 먼 과거와 먼 미래를 인식한다는 의미다.

먼 시간과 먼 거리를 이처럼 무의식적으로 연계하는 행동은 다양한 이야기와 대중문화에서 발생한다. 어린이용 동화에서 과거에 대해 이야기할 때 시작은 늘 이렇다. "옛날 옛적에, 아주 먼 왕국에." 마찬가지로 〈스타워즈Star Wars〉의 오프닝 역시 이렇게 시작한다. "오래전 아주 먼 은하계에는…." (만약 조지 루카스의 영화들이 "오래전 바로 지척에서"라고 시작했다면, 의미는 통할 수 있었겠지만 이국적인 느낌은 훨씬 덜했을 것이다.)

미래와 관련된 이야기들도 이 효과에 영향을 받는다. 경제학자 로빈 핸슨Robin Hanson은 추측에 근거한 그러나 흥미로운 제안을 했다. 그는 공상과학소설이나 기업의 기술 마케팅에서 미래가 좀 더 차가운 톤으로 묘사되는 이유를 근원 효과로 설명할 수 있다고 주장한다. 물론 예외도 있지만 우주선이나 미래의 도시가 등장하는 영화에서는 현실에서 볼 수 있는 좀 더 현실적인 다채로운 색깔들을 선택하는 대신 좀 더 차가운 톤의 색, 좀 더 푸른빛의 더 맑은 배경 디자인이 사용된다. 핸슨은 우리 눈이 먼 곳의 빛을 인식하는 방식 때문에 그렇다고 주장한다.[5] 산 정상에 서서 건너편 시골 마을을 바라본다고 가정해보자. 더 멀리 떨어져 있는 산들은 근처에 있는 산들보다 더 푸르게 보인다. 공기 중에서 푸른빛이 붉은빛보다 더 쉽게 분산되기 때문이다. 화가들은 오래전부터 이러한 사실을 알고 있었던 것 같다. 그래서 〈이카로스의 추락이 있는 풍경〉에서 먼 곳에 있는 산들은 좀 더 차가운 색깔로 표현된 반면, 농부가 있는 주변은 적갈색으로 표현돼 있다.

그래서 정신적 시간 이동이 더 먼 미래로 가면 갈수록, 물리적인 거리의 관점에서 더 멀리 떨어진 것처럼 느껴진다. 미래를 풍경화로 이해해본다면 내일은 가까운 곳을 그러나 내년은 먼곳을 의미한다. 따라서 십 년 후나 백 년 후는 훨씬 더 멀게 느껴진다. 그러니 지금부터 천년 후는 어떻게 느껴지겠는가? 아마도 천 년 후라는 시간은 우리 시야로부터 상당히 멀리 벗어나 있고 심지어 풍경화 안에 포함되어 있지도 않다. 먼 미래는 미지의 장소이며 바다 건너편 어렴풋한 상상 속의 땅이다.

이제 트로프와 리버만의 해석수준이론의 예측으로 다시 시선을 돌려보자. '근거리' 렌즈와 '원거리' 렌즈, 서로 다른 두 렌즈를 생각해보면 이 이론을 이해하는 데 도움이 될 수 있다. 마음속으로 어떤 것을 가까운 것, 또는 먼 것으로 시각화할 때, 아래표에 기술된 것처럼 자신과 관련해 태도나 감정과 관련된 무수히 많은 연상을 수행한다.[06]

그래서 이 이론은 현재의 우리(그리고 미래의 우리)에게서 멀리 떨어져 있는 사건들에 대해 관심을 덜 가지게 만들뿐만 아니라 '먼' 미래에 대한 우리 인식이 특히 현실적이지도 않다는 것을 의미한다. 해석수준이론은 미래가 가까이 왔을 때, 미래에 대해 구체적이고 실용적이며 실질적인 방식으로 생각할 가능성이 높아진다고 진단한다.

근거리	원거리
여기, 지금, 나, 우리	거리, 그때, 그들, 다른 사람들
구체적, 세부적	추상적, 도식적인
어수선하고 복잡한	단순하고 개략적으로 그려진
"어떻게"의 관점에서 생각 (예, 어떻게 거기에 가지?")	"'왜'라는 관점에서 생각 (예, 내가 왜 가고 싶어 해야하지?")
중요한	중요하지 않은
실현가능한	바람직한
현실적인	낙관적인
사진, 그림	말

그러나 인간의 사고가 수개월 수년을 뛰어넘어 이동할 경우, 그려지는 미래의 그림은 좀 더 추상적이고 개략적이 되며, 무엇보다도 중요한 것은 관련된 감정도 달라진다는 점이다.

근거리 렌즈와 원거리 렌즈의 일상적인 사례를 사람들이 휴가를 기대하는 방식에서 확인할 수 있다. 내년에 햇빛 따사로운 휴양지로 여행을 가기 위해서 방금 예약을 마쳤다고 가정하자. 지금 내년 휴가를 상상할 때, 긍정적인 바람이나 그 여행을 왜 떠나는지에 초점을 맞추는 것이 일반적이다. 예를 들면 해변을 뛰어다니는 모습 또는 열대과일 주스를 마시면서 휴식을 즐기는 모습을 그려본다. 이 모습은 개략적으로 그려진 그림이며, 휴가가 실제로 어떤 모습일지에 대한 완벽한 현실을 반영하지는 못한다. 휴가가 임박하기 전까지는 택시를 불러 공항에 가고 여권검사를 위해 줄을 서고 휴양지에 도착해 호텔을 찾는 등 여행과 관련된 구체적인 방법들을 생각할 수 없다. 그리고 식사의 품질이 떨어지거나 여행을 함께 떠난 친구와 다투거나, 불친절한 웨이터를 만나는 등의 부정적인 일이 일어날 가능성은 애초에 배제한다. 물론 열대과일 주스를 마실 수도 있지만, 시간에 관한 관점이 현재에서 멀리 떨어져 있을수록 머릿속에 그려지는 그림의 완성도는 낮아진다.

요컨대 미래로의 정신적 시간 이동이 멀수록 그 그림은 더욱 추상적이며, 좀 더 긍정적인 바람이나 선택들이 지배적으로 나타난다. 그러나 현재에 가까워질수록 그 그림은 실용적이고 실질적인 현실들로 채워진다.

물론 인간의 뇌는 먼 미래의 그림을 좀 더 단순화된 붓으로 그릴 필요가 있다. 계획이나 불확실성에 접근할 때는 일반화가 도움이 되기 때문이다. 미래의 세부 사항을 알지 못할 때 인간의 뇌는 점성술가처럼 행동한다. 별자리 점을 보면, 점성술가는 "당신은 오늘 중요한 결정을 해야 할 수 있다" 또는 "당신의 삶에서 상당히 중요한 일이 일어나서 마음의 평화를 찾기 어려울 수 있다"와 같은 예측을 한다. 이러한 예측이 정확할 경우도 많지만 그렇다고 완벽하게 정확한 경우는 드물다. 트로프와 리버만이 지적한 것처럼, 다음 주 화요일 당신은 기차를 탈 것이고 이때 라트비아 출신 52세의 치과교정 전문의 옆자리에 앉게 될 겁니다. 그가 당신 쪽으로 재채기를 하는 바람에 당신은 감기에 걸릴 거예요"라고 예측하는 점성술가는 곧 일자리를 잃게 될 것이다. 현실 세계에서 길을 효과적으로 찾아가기 위해 우리의 사고도 이 같은 기술을 활용한다. 개략적인 것으로 시작하지만, 한 사건이 다가오면 좀 더 구체적인 세목이 더해진다.

그러나 뇌가 이 작업을 하는 동안 도덕적 태도에도 영향을 미친다. 해석수준이론이 부상하기 훨씬 이전인 18세기 철학자 데이비드 흄David Hume은 심리적 관점을 가까운 시간에서 먼 시간으로 이동시켰을 때 도덕적 우선순위가 어떻게 바뀌는지를 이야기한 바 있다. 그는 이렇게 말했다. "앞으로 1년 후에 수행하게 될 어떤 행동을 뒤돌아서 생각해보면, 나는 언제나 다수의 행복을 우선하려고 노력한다. 그런 결정을 내리는 순간에는 다수의 행복이 가까운 미래를 위한 것이든 먼 미래를 위한 것이든 상관없다. 그러나 좀 더 가까이 다가가서 보면, 처음에 간과했던 상황들이 보이기 시작하고 내 행동과 우선순위에 영향을 미친다. 새롭게 현재의 공공선으로 기울게 되고, 내가 처음에 세운 목표와 결의를 고집스럽게 지키는 것이 어려워진다."[07]

우리가 근거리 렌즈와 원거리 렌즈의 개념을 기후변화와 같은 21세기가 직면하고 있는 장기적 과제에 적용해보면, 행동에 나서는 것이 도덕적으로 옳은 일인데도 그렇게 하기 어려운 이유를 좀 더 쉽게 알 수 있다. 예를 들어 실업이나 불평등과 같은 현재에서 가까운 미래의 문제는 먼 미래라고 느껴지는 미래의 문제보다 훨씬 더 구체적으로 느껴진다. 만약 현재 문제들이 고통을 가져오면 그러한 문제를 우선적으로 해결하기 위해 노력하는 것은 어쩌면 당연하고 인간적이다. 그러나 그렇다고 미래의 나와 타인의 잠재적 고통을 무시해도 된다는 의미는 아니다. 1980년대 영국 철학자 데렉 파핏Derek Parfit이 말한 대로, "우리가 먼 미래의 고통을 상상할 때, 그 고통이 덜 생생하고 덜 진짜같다고 상상하거나 덜 고통스러울 것이라고 착각한다."

해석수준이론에서는 현재의 행동으로 피폐해진 미래 세상이 지금 우리가 사는 곳과는 완전히 다른 곳이라고 상상할 것이라고 말한다. 그러나 그러한 상상은 틀렸다. 우리의 증손자가 태어나면 그들은 우리에게서 멀리 떨어져 있지 않을 것이다. 수천 년을 뛰어넘는 미래로 가지 않는 한 그들은 우리와 똑같이 지구에 살고 있을 것이다. 같은 나라 또는 같은 도시에 살고 있을 가능성이 높다. 그들은 아마도 우리가 고향이라고 하는 곳을 자신들의 고향이라고 할지도 모른다. 그림 속 이카로스처럼 오늘을 사는 인간처럼 동일한 고통을 경험하게 될 것이다.

그렇다면 근원 효과를 막을 방법은 없을까? 모든 인식 편향과 마찬가지로, 스스로를 진단하는 것보다 다른 사람의 편향 문제를 지적하는 것이 좀 더 쉽다. 그러나 인간의 뇌가 그러한 시간적 공간을 그리기 위해 무엇을 하는지를 아는 것만으로도 도움이 될 수 있다. 그리고 우리가 미래를 그릴 때 좀 더 실질적이고 생생한 세부 사항들로 채운다면 심리적 거리감을 줄일 수 있을지 모른다.

먼 미래는 좀 더 어려운 문제다. 몇몇 심리학자들은 적어도 사람들의 현재 자아와 미래 자아가 인간의 수명에 의해 떨어져 있을 수 있지만 그 거리를 줄이는 것이 가능하다는 사실을 보여줬다. 실험에서 참가자들에게 자신의 늙은 모습을 보여주면 곧이어 은퇴 자금을 비축할 가능성이 더 크다.[08]

다른 연구는 '관점전환perspective taking'이라는 기술을 활용한다. 관점전환이란 좀 더 공감하고 지금 당장 행동에 나설 수 있도록 하기 위해 극심한 부정적 환경변화에 영향을 받는 미래 다른 사람의 입장에 되어보는 활동이다.[09] 참가자들은 2105년에 사는 어떤 여성의 이야기를 듣고 그녀의 사진을 보게 된다. 미래의 여성은 환경변화로 자신의 삶이 얼마나 살기 어려워졌는지를 설명한다. 예를 들어 자외선 차단제를 바르지 않고 밖에 나갔다가 손에 화상을 입었다거나 오염된 바닷물에서 목욕을 한 후 얼마나 심각한 피부발진을 앓게 됐는지를 이야기했다.

이 여성의 이야기를 듣지 못한 사람들이나 사실에 중점을 두라는 요청을 받은 사람들과 비교했을 때, 이 여성의 입장이 되어보라는 요청을 받은 사람들은 설문지을 통해 측정한 결과이후에 기후변화 문제에 좀 더 관심을 가질 가능성이 더 높았다. 예를 들면 그들은 기후변화에 대한 글을 읽거나 관련 책자를 가져다가 읽는 경우가 더 많았다.

관점전환 효과는 3장에서 근시안적 정치를 논의하면서 언급한 일본의 '예복' 실험의 결과로 설명할 수 있다. 이 실험에서 상상 속 미래에 사는 사람의 옷을 입고 그 사람의 입장이 되어보면, 그는 미래 사람의 요구와 바람을 좀 더 현실적으로 느낄 수 있으므로 시간적으로 공감할 수 있게 되고 후손에 도움되는 정책에 지지할 가능성도 더 높아진다는 것을 확인할 수 있었다.[10]

예술가들도 관점전환을 실험해왔다. 예를 들어 런던에 본사를 둔 디자인 스튜디오 슈퍼플럭스Superflux는 아랍에미레이트 연합에서 열린 한 전시회에서 방문객들에게 미래에서 가져온 오염된 공기를 들이마셔 보라고 권유했다. 이 회사는 기후변화 및 이산화탄소 배출 예측치에 기초해서 가장 가능성이 높은 오염물질을 혼합해 2020년, 2028년 그리고 2034년의 공기 샘플을 만들었다. "우리는 극소량도 들이마시기 힘든 해로운 공기 샘플을 제공했다"라고 슈퍼플럭스의 디자이너들은 회상했다. "실험적인 증거가 예측이나 데이터로는 지적하기 어려운, 중요한 사실을 정확하게 실증적으로 보여준 사례였다."[11]

관점전환이 함의하는 것은 우리가 마음속 풍경화에 미래를 의도적 또는 의식적으로 좀 더 구체적으로 그릴 수 있게 하는 기술들을 찾아낼 수 있다면, 근거리 렌즈와 원거리 렌즈에 좌우되는 좀 더 감정적인 다른 태도들도 바꿀 수 있다는 것이다. 그림 속 멀리 있는 이카로스와 달리 (자신을 포함해서) 미래의 사람들이 덜 낯설게 느껴질 것이고 '여기, 지금, 나 그리고 우리'와 좀 더 가깝다고 느낄 것이다.

3부에서 우리는 이 문제를 좀 더 심도 있게 다룰 예정이다. 이를 위해 이야기와 상징들이 먼 미래의 시간을 좀 더 쉽게 접근할 수 있게 만들고, 심리적으로 더 가까운 시간으로 느끼게 만드는 데 도움을 주는 방법들을 모색해볼 것이다. 그러나 먼저 사고의 근시안적 습관과 편향에 대해 좀 더 파헤쳐보기로 하자. 이는 해석수준이론의 근원 효과만이 인간의 근시안적 결정에 영향을 미치는 유일한 심리적 렌즈는 아니기 때문이다.

지금부터는 1969년 최초의 달착륙 이후에 벌어진 그러나 덜 알려진 사건에 관해 이야기하고자 한다. 닐 암스트롱, 버즈 올드린, 마이클 콜린스가 지구로 귀환한 직후, 나사의 고위관계자들은 상당히 어리석은 결정을 내렸다. 심리적 편향이 합쳐져서 세상을 끝내버릴 수도 있었던 역사상 아주 이례적인 사건이었다.

태양계로 발사되는 로켓과 탐사선은 이륙 전 철저한 소독과정을 거친다. 의도치 않게 세균을 우주로 전파하는 것을 막기 위함이다. 만약 외계 생명체가 발견되면 우리는 지저분한 우주선 틈새에 무임승차한 그 유기체가 지구에 살던 것이 아니라고 믿고 싶을 것이다. 좀 더 심각한 것은 우연히 다른 행성에 생명체를 자라게 한다면, 이미 그곳에 존재하는 생명체를 전멸시킬 수 있다는 것이다.

그러나 이미 지구를 떠난 착륙선이나 탐사선을 청소하기란 쉽지 않다. 그래서 어쩌면 잘 알지 못하는 또 다른 위험이 있을 수 있다. 만약 지구로 귀환한 탐사선이 위험한 외계인을 싣고 올 수 있다. 키 작은 외계인이 아니라 특정 형태의 미생물이 지구의 생명체보다 우월하거나 인간이 숨 쉬어야 할 산소를 모두 소비해버려 파국에 이르게 할 수 있다.

롱 뷰 : 시간과 미래를 바라보는 관점을 바꿔야 하는 이유

NASA는 최초의 달착륙 프로그램을 계획할 때, 외계생명체를 싣고 올 수 있다는 가능성을 전혀 고려하지 않았다. 그러나 많은 전문가들은 결과가 심각하다는 측면에서 그 위험성을 점검해볼 필요가 있다고 느꼈다. 과학자 칼 세이건은 이와 관련해 저서에 이렇게 기록하고 있다. "아폴로 11호가 달에서 생명체를 싣고 오지 않을 가능성이 99%라고 하더라도, 만일의 하나 싣고 올 가능성 1%라도 있다면, 그 1%는 안심하기에는 너무 큰 확률이다."

그러한 우려를 잠재우기 위해서 NASA는 마지못해 암스트롱, 올드린, 콜린스를 태우게 될 우주선에 값비싼 방역용 격리시설을 설치하기로 했다. 달착륙 계획서에 따르면 우주비행사들이 태평양에 낙하했을 때 그들은 우주선 안에 봉인된 캡슐에 머물고 있으면, 회수선의 크레인이 이 캡슐 모듈 전체를 들어 올리게 되어 있었다. 우주비행사들은 이후 격리 상태에서 3주를 보낸 다음 가족의 품으로 돌아가거나 대통령과 악수할 수 있었다.

실제로 그들은 격리돼 있었다. 그러나 그날이 왔을 때 절차상 중요한 차이가 있었다. 우주선이 태평양에 무사히 착수했을 때 우주인들은 캡슐 안에서 태평양 바다 위에 둥둥 떠서 기다렸다. 캡슐 안은 덥고 불편했으며 우주인들은 일주일 넘게 샤워도 하지 못한 상태였다. 그래서 마지막 순간 NASA 관리들은 세 명의 국민적 영웅에게 좀 더 편안한 환경을 만들어주기로 결정했다. NASA는 그들이 캡슐의 문을 열고 나오도록 허락했다.

원칙적으로 이 순간은 인류에게는 중요한 전환기였을 수 있다. 캡슐의 문이 열리자마자 내부의 공기가 모두 밖으로 흘러나왔다. 만약 우주선이 달에서 생명체를 싣고 왔다면, 우주비행사들의 편의를 보장하기 위한 근시안적 결정은 치명적인 외계 생명체를 태평양 바다에 방출하는 결과로 이어졌을지 모른다.

만약 이러한 최악의 시나리오가 현실이 됐다면 듀크대학의 법학자 조나단 위너가 말하는 '이례적인 사건의 비극tragedy of uncommons'이라고 할 만한 사건이 될 수도 있었다. 위너 교수가 말하는 이례적 사건의 비극이란 극히 드물게 일어나는 일이지만 재난이 될 수 있는 사건을 말한다. 이와 유사한 효과인 공유지의 비극은 이기심이 산림이나 수원water source과 같은 공공의 이익이 되는 자원을 얼마나 파괴할 수 있는지를 설명하는 반면, 이례적 사건의 비극은 독특한 형태의 근시안적인 결정을 기술한다. 공유지 효과가 공동 자원에 대한 무관심을 기술한다면, 이례적 사건의 비극 효과는 공동의 위험을 무시하는 것을 설명한다.

이것만이 이례적인 사건의 비극을 초래할 뻔한 유일한 사례는 아니다. 이 사건이 일어나기 몇십 년 전, 미국 과학자들과 군장교들은 또 다른 전환점과 마주했다.

1945년 최초의 원자폭탄 실험이 있기 전, 맨해튼 프로젝트Manhattan Project에서 과학자들은 끔찍한 가능성을 암시하는 추정치를 도출했다. 그들이 계획한 한 시나리오에서는 핵분열이 엄청난 열을 발생시키고 통제 불가능한 핵융합을 초래할 수 있었다. 다시 말해 이 실험은 대기 중에서 예기치 못한 화재를 일으키고, 바다를 불태우고, 지구상 대다수 생명체를 파괴할 수 있다는 의미였다. 과학자들은 그런 일이 일어나지 않으리라 확신했지만 그럴 일이 벌어지지 않을 것이라는 확신도 없었다.

마침내 트리니트 실험을 하는 날이 오자 군장교들은 실험을 강행하기로 했다. 섬광이 예상했던 것보다 더 길고 더 밝자 이들 중 일부는 최악의 시나리오를 예상했다. 그들 중 한 명은 하버드 대학교 학장이었다. 처음 핵실험을 목격하고 느낀 그의 경외심은 이내 공포로 바뀌었다. "할아버지는 핵폭탄 실험의 성공을 확신하지 못했을 뿐만 아니라, 폭탄이 터지자 실험이 처참하게 실패했다고 믿으셨어요. 그리고 세상의 종말을 보고 있는 것 같았다고 말씀하셨습니다." 학장의 손녀 자넷 코넌트Jennet Conant는 〈워싱턴 포스트〉와의 인터뷰에서 이렇게 회고했다.[12]

위너가 '이례적 사건의 비극'이라는 용어를 고안한 주된 목적은 NASA나 맨해튼 프로젝트처럼 극히 이례적이지만 재앙에 가까운 결과를 초래할 수 있는 사건을 설명하기 위한 것이다. 이러한 사건들의 기저를 이루는 심리를 통해 사람들이 익숙하지 않은 미래 사건에 대해 잘못된 판단을 내리게 되는 다양한 사례를 설명할 수 있다.

일상에서도 무수히 많은 이례적인 사건이 벌어진다. 그리고 사람들에게 그러한 일들이 일어날 가능성을 사전에 물어본다면, 그럴 가능성이 상당히 낮다는 답변을 듣게 될 것이다. 모든 뉴스 방송은 젊은 유명인의 뜻하지 않은 죽음, 건물 붕괴, 끔찍한 범죄, 또는 타인의 놀랄 만한 행운에 대한 소식 등 희귀한 일들의 집합소다. 그리고 이따금 역사를 바꿀 수 있는 '블랙스완(도저히 일어나지 않을 것 같은 일이 실제로 일어나는 현상을 이르는 말—옮긴이)'이라고 할 만한 상상 불가능한 일이 실제로 일어난다.

그래서 도대체 무슨 이유로 이러한 이례적인 사건에 대해 잘못된 인식이 일어나는 것일까? 이유로 지목할 수 있는 한 가지 심리적 편향은 바로 '가용성 편향availablity bias'이다. 사람들은 쉽게 가용할 수 있는 것 그리고 기억에서 가장 두드러진 것에 기초해서 판단하고 결정한다. 지난 장에서 확인한 켄트 코크레인의 기억상실증 사례처럼, 우리 뇌는 과거의 경험을 기반으로 가능한 미래라는 태피스트리를 짠다. 그러나 실질적으로 이것이 의미하는 바는 우리가 활용 가능한 경험에 기초해서 미래의 시나리오를 예측하고 결정할 가능성이 크다는 것이다. 좀 더 두드러진 사건, 기억, 경험들이 두드러져 좀 더 조용하고 좀 더 미묘한 증거들을 무시하게 만든다.

결국 이러한 편향들은 대체로 일상생활에서도 작용한다. 우리 뇌는 세상을 예측하는 데 도움을 주는 패턴을 만들기를 선호한다. 예를 들어 만약 백신의 부작용을 경험한 친구들이 주변에 많다거나, 타는 버스가 3일 연속해서 늦게 도착했거나, 살면서 제프라는 이름의 남성을 3명 만났는데 모두 형편없는 사람들이었다면, 이러한 경험들이 나중에 당신의 예측을 편향하게 만들 수 있다. 즉 앞으로 당신은 백신을 맞으면 부작용을 경험할 것이고 내일도 버스는 늦게 올 것이며, 다음에 만나는 제프라는 남자는 양아치일 것이라고 믿을 가능성이 크다는 의미다.[13]

이러한 잘못된 기대 효과는 사람들이 복권 당첨과 같은 이례적인 사건의 미래 발생 가능성을 잘못 판단하는 이유를 설명할 때도 도움이 된다. 영국에서 거액 상금이 달린 복권에 당첨될 가능성은 4,500만 분의 1이고, 유로밀리언즈 복권에 당첨될 확률은 약 1억 4000만분의 일이다. 그러므로 그 복권에 당첨될 확률은 지극히 낮다. 그러나 꼬박꼬박 누군가는 복권에 당첨되고 있다. 그리고 우리는 샴페인 코르크, 눈물 그리고 사치품의 구매 등을 통해 이들의 행운을 눈으로 확인하는 경우가 많다. 그 행운아의 복권 당첨을 직접 본 사람들의 심리적 가용성은 자신들도 복권에 당첨될 수 있으리라 생각하게 만든다. 이들이 복권에 번호를 적어 넣을 때, 직접 목격한 것에 대한 기억이 머릿속 맨 앞자리를 차지하고 있기 때문이다.

이와 비슷하게 사람들 대부분은 테러리즘, 폭력적인 범죄, 비행기 추락사고 등과 같이 뉴스에서 일상적으로 봐왔던 위험한 사건에 대한 두드러진 기억이나 경험을 갖고 있다. 감정적인 무게와 강력한 이미지로 채색된 이 사건들이 머릿속에서 떠오르고 하나의 패턴을 구축할 가능성이 높다. 예를 들어 테러리스트의 공격이 있고 나서 몇 주 뒤, 동일한 운명을 맞을지 모른다는 두려움이 높아질 수 있다. 그러나 심장마비 또는 자동차 추돌사고와 같이 다른 위협적인 사건들이 일어날 가능성이 더 높을 수도 있다. 이러한 착각을 '평균적 세계 신드롬'이라고 한다. 이 경우 텔레비전이나 소셜 미디어를 통해서 접한 부정적인 뉴스에 노출된 사람들이 비정상적으로 부정적인 인식을 하게 된다.[14]

반대로 사람들은 의지할 만한 기억이 없을 경우, 드문 사건에 대해 예측하거나 대비할 가능성이 훨씬 낮다. NASA와 맨해튼 프로젝트의 군관계자들은 재앙에 가까운 비상 상황이 벌어질 가능성이 적다는 이유로 관심을 많이 기울이지 않았다. 달 탐사나 원자폭탄 실험은 모두 처음 이루어진 일이므로 이전 기억도 없고 뉴스에 보도된 이력도 없으며, 심지어 역사책에 기록된 적도 없었다. 미국의 경제학자 토머스 셸링Thomas Schelling이 일갈했듯이 "그의 분석이 제아무리 아무리 꼼꼼하고 그의 상상력이 아무리 대단하다고 하더라도, 자신이 경험하지 않은 일의 목록을 만드는 일은 절대 할 수 없다."[15]

결과적으로 우리가 먼 미래에 일어날 일들을 정확하게 그려내려면, 가까운 과거의 가장 생생하고 가장 두드러진 기억 너머를 보기 위해 의식적인 노력을 기울여야 한다. 우리의 사고를 수십 년 또는 수백 년 이후의 시간으로 확대하려면 사고를 전환해야 한다. 즉 우리 코앞의 사건이 우리 선택에 비정상적으로 영향을 미칠 수 있음을 인정하는 것이다.

사고 전환의 방법에 대해서는 나중에 다시 논의하게 될 것이다. 지금은 심리적 습관과 그것이 시간 인식에 미치는 영향에 대한 논의를 계속해보기로 하자. 우리는 규모와 속도라는 두 요소에 대해 좀 더 탐구해볼 필요가 있다. 이를 위해 엑슨 발데즈호 좌초사고와 마더 테레사 수녀 사이의 연관성을 고찰해보자.

규모의 문제

1989년 3월 유조선 엑슨 발데즈는 알래스카의 프린스 윌리엄 해협에서 좌초되어 배에 적재된 막대한 양의 원유를 유출했다. 이후 경제학자들로 꾸려진 연구팀은 피해 비용이 얼마나 들어갈지 추산하라는 임무를 부여받았다. 만약 기업에 벌금을 부과해야 하고 앞으로의 보상이나 벌금을 추산할 때, 생태계 피해에 대한 총보상액을 얼마로 결정할 것인가? 예를 들어 수산업계가 입은 수산물 피해 가격과 같이 시장가격을 산출하려고 할 때 자연의 가치를 평가하는 것은 상당히 간단한 일이다. 그러나 다른 해양 생명체와 서식지의 피해는 어떻게 산출할 것인가?

비용 산출을 위해 연구팀은 바닷새들에 대한 우려를 묻는 설문조사를 실시했다. 그들은 설문 결과에 상당히 놀랐다. 연구자들은 참가자들에게 바닷새 2천 마리, 바닷새 2만 마리, 바닷새 20만 마리라는 총 3가지 숫자를 보여주었다. 연구자들은 이들에게 이 바닷새들의 죽음을 막기 위해 개인적으로 얼마나 많은 돈을 지불할 수 있느냐고 물었다. 연구자들은 석유 유출에 대해 언급하진 않았지만, 이들이 제시한 숫자들은 사고로 죽은 바닷새들 숫자와 우연히 일치했다. 엑슨 발데즈호 사건으로 20만 마리의 바닷새가 죽었다.

아마도 당신은 달러로 환산한 평균 가치가 죽은 바닷새의 숫자에 비례해 늘어나리라 예상할 것이다. 즉 사람들은 2천 마리보다는 20만의 가치를 더 높이 평가하리라 생각할 것이다. 그러나 놀랍게도 설문 참가자들은 각기 다른 세 가지 숫자에 대해 거의 비슷한 답변을 내놨다.[16] 죽은 새의 숫자는 10배에서부터 100배까지 차이가 나지만 사람들은 똑같다고 생각하는 것 같았다. 적어도 달러로 환산한 가치는 그랬다.

이 효과를 '범위둔감scope insensitivity'이라고 한다. 이 범위둔감 효과는 사람들이 죽은 새의 숫자에 보여준 태도 같은 사례뿐만 아니라 좀 더 많은 삶의 영역에서 확인된다. 심리학자들은 팬데믹으로 죽은 사망자 수든 지진으로 부상당한 사람 수든, 숫자가 커진다고 해서 사람들의 걱정도 선형으로 증가하는 것은 아니라는 사실을 다시 한 번 더 확인했다. 좀 더 냉정하게 말하면 숫자에 비례해 사람의 공감도가 증가하지는 않는다.

컴퓨터 과학자 네이트 소아레스Nate Soares는 공감이나 연민의 감정을 자신의 소셜 네트워크에서 가장 가까운 지인들을 넘어 다른 사람들에게로 확대하기란 상당히 어렵다고 지적한 바 있다. "수십억 인구가 열악한 환경에서 살고 있으며, 이들 중 수억 명은 기본 요구를 충족할 수 없는 상태이거나 질병으로 죽어가고 있다. 그리고 이들은 내 눈에는 보이지 않지만 나는 여전히 그들을 걱정한다. 그러나 문제는 나의 내적 관심 측정기가 약 150명만을 수용할 수 있도록 맞춰 있으며, 고통받고 있는 수십억명에 대한 나의 근심의 크기를 표현할 수 없다는 것이다. 내적 관심 측정

기가 그렇게 높게 상승하지도 않는다.[17]

시간을 초월해 연민의 정을 확대하기란 더욱더 어렵다. 만약 사람들에게 2100년에 태어날 지구 인구 110억 명에 대해 얼마나 걱정하느냐고 묻는다면, 이 자리에 있는 한 사람에 대한 근심보다 110억 배 더 걱정한다는 답은 결코 들을 수 없을 것이다.

그렇게 큰 숫자를 제시하더라도 사람들의 관심은 오히려 떨어진다는 것을 보여주는 증거들도 있다. 일종의 도덕적 무기력 증상이 나타나는 것이다. 사람들은 자신이 타인을 도울 수 없다고 생각하면 도우려는 시도조차 하지 않게 된다. 이 현상을 '정신적 마비psychic numbing'라고 한다. 정신적 마비란 고통을 당하는 사람들의 숫자가 너무 많아지면 무관심해지는 경향을 가리킨다.[18]

오히려 사람들은 심리학자들이 말하는 '식별 가능한 희생자 효과'에 공감하기가 훨씬 더 쉽다. 자선단체들이 기부를 촉진하기 위해 통계 수치보다는 개별적인 사례 연구를 사용하는 이유도 여기에 있다. 만약 수치를 이용해 극심한 기근으로 고생하는 만 명에게 도움을 달라고 말하는 것보다, 굶주림에 고통받는 한 어린이나 가족의 모습을 보여주는 것이 기부를 유도하기가 더 쉽다.[19]

완전히 다른 두 인물이 한 말을 통해 식별 가능한 희생자 효과를 확인할 수 있다. 한 사람은 조셉 스탈린이다. 그는 '한 사람의 죽음은 비극이지만 백만 명의 죽음은 통계다'라고 말한 바 있다. 또 다른 인물은 마더 테레사 수녀다. 그녀는 "만약 내가 군중을 본다면 행동하지 않을 것이다. 그러나 단 한 사람을 보게 된다면, 나는 행동할 것이다"[20]라고 말했다.

범위둔감은 NASA가 달착륙 미션을 마치고 돌아온 우주비행사들을 격리 중이던 캡슐에서 나오게 한 결정에도 영향을 미쳤을 수 있다. NASA의 관리들은 잠재적인 재앙이 현실이 되었을 때의 범위와 영향을 충분히 고려하지 않았던 것 같다. 맨해튼 프로젝트에 참여한 군장성들 역시 지구의 대기를 완전히 태워버렸을 때 인류가 입게 될 피해에 대해 충분히 고려하지 않았다. 그러나 이러한 이례적인 사건들보다 범위둔감의 편향은 좀 더 흔하게 발생한다.

기후변화에서부터 환경오염, 글로벌 빈곤에 이르기까지 21세기가 직면한 가장 어려운 과제 중 다수는 무수히 많은 사람과 먼 미래에까지 영향을 미칠 수 있는 중대한 문제들이다. 이러한 문제들은 심리학자이자 생태학자인 티머시 모턴Timothy Morton이 명명한 '초객체hyperobject'의 일례들이다. 초객체란 인간의 개별적 사고 능력으로는 상상할 수 없는 거대한 시간과 공간적 차원의 객체를 뜻한다.[21] 그는 이렇게 말한다. "초객체는 현재의 우리보다 오래 지속되고 규모면에서 우리를 훨씬 능가한다. 우리는 마음의 눈으로 초객체를 그려보려고 시도하지만 그려낼 수 없다."

그러한 불가해성은 마비, 무관심을 초래하고 나아가 미래의 영향 자체를 무시하게 된다. 그러므로 우리 시대 가장 중요하고 가장 어려운 문제들의 기저에는 이러한 범위둔감 문제가 자리한다.

이러한 범위둔감 효과를 더욱 악화시키는 것은 '의도치 않은 행위의 정당성blamelessness of unintentional action'로 기술되는 심리적 효과다.[22] 사람들은 명백하게 의도된 범죄가 의도치 않은 범죄보다 더 나쁘다고 생각하는 경우가 많다. 대다수가 유명한 광차문제trolley problem 실험에서 다섯 명을 살리기 위해 한 명을 밀어 죽이는 것은 잘못됐다고 생각하는 이유가 바로 이 때문이다. 그러나 어떤 행동이 가져올 일련의 결과들은 오랜 시간에 걸쳐 모호해지고 따라서 직관적으로 비난받을 만한 행위라고 느끼는 것도 어려워진다.

그러나 만약 범위가 근시안적 행동을 부추긴다면, 변화의 속도 역시 그렇다. 이 책의 초반부에서 이 문제의 대표적인 발현 사례를 바로 정치의 더딘 발화에서 확인한 바 있다. 그러나 이 문제는 더딘 발화의 문제보다 더 심각하다. 호주에서 한 벽장cupboard에서 발견된 흥미로운 검정색 물질을 검사해보는 것으로 그 이유를 알 수 있다. 이 검정색 물질 실험은 세상에서 가장 더디고 가장 흥분하게 만드는 과학 실험 중 하나다.

피치낙하효과

1960년대 초 어느 날 물리학자 존 마인스톤John Mainstone은 재직 중인 대학 연구소 안을 뒤지다가 우연히 특이한 무엇인가를 발견했다. 감춰뒀던 물건은 삼각대의 지지를 받고 있는 유리 깔때기였다. 그 깔때기에는 검은색 물질이 담겨 있었다. 모래시계의 위쪽 절반의 모습과 흡사했다. 그러나 이 깔때기 안에는 모래가 아니라 타르 피치가 담겨 있었다. 타르 피치는 기름진 물질로 열을 가해 배 선체 위에 펴 바르면 선체 밀봉할 수 있다. 실온에서 타르 피치는 움직임이 없는 고체처럼 보였다.

이리저리 알아본 마인스톤은 1927년에 학생들에게 보여주는 일종의 공개실험수업을 위해 토머스 파넬Thomas Parnell이 고안한 이 유리 깔때기가 자신보다 약 8년이나 더 나이가 많다는 것을 발견했다. 파넬은 피치가 단단해 보이고 실온에서 망치로 깰 수도 있는 것처럼 보이지만, 실제로는 액체처럼 흐른다는 사실을 보여주고 싶었다. 그러나 대단히 천천히 액체처럼 흐른다. 피치가 물에 1천억 배에 해당하는 점성을 가지고 있기 때문이다. 깔때기 아래 손잡이 부분으로 작은 방울이 떨어지지만, 지금까지 고작 아홉 번 떨어진 것이 전부다.

마인스톤은 자신이 평생 이 피치낙하실험에 매료되고 흥분하고 당혹스러운 경험을 할 것이라는 사실을 짐작도 하지 못했다. 마인스톤은 나이가 든 뒤 그 사실을 호주 언론인 트렌트 달튼Trent Dalton에게 털어놓았다.[23]

마인스톤은 처음 다섯 방울이 떨어지는 것을 보지 못했다. 그리고 1979년 즈음, 그는 깔때기 손잡이를 통해 피치가 아래로 떨어지는 모습을 꼭 봐야겠다고 단단히 별렀다. 그는 피치 방울이 곧 떨어질 것이라는 조짐을

1990년 존 마인스톤과 피치낙하실험

감지했다. 피치가 작은 종유석처럼 눈으로 확인할 수 있는 섬유질이 됐다. 그러나 한 주가 끝나가도 아무 일도 일어나지 않았다. 그는 피치 방울이 곧 떨어질 것이라고 믿고 토요일 갑자기 실험실에 들렀다. 그러나 결국 귀가해서 아내의 집안일을 도와주기로 했다. 그리고 월요일 아침, 그는 깔때기 아래 피치 방울이 떨어진 것을 발견하고 낙담했다.

1988년 그는 또다시 조짐을 감지해서 피치 방울이 떨어지는 것을 관찰하기 위해 최대한 가까이에 붙어 있었다. 어느 날 목이 말라서 물을 마시러 5분 정도 연구실을 비웠다. 연구실 밖에 있었던 5분 동안 방울이 떨어졌다. 2000년 여덟 번째 낙하가 임박했을 때, 그와 동료들은 24시간 카메라를 설치하기로 했다. 마인스톤은 이메일을 통해서 피치 방울이 떨어졌다는 소식을 듣고 기뻐했다.

그러나 몇 시간 후, 메일 하나가 그의 인박스에 도착했다. 이 메일은 이런 말로 시작됐다. "아, 이럴 수가…." 마인스톤은 8개월 뒤 피치 방울이 낙하하는 것을 보지 못한 채 2013년 세상을 떠났다. 이번에는 피치 방울이 낙하하는 모습이 카메라에 잡혔다.

얼핏 보면 실망에 관한 이야기처럼 들릴 수 있다. 그러나 마인스톤에게 피치낙하 실험이 중요했던 이유가 피치 방울 낙하 때문만은 아니었다. 이 실험은 단순히 피치 방울이 낙하하는 순간을 포착하는 것 이상의 의미를 지니고 있다. 오히려 하나의 물체가 인간과 시간 그리고 맨눈으로는 인지하기 힘들 정도의 더딘 변화와의 관계에 대해서 이야기하고 있다.

마인스톤은 죽기 몇 개월 전 달튼에게 이렇게 말했다. "우리는 그냥 째깍째깍 흘러가는 시간 너머로 우리를 데려가는 무엇인가를 쳐다보고 있다. 시간은 그 자체의 속도로 흘러간다. 우리는 모든 걸 통제해야 한다는 생각을 갖고 있다. 그러나 이 실험은 통제된 실험이 아니다. 우리는 설계 규칙이나 여타의 것들을 따르는 모형을 만들려고 노력한다. 이 실험은 그런 범주에 들어가는 것이 절대 아니다. 완전히 다른 것이다."

모든 것이 바뀔 때 발생하는 비연속성이라는 행위에 마음을 빼앗기는 것이 인간의 본성이다. 그러나 이 실험은 인간의 눈에 영원한 것처럼 보이는 것 중 진짜 영원한 것은 거의 없다는 것을 보여준다. 이것이 수십 년간 과학자들은 물론 창작자에 이르는 사람들의 상상력을 사로잡은 이 실험의 주제다. 예를 들어 예술가 줄리 메콜리Julie Mecoli는 피치낙하실험에서 영감을 받아 작은 조각품 연작을 발표했다. 〈암흑 물질Dark Matter〉 시리즈에서, 줄리 메콜리는 유사한 종류의 아스팔트를 런던, 바르셀로나, 또는 뉴욕의 스카이라인과 같은 도시의 형태로 조각했다. 그것들은 복잡하고 상세하게 시작하지만 시간이 지나면서 어느 사이엔가 형태가 없는 하나의 덩어리가 되어 비커 속으로 또는 물체의 표면 위를 천천히 기어다니기도 한다.

피치낙하실험은 인간 심리에 대해 뭔가 중요한 것을 이야기하기도 한다. 도시, 자연계 또는 자신의 삶을 포함해 세상에서 일어나는 아주 더딘 변화를 인식하지 못하는 인간의 경향을 이야기한다. 어떻게 그렇게 할 수 있을까?

인간이 내면에서 또는 더 넓은 세상에서 일어나는 더딘 변화를 알아차리기 위해서 애쓰는 모습은 자주 관찰됐다. 가장 잘 알려진 은유가 바로 '끓는 물속 개구리'다. 이 은유는 물속의 개구리가 물의 온도가 올라가도 알아차리지 못한다는 주장이다. 그러나 이는 불완전한 (이론의 여지가 많은) 비유다. 실제로 개구리는 그렇지 않기 때문이다. 과학자들은 이 은유의 진위를 실제 개구리들을 통해 실제로 물 밖으로 뛰쳐나온다는 것을 검증했다. 또한 더디게 변화하는 것들은 가끔 두 지각판이 갑자기 어긋나거나 바이러스가 기하급수적으로 확산하거나, 사회 전체가 전면적으로 변하게 되는 혁명처럼 종잡을 수 없게 급속하게 변할 수도 있다.

그래서 나는 더딘 변화를 기술할 수 있는 새로운 용어가 필요하다고 말하고 싶다. 바로 피치낙하 효과다. 이것은 인식이다. 현재 상황이 무기한으로 내일까지 확장될 것이라는 인식이다. 그러나 현재 상황은 우리가 알지 못하는 사이에 변화하고 있고 언제든 급작스럽게 바뀔 수도 있다. 현실에서는 이 세상의 많은 일들이 변화 없이 일정한 상태를 유지하는 것처럼 보이지만, 사실은 너무 더디게 변화하고 있어서 피치 낙하처럼 갑작스럽게 바뀌기 전까지 감지할 수 없는 것뿐이다.

지구온난화를 예로 들어보자. 지구온난화는 수년 그리고 수십 년에 걸쳐서 일어나기 때문에 이상기후, 홍수, 산불과 같은 심각한 사안이 벌어지기 전까지는 지구가 뜨거워지고 있다는 사실을 인식하기 어렵다. 심리학자 다니엘 길버트Daniel Gilbert는 이와 같은 장기적인 환경적 변화를 감지하지 못한 사람들의 인지 실패를 언급하며 이렇게 일갈한 바 있다. "만약 지구를 침공한 외계인들이 인류종을 멸종시키고 싶다면, 그들은 우주선을 보내지 않고 기후변화를 발명할 것이다."[24]

인식 실패는 사회변화에도 적용될 수 있다. 불평등 확대나 지역적 오염의 점진 증가와 같은 장기적인 사회 변화는 특권층에 의해 간과되는 경우가 많다.[25] 사회학자 롭 닉슨Rob Nixon은 이러한 부정적 변화를 기술하기 위한 용어 '느린 폭력'을 고안했다. 좀 더 뚜렷한 형태의 폭력과 달리 이 느린 폭력은 수년 또는 수십 년에 걸쳐 나타난다. 이 폭력은 점진적으로 그리고 눈에 보이지 않게 일어난다. 닉슨은 저서에서 다음과 같이 주장한다. "지연된 파괴라는 폭력은 시간과 공간을 초월해서 분산되어 있고, 마멸성 폭력은 일반적으로 폭력으로 간주되지조차 못한다."[26]

즉, 더딘 폭력에 영향을 받은 공동체들이(누가 그러한 폭력이 미치는 영향을 잘 파악할 수 있을까?) 견딜 수 없을 지경에 이르러서야 비로소 폭력이라고 인식하게 된다는 의미다. 그리고 나서 그것은 뜻밖에도 사회적 동요, 항의 집회, 심지어 폭동으로 확대될 수 있고, 왜 이런 일이 발생했는지 이유를 모르는 권력자들을 곤혹스럽게 만든다. 지난 10년간 정치적 혼란의 대부분은 적어도 부분적으로는 국민들의 복지, 소득, 취업 가능성, 사회구조의 점진적인 붕괴로 인해서 촉발됐다.

그래서 피치낙하효과는 3장에서 만난 정치인들이 더딘 발화성 문제들을 등한시한 이유를 설명하는 데 도움을 준다. 위기가 닥치기 전까지 정치인들은 피해가 발생하고 있고 문제가 곧 일어날 것임을 알지 못했다. 다시 한 번 더 가용성 편향과 현저성 편향이 여기에서도 중요한 역할을 한다. 인간이 서늘하고 추상적인 변화보다는 생생하고 뜨거운 사건에 좀 더 반응을 보이는 것은 진화를 통해 획득된 인간의 본능이다. 결국 이러한 본능은 우리 조상들이 위험한 상황에서 생존하는 데 도움을 줬다.

그러나 아직 언급하지 않은 특별히 치명적인 형태이나 감지하기가 훨씬 더 어려운 더딘 변화가 하나 있다. 더딘 침투와 갑작스러운 요동의 기간들을 가지고 있으며 피치낙하효과와는 다르다. 사실 그것은 꽁꽁 숨겨져 있어 많은 이들은 그것이 거기에 있다는 사실조차 알지 못하고 살아간다.

1990년대 중반 수산학자 다니엘 폴리Daniel Pauly와 빌리 크리스텐슨Villy Christensen은 덴마크 연안 2만 2000㎢ 얕은 바다, 카테가트 해협에 대해 논의하고 있었다. 카테가트 해협은 발틱해와 북해를 연결하고 1970년대 해양 '중립지역dead zone'으로 지정된 최초의 지역 중 하나였다. 카테가트 해엽의 수산자원량이 급감했다.[27] 그러나 크리스텐스는 할아버지가 그곳에서 정기적으로 고등어 낚시를 했던 것, 어망에 대형 검은참다랑어가 엉켜 있는 것을 할아버지가 몹시 못마땅하게 여겼다는 것을 기억해냈다.

이 과학자들은 다랑어가 그렇게 많았던 때를 상상하기 어려웠다. 고등어는 여전히 잡히지만 다랑어는 약 50년 동안 완전히 자취를 감췄기 때문이다. 폴리는 이와 비슷한 다른 사례도 많이 있을 것이라는 생각했다. 과학적 데이터가 포착하지 못했지만 폴리와 그의 동료들은 상당히 높은 가치를 부여하는 과거의 이야기나 기억들이 있을 것이라고 믿었다. 그는 1984년 출간된 《학살의 바다Sea of Slaughter》에서 환경운동가 팔리 모왓 Farley Mowat이 어린 시절부터 잘 알고 있었던 캐나다의 대서양 해안지방으로 이주한 후 충격적인 사실을 깨닫게 된 경험을 기술한 적이 있다는 것을 기억해냈다.[28]

모왓은 이렇게 적었다. "지금 바다는 우울한 경고 신호를 보내고 있다. 내게 친숙했던 이 바다와 해안가에 살고 있던 생명체들은 한때 많은 개체수와 다양성을 자랑했다. 그러나 이제 그들의 개체수와 다양성이 줄어들고 있다. 바다표범, 바닷새, 고래, 돌고래, 여우, 수달, 연어, 그 존재를 당연하게 여겼던 다른 해양 동물의 숫자가 눈에 띄게 줄었다." 그는 이러한 현상이 일시적인 것이라고 말하고 싶었지만 수십 년 전에 기록했던 자신의 노트와 지역 주민들과의 대화를 통해 자신이 어렴풋하게 느꼈던 불편함이 기우가 아님을 확인할 수 있었다.

이러한 기록들을 읽으면서 폴리는 자신과 해양과학 분야의 동료 연구자들이 이러한 변화들을 감지하지 못했다는 사실을 깨달았다. 물론 이들이 장기 데이터를 봤다면 이 사실을 발견했을 수 있다. 그러나 좀 더 미묘한 일이 벌어지고 있었다. 각 세대가 해양과학 분야에 들어갈 때, 그들은 자신들이 과거 봤던 바다가 정상이라고 받아들인다. 폴리는 그것을 기준선 이동 신드롬이라고 했다.[29] 그는 관련해 이렇게 이야기한다. "모든 세대가 그들이 기준이라고 생각하는 것을 이용해서 그들 주변의 세계와 사회 상태를 평가하는 의식적인 삶을 시작한다. 그러나 일반적으로 이전 세대들의 기준선은 무시되므로 우리가 변화를 측정할 때 사용하는 그 기준도 바뀐다."

기준선 이동 개념은 수산학 이외에 다른 분야에서도 이미 널리 인정받고 있다. 폴리가 이 개념을 제안하고 몇 년 후, 워싱턴 대학의 심리학자 피터 칸Peter Kahn은 완전히 다른 상황인 텍사스 휴스턴의 흑인 공동체에서 유사한 효과를 관찰했다.[30] 칸은 흑인공동체에 살고 있는 어린아이들이 자신들의 환경에 대해서 어떻게 생각하고 있는지 궁금했다.

당시 휴스턴은 미국에서 대기오염이 가장 심한 도시 중 하나였다. 인터뷰에서 칸은 어린이들이 대기오염이 무엇인지 그리고 다른 도시들도 대기오염으로 고통받고 있다는 것을 충분히 설명할 수 있다는 것을 확인했다. 그러나 자신들이 거주하고 있는 곳 역시 상당히 오염됐다는 사실은 의식하지 못했다. 자신들이 살고 있는 도시가 그들이 아는 전부였기 때문에, 그곳의 대기오염은 눈에 보이지 않았던 것이다. 칸은 그것을 '세대 간 환경적 기억상실environmental generational amnesia'이라는 다른 명칭으로 한다. 그러나 그 기저에 있는 심리는 기준선 이동 신드롬과 동일하다. 세대 간 변화는 지나치게 더디게 일어나므로 이를 인식하기 어렵다.

이후 연구자들은 요크셔에서 일본을 거쳐 아마존에 이르는 전 세계 수많은 공동체에서 기준선 이동의 사례를 무수히 발견했다. 정원새이든, 대형 포유동물이든 또는 산림의 구성이든 무관하게 더딘 변화는 되풀이해서 눈에 띄지 않고 넘어갔다. 오랜 시간에 걸쳐 소셜 미디어 포스트들을 분석한 연구자들은 사람들이 이상기후와 기온상승 사례의 빈도수 증가를 서서히 정상적인 것으로 받아들이기 시작했다는 사실도 발견했다.[31]

기준선 이동이 일어나면 더딘 변화를 감지하기는 더욱더 어려워진다. 그러한 변화가 일어나고 있음을 알아차리지 못한다는 것은 문제다. 그러나 진짜 문제는, 미래 세대는 자신들이 사는 세상에 벌어지고 있는 일을 당연한 것으로 받아들이고 이 문제에 대해 의문조차 품지 않게 된다는 것이다. 그러므로 기준선 이동 문제는 인류가 과거 지구의 상태를 집단적으로 망각하고, 현재 자신이 인식하는 지구의 상태를 기준으로 미래의 지구 상태를 판단하게 된다는 것이다.

둥근 원은 긴 원이다

그러나 더딘 변화가 모두 해롭고 부정적인 것은 아니다. 우선 세상의 더딘 변화를 파악하는 것은 세대를 연결하는 구심점이 될 수 있다. 예를 들어 칸과 그의 동료 연구자 테아 와이스Thea Weiss는 젊은이와 노인이 자신들이 자연계에서 감지한 더딘 변화들을 서로 공유하게 된다면 도움이 될 수 있다고 강조한다. 이러한 대화가 경험적으로 이루어진다면 훨씬 더 좋다. 희귀한 야생 숲을 방문하거나 야생으로의 오지 탐사를 떠나는 등의 이상적이고 로맨틱한 시도가 필요한 것이 아니라, 자연과의 한 번의 작은 상호작용이 필요한 것이다. 이와 같은 작은 상호작용은 할아버지와 손자가 함께 해변을 걸으면서 여름철 열매 과일을 찾아보고 풀밭이나 땅에 누워서 기억과 경험을 공유하는 아주 간단한 것이 될 수 있다. 두 연구자는 이 활동을 '상호작용 방식'이라고 한다.[32]

장기간에 걸친 더디 변화를 인식하는 데에는 또 다른 장점도 있다. 우선 기준선 이동으로 우리가 볼 수 없었던 무수한 긍정적 발전도 있었다는 사실도 드러나게 된다. 예를 들면 오늘날 대다수는 여성이 투표권을 갖고 있고, 인종차별은 끔찍한 일이며, 동물학대는 잘못된 일이라는 것을 인식하고 있다. 대중의 의견이 이렇게 바뀌기까지 많은 이의 노력과 투쟁이 필요했다. 우리는 그러한 인식이 한때 극소수의 열정적인 사람들만이 공감할 수 있었던 문제이며, 이들의 수십 년에 걸친 점진적인 노력으로 대중의 마음을 바꿀 수 있었다는 사실을 잊어서는 안 된다.

그러므로 세상을 좀 더 살기 좋은 곳으로 만들려는 사람들은 오랜 시간에 걸쳐서 이룩한 성과에 용기를 얻을지 모른다. 각 세대마다 어려움과 불평등을 경험하고 그 범위를 극복하기 힘들다고 느낄 수 있다. 그러한 문제를 해결하는 일은 평생이 걸릴 수 있지만 문제를 점진적으로 개선하는 것은 가능한 일임을 역사는 말해주고 있다. 물론 그러한 점진적인 개선을 현재는 느낄 수 없다. 소셜 미디어나 TV는 세상에 대한 부정적인 이야기들에만 초점을 맞추고 있어서 당신은 아마도 절망감을 느끼고 있을지 모른다. 암울한 미래를 걱정할 만한 이유는 분명 존재하지만 우리는 몇몇 더딘 승리를 확인하면서 그러한 문제들을 풀 수 있는 에너지를 얻을 수 있을지 모른다.

1800년대 노예제도의 폐지를 주장했던 미국 기독교 목사 시어도어 파커Theodore Parker의 말을 생각해보자. 그는 이렇게 적었다. "나는 도덕의 세계를 다 아는 척하지 않는다. 그 세계의 호는 길고 나의 눈은 거기에 닿지 않는다. 나는 호의 곡선을 계산할 수도 없고 내 경험의 눈으로 그 호의 모양을 완성할 수도 없다. 나는 양심으로 예측할 수 있다. 그리고 내가 본 것을 통해서 그 호가 정의를 향해 구부러져 있다고 확신한다."[33]

발전에 대한 장기적인 태도 자체는 세대 사이를 이을 수 있는 배턴이다. 후일 마틴 루터킹Martin Luther King은 파커의 말을 인용했다. "도덕적 세계의 원은 길지만 그것은 정의를 향해 구부러져 있다." 그리고 나중에 미국 최초의 흑인 대통령 버락 오바마가 또다시 이 말을 인용했다. 자신의 첫 선거 승리 연설에서 미국인들이 역사라는 원에 손을 대보고 더 나은 미래에 대한 희망 쪽으로 그 원을 구부린다면 어떤 변화가 일어날 수 있음을.

진정으로 장기적 시야를 가지려면 더딘 변화를 식별하는 법을 배워야 하고, 그 더딘 변화를 활용할 수 있다는 믿음도 갖고 있어야 한다.

시간관Time perspectives

이제 당신은 어떤 사람들이 다른 사람들에 비해 단기적 편향을 극복할 수 있는 더 나은 능력을 갖고 있는 것은 아닐까 의문을 품을지 모른다. 잠정적으로 그 질문에 대한 답은 '그렇다'이다. 누구나 습관적 행동을 하거나 생각을 할 때 보이지 않는 영향에 좌우된다. 그러나 적어도 연구 결과

롱 뷰: 시간과 미래를 바라보는 관점을 바꿔야 하는 이유

에 따르면 사람들은 시간에 대해 다른 인식을 갖고 있으며, 어떤 사람들은 다른 사람들에 비해 좀 더 장기적인 시야를 갖고 있다.

우리는 미래에 대한 사람들의 태도를 고찰하기 위해 수행된 몇몇 연구를 통해서 그러한 차이가 있음을 짐작해볼 수 있다. 예를 들어 펜실베이니아 대학의 브루스 톤Bruce Tonn과 동료 연구자들은 24개국 총 572명에게 미래라는 단어를 들으면 무엇이 생각나는지를 물었다. 평균적인 사람은 향후 15년 후의 시간을 떠올리고 15년이 훌쩍 넘어가게 되면 아무런 생각이 나지 않는다고 기술했다.[34]

톤의 연구는 사람들이 미래에 대해 제한적인 시각을 갖고 있음을 보여주는 증거로 인용되곤 한다. 그러나 무엇보다도 이러한 연구 데이터 속 개인 중 아주 소수만이 장기적 시야를 갖고 있음을 알아야 한다. 이들은 미래를 최대 200년 후의 시간을 의미한다고 말했다. 어떤 이는 심지어 '백만 년 후'라고 답하기도 했다. 그러나 톤은 이들의 답변이 상당히 이례적이고 평균적인 답변을 심하게 왜곡했다고 판단해 제외하기로 했다(나라면 그렇게 답변한 사람에 대해 상당한 흥미를 느끼고 그들이 어떻게 생각하는지 좀 더 알아보고 싶었을 것이다.)[35]

그래서 과거, 현재, 미래 인식에 대한 개인차에 대해 과학은 우리에게 무엇을 이야기해 줄 수 있는지 살펴보자. 이 연구에 대해 그리고 이러한 개인차에서 당신의 위치는 어디인지를 알고 싶다면, 잠시 다음 질문에 답해보기로 하자.

아래 각 항목을 읽고, 최대한 솔직하게 질문에 답한다. "이 문제와 관련해서 나는 어디에 해당하는가?" 사실과 아주 다르다, 다르다, 중립적이다, 사실이다, 상당히 사실이다.

과거에 내게 일어났던 안 좋은 일에 대해 생각한다.

아픈 과거의 경험을 계속 생각한다.

어린 시절의 불쾌한 기억을 잊기가 어렵다.

어린 시절의 친숙한 광경, 소리, 냄새가 좋은 기억을 떠올리게 하는 경우가 많다.

좋았던 시절의 행복한 기억이 자주 떠오른다.

과거 좋았던 시절의 좋은 추억을 이야기하는 것을 좋아한다.

오늘날의 삶은 너무 복잡하다. 그래서 나는 과거의 좀 더 단순한 삶을 선호한다.

일어날 일은 일어나고야 말기 때문에, 그것이 현재 내가 하는 일에 문제가 될 것은 없다.

노력보다 운이 더 좋은 결과를 낳는 경우가 많다.

순간적 충동으로 결정을 내린다.

위험을 감수하는 모험은 삶이 지루함에 빠지는 것을 막아준다.

삶에 기대감을 주는 것이 중요하다.

뭔가를 이루고 싶을 때 목표를 세우고 그러한 목표에 도달할 수 있는 구체적인 수단을 생각한다.

내일의 데드라인을 맞추고 다른 필요한 일을 하는 것이 오늘의 즐거움보다 중요하다.

점진적인 진척을 통해 과업을 제시간에 완료한다.

이 짧은 테스트는 '짐바르도 시간 인식 목록Zimbardo Time Perspective Inventory'이라고 한다.[36] 기술분야 연구자 존 보이드John Boyd와 필립 짐바르도 Philip Zimbardo(그를 스탠퍼드 감옥 실험을 수행한 연구자로 기억하고 있을 수도 있다)가 고안한 이 테스트는 총 56개 질문으로 이루어져 있으며 과거, 현재, 미래에 대한 사람들의 관점을 측정하고, 이러한 관점이 그들의 행동, 성격, 태도와 어떤 연관성이 있는지 고찰한다.[37]

이것은 심리학자들이 인간의 시간관을 이해하기 위해 고안해낸 다양한 검사도구 중 하나다. 두 번째 검사는 '미래영향에 대한 고려Consideration of Future Consequences' 척도라고 한다. 그리고 또 다른 검사는 '미래 시간 인식 척도Future Time Perspective Scale'로 사람들은 시간이 얼마나 빨리 움직인다고 생각하는지, 미래는 얼마나 중요하고 얼마나 상호 연결돼 있다고 생각하는지, 얼마나 기꺼이 현재를 희생할 수 있는지를 측정한다.[38]

그렇다면 이런 검사들은 우리에게 무엇을 말해줄 수 있을까? 이 검사들이 특별히 먼 미래의 시간에 대한 사람들의 태도를 고찰한 것은 아니지만, 어떤 '지향성'을 갖고 있는지에 대해서는 개략적으로 알려준다는 사실을 기억할 필요가 있다.

앞서 읽은 짐바르도 검사에서 처음 6개 질문은 얼마나 과거 지향적인가와 관련이 있다. 질문 7번부터 12번까지는 현재 지향성을 묻는 문항이고 13번부터 15번까지는 얼마나 미래지향적인지를 측정한다(좀 더 길고 정확한 검사를 통해 점수를 확인하고 싶다면 thetimeparadox.com을 방문하기 바란다).

좀 더 많은 답변을 얻을 수 있다면 다음 다섯 가지 영역에서 점수를 평가하는 것이 가능하다.

과거 부정형: 짐바르도와 보이드는 이러한 관점의 지배를 받는 사람을 '트라우마, 실패, 좌절의 스미소니언들'이라고 묘사한다. 그들은 트라우마, 고통, 후회로 점철된 과거에 대해 대체적으로 부정적이고 회피적인 시각을 갖고 있고, 현재 행복

한 시간을 보내고 있는데도 바꿀 수 없는 과거를 끊임없이 곱씹는 경향이 있다.

과거 긍정형: 과거에 대해 따뜻하고 감상적인 태도를 보이고 과거를 화려하고 향
수 어린 긍정적인 시간으로 이해한다. 이 척도에 높은 점수를 얻는 사람들은 오랜
시간에 걸쳐 개인에 대한 지속성 또는 안정적인 자아감, 강한 뿌리 의식을 갖고
있다. 이러한 관점은 전통, 종교, 가족의 가치관 등에 의해 형성된다.

전반적으로 강하게 과거지향적인 사람들은 '보수적인 경향이 있으며
현재 상태를 유지하는 데에 관심이 많다. (생략) 그들은 위험을 무릅쓰지
않으며 새롭고 보다 효율적인 방법으로 친숙한 일을 수행하는 데 관심이
없다.' 이러한 유형은 경쟁적인 사고보다는 좀 더 협력적인 사고를 한다.
심리학자들에 따르면 이러한 이유 때문에 아시아와 같은 좀 더 집단주의
적인 국가와 비교했을 때 개인주의적인 미국에서는 이러한 유형의 사람
들을 찾기가 어렵다.

다음은 현재 지향적인 유형이다. 이 유형은 '과거에 어땠는데?' 또는
'미래는 어떨까?'보다는 '지금 어떤데?'에 관심을 보인다. 숲에 있는 두 마
리 새에 도박을 걸기보다는 손 안에 든 한 마리 새를 잡는 이들이다.

현재 쾌락주의형: 간단히 말해서 풍족한 생활을 중시하는 유형으로 현재의 즐거
움과 긍정적인 면에 관심을 가지며 위험을 선택하고 모험을 즐긴다. 이 척도에서
높은 점수를 받은 사람들은 쾌락을 추구하며 열정적이고 노는 것을 좋아하고 직
장에서는 창의적이다. 단점은 노력이나 계획을 좋아하지 않는다. 그래서 공부에
취미가 없고 앞일을 걱정하지 않는 태도 때문에 중독에 빠질 가능성도 높다. 뚜렷

한 쾌락을 얻을 수 있고 즉각적인 고통은 피할 수 있을 때 쾌락을 지연하는 것은 어렵다.

현재 운명론형: 이 유형의 사람들은 현실의 이요르eeyore(곰돌이 푸의 가상인물) 다. 이들은 미래와 삶에 대해 운명적이며, 무력하고 절망적인 태도로 미래가 미리 정해져 있으며 개인의 행동으로 바꿀 수 없다고 생각한다. 반면 인간의 운명은 변덕스러운 자비에 좌우되기 때문에 현재는 체념과 함께 태어난 것이 분명하다고 믿는다. 이 유형의 사람들은 다른 누군가의 게임의 졸로 자신을 바라본다. 학교 성적이 좋지 못하며 정신적 문제를 겪을 가능성이 높다. 긍정적인 면은 이런 유형의 사람은 행운으로 환경을 바꿀 수 있다는 믿음을 갖고 있다. 만약 그들이 미래에 대한 시각이라는 것을 갖고 있다면 그것은 부정적인 것이며, 부정적인 결과가 올 것을 예상하며 살아간다.

마지막으로 미래지향적인 유형이다. 이 유형은 미래에 대해 긍정적인 시각을 갖고 있으며 목표 달성을 위해 계획을 수립하고, 가정에 의한 추론, 확률적 사고, 논리적 분석을 수행하는 것이 특징이다. 이 척도에서 높은 점수를 받은 사람들은 미래를 위해 비축할 의향이 있으며, 제때 한 바늘을 꿰매면 나중에 불필요한 일을 피할 수 있음을 인정하기 때문에 즐거움을 지연하는 데 능하다. 건강에 신경을 쓰는 편이며 치아 건강에 주의하고 잘 먹는다. 학업 성적도 양호하다. 또한 그들은 친환경적인 행동이나 태도를 취할 가능성이 높다는 증거도 있다.[39]

그러나 지나치게 미래지향적인 유형도 단점은 있다. 특히 현재 지향적 척도에서 낮은 점수를 받은 경우 특히 그렇다. 그들은 현재에 살면서 삶의 즐거움을 제대로 즐길 줄 모르며 따라서 일중독, 불안, 중년 위기에 빠질 가능성이 있다.

일반적으로 사람들이 단 한 개의 범주에만 속하는 경우는 없다. 오히려 각각 척도에서 그들의 점수가 이들의 개략적인 프로파일을 만든다. 짐바르도와 보이드에 따르면 이상적인 조합은 반추나 마비를 부추기는 부정적 척도에서 낮은 점수를 얻고 나머지 다른 척도에서 중상위 점수를 획득하는 것이다. 좀 더 구체적으로 말한다면 지나치게 과거 부정적이고 현재 운명론적인 것을 피하고 싶고, 과거 긍정형, 현재 쾌락형, 미래형의 조합을 바랄 것이다. 이는 우리가 우리의 뿌리에서 배우고 현재에 살며 미래를 위해 계획을 세울 수 있게 해준다.

검사가 처음 발표된 이후, 특히 미래 범주에서 몇 차례 수정이 가해졌다. 전 세계 다양한 사람들이 검사를 받으면서 새로운 관점이 등장했다. 예를 들어 스웨덴에서 심리학자들은 미래 부정형 범주를 추가로 발견했다. 이 유형의 특징은 미래가 암울할 것이라는 불안하고 회의적인 믿음을 갖고 있다는 것이다.[40] 다시 말해 이들은 종말론자이며 다른 곳에서도 발견이 됐다. 한편 짐바르도와 보이드는 또 하나의 새로운 미래 범주를 추가했다. 그것은 다른 질문 척도로 측정된 미래 초월적인 유형이다. 이 유형의 사람들은 천국에서의 영원한 미래에 관한 종교적 기대감과 연관된 시각을 보인다. 즉 이 유형은 1장에서 논의한 바 있는 영원한 장기적 관점을 가진 사람들이다.

좋은 소식은 전체 범주에서 점수를 골고루 획득할 필요는 없다는 것이다. 일련의 심리학자들은 사람들에게 마음 집중 훈련을 시켰는데, 이 훈련은 과거에 대한 반추를 줄이도록 하면서 시간에 대해 좀 더 균형 잡힌 시각을 갖게 한다.[41] 그리고 다른 심리학자들은 우리가 앞서 언급한 관점 전환과 유사한 코칭 개입이 미래지향적 관점을 촉진할 수 있다고 믿는다. 예를 들어, 사람들에게 장례식 추도사에서 자신에 대해 무엇이 읽히기를 원하는지 그리고 흔들의자에 앉아서 자신의 삶을 기억해보는 90세 노인이 된 자신을 상상해보라고 요청했다.[42]

그러나 앞으로 확인하겠지만, 그러한 개입이 외적인 압박으로 과거, 현재, 미래에 대한 사람들의 인식을 긍정적으로 바꾸는 유일한 방법은 아니다. 이유를 이해하기 위해 시간의 관점에서 나와 편향으로 되돌아가 보기로 하자.

2017년 심리학자 베티나 램Bettina Lamm과 동료들은 두 개의 완전히 다른 배경을 가진 어린이들을 실험에 초대했다.[43] 첫 번째 집단은 독일에 거주하는 상당히 전형적인 서양 중산층 가정의 어린이들이었다. 두 번째 집단은 카메룬에 거주하는 200개 인종집단 중 하나인 Nso 민족의 구성원들이었다. 이 농촌지역사회는 어린이들이 아주 어린 나이부터 흡수될 수 밖에 없는 뚜렷한 사회적 계급을 갖추고 있는 것이 특징이다. 연장자를 존중하고 그들에게 순종해야 하며, 동일한 나이대 구성원 사이에는 연대의식 같은 것이 존재한다. 이들의 사고방식은 상호의존성과 공동체의 의무에 기반한 집단주의적 성향이 다소 짙다.

램과 동료 연구자들은 두 집단 어린이들에게 간식으로 마시멜로를 주면서, 만일 나눠준 마시멜로를 바로 먹지 않고 기다린다면 더 받을 수 있다고 말해줬다. 이 실험이 그 유명한 '마시멜로 테스트'로 1960년대 최초로 수행된 과학적 실험이었다. 이 실험에서 연구자들은 아이들에게 딜레마를 겪게 한다. 눈앞에 있는 맛난 마시멜로를 참고 먹지 않으면, 즉 단기적 쾌락을 무시한다면 나중에 마시멜로를 추가로 더 받을 수 있는 갈등요인을 제공한 것이다.

유튜브 또는 TV 시리즈에서 마시멜로의 유혹을 뿌리치기 위해 애쓰는 동안 마시멜로의 냄새를 맡거나 찔러보는 아이들 모습을 몰래카메라로 촬영한 비디오 클립이 반복 재생되고 있는 것을 본 적이 있을 것이다. 아이들 중 다수는 유혹을 뿌리치는 데 실패했다(어른들은 그러한 유혹에 넘어가지 않으리라 생각할지 모른다. 그러나 만약 그것이 사실이라면, 어른들은 건강을 해치는 식품을 먹어본 적도 없고 충동구매도 한 적이 없으며 불필요한 위험을 시도한 적도 없다는 것을 입증해야 할 것이다).

이 마시멜로 실험은 확실한 단점이 있다. 특히 이 실험으로 아동의 미래에 대해 예측할 수 있다는 주장에 관해서는 더욱 그렇다.[44] 그럼에도 문화가 현재 편향에 어떤 영향을 미치는지에 대한 시사점을 제공한다는 점에서 램과 동료 연구자들의 마시멜로 실험은 가치가 있다.

연구자들은 Nso 민족의 어린이들이 독일 어린이들에 비해 즉각적인 만족을 지연하는 데 훨씬 더 능하다는 사실을 확인했다.[45] Nso 민족의 네 살짜리 어린아이 중 기다린 아이는 전체 70%인데 반해 독일 어린이들은 단 28%에 불과했다.

그 결과는 매력적인 질문 하나를 제기한다. "집단적 원칙을 강조하는 사회는 개인주의적 사회에 비해 장기적 사고를 갖게 될 가능성이 더 높은가?" 이와 같은 실험결과는 좀 더 신중하게 접근해야 하지만, 그럼에도 단순히 어린이들뿐만 아니라 사회 사이의 차이점을 고찰하는 다른 연구의 결과들과 상당히 일치한다.

지난 몇십 년 동안 헤이르트 호프스테더Geert Hofstede는 민족문화가 국

롱 뷰 : 시간과 미래를 바라보는 관점을 바꿔야 하는 이유

민의 행동, 선택, 태도 형성에 어떤 영향을 미치는지를 연구해왔다. 그는 이를 '사고의 집단적 프로그래밍'이라고 한다. 다수의 설문조사를 통해 그는 여섯 가지 범주를 측정했는데, 이중 하나는 특정 사회의 장기적 지향성이었다. 장기적 지향성은 미래 보상에 초점을 맞춘 미덕의 함양과 같은 실용적인 차원에서 정의할 수 있다. 여기서 미덕은 인내심이나 검약 등을 말한다. 그러나 좀 더 포괄적으로 이야기하자면 특정 문화가 시간에 맞춰 어떤 방향으로 나아가는지에 관한 것으로 정의할 수 있다. 호프스테더의 접근에 따르면 모든 사회는 해당 사회의 과거와 모종의 연관성을 유지해야 하지만, 동시에 현재와 미래의 과제들도 해결해야 한다. 그리고 각 사회는 이 두 가지 실존적인 목표들을 상당히 다르게 우선시하고 달성한다.[46] 그래서 짐바르도와 보이드의 '시간 인식'과 다르지 않지만, 국가적 차원에서는 다르다.

　물론 미국이나 호주와 같은 개인주의적 국가들은 일본, 중국, 러시아와 같은 집단주의 국가들보다는 호프스테더의 장기적 지향성 측정에서 훨씬 낮은 점수를 획득했다.[47] 그래서 일본인들은 인류의 긴 역사에 비춰 볼 때 이승에서 삶이 상당이 짧다고 생각하는 반면, 미국인들은 '만인의 자유와 평등을 이상적 가치'라고 교육받으며 성장한다. 이러한 이상적 가치들은 여러 면에서 긍정적이지만 시장의 자유라는 이름으로 느슨하게 규제된 단기주의적인 비즈니스 규범들이 만들어지는 것을 허용했을 가능성도 있다. 미국은 기술을 통해 미래지향적 사회를 그리는 것처럼 보이지만, 미국의 사회적 태도는 좀 더 보수적이고 과거 지향적이며 오랜 시간을 이어 내려온 전통과 규범을 유지하는 것을 중시하는 반면 사회적 변화를 의심의 눈으로 바라본다고 호프스테더는 주장한다. 물론 이러한 기술은 지나치게 개략적이고 심지어 고정관념에 지나치게 의존하고 있는지도 모른다. 그럼에도 호프스테더는 자신이 평가한 점수가 한 국가의 지배적인 문화 규범과 습관을 반영할 수 있다고 주장한다.

흥미롭게도 한 문화의 장기적 지향성이 그들의 조상이 사업화 이전에 작물을 어떻게 재배했는지와 연관이 있을 수 있다고 하는, 다소 추측에 근거한 이론도 있다.[48] 16세기 전, 높은 수확률을 보장하는 농업 환경과 기후 환경을 갖춘 지역들은 문화와 언어에서 장기적 지향성을 수용하면서 걸어온 경향이 있다. 이 이론에 따르면 잉여 농작물이 풍부해지면서 미래지향적 사고도 가능해졌을 것이다.

이제 당신의 관점에 따라, 이러한 의견들은 긍정적으로도 부정적으로도 받아들여질 수 있다. 만약 당신이 문화가 절대 변하지 않는다고 믿는다면 특정 사회의 단기적 지향성이나 장기적 지향성 역시 바뀌지 않는다고 말할 수 있다.

그러나 긍정적으로 생각해볼 만한 이유가 있다. 우선 단기주의는 인간의 선천적 기질은 아니지만 문화적으로 영향을 받는다. 그리고 수백 년에 걸쳐 국가적 차원의 문화적 가치는 변할 수도 있고 변한다.[49] 그러나 긍정적으로 생각해도 되는 또 다른 이유는 무엇일까? 개인들에게 적용된 심리적 자극이 주변의 문화적 환경의 영향을 극복할 수 있도록 하고, 그들이 좀 더 장기적 관점으로 사고할 수 있도록 돕는다는 증거는 무수히 많다.

또 다른 마시멜로 실험이 어떻게 도움을 주는지를 입증하고 있다. 표면적으로는 독일 아동과 카메룬 아동의 마시멜로 실험연구의 결과는 서양 어린이들에게는 부정적인 소식처럼 보일 수 있다. 그러나 2018년 미국 어린이를 연구하는 또 다른 그룹의 심리학자들이 단기적 만족을 지향하는 편향은 효과적인 사회적 자극을 통해서 줄일 수 있다는 사실을 발견했다. 연구에 참여한 여아와 남아 중 몇몇은 그들이 똑같은 티셔츠를 입은 또래 집단에 속해 있다는 말을 전해 들었다. 마시멜로를 보여주기에 앞서서, 이 아이들은 그들 그룹의 구성원들이 이 마시멜로를 먹지 않고 기다렸다는 말을 전해 들었다. 다른 구성원들의 행동에 맞추기 위한 시도로 이 아이들은 이후 해당 내집단에 속해본 적이 없었던 아이들에 비해서 자제력을 발휘할 가능성이 더 높았다.[50]

성인 역시 또래집단에 맞추기 위한 욕구가 상당히 강력한 힘을 발휘할 수 있다. 그러한 사회적 영향은 다수의 연구에서 분명하게 드러난다. 이들 연구는 사람들이 타인과 맞추기 위해서 자신의 행동을 바꾸는 경우가 많다는 것을 보여주고 있다[51] 예를 들면, 만약 사람들이 같은 공동체의 다른 구성원들의 에너지 사용량이 자신들의 에너지 사용량보다 적다는 말을 듣게 된다면, 그들도 다른 구성원들의 기준에 맞추기 위해 에너지 사용을 줄이려고 노력한다.[52] 이 동일한 자극은 우리에게 현재 이후를 생각하도록 하는 다른 친사회적 행동, 즉 몸에 좋은 음식 섭취, 납세, 심지어 장기 기증과 같은 행동들을 장려하기 위한 목적에 성공적으로 적용되어 왔다.[53] 만약 동료 집단이 장기적 태도를 보인다면, 당신도 그러한 가치를 수용할 가능성이 더 높다는 것을 의미한다. 간단히 말해서 장기적 관점은 확산될 가능성이 있다는 것이다.

그러나 장기적 사고를 촉진할 것으로 보이는 모든 사회적 자극 중에서 아마도 가장 흥미로운 것은 '세대 간 상호주의'라는 개념이다. 세대 간 상호주의는 사람들이 시간을 초월해 그들의 사회적 관계에 대해 생각하게 만든다. 이 연구는 사람들이 조상과 후손의 규범과 특성에 대해 좀 더 진지하게 생각해보라는 요청을 받으면, 이 요청이 그들의 행동에 영향을 미쳐 좀 더 장기적으로 바람직한 행동을 하게 만든다.

이 연구는 실험으로 시작했다. 이 실험에서 사람들은 자신을 상업적 수산기업의 은퇴한 CEO라고 상상해보라는 요청을 받았다. 참가자들은 이 CEO가 후계자들에게 주식을 얼마나 증여할지 결정해야 한다는 말을 들었다. 분명한 것은 만약 사람들이 과거 세대가 상당히 후한 편이었다는 말을 들으면, 그들은 똑같이 후하게 행동할 가능성이 더 높았다.

다른 연구에서 사람들은 돈을 증여받았고, 그 돈으로 무엇을 할지 결정하라는 말을 들었다. 또다시 만약 그들의 조상들이 관대했다는 말을 듣게 될 경우, 사람들은 비록 대가를 치르더라도 후손들에게 좀 더 관대했다. 이 실험들은 실험실 안의 실험에 불과했지만 공동체적인 관리의식을 강조하는 것이 실제로 강력한 효과를 낸다는 사실을 확인했다.[54] 나중에 심리학자들은 이러한 관리의식이 좀 더 일반화될 수 있을지 여부에 관심을 가졌다. 그래서 그들은 연구를 수행했다. 실험에서 연구자들은 사람들에게 (간결성을 위해서 단순화된) 다음 질문을 생각해볼 것을 요청했다.

> "당신의 부모, 조부모, 고조부의 희생이 당신이 현재 삶을 살아가는 방식에 어떤
> 영향을 미쳤다고 생각하는가?"

조부모 세대의 선택에 대해 생각해보라고만 요청받은 사람들에 비해, 과거 세대가 자신의 삶에 어떤 영향을 미쳤는지를 생각해보라고 요청받은 사람들이 기후변화와 관련해 후손과 미래 세대에 대해 도덕적 책임감

을 표현할 가능성이 더 높았다.[55]

그리고 또 다른 연구에서 심리학자들은 사람들에게 미래 세대에게 어떻게 기억되고 싶은지를, 다시 말해서 좋은 조상으로 기억되고 싶은지를 물었다. 이후 이들은 다른 사람들에 비해 친환경적인 태도를 보일 가능성이 더 높았다.[56] 이 연구의 연구자들은 다음과 같은 결론에 도달했다. "'사람들에게 자신이 어떻게 기억되기를 바라는지에 대해 생각해보라'(또는 어떤 일을 한 사람들로 기억되고 싶은지를 생각해보라)는 자극을 주는 것이 현재 세대는 물론 미래 세대에게도 상호 이익이 될 결정을 하도록 유도하고, 나아가 실질적으로 환경보호에 도움되는 행동까지 유도할 수 있을지도 모른다."

마지막으로 심리학자들은 미래 세대의 특성에 대해 상상해보라는 질문을 던지는 것으로 세대 간 상호주의 효과를 한 번 더 확인했다. 한 연구에서, 연구자들은 600명의 참가자에게 2050년을 상상해보고 기후변화나 마약법과 관련해 다양한 정책 변화가 이루어진 세상을 그려보라고 주문했다.[57] 연구자들은 그러한 미래 세대의 사람들을 관대한 성격, 즉 온화하고 도덕적 의무감을 가진 이들로 상상해보라는 요청을 받은 사람들은 현재의 결정이 미래에 영향을 미칠 정책을 지지하거나 개인적인 행동에 변화를 줄 가능성이 더 높다는 것을 확인했다.

연구자들은 만약 정치인들이나 환경운동가들이 기후변화와 같은 이슈에 사람들의 행동을 유도하고 싶다면, 단순히 기후변화의 피해나 위험을 경고하는 것보다는 세대 간 상호주의나 자비심 등에 초점을 맞춘 구체적인 메시지를 제시하는 것이 바람직하다고 말한다. 이 연구자들은 "전반적으로 사람들은 현재 살아가는 사람들을 위해 더 우호적인 사회적 환경을 만들고자 행동에 나서는 것보다는 더 나은(더 온화하고 더 윤리적인) 미래 구성원들이 사는 사회를 만드는 것을 지지하고 이를 위해 기꺼이 행동에 나설 의향이 있는 것으로 보인다"라고 주장했다.

그러면 이 연구들이 우리에게 주는 메시지는 무엇일까? 요약하면 이 연구들은 사람들에게 정신적 시간 이동을 유도하고 이전 세대나 미래 세대의 특성을 생각해보라고 이야기해준다면, 하나의 사회적 자극이 되어 좀 더 장기적인 관점을 갖게 할 수 있다는 것을 보여준다.

궁극적으로 인간은 사회적인 존재이며 좀 더 원초적인 본능이나 습관을 초월하게 하는 것은 세대 간 관계와 공동체다. 인간의 사고는 인지적 편향에 쉽게 영향받을지 몰라도, 역사를 통틀어 보면 인간들은 후일 그 단단함이 입증된 긍정적인 사회규범을 창조하고 확립해왔다. 문화는 근시안적 사고를 하게 만드는 힘이 있지만, 문화는 근시안적인 사고를 장기적 사고로 확대할 힘도 동시에 갖고 있다. 3부에서는 세계에서 가장 장기적인 안목을 가진 몇몇 사람들을 소개하고 문화가 그런 힘을 갖고 있다는 것을 다양한 관점에서 고찰해볼 예정이다. 장기적 관점을 가진 범상한 사람들은 과거세대와 미래 세대와의 좀 더 단단한 유대감을 유지하고 있으며, 하나같이 시야를 좀 더 먼 미래까지 확장할 수 있는 방법을 찾는 데 성공했다.

그러나 그에 앞서 면밀한 검토가 필요한 뇌의 시간 인식과 관련해 특이한 점 하나를 살펴보고자 한다. 이 문제는 언어가 과거, 현재, 미래에 대한 사람들 태도에 어떻게 영향을 미치는지와 관련이 있다. 우리가 발화하는 구체적인 말들이 우리의 시야를 근시안적으로도, 장기적으로도 만든다는 사실이 밝혀졌다.

그 이유를 알아보고자 파푸아 뉴기니의 한 계곡에서 우리 여정을 시작하고자 한다. 그곳에서 우리는 지구상에 존재하는 다른 이들과는 시간에 대한 인식이 다른 부족을 만나게 된다.

6. 장기주의의 용어: 언어의 힘

생각할 때 영혼은 그저 언어일 뿐이다.

－ 플라톤Plato

어느 날 파푸아 뉴기니의 한 계곡에서 인지심리학자 라파엘 누녜스Rafael Nunez와 동료 연구자들은 단다라는 한 남성과 이야기를 하고 있었다. 단다는 시간을 아주 특이한 방식으로 이해하고 있었다. 그 남성이 더 많은 이야기를 하면 할수록, 그들은 단다가 자신들과는 다르게 과거와 미래를 인식하고 있다는 것을 알 수 있었다. 단다는 시간이 상류를 향해 흐른다고 생각했다.[01]

단다는 파푸아 뉴기니섬 산악지대에 거주하는 엽노Yupno 원주민이다. 이곳의 지형적 특징은 울창한 숲으로 이루어진 산과 풀이 우거진 경사면과 산등성이다. 아스팔트 포장도로도 전기도 없다.

누녜스는 엽노족의 구아마을에서 사람들을 인터뷰를 하면서 과거와 미래를 어떻게 인식하는지를 물었다.

"어제와 내일의 차이는 무엇인가요?"라고 그가 질문했다.

단다는 잠시 생각에 잠겼다. 그는 답을 하면서 의미심장한 몸짓을 했다. 어제를 이야기할 때는 계곡 아래쪽으로 뒤쪽을 향해서 손을 흔든 반면 내일을 이야기할 때는 계곡 위쪽을 향해 손을 흔들었다.

누녜스와 그의 동료 연구자들은 반대쪽을 바라보면서 똑같은 질문을 그에게 물었다. 그러자 단다는 손을 바꿔서 여전히 과거를 말할 땐 아래쪽으로 미래를 말할 때는 위쪽을 향해 흔들었다.[02] 엽노족들은 시간을 지형에 빗대서 이해한다.

누녜스와 그의 동료들은 엽노족의 시간 인식이 이 부족의 오랜 역사에 근거할 수 있다고 생각했다. 그들의 조상은 바다에서 이곳에 와서 처음에는 저지대에서 생활하다가 이후 고도 2,500m 고지대 계곡까지 올라와 정착했다.

그러나 더 많은 부족민과 인터뷰를 진행할수록 사안은 점점 더 복잡해졌다. 엽노족은 자신이 사는 집안에서 약간 다른 지형을 통해서 시간을 이해한다. 집안의 바닥은 평평할지 모르지만, 사람들은 과거를 언급할 때는 문을 향해 몸짓을 했고 미래를 이야기할 때는 문에서 멀어지는 몸짓을 했다.[03] 집이 계곡의 어느 쪽을 향해 있든 상관없이 이러한 몸짓을 하는 것은 동일하게 적용됐다. 시간을 공간으로 이해하는 하나의 방식이었다. 그러나 인지적 틀이 집안에서는 약간 미묘하게 재배치됐다.

세상에는 그들이 사용하는 언어를 통해 과거, 현재, 미래를 미묘하게 다르게 인식하는 민족들이 여럿 있는데, 엽노족은 그들 중 하나다. 이러한 사례들은 흥미로운 질문 하나를 제기한다. 바로 '시간의 언어가 시간을 생각하는 방식에 영향을 미칠 수 있는가?'이다.

이 질문은 수백 년 동안 지식인들을 사로잡았다. 철학자 이마누엘 칸트는 언어와 사고의 상호 관련성을 이야기하면서, '생각한다는 것은 자신과 대화하는 것'이라고 말했다.[04] 그리고 좀 더 최근에는 다수의 연구자와 언어학자들이 칸트의 주장에 동의하고 나섰다. 이들 중 몇몇은 심지어 언어를 '상상력의 지시'라고 봐야 한다고 주장하기도 했다.[05] 이러한 주장은 어디까지가 사실일까?

───────── ◈ ─────────

이카로스의 추락과 근원 효과를 통해 확인했듯이, 사람들은 시간을 생각할 때 풍경을 떠올리는 경향이 있다. 이것이 우리가 사용하는 언어에 반영된다. 예를 들면 우리는 "지난 챕터는 우리 뒤에 있으니, 이제는 다음에 무엇이 올지 앞쪽을 보자"라고 말한다. 사람들이 공간적 은유를 사용하는 것 역시 일반적이다. 영어에서 시간은 물리적 물체가 될 수 있다. 시간을 낼 수도 있고 누군가에게 줄 수도 있다. 아니면 시간은 물건을 담는 용기가 될 수도 있다. 시간을 활동들로 가득 채울 수도 있다. 또는 시간 자체가 부피가 될 수 있다. 무한한 또는 유한한 시간을 '시간의 바다 또는 모래oceans or sands of time'에 비유하기도 한다. 영어에서 가장 흔하게 사용하는 공간 은유 중 하나는 굉장히 즐거운 시간을 의미하는 'a whale of a time'이다. 이 표현은 많은 양의 개념을 즐거운 기간의 개념과 동일시하고 있다.

이는 시간을 가시적이고 공간적으로 만드는 방법으로 다수의 문화에 뿌리 깊게 확립돼 있다. 그러나 각기 다른 언어들은 특유의 단어와 은유를 사용한다.

알다시피 영어 화자들은 거리나 길이의 관점에서 기간을 이야기한다. 이 책의 영어 원제는 'The Long View'다. 그러나 그리스어와 같은 다른 언어는 양의 관점에서 기간을 이야기한다. 그리스어의 단어 '마크리스makris'는 '긴'이라는 의미이며 밧줄, 도로, 팔 등을 묘사하는 데 사용된다. 그러나 어떤 그리스어 화자는 긴 회의, 밤, 관계를 '메갈로스megalos'라는 단어를 사용해서 표현할 것이다. 그리스어 'megalos'는 공간적인 맥락에서 '물리적으로 큰'이라는 의미다. 스페인어에서는 '긴 시간long time'의 직역 표현이 다소 어색하게 들리겠지만 '라르고 티엠포largo tiempo'이다. 그래서 많은 시간을 의미하는 '무초 티엠포mucho tiempo'가 좀 더 적절하다.

그러나 그리스어와 스페인어는 영어와 여타 비슷한 점을 많이 공유하고 있다. 대다수 유럽 언어에서는 과거, 현재, 미래를 직선으로 시각화하고 시간의 화살이 오른쪽을 향한다. 만약 당신이 영어가 모국어인 사람에게 특정인의 각기 다른 나이대의 모습을 담고 있는 일련의 사진들을 보여주고 사진을 배열해보라고 말한다면, 가장 젊을 때 사진을 왼쪽에 그리고 가장 나이든 때의 사진을 오른쪽에 배치할 가능성이 가장 높다.

어떤 언어들은 다른 방향성을 가지는데 이는 그들의 쓰기 방향에 반영돼 있다. 나이가 들어가는 사람의 사진 여러 장을 받아 든 히브리어를 모국어로 사용하는 사람은 사진을 오른쪽에서 왼쪽으로 배치할 것이다. 그리고 위에서 아래로 글을 쓰는 만다린어를 모국어로 사용하는 사람은 과거를 위로 그리고 미래를 아래로 시각화하는 경우가 많다. 만일 당신이 사람들에게 손동작을 사용해서 다음 달 또는 어제를 가리켜보라고 말한다면, 만다린어 모국어 화자는 수직축을 사용할 것이다. 이전에 일어난 사건을 기술할 때는 '샹shang' 또는 위를 나중에 일어난 사건은 '샤xia' 또는 '아래'라고 표현할 것이다.[06] ('샤뉴에shanyue'라는 단어는 지난달을 의미하고 반면 '시아유에xiàyuè'는 '다음 달'을 의미한다).

물론 영어에서도 시간에 대한 수직적 언어가 존재하지만 사용 빈도가 높지는 않다. 장기적 관점과 특별히 관련이 있는 단어 형태 중 하나는 지식, 이야기, 유산, 책임을 한 세대에서 다른 세대로 '물려줌handing down'이라는 개념이다.

호주의 폼퓨라오Pormpuraaw 원주민 공동체에서 사용하는 쿠크 타요르어 사용자들은 과거, 현재, 미래를 가리키는 상당히 흥미로운 방식을 갖고 있다.[07] 항상 폼퓨라오 원주민들은 북쪽, 남쪽, 동쪽 또는 서쪽 등 자신들이 어느 쪽을 바라보고 있는지를 안다. 그들은 이 네 방향을 묘사적으로 사용한다(예를 들어 "그녀는 자신의 동쪽 손을 흔들었다"). 'hello'라고 말하는 대신 쿠크 타요르어의 사용자는 '어디 가where are you going'라고 묻는다. 그리고 그 답은 언제나 동서남북 중 하나를 포함한다.

나이든 사람의 사진들을 배열해보라고 하면 쿠크 타요르어의 사용자들은 동쪽에서 서쪽으로 이어지는 하나의 선으로 사진들을 배열한다. 그들이 선택한 배열은 그들이 당시 바라보고 있는 방향이 어디냐에 따라 달라졌다.[08] 퓸퓨라오 원주민 공동체의 사고방식을 연구했던 심리학자 레라 보로디츠스키Lera Boroditsky 교수는 '굉장히 멋진 패턴이다'라고 말한다. "폼퓨라오 원주민들은 다른 집단은 할 수 없는 방식으로 시간을 인식하고 있다. 그들에게는 공간 지식이 필요하지 않기 때문이다. 다수의 미국인은 그렇게 하고 싶어도 절대좌표로 시간을 배열할 수 없다."[09]

실제로 (벨라루스에서 태어나 미국에 거주 중인) 보로디츠스키 교수도 원주민 공동체 일원들로부터 어디에서 왔느냐는 질문을 받았을 때 당황했다. 그녀는 방향을 기술할 수 없었고 맞는 방향을 가리킬 수도 없었다. 호주에서 보면 어느 쪽이 캘리포니아인지 확신할 수 없었기 때문이다.

파푸아 뉴기니의 엽노족 사례처럼, 우리는 각기 다른 문화가 일정한 시간 안에서 자신들을 3차원적으로 바라보는 방식에 흥미로운 차이가 있음을 알 수 있다. "최악의 상황은 이미 우리 등 뒤에 있고, 최상의 상황은 여전히 우리 앞에 놓여 있다"라는 문장에서 알 수 있듯이 영어 모국어 화자들에게 과거는 등 뒤에 있고, 미래는 앞을 봐야 하는 어떤 것이다. 이는 일본어나 히브리어처럼 다른 언어는 물론 대다수 인도유럽어도 마찬가지다.

남미의 토착 민족 중 하나인 아이마라족의 경우는 그렇지 않다. 누녜스가 파푸아 뉴기니 엽노족의 여러 마을을 방문하기 몇 해 전, 그와 동료들은 페루 볼리비아에서 칠레까지 걸쳐 있는 안데스의 고원지대로 답사를 갔다. 그곳에서 그들은 아이마라족 몇 명과 대화를 나눴다.

아이마라족의 언어는 미래를 '뒤'라고 기술하고 과거를 이야기할 때 화자들은 그들 앞을 지시했다.[10] 그래서 아이마라족 언어에서 과거를 뜻하는 '나야르nayar'는 눈, 시야 또는 앞을 의미하며, 미래를 가리키는 단어 '지파gipa'는 뒤라고 해석할 수 있다. 누녜스는 이렇게 기록하고 있다. "이 때문에 아이마라족은 주로 미래보다 과거를 좀 더 자주 그리고 좀 더 구체적으로 이야기한다. 실제로 아이마라족의 노인들은 미래에 대해 알고 있는 것이 거의 없다는 이유로 미래에 관해 이야기하는 것을 거부한다(분명한 것은 스페인어도 할 줄 아는 아이마라족의 젊은 세대들은 노인들의 공간적 시간적 관점을 공유하고 있지 않다).

아이마라어가 과거는 앞/미래는 뒤의 방향성을 보이는 유일한 언어는 아니다. 마다가스카르의 말라가시어도 마찬가지다. 마다가스카르에서는 과거에 일어난 사건을 '두 눈앞에서'로 기술한다. 과거는 알려져 있고 눈으로 목격된 것인데 반해 미래는 그렇지 않다는 것을 고려한다면, 하나 이상의 언어에 그러한 방향성이 반영되는 것이 논리적으로 이치에 맞는다.[11] 한 말라가시어 화자는 한 연구자에게 "미래 사건은 분명 뒤에 있어야 한다. 이는 우리 중 아무도 머리 뒤쪽에 눈이 달리지 않았기 때문이라고 말했다."[12]

볼리비아의 토가어는 얼핏 보면 상당히 복잡하게 보이지만 논리적으로 상당히 주목할 만한 과거, 미래를 지시하는 언어를 갖고 있다. 가까운 과거는 바로 앞에서 시작하지만 이후 더 먼 과거로 가면 위쪽으로 곡선을 그리며 나아가다가 결국 머리 훨씬 위쪽으로 올라간다. 거기에서 수직으로 올라간 위쪽 어디에선가 이 선은 먼 미래와 합류한다. 먼 과거와 먼 미래는 눈으로 볼 수 없다는 점에서 비슷하다. 그러나 가까운 미래는 몸 바로 뒤에 있다. 그래서 우리는 원칙적으로 가까이에 있기 때문에 몸을 돌려 어깨 너머로 미래를 볼 수 있다.[13] 만약 도표로 그린다면 그것은 관찰자가 맨 아래에 위치한 원처럼 보일 것이다.[14]

한편 타히티어 화자는 "I mua (앞으로 간다)" 그리고 "I muri(뒤로 간다)"고 말하지만 미래를 향해서 앞으로 간다고 말할 때는 "I muri mai"라고 하는데, 이는 "상당히 뒤로 간다"라는 의미에 매우 가깝다.[15] 이것은 미래에 발을 들여놓을 때 조상들을 마주하게 된다(Ka mua, ka muri)는 마오리족의 사상을 반영하고 있다는 점에서 수백 년을 거슬러 올라간 폴리네시아어의 뿌리를 공유하고 있는 것이 분명하다. 그리고 타히티어에서 파생된 하와이어에는 이런 속담이 있다. "I ka wa mamua, ka wa mahope." 이는 "미래는 과거 속에 있다"라는 의미다.

그러면 전 세계 민족들이 시간의 직선 위에서 움직이는 (또는 움직이지 않는) 자신들을 보는 방식 사이에 차이가 있다. 영어와 다양한 여타 언어에서 사람들은 미래를 향해서 이동하는 스스로를 상상하는 경향이 있다. 이러한 마음 속 영상 속에서 타임라인은 정지되어 있고 사람들은 내일을 향해서 나아가는 주인공이다.

그러나 만다린어 모국어 화자들은 이렇게 표현하지 않는다. 그들 역시 시간에 관해 이야기할 때 '미래는 바로 앞에 과거는 뒤에'qia'n is front, and ho'u is back'라는 표현을 사용하지만 큰 차이점은 상상의 타임라인 위에서 자신들은 고정돼 있고, 시간이 그들을 통과해 이동한다고 보는 경향이 있다.[16] 그러므로 어떤 면에서 시간은 길보다는 바람에 좀 더 가깝다.

브라질 아마존의 아몬다와 부족에게는 시간을 가리키는 단어가 없다. 그리고 이들에게는 달력이나 시계가 없으며 그들은 '시, 주, 월, 년'에 대해 이야기하지도 않는다. 그들의 언어는 특정 시간 안에서 한 개인의 위치를 의미하는 공간을 사용하지 않는다.[17] 대신에 그들은 'kuara(태양)'과 같은 다른 지시어를 사용해 개략적인 시간 간격과 사건들을 기술한다. 여름의 시작은 'o'an kuara(태양이 태어나다)'이고 여름의 끝자락으로 가면 'kuara tuin(작은 태양)'이라고 말한다. 하루를 의미하는 'ara'는 24시간으로 측정하지 않고 그냥 세 개 부분, 즉 'ko′ema(아침),' 'karoete(정오/오후)' 'iputunahim(밤/칠흑 같은 어둠)'으로 나뉜다.

아몬다와 부족은 나이를 숫자로 측정하지 않는데, 숫자 체계도 4까지만 있기 때문이다. 대신 그들은 인생의 새로운 단계에 도달하면 이름을 바꾼다. 예를 들어 갓 태어난 여자아이는 테이프라는 이름으로 시작해서 청년이 되면 쿤헤이트로 이름을 바꾸고, 노인이 되면 마이태그로 다시 이름을 바꾼다. 만약 이름을 바꾸는 것이 성장한 곳에서 하나의 관습이었다면 우리는 그것이 삶의 타임라인에서 자의식에 어떤 영향을 미쳤을지를 추측만 할 뿐이다.

이 모든 것을 어떻게 해석해야 할까? 이러한 다양한 언어가 먼 미래에 대한 각기 다른 개념을 유발했던 것일까? 확실한 답은 없지만, 우리는 언어가 사고에 영향을 미칠 수 있다는 가설과 관련한 이제까지의 과학자들의 다양한 연구결과에서 몇 가지 단서를 얻을 수 있을지 모른다.

대체적으로 언어는 우리 뇌가 현실을 이해하는 방식에 큰 영향을 미친다고 말해도 문제가 될 것은 없다. 단어와 은유가 우리 주변의 복잡한 상황과 추상적인 개념을 조직하고 이해하는 데 도움을 준다. 그리고 수천 년에 걸쳐 발전을 거듭해온 모든 언어는 세상을 헤쳐 나아갈 수 있는 각기 다른 방식을 제공한다.

그러나 엄밀히 말해서 이것이 언어가 사고에 제약을 가한다는 의미는 아니다. 20세기 중반 몇몇 연구자들은 특정 언어에 특정 단어나 개념이 존재하지 않을 경우, 그 언어를 모국어로 사용하는 사람들은 해당 단어나 개념에 대해서 깊은 사고를 할 수 없을지 모른다고 생각했다. 그들이 이렇게 생각한 데는 특히 애리조나에 거주하는 원주민 호피족들과 연관이 있었다. 몇몇 연구자들은 호피어에는 시간을 의미하는 단어와 문법이 없다고 믿었다. 벤자민 리 워프Benjamin Lee Whorf가 1940년대 주장한 대로 "호피족은 부드럽게 흘러가는 연속체인 시간에 대한 일반적인 개념이나 직관이 없다. 이 연속체인 시간 안에서 세상의 모든 것이 미래에서 출발해서 현재를 지나 과거 속으로 동일한 속도로 진행한다."[18]

그러나 이는 사실이 아니다. 워프는 호피족을 연구하기 위해 애리조나를 방문한 적이 없다. 그의 주장은 뉴욕시의 한 호피어 화자와 나눈 대화에 근거했다. 수십 년 뒤 애리조나를 방문했던 언어학자들은 구체적인 증거들을 통해 이들이 다양한 방식으로 과거, 현재, 미래를 기술하고 있음을 보여주었다.[19]

그러나 호피어에 시간에 대한 어휘가 없다고 하더라도 반드시 그들의 사고를 제한한다는 의미는 아니다. 결국 각 언어 안에서 번역이 불가능하다고 여겨지는 단어의 예를 찾기란 어렵지 않다.[20] 예를 들면 영어 모국어 화자인 나는 독일어의 '샤덴프로이데Schadenfreude'(남의 불행을 기뻐하는 마음—옮긴이)나 불어의 '사부아페어savoir-faire'(능력, 수완, 기량)를 번역할 영어 표현을 찾기 어렵다. 그러나 나는 그러한 어휘들을 알기 전인 어린 시절 이미 그러한 감정이 무엇을 의미하는지 분명히 알았다.

마찬가지로 어떤 언어들은 영어에 없는 시간에 관련된 어휘를 갖고 있다. 위라주리Wiradjuri 원주민어의 '구와야guwaya'라는 어휘를 예로 들어보자. 이 어휘의 의미는 '곧,' '나중에,' '조금 지나서'의 의미지만 좀 더 시적으로 표현한다면 '여전히, 아직 그리고 영원히' '모든 시간은 불가분의 관계다.' '시간은 결코 끝나지 않으며 모든 시간은 무한하다'로도 번역이 가능하다.[21] 당신은 아마도 위라주리어를 하지 못할 것이다. 그렇다고 그것이 구와야라는 어휘가 의미하는 것을 이해할 수 없다는 의미는 아니다. 물론 약간의 설명은 필요하겠지만 말이다.

언어가 생각, 구상, 믿음을 가둔다는 것은 사실이 아닐지 모르지만 그것은 우리에게 그러한 생각들을 특정한 방식으로 표현하라고 요구하기는 한다. 모국어가 구체적이고 상세한 표현을 요구한다면 이 세상을 살아가는 데 있어서 그러한 언어 요건들을 인지하고 기억할 필요가 있다는 의미다. 이는 명확하게 이해하기 어려운 이야기다. 그래서 이해를 돕기 위해서 언어학자 기 도이처Gyu Deutscher의 저서 《언어로 보는 문화Through the Language Glass》에 소개된 다음의 삶과 임박한 죽음에 관한 이야기를 생각해보자.[22]

밤비와 배

1980년 호주 퀸즐랜드에 사는 잭 밤비라는 한 원주민이 천과 다른 물품들을 배달하기 위해서 배를 타고 이동 중이었다. 이때 폭풍을 만났다. 그와 다른 남자는 배가 전복되자 배를 버리고, 5km가 넘는 거리를 수영해서 다시 육지로 돌아왔다.

해변에서 그들은 기도하면서 바다를 바라봤다. 방금 탈출한 그 바다에는 상어 한 마리가 헤엄을 치고 있었다. 두 사람은 몇 시간을 걸어 지역 선교사의 집에 도착했다. 그러나 이 선교사는 인정머리 없이 그들에게 돌아가서 배를 찾아오라고 했다.

후일 밤비는 이날의 일을 언어학자 존 하빌랜드John Haviland에게 이야기했다. 밤비가 그 이야기를 한 차례 이상 하는 것을 지켜본 하빌랜드는 몇 가지 흥미로운 사실을 노트에 기록했다.

밤비는 쿠크 타요르어와 공통점을 갖고 있는 구구 이미타르어를 말했다. 그는 자신과 물체의 위치를 동서남북을 활용해 기술했다. 그래서 그는 말을 하는 내내 방향을 가리키는 손동작과 함께 나침반 방위를 언급했다. 예를 들어 그는 자신이 어떻게 배의 서쪽 방향으로 물에 빠졌는지, 상어가 어떻게 북쪽 방향으로 헤엄쳐 왔는지 등을 표현했다. 그리고 2년 후 인터뷰를 다시 진행했을 때도 이 내용을 거의 똑같이 반복했다. 밤비는 심지어 목숨을 위협받는 순간에도 공간의 거의 모든 방향을 정확하게 인지하고 있었기 때문에 자신의 언어로 그 이야기를 표현할 수 있었다.[23]

구구 이미티르어Guugu Yimithirr는 일반적으로 사용되는 언어와는 거리가 멀지만, 더 널리 사용되는 많은 언어 역시 화자의 생각을 표현하는 방식에 영향을 미치는 특이점과 특징을 갖고 있다. 이것이 예상치 못한 결과를 가져왔을 수도 있다. 우리가 세상에 대해 받아들인 것, 서로에게 그것을 이야기하는 방식 그리고 그것을 기반으로 만들어낸 다른 연관성에 영향을 미쳤을지 모른다. 어쩌면 인식과 그에 따른 추론에도 영향을 미쳤을 것이다. 또는 도이처의 말대로 '우리가 충분히 인식하지 못하는 것은 언어가 만들어낼 수 있는 습관의 힘'일지 모른다.'[24]

예를 들어 일부 언어의 경우 화자가 이웃이나 친구를 설명할 때 성별에 대해 구체적으로 설명해야만 한다고 가정하자. 영어로 "오늘 회사 친구와 점심을 먹었어"라고 말하면, 그 친구가 남자인지 여자인지는 언급할 필요가 없지만 많은 언어에서 성별을 언급해야 한다. 그리고 일부 언어에서 성별 지정의 필요성은 다른 연관성과 사고 습관을 초래할지 모른다. 보로디츠키와 동료 연구자들이 자주 인용하는 한 연구에서 독일어와 스페인어 화자들은 다리를 설명하면서 서로 다른 형용사를 사용했다.[25] 독일어에서 다리는 여성형이고, 프랑스어에서는 남성형이다. 독일어 화자들은 '아름답고,' '우아하고,' '연약하고,' '평화롭고,' '예쁘고,' '날씬한'을 의미하는 단어를 사용한 반면, 스페인어 사용자들은 '크고,' '위험하고,' '길고,' '강하고,' '튼튼하고,' '우뚝 솟은' 의미하는 어휘들을 사용했다.[26] (흥미롭게도, 독일어로 과거를 뜻하는 'vergangenheit'와 '미래'를 의미하는 'zukunft'는 모두 여성형인데 반해, 스페인어로 과거를 의미하는 'pasado'와 미래를 의미하는 'futuro'는 남성형이다.)

그러나 언어의 사고습관 형성 방식을 고려할 때, 더 눈에 띄는 특이점 중 하나는 문법을 통해 만들어진다. 특히 특정 언어에 '확실한' 미래 시제의 존재 여부다. 영어, 스페인어, 프랑스어와 달리 독일어, 일본어, 만다린어 그리고 대부분의 스칸디나비아어는 미래형이 약하다.[27] 그래서 일부 연구자들은 이 언어에 '미래시제가 없다'고까지 말하지만, 여기에는 다소 오해의 소지가 있다. 이러한 언어에 미래시제가 없어서가 아니라 문법적으로 표현하는 방식 때문에 그렇다. 예를 들어 어떤 사람이 일상적인 독일어로 '일기예보가 나쁘다the weather forecast looks bad'라고 말하고 싶다면, '내일 비가 올 것tomorrow it will rain'이 아니라 '내일 비가 온다Morgen reg-netes(tomorrow it rains)'라고 말하는 것이 일반적이다. 만다린어도 이와 비슷하게, '내일 비 온다Míng tian xia yu(tomorrow fall rain)'라고 말한다.

강한 시제와 약한 시제의 존재 여부가 흥미로운 이유는 그것이 미래를 어떻게 인식하고 계획하는지에 미묘하게 영향을 미칠 수 있기 때문이다. 이는 2013년 행동 경제학자 키스 첸M. Keith Chen이 제시한 한 가설이다. 첸은 다양한 언어의 모국어 화자들의 은퇴, 저축 및 건강 행동에 대한 태도를 빅 데이터로 분석했다.[28] 재산이나 지위 항목만 제외하면 매우 유사한 사람들을 비교했지만, (독일어처럼) 모국어가 약한 미래시제를 가진 사람들은 주어진 해에 돈을 저축할 가능성이 31% 더 높았고 은퇴할 때까지 39% 더 많은 부를 축적했으며, 신체적으로 활동적일 가능성도 29% 더 높았다. 또한 흡연자나 비만이 될 가능성도 다소 낮았다.

이유는 무엇일까. '내일 비가 온다tomorrow it rains'와 같은 문장에서, 동사의 현재 시제 형태가 그 날씨를 심리적으로 더 가깝게 그리고 더 구체적으로 느끼게 할 수 있다. 따라서 이것이 독일어 화자나 중국어 화자가 미래의 자신을 생각하는 방식에 영향을 미친다는 것이 이론적으로 가능하다.

비슷한 효과는 소설에서도 볼 수 있다. 작가는 글을 쓰면서 사건을 묘사할 때 독자들이 좀 더 즉각적이고 현실적으로 느낄 수 있도록 현재시제를 사용한다. 찰스 디킨스Chares Dickens는 이 사실을 잘 알고 있어서, 《황폐한 집Bleak House》에서 상당 부분을 현재시제로 이야기를 이끌어 나갔다.[29]

첸의 주장은 가설이라는 점에 주목해야 한다. 그는 현지 인터뷰나 실험을 수행하지 않고 빅데이터 분석을 통해 그 효과를 관찰했기 때문에, 그 효과가 인공적일 수 있다. 다른 알려지지 않은 문화적 효과도 작용하고 있을 가능성도 있다.[30] 그러나 만약 그렇다면, 우리가 앞 장에서 논의한 심리적 거리두기 근원 효과와 일치할 것이다.

이후 몇몇 후속연구들이 등장해 첸의 가설에 힘을 실어주었다. 예를 들어 기업에서 약한 미래시제를 가진 언어의 모국어 화자들이 자금을 비축해 R&D에 투자하려는 의지가 더 강했다.[31] 친환경적인 행동과 미래지향적인 정책에 대한 지지 역시 이러한 미래시제 존재 여부와 관련이 있다. 심리학자들은 만다린어(약한 미래시제)와 한국어(강한 미래시제)의 환경 태도를 비교했고, 한국어 사용자에 비해서 만다린어 사용자들이 환경 문제를 해결하기 위한 조치를 취하는 것이 시급한 문제라고 인식하는 경우가 더 많았다고 확인했다. 또 다른 그룹의 연구자들은 러시아어(강한 미래시제)와 에스토니아어(약한 미래시제)를 비교했고, 에스토니아어의 모국어 화자들이 다른 변수들을 통제한 후에도 환경세를 찬성할 가능성이 더 높다는 것을 발견했다.[32]

좀 더 흥미로운 연구 중 하나에서 메라노라는 이탈리아 도시에 거주하는 약 천 명의 초등학생의 인터뷰를 수행했다. 이 도시는 첸의 가설을 검증해보기에 상당히 적합한 곳이었다. 인구 절반이 독어를 사용하고 나머지 절반은 강한 미래시제를 가진 이탈리아어를 사용하고 있기 때문이다. 그러므로 어린이들은 옆집에 거주하는 사람들과 상당히 비슷한 삶을 살고 있었다. 이 실험은 어린이들이 만족감을 지연할 의지가 얼마나 있는지를 확인한다는 점에서 마시멜로 실험과 약간 비슷했다. 그러나 이번 실험에서 주어지는 보상은 작은 토큰으로, 아이들은 이것을 이용해 사탕, 스티커, 구슬이나 풍선 등으로 교환할 수 있었다. 중요한 것은 아이들에게 지금 두 개의 토큰을 받을지 나중에 네 개의 토큰을 받을지 선택하라고 했을 때, 독일어를 사용하는 어린이들이 이탈리아어를 사용하는 어린이들보다 곧바로 보상받는 대신 기다렸다가 더 큰 보상을 받는 것을 선택할 가능성이 더 높았다.[33]

역시 아이들 사이의 확인되지 않은 문화적 차이가 영향을 미쳤을 가능성도 여전히 있지만, 2020년에 수행된 또 다른 흥미로운 연구에 따르면 그렇지 않다는 것을 확인할 수 있었다. 연구원들은 이중 언어사용자들을 인터뷰했다. 즉 이들은 미래시제가 약한 독일어, 네덜란드어 또는 만다린어 중 하나와 미래시제가 강한 언어인 영어, 프랑스어, 스페인어, 힌디어 중 하나를 사용했다.[34] 놀랍게도 이 이중언어 사용자들은 영어나 미래시제가 강력한 여타 언어로 지시를 받았을 때보다 독일어나 만다린어로 지시를 받았을 때, 경제교육 게임에서 만족을 지연시킬 가능성이 더 높았다. 다시 말해 문화적 차이가 영향을 미쳤을 가능성은 없다는 것이다. 같은 사람이 어떤 언어로 지시를 받았느냐에 따라 행동과 선택이 바뀌었기 때문이다.

　슬프게도 내가 아는 한 언어의 차이가 사람들의 먼 미래에 대한 인식에 어떤 영향을 미치는지 비교해본 과학적 연구는 아직 수행된 적이 없다. 이 모든 다양한 언어의 사용자들이 먼 시간을 어떻게 인식하고 이해하는 지를 탐구하는 일은 상당히 흥미로운 작업이 될 수 있을 텐데 말이다.

　그렇다 해도 추측을 해보는 것 역시 재미있다. 장기적 관점에서 시간을 생각해보고 이에 대해 대화를 나눌 때, 사용하는 언어와 속한 문화가 미묘하게 다른 정신적 습관 형성에 영향을 미칠지도 모른다.

　알다시피 화자에게 미래가 좀 더 가까이 있는 사건으로 생각하게끔 유도하는 언어들은 만족을 지연하는 데에 좀 더 수월할 수 있다. 따라서 이러한 언어들의 사용자들은 다른 언어 사용자들에 비해 장기적 관점에서 사고하고 행동하는 것이 좀 더 수월할까? 나는 미래를 표현하는 문법이나 어휘를 좀 풍부하게 갖고 있다면 좋겠다고 생각한다. 이러한 풍부한 문법과 어휘를 통해 내가 미래를 현재에서 물리적으로나 심리적으로 멀리 떨어진 시간으로 인식하지 않기를 바란다. 이점에 관해 영어는 다소 부족함이 있기 때문이다.

　내 모국어인 영어의 문법을 뜯어고칠 수는 없지만 어떤 어휘들은 다른 언어의 어휘들보다 더 낫다고 확신한다. 예를 들어 먼far 또는 떨어진 distant 미래에 비해 길long거나 또는 깊은deep 미래라는 표현이 머릿속에서 좀 더 도움이 되는 장면을 떠올리게 한다. 길고/먼 미래는 현재 우리가 있는 곳에서부터 확대되지만 먼/떨어진 미래는 지리적으로 동떨어져 있다. 즉 먼 미래는 바다 건너편, 우리와 무관한 관심사를 가진 사람들이 사는 미지의 외딴섬인 셈이다. 게다가 길고/깊은 미래는 3000년, 어느 날에 비해 점증적으로 커진다. 간단히 말하면 신경 쓸 것이 좀 더 많다는 의미다. 길고/깊은 미래는 현재와 미래의 특정해 사이에 일어나는 모든 일이 포함되어 있기 때문이다.

나는 또한 서양인이 시간을 인식하는 방법이 시간을 통과해 앞으로 나아가는 것으로 시간을 인식하게 하는 내 모국어의 특성과 관련이 있는지 궁금하다. 만일 내가 수 시간, 수년, 수십 년을 지나오는 과정에 내가 지나온 길을 새기는 주인공으로 나 자신을 자주 기술한다면, 나를 시간이라는 우주의 중심에 놓는 것이며 다소 자기중심적인 관점에 가깝다. 나는 다른 언어 사용자들이 어떻게 생각하는지에 대해서는 추측을 할 뿐이지만, 일상적으로 시간을 내 옆을 스쳐 지나가는 바람으로 묘사한다면, 그리고 마음의 눈이 조상들을 되돌아보면서 미래를 이야기한다면, 자기중심적인 사고의 습관을 조금은 내려놓게 만들 수 있지 않을까?

과거 세대와 미래 세대가 보다 긴밀한 집단적인 유대감을 형성하게 하는 형태의 어휘들이 존재하지 않을까? 3부에서 확인하게 되겠지만 일부 문화들은 번역을 어렵게 만드는 시간개념을 갖고 있다. 예를 들어 호주 원주민들은 대충 표현하면 '언제나everywhen'과 같은 언어로 표현할 수 있는 비선형의 시간관을 지닌다.[35] 이러한 표현은 목적을 위해 미래를 만들거나 바꾸는 자아 또는 기술적 요구를 강조하는 좀 더 개인주의 성향이 강한 서양의 관용표현과는 사뭇 다른 느낌이다.

아마도 우리가 흔히 사용하는 은유들도 영향을 미친다. 은유가 부지불식간에 사람들 태도에 영향을 미칠 수 있음을 뒷받침하는 심리학 연구 결과들이 있다. 예를 들어 사람들에게 범죄를 '도시를 감염시키는 바이러스'에 비유해 설명한다면, 그들은 사회개혁이나 예방 정책을 지지할 가능성이 더 높다. 반면에 범죄를 '도시를 닥치는 대로 잡아먹는 야수'에 비유한다면, 사람들은 징벌적 조치로 감금을 지지할 가능성이 더 높다.[36]

이러한 연구들은 우리에게 시간을 돈으로 보는 서양식 인식이 서양인들의 사고습관에 어떤 영향을 미치는지에 대해 의문을 던지게 만든다. 당신은 시간을 쓸 수도, 낭비할 수도, 빌릴 수도, 고갈시킬 수도 있다. 일부 과학자들은 시간을 상품으로 인식하는 언어가 서양에서 사용되기 시작한 것은 18세기 후반과 19세기 초반 산업혁명 이후라고 추정한다. 노동에 대한 비용을 하루 또는 연 단위로 지급하기 시작하면서 비로소 시간을 획득 또는 상실 가능한 것으로 이해하기 시작했다. 쿠란과 같은 고대 경전에는 시간을 상품에 비유하는 은유가 포함되어 있지 않다.[37]

한편 지난 200여 년을 거치는 동안 어떤 시간에, 영어로 쓰인 책에 등장하는 지시어들을 통해 판단할 때[38], 사람들은 시간을 적으로도 기술하기 시작했다. 예를 들면 '시간 안에 마치다beat the clock,' '서두르다race against time' '시간을 죽이다kill time'를 꼽을 수 있다. '세월은 개 같은 것이다time is a bitch' '시간은 적이다time is an enemy'와 같은 표현들은 훨씬 더 최근에야 등장했다.

유한한 자원이나 적으로 표현된 시간으로 인해 나는 '일생lifetime'과 같은 단어에 대해 깊이 생각해보게 된다. 영어에서는 어떤 것을 성취하고자 할 때 '수명lifespan 안에 달성하고 싶다'라고 표현하기보다는 '살아생전에 달성하고 싶다'라고 말하는 것이 일반적이다. 영어로는 이상하게 들릴 수 있지만 아마도 세대를 초월한 사고를 촉진하기에는 어쩌면 전자의 표현(수명 안에)이 작은 차이지만 더 나을 수 있다. 결국 두 지점 사이를 연결하는 다리를 의미한다는 점에서 그렇다. 그러나 이제 우리는 정말로 추측에 근거해서 접근해야 한다.

다수의 언어를 연구해 얻은 결과들은 모국어가 무엇이든 간에 과거, 현재, 미래를 이야기하는 방식이 문화마다 상당히 다르며, 의식하지 못하는 사이에 사고방식에 미묘한 영향을 미칠 수 있음을 시사한다 해도 과언은 아니다. 우리가 사용하는 말은 생각보다 훨씬 더 중요하다.

그러나 그렇다고 실망할 필요는 없다. 어찌 됐든 언어도 인간이 복잡하고 어지러우며 추상적인 세상을 분류하고 이해하는 데 도움을 주는 가장 위대한 발명품 중 하나다. 또한 언어는 우리가 업데이트하고 발전시키고 개선할 수 있는 대상이다.

심리학자 레라 보로디츠스키Lera Boroditsky는 다음과 같이 썼다. "사고의 가장 큰 신비 중 하나는 우리가 눈으로 보거나 손으로 만져보지 못한 것을 생각할 수 있게 한다는 것이다. 우리는 어떻게 시간, 정의 또는 개념과 같은 추상적인 대상을 표현하고 추론할 수 있게 된 것일까? 물리적인 세계를 인지적으로 초월할 수 있는 능력은 인간 지성의 가장 중요한 특징 중 하나다."[39]

고대 조상들이 언어를 통해서 말을 걸기 시작했을 때, 물리적으로 경험하지 않은 생각들을 다른 사람의 머리에 옮겨놓는 것이 갑작스럽게 가능해졌다. 이후 머릿속에서 그러한 생각들을 조작하고 반복하며 확장한 뒤 전달할 수 있었다. 그리고 모든 언어는 끊임없이 진화하고 있다. 이전에도 우리는 추상적인 개념인 시간을 표현하는 새로운 방식을 도입했기 때문에, 모든 언어가 고정되어 있다고 생각할 필요는 없다. 아마도 우리는 아직 먼 미래의 시간을 표현할 가장 좋은 형태의 말을 찾지 못한 것뿐일지 모른다. 그렇다고 우리가 앞으로도 그런 표현을 찾지 못할 것이라는 의미는 아니다.

한편 우리는 다른 방법들을 통해 좀 더 장기적인 시각을 가질 수 있는 방법을 찾을 수 있다. 그래서 진정한 의미의 장기적 사고를 할 수 있는 무수한 방법들을 탐구해볼 예정이다.

근시안적 사고를 부추기는 다양한 문화적 압박과 심리적 습관을 파악하고 초월할 수 있는 방법에 대해 알아봤다. 지금부터는 관점을 수백, 수천, 심지어 수백만 년이 넘는 먼 시간으로 확대할 때다. 앞으로 이어질 장에서는 사고를 현재를 초월해 훨씬 먼 시간까지 투영할 수 있도록 하는 방법들을 알려줄 다수의 민족, 운동과 단체들을 소개하고 이들로부터 철학, 종교, 부족문화, 예술, 과학을 아우르는 지혜와 통찰력을 배워볼 수 있다.

어쩌면 상당히 어려운 일이겠지만, 앞으로 깨닫게 되겠지만, 같은 목적지로 이어진 길이 하나만 존재하는 것은 아니다.

3부

장기적 사고

: 시간 인식 확대하기

7. 유쾌한 공포: 먼 시간의 숭고함

아득히 먼 시간은 일종의 유쾌한 공포로 우리 마음을 채우는 경향이 있다. 이 공포는 숭고함의 가장 진솔한 결과이자 가장 진정한 실험이다.

– 에드먼드 버크Edmund Burke[01]

1860년대 과학자 카를 에른스트 폰 베어Karl Ernst von Baer는 시간에 대해 상반된 인식을 한다는 것이 어떤 모습일지 상상해봤다. 그는 불과 한 시간도 채 안 되는 시간에 인생 전체를 경험한 미니트맨이라는 사람과 수백만 년 동안 삶을 산 밀레니엄맨이라는 사람을 상상했다. 우리 각자의 시간 인식에 대해 그리고 우리가 직접 경험할 수 있는 것과 직접 경험할 수 없는 것에 대한 유용한 교훈을 주는 사고실험이었다.

폰 베어는 과학자로서 상당히 박식한 사람이었다. 북극 영구 동토층을 연구했고, 후에 포유류의 알을 발견하면서 발생학의 아버지로 알려지게 되었다. 시간 인식이 생물권 안에서 얼마나 다르게 나타나는지와 관련한 강의를 하면서 폰 베어는 자연에 대해 철학적인 질문을 하고 더 포괄적으로 사고해야겠다는 결의를 다지게 됐다. 그의 강의는 《살아 있는 생명에 대한 개념 중 어떤 것이 옳은 것일까?Welche Auffassung der lebenden Naturist die richtige?》로 출간됐다.[02] 그는 이 강의에서 기발한 추측들을 제시했으며, 그가 잘못 이해하고 있었던 것도 있었다. 예를 들어 그는 동물의 심장박동과 동물의 인식 속도가 관련이 있다고 주장했다. 그러나 그가 제기한 한 가지 질문, 즉 "만일 인간이 시간이 완전히 다른 속도로 흐른다고 인식한다면 어떻게 될까?"라는 질문은 오늘날에도 여전히 의미가 있다.

그래서 그는 우리보다 훨씬 더 빠른 속도로 모든 것을 경험하는 미니트맨을 상상했다. 너무나 빠른 속도로 경험한 나머지 미니트맨의 일생은 우리 기준으로 단 40분 정도만 지속됐다. 미니트맨에게 우리가 사는 세상은 거의 얼어붙어 있는 듯 보였을 것이다. 총알이 공기 중에 거의 정지된 상태로 반짝이는 빗방울 옆에 머물러 있었다. "만약 미니트맨과 같은 사람들의 귀가 우리의 귀처럼 조직되어 있다면, 우리가 듣는 모든 소리는 그런 사람들에게는 거의 들리지 않을 것이 분명하다. 그러나 그들은 대신 우리가 들을 수 없는 것을 들을 수 있을지 모른다"라고 폰 베어는 말했다.

그가 상상한 두 번째 가상 인물은 훨씬 더 더디게 지질학적 속도로 그의 삶을 살았다. 심장이 몇백 년에 한 번 뛰던 밀레니엄맨의 삶은 수백만 년에 걸쳐서 지속됐다. 이런 더딘 시간의 인식을 가진 사람들은 우리가 사는 세상의 모든 것이 지나치게 빨리 움직이기 때문에 볼 수 없을 것이다. 그가 인식하기 전 모든 생명체가 태어나고 죽고 부패한다. 그러나 파도와 같이 높아졌다 낮아지는 산들의 조산운동, 지구 표면을 가로질러 떠다니는 대륙들, 하늘 전체에 새로운 형태로 재배열된 은하계의 별자리와 같이 우리의 감각 능력으로 감지할 수 없는 대변화가 그의 눈앞에서 펼쳐졌다. 그가 보는 앞에서 종들은 등장했다가 사라지고, 자연선택의 위대한 이야기가 구체화됐다.

오늘날 베어의 사고실험을 반추해보면 우리가 이러한 관점 중 하나를 제외하고는 나머지는 습득하지 못했다는 사실이 드러난다. 이제 미니트맨의 입장이 되어 보는 것은 상당히 수월하다. 카메라 기술을 통해 우리는 대단한 정확성으로 시간을 더디 흐르게 할 수 있다. 우리가 갖고 있는 스마트폰으로도 가능하다. 그러나 밀레니엄맨의 관점은 다소 이해하기가 어렵다. 미니트맨은 봄에 꽃이 피는 것을 관찰할 수 없었고, 가을에 나뭇잎들이 색깔을 바꾸는 것을 관찰할 수 없었으며, 어린아이가 성장하는 것을 볼 수 없었다. 그래서 우리 뇌도 백만 년의 시간을 받아들이는 것이 어떤 것과 같은지를 인식하기 위해 무척 애를 쓴다. 우리는 이론적 모델을 통해 산들의 융기나 종의 진화를 시뮬레이션할 수 있다. 그러나 실제로 그것을 경험하는 것은 감각 능력 밖의 일이다.

그렇기 때문에 진정한 장기적 관점에 대해 생각하는 일은 상당히 힘들 수 있다. 자연은 충서학의 다양한 시대와 진화적 적응을 통해 시간의 흐름을 측정한다. 문명은 종교와 제국으로 시간의 흐름을 측정한다. 사회는 국가와 혁명으로 시간의 흐름을 측정한다. 그러나 인류에게 중요한 단위는 여전히 년, 세대, 또는 최대한으로 잡은 짧은 우리 수명이다.

일상의 경험과는 상당한 거리가 있기 때문에 시간이라는 깊은 시간의 흔적 안에서 우리의 역할을 생각하는 것은 인간의 뇌가 접근하기 가장 어려운 것 중 하나다. 깊은 시간은 거대하고 얼핏 보기에 바닥이 없는 구덩이와 같고 바다의 수평선과 같으며, 별들 사이 무한대의 캄캄한 우주와 같다. 마음이 좀 더 길게 시간의 범위를 확대할수록, 인간의 일생이 얼마나 순식간의 시간인지 더 잘 이해할 수 있게 된다. 우리 각자가 경험해본 적 없는 강 속의 모래 알갱이들과 같은 느낌일 수 있다.

장기적 관점을 갖는다는 것은 당장 중요한 일상의 경험 너머, 심지어 수명 이상으로 관점을 확장하는 것이다. 그러나 우리 중 누구도 장기적 관점이 무엇인지 정확하게 모른다면 어떻게 이러한 장기적 관점을 가질 수 있겠는가?

빅토리아 시대 지질학자 찰스 라이엘Charles Lyell은 비애와 숭배가 혼재된 '시간의 광대함'을 생각해보고, 그러한 무한한 확장에 대한 계획을 인식하지 못하는 우리의 무능함에 대한 고통스러운 인식을 묘사하는 힘든 과제에 대해 글을 쓴 바 있다.[03] 그는 지구과학이 백만 년의 연대기를 밝혀내기 시작한 시기에 살았다. 그러나 그의 말은 광대함을 직면한 경건한 형태의 지적 항복을 연상시키는 듯 보인다.[04]

자신이 어떤 기분이었을지 보여주기 위해 찰스 라이엘은 확장하면서 어둠 속으로 들어가는 빛의 원 하나를 묘사했다. 움직이면서 원은 빛을 낸다. 그러나 원의 둘레가 확장될 때 어둠과 빛의 경계도 확장이 된다. 다시 말해서 그는 우리가 시간과 자연계 내에서 우리 위치에 대해서 알면 알수록, 인간의 보잘것없음과 하찮음에 대해 좀 더 명확히 깨닫게 된다는 것을 시사하는 것이었다. 그는 이렇게 말하고 있다. "우주의 계획은 시간과 공간의 측면에서 무한한데도 언젠가 우리가 이 모든 의구심과 당혹감을 해소할 수 있으리라 생각하는 것은 주제넘은 일이다."

많은 시간이 흐른 뒤 1980년대 먼 미래라는 개념을 대중화하는 데 기여한 미국의 논픽션 작가 존 맥피는 인간이 단순히 먼 미래라는 개념을 완전하게 이해할 수 없는 것일지 모른다고 말했다. 저서 《베이슨 앤드 레인지Basin and Range》에서 맥피는 이렇게 주장했다. "홍적세의 어느 해 맑은 날, 인간의 의식이 갑자기 끓어오르기 시작했을지 모르지만 인류는 대체로 시간에 대한 동물적인 인식을 여전히 보유하고 있었다. 사람들은 5세대를 생각하는데, 이때 중앙에 한 세대에 지나치게 집중하면서 앞의 두 세대, 뒤의 두 세대를 떠올린다. 어쩌면 비극일지 모르지만 어쩌면 선택의 여지가 없는 것인지 모른다."[05]

맥피는 인간의 시간 인식의 공통 척도인 연 단위가 시간이 극도로 커지면 점점 더 쓸모 없어지고 다루기 어려워진다고 주장한다. 그에 따르면 "먼 시간에 대해서는 숫자가 제대로 작동하지 않는 것 같다. 5만 년, 5천만 년처럼 수천 년 이상의 숫자들은 모두 거의 유사한 효과를 가지고 인간의 이해력을 마비시킬 정도로 경외심을 갖게 한다."

그러나 그렇게 비관적으로 생각할 필요는 없다.

인류 역사를 통틀어 전 세계적으로 장기적 안목을 가지고 먼 시간의 범위 안에서 역할을 고민하면서 의미, 명료성, 목적을 찾은 복수의 사람, 집단, 문화가 존재했다. 이어지는 장에서 우리 목표는 그들에게서 배우는 것이다. 앞으로 알게 되겠지만 장기적 안목으로 가는 길은 문화적 관행, 도덕적 렌즈, 예술적 장치 등 여럿이다. 어떤 이들은 과학적·철학적 탐구를 통해 새로운 통찰력을 얻고 있으며, 또 다른 이들은 그들의 믿음과 전통 안에 숨겨져 있었지만 이미 존재하는 지혜에 의지한다. 이들의 공통점은 우리가 장기적인 사고를 할 수 있는 능력을 갖고 있음을 믿는 것이다.

베어의 밀레니엄맨이 직접 경험한 일은 감각 능력 밖의 일일지 모르지만, 수천 년, 수백만 년 또는 수십억 년이 넘는 시간을 내다보는 것이 어떤 느낌인지 가늠할 수조차 없다는 의미도, 시도조차 하지 않아도 된다는 의미도 아니다.

숭고한 파트너십

그러면 어디에서부터 시작해야 할까? 이 책의 서두에서 나는 장기적 사고를 갖기 위한 탐구 여정에서의 나의 출발점(딸아이의 출생을 계기로 그 아이가 할머니가 되어 22세기를 맞는 모습을 상상해본 것)이 무엇이었는지 기술한 바 있다.

나는 이런 생각을 하다가 18세기 정치인이자 철학자인 에드먼드 버크의 말을 만나게 되었다. 그는 사회를 파트너십으로 표현했다.

그가 이를 어떻게 기술하고 있는지 좀 더 상세하게 살펴보자.

"사회는 사실 하나의 계약이다. 일시적이고 필멸의 속성을 가진 총체적 동물적 실존에 대한 부차적인 것에 지나지 않는 파트너십이 아니다. 때문에 사회를 경건히 바라봐야 한다. 사회는 모든 학문의 파트너십, 모든 예술의 파트너십, 모든 미덕과 모든 완벽의 파트너십이다. 그러한 파트너십의 목표는 수세대에 걸쳐서도 달성될 수 없는 것이기 때문에, 사회는 산자들뿐만 아니라 살아 있는 사람, 죽은 사람 그리고 앞으로 태어날 사람 모두의 파트너십이 된다."[06]

최근에 나는 이 말이 떠올라 버크가 이야기한 파트너십이 내 인생에서 시작해 얼마나 멀리까지 확대될 수 있을지 생각해보게 됐다. 멀게 느껴졌을 시간과 가까워질 수 있는, 누구나 해볼 수 있는 연습이다.

그래서 대충 계산해보면 내 딸 그레이스가 내가 부모가 된 나이와 비슷한 나이에 아이를 낳게 된다면, 그 아이들은 2130년대까지 살게 될 것이다. 의학이 계속해서 평균수명과 출산능력을 향상시킨다고 가정한다면 그레이스의 자녀들은 2160년대를 넘어서까지 살 수 있을 것이다. 그리고 그레이스의 증손자들은 23세기를 보게 될 것이라 예상된다. 먼 미래의 시간을 마음속으로 개념화하는 것은 어려울지 모르지만, 나는 수세대 단위로 생각하면 개념화하는 것이 약간 쉬워진다는 것을 알게 됐다.

똑같은 방법을 이용하면 과거 또한 불과 몇 세대 정도 떨어진 시간일 뿐이다. 그레이스가 태어났을 때 나는 내가 태어났을 때 처음 자식을 안은 우리 부모님이 마음이 어땠을지 그리고 그들을 둘러싼 세상이 어떻게 느껴졌을지 상상할 수 있었다. 나는 로널드 레이건Ronald Reagan이 압도적인 승리를 거두고 존 레논John Lennon이 암살당한 해인 1980년에 태어났다. 한편 내 조부모님들은 세계가 여전히 제2차 세계대전의 영향으로 휘청이던 1940년대 후반 첫 아이를 얻으셨다. 부모님들과 자녀들의 출생으로 이어지는 친가 쪽의 시간의 사슬을 200년 이상 거슬러 올라가면 오랫동안 기억 저편에 있던 영국 남부에 살던 마부와 세탁부에게까지 나의 사고가 미쳤다. 1780년대 생인 그들의 부모는 세상에 나온 그들을 환영했다. 이때 영국은 미국과 전쟁 중이었고 영국해협 건너편 프랑스 바스티유 감옥은 곧 습격을 받을 예정이었다.

역사적인 시간대에 표시된 이 모든 세계적인 사건들은 먼 옛날의 사건들처럼 느껴지지만, 나의 조상들이 그들 옆에서 살고 있다고 상상하면 이 사건들이 약간 가깝게 느껴진다. 나의 선조들을 상상하는 이러한 정신적 시간 이동 역시 나의 마음을 감사함으로 채워주는 하나의 연습이다. 이 증조부들 중 누구라도 서로 만나지 못했다면 나는 지금 여기 있지 못할 것이기 때문이다.

그러나 우리의 세대 간 관계는 우리 가족의 관계에서 끝나지 않는다. 정말 놀라운 것은 당신과 나 그리고 모두가 공유하고 있는 가계다. 이 가계는 얼핏 보이는 것보다 훨씬 많이 뒤엉켜 있다. 만약 당신이 당신 가족의 가계도를 완벽하게 그리고 나도 우리 가족의 가계도를 그린다면, 우리는 그 가계도에서 짝을 이루는 이름을 발견하게 될 것이다. 가계도의 저 뒤로 충분히 내려간다면 거의 모든 사람의 가계도가 만나게 된다.[07]

간단한 수학 연산을 통해서도 확인할 수 있다. 우선 당신 가족의 가계도의 가지들은 과거에는 분명 어느 정도 복잡하게 얽혀 있었을 것이다. 세대마다 당신의 증조부 수는 2배가 되기 때문에, 이는 천 년 전, 당신의 조상 수가 1,099,511,627,776에 이르렀음을 의미한다. 그러나 그것은 불가능하다. 이 1조라는 수는 당시 세계 인구수를 훨씬 능가하기 때문이다. 당시 세계인구는 2억에서 3억에 불과했다.[08] 그러므로 여러 해에 걸쳐 먼 사촌들이 만나 결혼하면서 정돈된 가계도 분기들이 서로 뒤엉켰다.

유전학자 애덤 러더퍼드Adam Rutherford는 저서 《이제까지 살았던 모든 사람에 대한 간략한 역사A Brief History of Everyone Who Ever Lived》에서 다음과 같이 주장했다. "가계도들은 몇 세대를 뒤로 가면 섞이기 시작하고, 나무의 형태를 조금씩 잃고 점점 더 그물이나 거미줄의 모습을 닮아가기 시작한다. 당신은 아주 오래전에 살았던 동일 조상의 자손일 수도 있고 사실 그 동일 조상의 자손이다. 7대조 할머니는 당신의 가계도 안에서 같은 지위를 두 번 또는 여러 번 차지할 수 있다. 그녀의 후손들이 그녀로부터 분기되어 당신에게 이르렀기 때문이다."[09]

가계도 상의 이러한 복잡한 얽힘 관계는 또한 반직관적인 결론에 도달하게 한다. 수학적 유전적 모형은 불과 3천 년에서 4천 년 전 어느 시점에 살았던 어떤 한 사람이 오늘날 살아 있는 모든 인간의 공통 조상이었음을 시사한다. 우리가 어디에 살든, 우리의 피부색이 무슨 색이든, 우리가 누구든 상관없이 우리 모두를 하나로 연결해주는 한 사람이 있었다는 의

미다.[10]

이 사람이 상당히 최근에 살았다는 사실이 어쩌면 믿기 어려울지 모른다. 그러나 러더퍼드가 지적한 대로 "우리는 세대를 초월한 시간을 상상하는 데 상당히 미숙하다. 우리는 가족을 우리 인생에서 아주 특별한 단위로 간주한다. 그리고 가족은 실제로 아주 특별하다. 그러나 가족은 우리가 상상할 수 없을 정도로 오랜 시간에 걸쳐서 계속된다. 그리고 우리의 가족의 가계도는 사방으로 분기하게 된다."

이처럼 가계도가 복잡하게 얽히는 현상은 미래에도 계속될 것이며, 인구 이동의 전 세계적 증가를 고려하면 미래에는 더욱 심화될지도 모른다. 당신의 혈통은 사라질지도 모르고 당신은 미래에 사는 수백만 명과 공통의 조상을 갖게 될 가능성도 있다. 아마도 어느 날 먼 미래 후손들이 만나서 가계도가 섞이게 된다면, 당신은 무수히 많은 미래 인류의 증조부가 될 수도 있다.

이 이야기에서 당신은 한 아이에게 역할 놀이를 시킬 필요는 없다. 매일 우리는 각자 다른 사람의 미래 궤적에 영향을 미칠 결정들을 내린다. 커피를 한잔 사거나 슈퍼마켓에 차를 몰고 가는 것처럼 아주 사소한 결정일 수 있다.[11] 아마도 당신의 결정이 카페에서 기다리는 사람들을 좀 더 기다리게 해서 그 사람들이 인생의 짝을 만날 수 없게 할 수 있고, 당신이 슈퍼마켓으로 차를 몰고 가는 바람에 교통의 흐름을 살짝 바꿔서 차량 충돌 사고를 피할 수 있을지 모른다. 조금 터무니없게 보일지 모르지만, 인간의 평균수명이 약 삼만 일(약 82세)임을 감안하면 당신이 이 세상에서 사는 동안 적어도 한번은 다른 누군가의 삶의 궤적을 아주 크게 바꿀 가능성이 있다. 어느 날 당신의 행동이 한 아이의 출생을 막을 수도 막지 않을 수도 있음을 의미한다. 즉 다른 정자가 다른 난자를 만나 태어난 아이는 자라서 자신의 일생인 삼만 일 동안 다른 사람들과 상호작용을 하며 살게 된다.

그래서 먼 시간이 아득하게 느껴질 수 있고, 때로는 긴 시간의 궤적 안에서 하찮은 것처럼 느껴질 수 있지만 그렇지 않다. 사실 그 반대다. 수백만의 조상들이 내린 일련의 결정들로 인해 지금의 우리가 존재하는 것이고, 우리의 결정도 앞으로 수백 년 동안 점진적으로 영향을 미칠 것이다. 그러므로 버크가 주장하는 세대 간 파트너십은 얼핏 보이는 것보다 훨씬 넓고 훨씬 깊게 확장된다. 우리의 삶은 먼 과거와 수천 년을 뛰어넘는 먼 미래와 맞닿아 있다.

나는 버크가 이 모든 것을 생각하고 있었는지 궁금하다. 1700년대 책을 집필하면서 버크는 장대한 먼 시간의 크기를 알지 못했을 것이고, 우리의 관계가 수 세대에 걸쳐 얼마나 멀리까지 이어져 있는지를 보여주는 진화론적·유전적 지식도 갖고 있지 않았을 것이다. 그가 세대 간 파트너십에 대해 집필한 것은 1790년이었고, 자신과 시카포인트를 방문한 사람들의 마음의 눈을 심연의 시간까지 확장시킨 제임스 허튼의 부정합 이론이 공개된 것이 불과 2년 전이었다. 그리고 20년 후 찰스 다윈이 태어났기 때문이다.

그러나 버크는 먼 시간에 접근할 수 있는 렌즈를 우리에게 제공했다. 그리고 이 먼 시간은 오늘날에도 의미가 있다. 사실 오늘날에만 의미가 있는 것은 아니다.

우리가 과거 세대에 빚을 지고 있고 미래 세대에 책임이 있음을 일깨운 버크의 윤리적 접근은 최근 '버크의 장기주의'라는 말로 표현되고 있다. 버크의 장기주의는 온전히 미래지향적인 사고와는 다른 유형의 장기적 사고를 말한다.[12] 간단히 말해서 버크의 장기주의는 우리가 조상들과 후손들 사이에서 시간의 바통을 넘겨줄 때 하게 되는 역할에 대해 좀 더 깊게 생각할 필요가 있음을 강조한다. 그의 장기주의는 우리가 생각했던 것보다 더 오래된 시간의 궤적이 있음을 인정하지만, 그것은 인간 중심적으로 우리 각자에게 우리가 조상에게서 물려받은 것과 우리가 물려줘야 할 것에 대해 좀 더 깊게 생각해보라고 권유한다.

버크가 주창한 장기적 사고는 과거와 미래 모두를 바라보고, 후손에 대한 배려 못지않게 조상의 지혜와 지식을 수용할 것을 요구한다. 버크는 이렇게 적고 있다. "사람들은 앞을 보면서 후손을 예상하지 못하고 그 후손들 역시 과거를 보면서 그들의 조상들을 생각하지 못한다."[13]

다음 장에서 확인하게 되겠지만, 버크만이 유일하게 이러한 결론에 도달한 인물은 아니며 그런 착안을 한 최초의 인류도 아니다. 세대 간 상호 호혜의 원칙은 전 세계 다양한 문화, 관례, 종교에서 독립적으로 발생했다. 그럼에도 나는 장기적 파트너십에서 우리 역할을 생각해야 한다는 버크의 단순한 가르침이 매우 유용한 구상이라고 생각한다. 이 때문에 나는 그의 말을 되새길 때가 많다. 나중에 확인할 테지만 최근의 몇몇 미래지향적인 장기적 관점은 현재를 지나치게 강조하거나 현재 패러다임의 절대적 영향을 받는 기술 지상주의적 과학적 허구로 잘못 흐르는 경우를 가끔 접하게 된다. 나는 더 풍요롭고 포괄적인 장기적 안목은 우리 마음의 눈을 시간이라는 완전한 호 너머로 투영할 때 비로소 획득할 수 있다고 믿는다.

이것이 버크의 이론에서 우리가 얻을 수 있는 유일한 안내 지침이라고 생각하지 않는다. 초창기 삶에서 버크는 우리의 시간 인식을 강화해줄 또 다른 렌즈를 제공했다. 윤리적인 요청이라기보다는 감정적인 호소다. 버크는 지구가 십억 년이라는 시간의 크기를 갖고 있음을 알지 못했을지 모른다. 그러나 불과 스물여덟 살이 되던 때 그는 숭배심을 유발할 정도의 위대함을 의미하는 '숭고sublime' 대한 글을 썼으며, 숭고와 마주했을 때 어떤 기분인지를 환기해주는 말을 찾아냈다.

그는 그러한 기분을 '유쾌한 공포delightful horror'라고 표현했다.[14]

버크와 그의 동시대인들이 숭고함을 생각할 때, 그들은 마음속으로 자연의 물리적 크기를 떠올리는 경향이 있었다. 알프스산맥, 광활한 바다는 우리를 작게 만든다. 그러나 나는 숭고함이 재발견할 만한 가치가 있는 개념이며, 우리가 시간의 거대함과 마주할 때의 경험을 이해하는 데 도움을 줄 수 있다고 믿는다.

그는 이렇게 썼다. "실제로도 그리고 본질적으로 무한한 것 가운데 감각의 대상이 될 수 있는 것은 거의 없다. 그러나 눈은 많은 것의 경계를 인식할 수 없고, 그 경계들은 무한해 보이며, 정말로 무한한 듯한 효과를 낸다…(그러나) 상상력은 유쾌한 경계를 견제 없이 확장할 수 있다."

숭고함은 우리 뇌가 그것을 눈으로 보려는 시도에 저항한다. 시인 새뮤얼 테일러 콜리지Samuel Taylor Coleridge는 숭고함을 마주하면 '비교의 힘이 정지'된다고 말했다.[15] 그렇기 때문에 우리는 모순된 감정을 느낀다. 철학자 이마누엘 칸트가 이야기한 것처럼 숭고함은 무력감을 유발한다. '위협적인 절벽, 하늘로 솟구치는 천둥구름… 모든 것을 파괴하는 폭력적인 화산, 모든 것을 폐허로 만드는 허리케인, 무섭게 일렁이는 끝없는 바다, 거대한 강에 우뚝 선 폭포와 마주했을 때'와 비슷한 감정이다.[16]

그러나 중요한 것은 숭고함과 조우할 때 느낄 수 있는 감정에는 경이로움과 심지어 즐거움도 있다는 것이다. 버크는 "자연의 위대함과 숭고함이 유발하는 감정은, 그러한 감정들이 가장 강력하게 작용할 때, 경이로움이 된다"라고 썼다. 칸트는 이에 동의하면서 '영혼의 힘을 고양하는' 숭고함의 힘을 이야기했다. 숭고함의 무한함은 압도하는 힘으로 인해 인간의 하찮음을 환기할 수 있지만, 그 감정은 동시에 미학적으로 그리고 정신적으로 풍요로울 수 있다. 우리가 몽블랑과 같은 거대한 산을 올려다보거나 조지 말로프 윌리엄 터너J. M. W. Turner의 바다 폭풍 그림을 보고 있을 때, 이러한 풍경들은 단순한 아름다움을 넘어선 그 어떤 것이다.

이후 시인 윌리엄 워즈워스William Wordsworth는 이런 시를 썼다.

더 숭고한 풍경은

기분에 축복을 내린다

그 기분으로 신비의 무게

이 불가해한 이 세상의 모든

무겁고 고단한 짐이

가벼워진다[17]

그러므로 '유쾌한 공포'인 먼 시간은 시련은 물론 기쁨을 줄 수 있다.

장기적 관점은 어려운 질문을 자주 던질지도 모른다. 우리의 사고능력을 넘어서는 듯 보이는 시간의 범위를 상상하는 것, 후손을 위해 막중한 책임을 지는 일, 헤아리기 어려울 정도로 장대한 역사 속에서 우리 삶이 짧다는 진실을 받아들이기란 어렵다. 그러나 이 힘든 과업은 우리 앞에

왔다 간 사람들과 앞으로 올 사람들 사이의 단순한 파트너십을 받아들이는 것에서부터 시작할 수 있다. 이 과정에서 영혼의 고양, 불가해한 이 세상에 대한 깨달음 그리고 약간의 희열을 경험할지도 모른다.

다음 장에서는 이러한 장기적인 사고를 갖게 되면 얻을 수 있는 이점에 대해 좀 더 살펴보고자 한다. 그러나 먼저 좀 더 개인적 이야기를 해보려고 한다. 장기적 사고에 나에게 무슨 의미인지, 장기적 사고가 왜 중요하다고 생각하는지, 나의 시간에 대한 인식이 어떻게 발전했는지를 소개하려고 한다.

상실의 지질학

내가 열아홉이 되던 해, 아버지는 돌을 주워서 가져오라고 하셨다. 당시 십 대 후반이었던 나는 아직 즉각적인 즐거움을 찾는 데에 모든 정신이 집중돼 있었다. 그래서 그런 부탁을 한 아버지의 의도를 다 이해하지 못했다. 그러나 당시 대학에서 지질학을 공부하고 있었기 때문에 아버지의 심부름을 하는 것이 어려운 일이 아니었다. 그래서 어딜 가든 특이한 돌을 찾기 위해서 땅바닥을 유심히 살펴봤다.

물 위에 우뚝 솟은 산들이 끊임없이 이어지는 뉴질랜드의 피오르드에서는 화강암 하나를 찾았다. 한 시간에 두 번 분출하는 스트롬볼리 화산의 산등성이에서는 가스 거품이 굳어져 폭탄처럼 생긴 용암 현무암을 찾았다. 알프스 한 스키 마을에서, 암석노두의 지도를 만들면서 보내는 고독한 하루도 양의 뿔처럼 꼬인 화석 껍질로 이루어진 암모나이트를 발견하는 횡재로 이내 밝아졌다. 그리고 스코틀랜드 야외답사 기간에는 비가 내렸는데, 이때 나는 가장 오래된 암석의 검고 희미한 줄무늬를 발견했다. 28억 년 된 주먹만 한 크기의 루이스 편마암이었다.

아버지는 아들이 여기저기 다니면서 수집해온 암석 전리품들을 사무실 창문 선반에 진열해두셨다. 그러나 나는 후일 다른 장소에서 이 암석들을 다시 볼 때까지 이 암석들의 의미를 깨닫지 못했다.

2010년, 여동생이 첫 아이를 낳았을 때 아버지가 몹시 기뻐하셨다. 그해는 새로운 세대 간 관계가 수립된 해로 기억될 것 같았다. 그러나 그러한 관계가 깨질 수도 있는 시간임을 나는 알지 못했다. 그 무렵 60대 초반이던 아버지는 조기 퇴임을 결정하고 낚시와 들새 관찰이나 하면서 시간을 보낼 생각이셨다. 아버지는 낚시도 들새 관찰도 모두 처음이었다. 아버지는 양어장에서 연어를 잡을 수도 없었다. 아버지가 조류 서식지에 가는 주된 목적은 들새를 관찰하러 온 다른 사람들과 수다를 떨기 위해서였다. 그러나 우리 가족 모두는 직장에서 귀가 후 안락의자에서 잠이 들었던 아버지의 모습을 보는 것보다는 좋아하는 일에 열중하는 아버지의 모습을 보는 것이 너무 행복했다.

6월 16일, 엘리베이터를 타고 사무실로 올라가는 도중 휴대전화가 울렸다. 어머니였다. 그 시간에 어머니가 내게 전화를 하시다니, 이례적이었다. 엘리베이터 안에서 다른 층에서 근무하는 여성 두 명이 대화를 나누며 웃고 있었다. 그래서 처음에 나는 어머니의 말을 잘 알아들을 수 없었다. 승강기의 문이 열리고 그 여성들이 내린 뒤 나 혼자 남았다.

충격은 시간에 이상한 짓을 한다. 내가 기억하는 것은 반쯤 얼어붙은 시간이었다. 승강기 버튼 위의 내 손가락, 조퇴를 보고하기 위해 상관 책상으로 걸어가던 일, 그러고 나서 한 시간 후 대낮에 집으로 돌아가는 기차와 반쯤 비어 있던 기차 차량, 창밖으로 보이던 런던의 붉은 벽돌, 초록

빛 목초지, 어디가 어딘지 구분 안 되는 기차역들. 이 세상은 더는 단단하지 않았다. 나란하던 내 삶의 길이 이제는 여러 갈래 길로 나뉘어 가고 있었다. 나의 속도는 더뎌지는데, 창밖의 풍경은 빠르게 내 옆으로 지나가고 아버지의 삶은 이미 멈췄다.

이런 날에는 먼 시간을 생각한다는 게 적절치 않게 느껴진다. 급박한 순간에 과거와 미래는 시야에서 멀어지고 오직 위기의 순간만이 존재한다. 당연한 일이다. 그렇지 않다면 우리는 우리가 사랑하는 사람들을 위해 존재할 수 없다.

다행히도 삶에서 이런 일시적인 방해의 순간이 몇 번밖에는 일어나지 않았다. 그런 훼방꾼들은 행복하고 안정적인 삶을 중단시킨 아주 이례적인 위기들이다. 이런 위기를 통해 배운 게 있다면 안정적인 삶과 환경을 누리는 사람들이 장기적 사고를 하는 것은 일종의 특권이라는 것이다. 많은 사람의 경우, 하나의 트라우마 뒤에는 또 다른 트라우마가 따라온다. 그래서 과거와 미래는 도저히 도달할 수 없는 시간처럼 느껴질 수밖에 없다. 나는 사람들에게 더 먼 시간을 받아들이라고 말하는 것이 그들의 환경을 무시하라고 말하는 것과 다름없다는 것을 잘 안다.

그렇다 해도, 어려운 시기를 겪은 후 장기적 관점을 갖게 되면 자아에 대한 통찰력, 심지어 위로와 결단력이라는 형태의 통찰력을 얻게 된다는 것을 경험을 통해 알게 됐다. 그러한 통찰력은 위기를 겪은 후 얻게 된 장기적 사고가 아니면 얻을 수 없는 것이었다. 아버지의 죽음 이후 장기적 사고를 하면서 나는 삶의 균형감을 찾게 됐다. 그리고 나는 응급상황에서 딸아이를 얻은 후 버크의 세대 간 파트너십을 알게 됐다. 그리고 최근 다시 한번 더 장기적 사고의 도움을 받을 수 있었다. 이 책을 집필하던 도중 어느 날, 나는 시간 감각을 완전히 잃어버렸다. 더불어 내가 안다고 생각했던 내 가족의 미래도 확신할 수 없었다. 그런 확신이 언제 어떻게 다시 돌아올지 장담할 수 없었다. 그러나 그것은 점차 새로운 형태로 내게 돌아왔다.

2021년 3월 어느 월요일 아침, 아내 크리스티나가 동트기 전 나를 깨우더니 뭔가 잘못된 것 같다고 말했다. 아내는 임신 35주차를 맞이했고 그 주말 우리는 막바지 출산 준비를 마쳤다. 나는 젖병을 늘어놓을 자리를 마련하기 위해 부엌 찬장을 비웠고 침실 구석에 아기 침대를 들여놓았다. 병원에 가져갈 가방을 쌌다. 아들의 우주복 잠옷을 분류하면서 몸무게를 상상해보기도 했다. 우리는 우리 아들을 조나라고 부르기로 했다.

뭔가 잘못됐다고 생각한 크리스티나는 걱정스러운 마음에 24시간 산부인과에 전화를 걸었다. 그 직후, 크리스티나는 대충 옷을 걸치고 잠이 든 여덟 살짜리 딸아이를 침대에서 일으킨 후, 어둠 속에 차를 달려 병원에 도착했다.

코로나19 팬데믹 기간에 산부인과 병동에 어린아이의 출입이 허용되지 않았다. 그래서 나와 딸아이는 주차장 차 안에서 기다려야 했다. 아내가 그 소식을 전화로 내게 알려줬다.

우리는 아이의 출산을 기다리면서 종종 앞날에 대해 상상해볼 때가 많다. 그런 미래를 상상하면서 떠오르는 단어는 잠재력이다. 새로운 삶을 시작될 때는 모든 것이 열려 있기 때문이다. 당신이 어른이 될 즈음 어떤 뚜렷한 길로 당신을 이끌어준 수많은 결정을 내렸을 것이다. 하나의 길을 선택하면 다른 하나의 길은 닫히는 것을 의미할 때가 있었다. 그러나 새로운 생명을 이 세상에 맞이할 때, 갓 태어난 아이의 삶은 아직 발휘되지 못한 무수히 많은 잠재력으로 가득 차 있고 그 잠재력이 삶에 더해질 수밖에 없다. 아주 멋진 일이다.

만일 아이의 출생이 순수한 형태의 잠재력을 얻는 일이라면, 유산은 가장 잔인한 형태로 가능성을 부정하는 것과 마찬가지다.

조나가 죽었다는 사실을 안 순간 나는 내가 안다고 생각했던 궤적에서 벗어났다. 그 순간 시간이 제대로 작동하지 않았다는 점에서, 이탈했다고 말하는 것이 어쩌면 더 적확한 표현일지 모른다. 이 시간의 괴리는 그 순간의 경험과 과거의 무의식적인 나의 정체성, 그 소식을 듣기 전의 나를 완전히 분리시켰다. 그러면 미래의 나는 어떻게 될까? 그것도 그 순간 사라졌다. 가능성에 대한 기대감이 더는 존재하지 않고 한정적인 현재만 존재할 뿐이었다.

솔직히 나는 그 위기의 순간에 장기적 사고로 접근하지 못했다. 이런 상황에서 먼 시간에 대한 인식이 줄 수 있는 것은 없었다. 할 수 있는 것은 나와 아내가 어떻게 그 상황을 헤쳐나왔는지를 설명하는 것이 전부다.

몇 시간 후, 나는 수술실에 누워 있는 크리스티나의 손을 잡았다. 외과 의사, 간호사, 마취사 여럿이 우리를 안정시키기 위해 주변을 서성댔다. 8년 전 딸 그레이스의 출산 때문에 이곳에 와본 적이 있었다. 그때는 지금과는 다른 위기였다. 당시 그레이스는 위급한 상황에 처해 있었고, 감염도 의심됐기 때문에 서둘러 수술을 받아야 했다. 당시 나는 충격으로 할 말을 잃고 수술실에 누워 있던 아내에게 다정한 말 한마디조차 해주지 못했다. 마취과 의사가 우리를 안내했다.

그 경험을 염두에 둔 나는 눈앞에 닥친 수술 이외에 무엇도 신경 쓸 수 없으리라 예상했었다. 그러나 이번에는 크리스티나와 나 모두 이 끔찍한 상황에서 아주 잠깐이지만 냉정하게 생각할 수 있었다. 둘 다 겁이 났지만 우리는 본능적으로 수많은 과거의 기억을 서로 이야기했다. 결혼 전 우리가 했던 미국 자동차 여행, 유럽의 산에서 딸아이와 보낸 첫 휴가 등. 놀랍게도 우리는 앞으로 맞이하게 될 향후 몇 달에 대해서도 이야기를 나눴다. 팬데믹으로 만나지 못했던 절친들과 가족들을 곧 보러 가자는 이야기와 앞으로의 여행 계획을 세우기도 했다.

우리 인생 최악의 날, 우리가 알고 본 것에 감사하고 미래에 대한 희망을 생각하는 것이 도움이 됐다. 그날 그 순간에는 아내와 내가 함께 현재 이외의 다른 시간으로 정신 이동을 해보려는 노력만으로도 충분했다.

조나가 떠나고 몇 주가 지난 어느 날, 나는 딸아이와 걸어서 학교에 가는 중이었다. 가는 길에 한 교회 공동묘지를 통과해야 했다. 그해 봄, 그 공동묘지 곳곳에서 푸른색 종, 눈꽃, 긴 풀을 볼 수 있었다. 정원사들이 풀을 정리하지 않은 상태여서 마치 야생 보존구역처럼 보였고, 제멋대로 자란 야생 꽃들도 볼 수 있었다.

묘지 중앙에서 큰 나무 하나를 발견했다. 나무의 줄기 하나가 구멍을 중심으로 갈라졌다 다시 만나 묘비들 위로 뻗어 있었다.

그날 그 나무줄기의 형태를 바라보면서 나는 가지들을 길이라고 생각했다. 만약 나무줄기가 우리가 알고 있는 현재라면, 줄기에서 뻗어나간 가지들 하나하나는 무수한 미래의 가능성 중 하나가 된다. 나는 묘지의 풍경과 야생 꽃들을 보면서 걷다가 약간의 안도감을 느끼기 시작했다. 그 경험을 통해, 가능성은 언제나 존재한다는 사실을 다시 한번 깨달았다.

조나가 살아서 자신의 가능성을 볼 수 없음을 받아들이는 것은 언제나 가슴 아픈 일이다. 이 경우 장기적 사고는 고통스럽다. 수십 년 뒤를 생각

남서부 런던 교회 공동묘지의 나뭇가지들

하면 나는 언제나 그의 부재를 느낀다. 조나가 살아 있었다면 그가 살게 될 삶도 그려본다.

그러나 나는 그 나무와 얽히고설킨 가지들 옆을 지날 때마다 이후 지금까지 내내 날 인도해준 시간의 진실을 생각하곤 한다. 과거는 하나일지 몰라도 미래는 언제나 복수라는 사실을. 그 진실을 알게 되면서 목적의식도 생긴다. 그것은 미래라는 시간의 궤적을 바라보는 방식에 영향을 미친다. 살아 있는 동안 여러 세대와의 파트너십에서 여전히 나의 역할이 있음을 알려준다. 이후 시간 인식이 계속해서 회복하고 발전하면서 나는 장기적 사고 안에서, 특히 먼 시간이 만들어낸 인공물을 통해 또 다른 위안거리들을 찾았다.

어느 오후 카트리나, 그레이스 그리고 나는 영국 남부 해안의 해변을 찾았다. 날씨가 쌀쌀해서 오래 머물지는 못했다. 그러나 해변에 앉았을 때, 십여 년 전 아버지가 돌아가신 이후 내게 위안을 줬던 기억 하나와 의식 하나가 떠올랐다.

아버지를 떠나보내고 몇 년 뒤, 나는 맨체스터에 있는 어머니의 정원을 다시 찾았다. 그리고 아버지가 남기고 떠나신 것을 발견했다. 이끼 낀 잔디와 갈색 나뭇잎들에서 나온 수분기가 신발 바닥으로 스며들었다. 나는 레이란디 삼나무 아래에서 꽃밭 하나를 발견했다. 삼나무와 같은 침엽수 아래에서는 제대로 자랄 수 있는 식물이 많지 않다. 게다가 토양도 영양분이 부족하다.

맨땅에 앉았을 때 나는 아버지에게 가져다드린 돌들을 발견했다. 그 돌들을 보자 십 대 때 내가 아버지에게 했던 약속이 떠올랐다. 아버지는 은퇴 후 이 돌들을 이 정원으로 옮겨 오셨던 것 같다. 내가 이 돌들을 마지막으로 만져본 뒤로 여러 해가 지나갔다. 나는 돌 위에서 먼지를 털어내고 어머니에게 보여드렸다. 우리는 기억 속의 내 아버지 그리고 어머니 기억 속의 남편에 대해 이야기를 나눴다. 나중에 어머니는 그 돌들을 매일 볼 수 있도록 주방 창문 바깥쪽 벽 위에 한 줄로 세워두셨다.

나는 가족과 함께 바닷가에 앉아 조나를 생각하면서 비바람에 맨질맨질해진 돌 하나를 주워 집으로 가져왔다. 그 바닷가를 찾을 때마다 새로운 돌을 찾으려고 노력한다. 그리고 이국적인 장소로 여행을 갈 때마다 아버지를 기억하면서 돌을 찾아서 집으로 가져오기 시작했다.

과학적 관점에서 나는 모든 돌이 각기 다른 밀도, 광물적 특징, 구성을 갖고 있음을 안다. 그리고 내가 원한다면 돌들의 그런 특징을 화성, 퇴적, 변성 등의 용어로 표현할 수 있다. 그러나 내가 돌을 주워 드는 순간 그 돌은 그러한 평가를 거부하게 된다.

어머니의 정원 돌담 위의 돌들

　이 의식 후에 나는 지질학자 마르시아 비요르네루드Marcia Bjornerud가
제안한 '타임풀니스timefulness'라는 정신훈련을 기억했다. 비요르네루드에
따르면 타임풀니스란 세상이 어떻게 시간에 의해, 엄밀히 말해 시간으로
만들어졌는지를 예민하게 의식하는 훈련이다. 시간을 충분히 인식한다
는 것은 영겁이라는 시간 속에서 우리 삶이 자리하는 각각의 시간을 받
아들이고 존경하는 마음을 품는 것을 의미한다. 마르시아는 이를 통해 카
타르시스를 발견할 수 있다고 말한다. "우리가 미성숙하고 불안하며 쉽
게 깨질지도 모르는 지구가 아니라, 굉장히 오래되고 오래 지속될 지구
에 살고 있다는 사실에서 위안을 얻는다. 과거 이곳에 살았던 사람들의
여운이 여전히 남아 있다는 사실을 인식하면, 지구인으로 이곳에서 살아

가는 내 일상의 경험이 풍요로워진다."[18]

　솔직히 말하면 나는 여전히 시간, 달력, 얽히고설킨 세대 간 관계, 환희, 애정, 슬픔으로 이루어진 어떤 한 사람의 경험이 모두 곧 사라질 것이고, 헤아릴 수 없이 장구한 지질학적 연대기 안에서 찰나의 순간이 되어버릴 것이라는 사실을 받아들이기 위해 안간힘을 쓴다. 먼 시간과 내 아버지와 죽은 아들의 삶이 무관하다고 생각하면 견디기가 힘들다. 그러나 돌을 줍는 것은 그런 생각들을 극복하는 나만의 해결 방법이다. 뿐만 아니라 돌을 줍는 의식은 시간을 충분히 인식하는 데서 오는 안도감을 준다. 오래전 과거에 형성된 뭔가를 수집해 그 물체에 현재의 감정적 가치를 적용하는 것은, 내가 아는 한 인간다워진다는 것이 어떤 것인지를 더 먼 미래에 전달하는 가장 좋은 방법 중 하나다. 내게 장기적 사고는 그런 의미다.

　그래서 지금 나의 시간 인식을 갖게 되기까지, 장기적 안목을 향한 나의 여정을 되돌아보면 시간에 대한 인식이 얼마나 많은 변화를 거듭하며 진화했는지를 알 수 있다. 먼 시간에 대한 관심은 지질학을 공부하던 시절에 처음 시작됐다. 나는 10여 년 전 이 책을 쓰는 것에 대해 생각하기 시작했다. 그러나 그 과정에서 나의 시간관이 점진적으로 확장된 것은 아니다. 다른 사람들처럼 나는 살면서 무수히 많은 단기주의적 결정을 내렸고, 시간에 대한 감각을 완전히 잃었다가 다시 회복해야 하는 순간들도 많았다.

　그럼에도 나는 장기적 관점을 갖는다는 것이 단순히 먼 시간의 범위를 들여다볼 수 있는 능력 그 이상을 의미한다는 사실을 알게 됐다. 장기적 관점이란 때론 현재의 압박을 초월해 다른 시간으로 들어갈 수 있는 시각을 의미한다. 또 어떤 때 장기적 관점은 불확실성의 시기에 안내자 역할을 하기도 한다. 그리고 가장 일반적으로 장기적 관점은 세상을 헤쳐 나가는 원칙들을 제공한다. 그러나 무엇보다도 장기적 관점은 현재라는 시간 안에서 가장 중요한 것이 무엇인지 명확하게 아는 방법이다.

지난 수년간 나는 만약 먼 미래의 시간에만 몰두할 경우, 도덕적 위험에 빠질 수 있다는 것도 깨달았다. 즉 현재의 고통과 불평등을 외면하는 위험이 있기 때문이다. 영국의 작가 로버트 맥팔레인Robert Macfarlane은 이에 대해 잘 표현한 바 있다. "먼 시간에 몰입하는 것은 위험한 위안이다. 윤리적인 연꽃을 먹어치우는 유혹이다. 지질학 속 시간의 눈이 깜빡할 사이 호모사피엔스가 사라지게 된다면, 우리 행동이 무엇이 중요하겠는가? 사막이나 해양의 관점에서 볼 때 인간의 도덕성은 터무니없고 무관해 보인다. 완전히 의미 없어 보인다."

우리는 이러한 유혹을 떨쳐버려야 한다. 대신 맥팔레인은 이렇게 제안한다. 우리는 "먼 시간을 무관심이 아닌 행동을 유도하는 급진적 시각이라고 생각할지도 모른다. 먼 시간을 생각하는 것은 힘든 현재를 탈출하는 수단이 아니라 그런 현재를 재해석하는 수단일 수 있기 때문이다."[19]

나는 폰 베어의 밀레니엄맨의 시간 인식을 직접 경험할 일은 결코 없겠지만, 그래도 괜찮다. 만일 내가 폰 베어의 눈을 통해서만 세상을 봐야 한다면, 너무나 많은 것을 놓쳐야 하는 저주받은 삶일 것이다. 폰 베어가 쓴 것처럼 "우리는 밤과 낮의 변화를 인식할 수 없을 것이고 심지어 태양도 인식할 수 없을 것이다. 대신 태양을 밝은 원의 형태로 회전하면서 돌아다니는 벌건 석탄 조각으로 인식할 것이다. 다시 말해 우리는 태양을 하늘에서 빛나는 둥근 원이라고만 생각할 것이다."[20] 무엇보다도 밀레니엄맨은 살아 있는 세상이 어떤 모습인지 전혀 알지 못한다는 것이다. 모든 인류와 자연도 역시 너무나 일시적인 나머지 인식할 수 없을 것이다. 그는 무엇이 됐든 어떻게 움직이고, 어떻게 숨 쉬고, 또는 어떻게 행동하는지에 대해서도 알 수 없을 것이다. 할 수 있는 것은 남겨진 오래된 화석을 통해 추론하고, 결코 알 수 없는 풍부하고 세세한 경험의 내용을 짐작하는 것뿐이다.

우리 모두는 이보다는 더 나은 것을 활용할 수 있다. 그것은 현재라는 유리한 위치를 말하며, 인간이 된다는 것이 무엇을 의미하는지에 근거를 둔다. 그 현재라는 시간은 우리가 원할 경우, 더 긴 시간을 간접적으로 경험하는 것을 허락한다.

그래서 이러한 기초가 확립된 상태에서 지금부터는 모든 유형과 모든 종류의 장기적 사고에 대해 알아보기로 하자. 앞으로 알게 되겠지만, 장기적 사고와 관련된 많은 징표가 있다. 그럼 먼저 가장 오래된 징표들, 종교, 의식, 전통의 시간 렌즈, 세계에서 가장 오랫동안 꺼지지 않고 타는 불, 끊임없이 새롭게 거듭나는 목재와 짚으로 지어진 사원을 소개하고자 한다.

8. 시간관: 종교, 의식, 전통에서 배우는 교훈

미래의 삶을 돕는 사람이 되자.

– 조로아스터_{Zoroaster}

시작하기는 쉬워도 계속하는 것은 힘들다.

– 일본 속담

만일 당신이 산업화된 선진국에서 살고 있다면 시간을 다르게 인식할 수 있다는 사실을 상상하기 어려울 것이다.

그러나 현대적인 삶의 상당 부분을 지배하는 산업화의 시각은 인류 역사에서 비교적 최근에 등장했다. 시계의 보급과 시계와 고용의 연계가 의미하는 것은 대략 200년에서 250년 전에 정확한 시간을 표시하는 하나의 특정한 형식이 훨씬 더 보편적으로 사용되었으며, 세상사 대부분이 이 동일한 시간의 순서에 맞춰 움직였다는 뜻이다.

역사학자 에드워드 파머 톰슨E.P.Thompson은 1967년 논문 〈시간, 노동 규율 그리고 산업자본주의Time, Work-discipline, and Industrial Capitalism〉에서 "대다수 사람들이 항상 아침 9시부터 오후 5시까지 노동을 하면서 동시에 출근하고 퇴근하는 것은 아니다.[01] 1주 단위 또는 2주 단위의 요구에 따라서 노동하는 날이 길어지기도 하고 짧아지기도 한다. 노동자가 직장생활을 통제할 수 있을 경우에는 어디에서나 집약적인 노동과 느슨한 노동이 번갈아 일어나는 노동 패턴을 보인다"라고 주장했다.

그러나 산업화의 시간관이 도입되면서 동시에 특정한 가치관도 함께 확립이 됐다. 시간의 윤리였다. 근로자들을 훈육하고 규제하는 데 시계를 사용했던 산업 부문이 늘어나면서 빈곤의 원인으로 나태와 게으름을 비난하고 근면과 성실을 높게 평가하는 윤리주의의 한 형태가 등장했다. '19세기 내내 노동자들을 대상으로 시간 절약에 대한 대대적인 선전이 계속되면서, 수사법은 질이 떨어지고 영원의 격은 점점 더 진부해졌으며 설교는 점점 더 비열하고 시시해졌다.'

산업은 시간을 채굴 가능하고 이윤으로 전환할 수 있는 자원으로 바꿔 놨다. 벤저민 프랭클린Benjamin Franklin의 1748년 수필 〈젊은 상인에게 보내는 편지Advice to a Young Tradesman〉의 한 문장이 어쩌면 이와 같은 시간의 변신을 가장 잘 상기시킨다.

"시간은 돈이라는 사실을 기억해야 한다. 그는 하루 노동으로 10실링을 벌 수 있다. 그 하루의 반나절을 국외로 여행을 가거나 아무것도 하지 않고 빈둥대면서 단 6펜스만 소비할 수 있다. 그러나 6펜스만 소비한 것으로 계산해서는 안 된다. 실제로 그는 6펜스 이외에 5실링을 더 쓰거나 버린 것이다."[02]

프랭클린이 시간과 돈을 연결한 최초의 인물은 아니지만 위의 말은 당시 분위기를 보여준다. 시간의 금전적 가치를 강조하는 자본주의는 미래 역시 같은 방식으로 바라볼 수밖에 없다는 의미였다. 즉 미래는 오늘의 이익을 위해 이용해야 할 공간이 되었으며, 결국 단기주의 시대가 도래할 수 있는 기초를 닦았다.

자본주의가 시간의 재정적 가치를 강조한다는 것은 미래 역시 같은 방식으로 목표화 될 수 있다는 의미이기도 했다. 즉 미래를 현재 이익을 위해 이용될 공간으로 간주하고, 편협한 단기주의적 시대가 도래할 수 있는 기반을 마련했다.

일각에서는 다른 모든 문화가 산업주의의 시간관에 끌려갈 수밖에 없었다고 생각할 수 있다. 그러나 그러한 주장은 부분적으로만 맞다. 수 세기에 걸쳐, 많은 이가 자본주의의 압력을 극복할 수 있는 자신들만의 시간의 세계관을 발전시켜왔다. 산업화된 세계 안팎에서 그들은 신앙, 공동체, 전통을 통해 각기 다른 표현으로 장기적 관점을 정의했다. 그리고 그러한 표현들은 관리자, 상호주의, 관계에 대한 각각 특유의 시간 윤리를 담고 있다.

산업화에 대한 시계를 되돌릴 수는 없지만, 그렇다고 시간을 지배하는 산업주의 손아귀에서 벗어나는 것이 불가능하다는 것을 의미하지는 않는다.

그렇다면 이러한 대안적인 시간관에는 어떤 것들이 있으며, 그러한 대안들에서 무엇을 배울 수 있을까?

미래를 만들기 위해, 후손을 위해 무엇인가를 물려주려면 오래 지속될 가보를 만들어야만 한다고 생각하기 쉽다. 오랫동안 사람들이 도서관을 짓고 기념비를 건축하고 정교한 인공물들을 창조해온 이유다. 만약 당신이 이집트의 피라미드, 인도의 타지마할, 영국의 스톤헨지, 중국 명나라의 꽃병, 르네상스 시대의 그림 또는 파베르제의 달걀과 같은 귀중한 골동품을 떠올려보면, 그러한 시간에 대한 접근이 한때 일리가 있었음을 알 수 있다.

가보를 만들기 위한 이러한 접근을 나는 파텍 필립Patek Phillippe 전략이라고 한다. 수년간 스위스의 시계제조사 파텍 필립사는 부모와 자녀가 다음과 같은 슬로건을 갖고 등장하는 광고를 내보냈다. "당신은 절대 파텍 필립의 시계를 소유할 수 없을 것이다. 다만 다음 세대를 위해 그저 보관하고 있는 것뿐이다."

그러나 실질적으로 오랜 시간 동안 숭배하고 보존할 수 있는 무언가를 만드는 일은 상당히 어렵다. 후세에 물려줄 목적으로 확고한 유산을 만든다면, 그 유산은 언제나 미래의 변화에 영향을 받을 것이다. 어느 날 후손이 그 시계를 잃어버리고 도서관을 폐쇄하고 또는 기념비를 해체한다면, 그 유산은 영원히 사라지게 된다.

만일 이것이 물리적 물체에도 해당이 된다면 개념/사고는 훨씬 더 그렇다. 미래 세대에 지식 또는 경험을 물려주고 싶어 한다고 가정해보자. 물려주고 싶은 것이 종교, 가치관, 또는 경고의 말일 수 있다. 팬데믹을 경험하면서 막대한 인명 피해를 목격했다. 무수한 실수를 목격했고 그러한 실수가 다시는 되풀이 되지 않기를 바란다. 어떻게 하면 그렇게 할 수 있을까? 미래 세대에 경고의 말을 써서 남기고 그것을 읽어주리라 기대할 것인가? 조각상을 만들어 미래인들이 방문해주길 바랄 것인가?

시간이 가면서 유지관리가 필요한 건물이나 물건처럼, 지식이나 사고도 유지관리가 필요하다. 정보가 완전히 사라지는 경우는 거의 없다. 정보는 이름 모를 역사책에, 비공식적인 가족의 역사에, 또는 조각상의 비문에 들어 있다. 그렇다고 사고가 점차 집단적 기억에서 희미해져 더는 의미가 사라지거나 그것을 따르지 않게 되는 일이 일어나지 않는다는 의미는 아니다.

그러나 생각 역시 후대에 물려줄 확실한 방법이 있다. 가장 효과적인 방법을 종교에서 찾을 수 있다. 대다수 종교는 물리적 인공물, 예를 들어 신을 숭배하는 장소, 유물, 신성한 물품 등을 갖고 있다. 그러한 인공물이 믿음 체계를 오랫동안 지속될 수 있게 만드는 것은 아니다. 그것을 가능하게 하는 것은 다른 어떤 것이다. 산업주의 시간관과는 다르게, 종교에서는 해당 종교의 장생을 도모하는 행동이나 행태에 초점이 맞춰진다. 종교 자체와 해당 공동체의 관행, 윤리적 가르침과 그 종교에 소속된 세대 간 유대 모두를 강조한다. 나는 이를 연속성의 시간관continuity timeview이라고 한다. 인류가 시간을 장기적 관점에서 바라봤다는 가장 오래된 증표 중 하나다.

이 관점을 더 잘 이해하려면 이란의 꺼지지 않는 불과 20년마다 체계적으로 재건 사업을 진행하는 일본의 사원을 살펴보기로 하자.

절대 꺼지지 않는 불

5세기 후반 어느 시점, 서로마제국이 멸망하고 이란 파르스주, 일단의 조로아스터교 성직자들이 아주 특별한 불을 붙였다. 시간이 흘렀고 불꽃은 꺼지지 않고 계속 타올랐다. 수년이 수십 년이 되었고 수십 년은 수백 년이 되었다. 이 과정에서 불은 이곳저곳으로 옮겨지다가 마침내 야즈드 Yazd(이란 중부의 도시로 야즈드주의 주도—옮긴이)에 정착했다. 야즈드는 테헤란에서 북동쪽으로 약 600킬로미터 떨어진 사막 도시다. 1934년 이 불을 보관하기 위해 그곳에 새로운 사원을 지었다. 이 불은 오늘날까지 이 사원에서 계속 타오르고 있다. 전 세계적으로 1,500년 이상 불꽃이 꺼지지 않고 타는 불이 단 아홉 개 존재하는 데, 그중 하나가 야즈드 사원의 불이다.

오늘날 야즈드 사원은 카페, 옷 가게, 관광 안내소가 있는 번화가에 위치한다. 그러나 일단 문 안으로 들어가면 바깥세상은 배경이 되어 희미해진다. 방문객들은 벤치와 상록수들에 에워싸인 물웅덩이가 딸린 평화로운 정원과 마주하게 된다. 그 너머에는 밝은색 외벽의 1층짜리 건물이 하나 있는데 이 건물의 지붕은 조로아스터교의 '파라바하르' 상징으로 장식돼 있다. 이 상징은 새의 날개가 위에서 내려다본 항공기 날개처럼 좌우로 쫙 펼쳐 있고 머리는 성스러운 남성의 모습이다.[03]

이 건물 안, 고블릿 잔 안에서 영원히 꺼지지 않은 불이 타오르고 있다. 흰색 옷을 입은 사제들은 하루에도 몇 번씩 오랫동안 타오르는 단단한 나무와 달콤한 향기가 나는 부드러운 나무를 섞어 불을 지핀다. 조로아스터교의 신도가 아니면 가까이 갈 수 없지만, 방문객들은 입구 복도에서 불이 보관된 방을 볼 수 있다. 색 유리창을 통해 이 불을 보면 선명도가 희미해지거나 분명 품질이 떨어질 텐데도, 불꽃이 사그라들기 훨씬 전에 불의 모습을 사진으로 남기기 위해 카메라를 들고 안을 들여다보는 관광객들의 모습을 볼 수 있다.

조로아스터교는 약 3,500년 전 설립된 세계에서 가장 오래된 종교 중 하나다. 이란의 예언자 자라투스트라Zarathustra(조로아스터라고도 알려져 있음)의 가르침에 기반을 둔다. 야즈드 불의 사원에는 덥수룩한 수염과 긴 머리, 머리 뒤로 비추는 후광, 지팡이를 들고 한 손가락을 치켜들고 두 눈이 위를 응시하고 있는 그의 초상화가 걸려 있다.

신자들이 주로 이란과 인도에 집중되어 있기 때문에 조로아스터교의 교세는 세계의 주요 종교들보다 훨씬 작다. 몇몇 추정자료에 따르면 조로아스터교의 신도 수는 십만에서 이십만 정도로 추정된다. 그러나 수백 년에 걸쳐 조로아스터교의 관례와 저술들은 다른 종교 그리고 여러 국가와 제국의 정치에도 영향을 미쳤다. 학자들에 따르면 예수의 탄생에 축하하러 간 세 동방박사가 조로아스터교 사제들이었으며, 유대교의 사후 세계와 관련된 신학 이론에도 영향을 주었으리라 추정한다. 사후 세계 신학 이론이란 이승에서 당신이 한 일이 사후 당신의 운명에 영향을 미친다는 것이다. 또한 이사야서에는 빛은 선으로, 어둠은 악으로 묘사되어 있는데, 자라투스트라의 작품이라고 여겨지는 조로아스터의 운문과 상당히 유사하다. 수천 년 전 이 두 종교가 상호 영향을 미쳤음을 암시한다.

조로아스터교인들은 특히 불과 강한 관계를 맺고 있는데, 이들은 불을 의식과 명상의 핵심이라고 생각한다. 그들이 관리하는 고대의 불들은 '승리의 불'을 의미하는 아타시 바흐람Atash Bahram이라고 한다. 이 불 중 대부분은 인도에 있다. 인도에는 '파르시스Parsis'로 알려진 소수민족으로 이루어진 조로아스터교 공동체가 있다. 이들의 조상은 7세기 이란의 이슬람교 박해를 피해 인도로 망명했다.

이 불들이 숭배의 대상은 아니지만, 신도들은 불 가까이 서 있을 때 조로아스터교의 최고신 아후라 마즈다Ahura Mazda와 함께 있다고 느낀다. 불꽃은 다양한 상징을 지니며 영감, 열정, 진실, 헌신, 연속성 그리고 변화를 의미한다.[04]

아타시 바흐람의 불들은 피우기가 비정상적으로 어렵다. 이 불들이 극도로 적은 이유다. 예를 들어 인도에서 가장 오래된 불은 뭄바이Mumbai 북쪽의 우바다Udvada라는 마을에 있는 것으로 1000년 이상 타오르고 있다. 이 불을 지피기 위해 조로아스터교 사제들은 걸어서 이란으로 돌아가 성스러운 재, 반지, 황소의 털 등이 포함된 알라트alat라고 하는 신성한 물건들을 가져왔다. 그 과정에서 이 사제들은 적군을 피하기 위해 몸을 숨겨야만 했고 불과 물이 섞일 수 없으므로 강도 바다도 건널 수 없었다. 그러고 나서 1만 4000시간의 의식이 필요했다. 그러나 정말 어려운 부분은 이제부터다. 아타시 바흐람의 불을 하나 지피려면 벽돌공, 제빵사, 전사, 장인을 포함해 각기 다른 직업을 가진 사람의 집에서 열여섯 개의 불을 가져와 여기에 시체의 불과 번개의 불을 섞어 불을 지펴야 한다. 번개의 불은 얻기가 정말 어려웠다. 두 조로아스터교 신도가 번개를 목격해야 하고, 폭풍우가 내릴 때 번개가 쳐서 어딘가에 불이 붙기를 바라야 하기 때문이다.[05]

물론 이 고대의 불들이 한두 차례 꺼진 적이 있는지를 확인하기는 어렵다. 이 불의 고리가 전쟁, 질병 또는 자연재해에 의해 끊어진 적이 있었으리라 상상하는 사람도 있을 수 있다. 그리고 1,500년 동안 분명 아슬아슬한 위기의 순간들도 여러 번 있었을 것이다. 그럼에도 아타시 바흐람의 불을 보살피는 것은 세계에서 가장 오랜 시간 이어져 내려온 단일한 종교적 헌신 행위 중 하나다. 특히 세계에서 가장 수명이 짧은 물질인 불꽃을 매개로 오랜 시간을 이어왔다는 점이 눈길을 끈다.

그렇다면 신앙적 헌신 외에 조로아스터교 신앙의 어떤 요소들이 이토록 오랫동안 불이 타오르게 할 수 있었을까? 이 질문에 답하기 전에 연속성의 시간관을 보여주는 또 다른 사례 하나를 더 소개하고자 한다. 또 다른 일시적인 매개체 안에 장기적인 사고가 담겨 있다. 바로 일본의 한 숲 깊은 곳에 지어진 나무와 짚으로 만든 사원이다.

7세기 어느 날, 일본 이세Ise의 신도 교인들은 거대한 신궁을 재건하기 시작했다. 그것이 마지막이 아니었다. 그들은 체계적이고 신중하게 그 신궁을 예순여섯 번이나 다시 지었는데, 이 관례는 무려 1,300년 동안 계속됐다.

20년마다 신도교 사제들은 신궁의 완공을 기념하기 위해 예복을 입고 의식을 수행한다. 이때 사제들은 과거의 사원에서 새로 지은 사원으로 상자에 든 보물들을 운반한다. 시키넨센구Shikinen Sengu라고 하는 이 재건 시스템은 한 세대의 전통과 기술을 다음 세대에 전달하는 의식도 포함한다. 견습생들은 건설장인에게서 배우고, 목수는 선배 목수에게서 배우고, 사제는 나이 든 사제들에게 배운다.

이 주목할 만한 연속성의 행위를 맥락에서 이해하려면 신도Shinto에 대한 약간의 배경지식이 도움이 될 수 있다. 신도는 최소 8000년 이상 된 일본의 토착 신앙이다. 신도는 조화, 집단주의, 협동의 가치를 강조한다(신도의 이러한 가치들은 2장에서 언급한 바 있는 일본의 장기적 사고에 뿌리를 둔 기업 문화에도 영향을 미쳤을 것이 분명하다). 신도를 믿는 사람들은 카미kami를 숭배한다. 카미란 바다, 산, 바람, 비를 의미하는 자연계와 얽혀 있는 영혼들을 말한다. 또한 이들은 고대 가족의 수호성인으로 조상들을 숭배한다. 또한 사회에 혁혁한 기여를 한 개인들도 카미로 기억될 수 있다. 각각의 영혼이 세계 질서를 유지하는 역할을 하게 되어 있고 이를 논의하기 위해 만남을 가진다. 신도교의 신도들에게 카미를 달래는 것은 가뭄, 질병, 기아, 쓰나미, 폭풍과 같은 가혹한 자연을 달래는 중요한 방법이다.

이전과 현재의 이세 신궁, 나이쿠 건물

교리나 창시자도 없고 하나의 전지전능한 신도 없지만, 신도 신앙은 수세대를 거쳐서 내려온 기원 설화를 갖고 있다. 특히 신궁에 좀 더 중요하고 특히 의미가 있는 설화 중 하나는 아마노이와토Ama-no-Iwato(하늘동굴)에 관한 이야기다.[06] 그 이야기는 이렇다.

지구의 역사가 시작될 때 이자나기Izanagi와 이자나미Izanami라고 하는 부부 신이 일본의 섬들과 다른 카미들을 창조했다. 그들의 후손들, 아마테라스 오미카미Amaterasu-Omikami는 하늘을 밝히고 쓰키요미노카미Tsukiyomi-no-kami는 달과 밤을 상징하며 스사노오노카미Susano'o-no-kami는 바다와 폭풍을 주관한다. 그러나 스사노오는 충동적이고 게을렀으며 바다를 버리고 천상 평원의 아마테라스에 합류했다. 천상에서 스사노오의 문제 행동 때문에 태양의 여신 아마테라스가 동굴에 숨으면서 세상에서 빛이 사라졌다. 카미는 이 문제를 해결할 방법을 논의하기 위해 만났다. 그리고 이들은 보석과 거울을 사용해서 천상 동굴 근처의 나무를 장식하기로 했다. 그리고 그들은 춤을 추면서 즐거운 의식을 거행했고 아마테라스를 달래 밖으로 나오게 했다. 스사노오는 잘못을 뉘우치고 지상으로 내려왔다. 지상에서 그는 머리 여덟 개 달린 괴물을 죽였다. 괴물의 꼬리에서 검을 발견한 그는 이 검을 아마테라스에게 바쳤다.

아마테라스는 원래 도쿄의 황궁에 봉안돼 있었지만, 약 1,300년 전 발생한 전염병 이후 관리들은 그녀를 상징하는 신성한 거울을 좀 더 조용하게 의식을 올릴 수 있는 새로운 장소로 옮기기로 했다. 일본의 공주는 온 나라를 수색했고, 이스즈가와 강둑 옆에서 계시를 받은 후 이세 신궁을 결정했다.

일본에는 약 8만 개의 신사가 있는데, 이세의 신사는 특별한 의미를 지니며 도보 순례길의 끝을 의미한다. 거기서 신도 신앙의 신도들과 사제들은 마쓰리matsuir라고 하는 예식을 정기적으로 치른다. 주로 절기와 연계된 마쓰리는 추수한 작물에 대한 감사, 미래의 풍년 기원, 황실을 위한 기도를 올린다.

그러나 새로 지은 신사의 개관을 축하하기 위해 20년에 한 번 열리는 이 센구Sengu 예식은 진귀하고 특별하다. 이 전통은 1,300년 동안 지속됐으며 전시에만 가끔 중단됐다.

센구의 준비는 우선 그 지역 주변의 삼나무들을 베는 것에서부터 시작해 8년간 지속된다. 많은 삼나무를 통으로 베어서 물에 띄워 산 아래로 내려보냈다. 과거 목공들은 미소마야마Misoma-yama라는 인근 숲에서 삼나무를 베었다. 그러나 지난 수년에 걸쳐 만개의 통나무를 얻는 것이 점점 더 어려워졌다. 17세기에서 19세기 에도시대에 수백만 순례자들이 참배를 위해 이세를 찾았다. 그러나 이들은 자신들이 거주하는 지역 숲에서 막대한 양의 나무를 베어와서 땔감으로 사용했다. 이 때문에 약 90년 전부터 신사 관리들은 미래 세대들이 사용할 나무들을 심기 시작했다. 지난번 예식 때 사용한 나무의 25%가 새로 심은 나무에서 왔다.[07]

신사에 사용할 목재가 확보되면 목재 말리기와 준비에 처음 4년을 사용한다. 목재를 연못에 담가 기름을 뽑고 공기 중에 적응시킨 다음 톱질을 한다.[08] 마지막으로 들보와 기둥, 이음새를 장식된 수레에 실으면 젊은이들이 노래를 부르면서 마을 사람들과 함께 그 수레를 공사 현장으로 끌고 간다.

점차 두 건물이 나란히 서 있게 될 때까지 아마테라스의 궁전인 신사 본관을 들보 하나하나 차례로 복제한다. 건물 디자인은 전통적인 곡물창고와 비슷하고, 상승형 바닥 시스템, 기둥, 초가지붕을 갖추고 있다.

흥미롭게도 오랜 시간을 거치면서 빌딩 디자인은 처음 모습과 비교하면 다소 가변적으로 보인다. 처음 건축가가 작성한 청사진을 엄격하게 따랐다고 생각하기 쉽지만, 오늘날 새로 지어진 신사는 제일 처음 건축된 신사와 비교하면 약간의 차이를 보인다. 예를 들어 금동부품들은 급격한 기술변화의 시대, 수백 년 전 중국으로부터의 문화적 이주가 일어났던 시대에 도입됐다.[09] 이 신사는 콘크리트나 전통에서 완전히 벗어난 다른 건축자재로 대체될 일이 없을 것이다. 그러나 중요한 것은 이 신전은 살아 있는 건물이기 때문에, 각 세대가 원하거나 필요하다고 판단한다면 그에 따라 변화를 추구할 기회를 얻게 되리라는 점이다.

신사의 재건축이 끝이 나면 아마테라스의 신성한 거울을 새 건물로 옮기는 의식이 치러진다. 이 의식에는 황실 가족도 참석한다. 대중적 오락을 목적으로 하는 것이 아니다. 그래서 불과 몇백 명의 관람객들만 참석한다. 가장 최근인 2013년 의식에 참석했던 롱 나우 재단Long Now Foundation의 알렉산더 로즈Alexander Roses는 관람한 내용을 이렇게 기술했다.[10]

"신전 마당에는 밧줄로 일련의 나무 궤에 밧줄이 둘러져 있다. 이 궤 중 어떤 것은 평범한 나무였고 어떤 것은 옻칠이 돼 있었다. 궤마다 신전의 보물들이 담겨 있고 옛날 건물에서 새 건물로 옮겨지게 된다. 어떤 보물은 일본의 가장 위대한 공예가들에 의해 20년마다 다시 제작되며, 어떤 것들은 1,400년 동안 이 사원에서 저 사원으로 옮겨 다녔고 어떤 것들은 사제들을 제외한 모든 이에게 완전한 비밀에 부쳐진다. 신전을 새로 지을 때마다 한 신전에서 다음 신전으로 이동할 때 카미 영혼들이 바로 이 보물들을 따라간다. 그래서 새 신전이 완성되면 신도의 사제들이 이 보물들을 옮긴다. 카미의 영혼들은 때론 밤에 이 보물들을 따라 그들의 새 신전으로 이동한다."

"팡파르 없이 일본의 공주가 수백 명의 이세 사제들의 행진을 이끌고 우리가 방금 걸어 내려왔던 그 통로로 내려온다. 그들은 모두 나무 궤들 옆에 몇 개의 줄을 만들어 서 있다. 거의 30분 동안 절을 하는 의식이 끝

1849년경에 제작된 우타가와 쿠니요시Utagawa Kuniyoshi의 판화. 신전들 사이에서 보물을 운반하는 사제들의 모습을 묘사하고 있다.

난 뒤 이 궤들은 성역으로 운반되어 새로운 신전에 안치된다. 모든 것이 평온하고 매우 소박하며 그 어떤 환호의 소리도 들리지 않는다."

의식이 끝난 뒤 낡은 신전은 해체된다. 늙은 삼나무 목재는 버려지지 않고 경내 다른 곳의 아치형 구조물 또는 스크린인쇄의 틀을 만드는 데 재사용되거나 다른 곳의 사원을 지을 때 사용한다.

그러고 나서 약 12년 뒤 새 신사를 짓기 위한 준비가 다시 시작되고 이후 또다시 8년 뒤 막을 내린다. 그러므로 2025년에서 2033년 사이에 우연히 이세를 지나가게 된다면, 다음 신사가 경내에 더해지는 것을 보게 될지 모른다. 아마도 67번째로 지어지는 새 신사일 것이다.

꺼지지 않는 조로아스터교의 불길과 이세의 신전들은 긴 시간을 이어가기 위해 반드시 영원히 지속될 무언가를 남겨야만 하는 것은 아님을 보여준다. 신도 종교와 조로아스터교 모두 각각 소중히 여기는 보물들을, 예를 들어 아마테라스의 신성한 거울이나 아타시 바흐람을 지피는 데 사용된 알라트를 갖고 있다. 반면 이들 신앙의 가장 귀중한 보물은 분명 그들의 공동체 관례와 습관이다. 시간의 연속성 인식을 정의하는 것은 바로 이러한 보물들이다.

무수한 신앙과 문화처럼 신도 신앙이나 조로아스터교는 세대 간 연대를 강조한다. 공동의 행위를 통해 일본의 신사 재건 의식은 각 세대가 공동체 안 목공에서부터 신성한 의무에 이르기까지 전문기술을 훈련받는다. 그리고 반드시 살려야 하는 불에 모든 관심을 집중하면서 조로아스터교의 신도들은 신성한 책임을 다음 세대에 물려준다.[11]

이러한 관례를 굉장히 강력한 것으로 만드는 것은 이 과정에서 이들이 모두 개인적으로 혜택을 입으며, 신앙체계 안에서 교육을 받고, 이를 자녀들에게 물려준다는 것이다. 고정된 유산의 관리인이 되는 것이 유일한 유인책인 파텍 필립 전략과 달리 각 세대는 전 세대가 누리던 것과 동일한 지위와 개인적 보상을 경험한다.

중국 제나라의 철학자이자 정치가 관중Guan Zhong은 8세기에 다음과 같은 말을 했다고 전해진다.

1년을 앞서 계획을 세우려면 곡물을 심어라

10년을 앞서 계획을 세우고 싶으면 나무를 심어라.

앞으로의 삶을 미리 계획하려면 사람을 심어라.

이것이 연속성의 시간관에서 얻을 수 있는, 장기적 사고에 대한 유일한 교훈은 아니다. 신도 신앙이나 조로아스터교와 같은 신앙에서 그들의 사상을 시간을 초월해 미래 세대에 전달하고 싶을 때 활용하는 또 다른 중요한 방법 하나는 의식의 힘을 통하는 것이다.

의식 수행은 인류의 선사시대에서 그 기원을 찾을 수 있다. 당시 체계화된 종교가 존재하지 않았고 사람들은 작은 공동체 안에서 살았다. 그래서 그들은 오늘날 식량 약탈자 집단에서 볼 수 있는 간헐적이지만 신체 손상을 하는 유형의 의식을 따라 했을 가능성이 높다. 일례로 파푸아뉴기니의 세픽 지역에서는 악어의 피부를 흉내 내기 위해 의식에 참석한 남자들이 자신의 살을 칼로 도려낸다.[12] 공동체 구성원들이 모두 서로를 알고 있고 결속이 생존을 위해 반드시 필요하다면, 그러한 신체 손상 의식들은 집단의 요구에 헌신할 의지가 있음을 가시적으로 드러내는 기능을 한다.

그러나 사회가 점차 커짐에 따라 기도, 음악, 불꽃 꺼뜨리지 않기, 의식 등과 같이 각 사회에 맞게 공동체 형성을 위한 정례적인 의식 형태의 종교가 등장했다. 옥스퍼드 대학의 인류학자 하비 화이트하우스Harvey Whitehouse에 따르면 의식은 문명의 번성에 필요한 신뢰, 협력, 결속력, 즉 시간과 공간을 초월해 민족을 하나로 묶는 일종의 사회적 접착제를 형성하는 데 도움을 줬다.

의식은 '선한' 시민은 어떤 모습이어야 하는지에 대한 개념을 확산시키고 이질적인 사회들을 하나로 모았다. 기도문을 암송하거나 예식을 수행할 때마다 그것은 이질적인 사람들 사이에서 공통된 도덕적 신념과 집단의 목표에 대한 약속을 의미했다. 거리나 시간에 의해 떨어져 있어 구성원이 서로를 몰랐을 때, 그들이 서로 연결돼 있음을 상기시키고 친사회적 행동, 신뢰, 협력을 촉진하는 역할을 한 것은 바로 의식의 수행이었다. 14세기 이슬람 학자 이븐 칼둔Ibn Khaldun이 주장한 바와 같이, 의식은 아랍어로 사회적 결속을 의미하는 '아사비야asabiyah'를 끌어내고 직접적인 친족관계를 넘어 국가적 차원으로 연대 의식이 확대될 수 있도록 했다.[13]

시간이 지나며 의식 관례는 기독교, 이슬람교, 힌두교, 불교, 시크교, 유대교와 같은 기성종교에 점점 더 확고하게 뿌리내리기 시작했다. 이 종교들을 자세히 들여다보면 다 다르지만 많은 공통점을 공유한다. 다수의 종교에는 이슬람교의 기도의 부름이나 기독교의 찬송가 합창 등과 같은 동시성이나 외적 표현이 포함돼 있다. 가톨릭의 성찬식, 불교의 배고픈 귀신(홀대받은 귀신이나 조상)을 먹이기 위한 음식 준비 등에서처럼 음식은 고정으로 등장한다. 다양한 국가와 신앙에서 불이나 향을 지피는 행위가 등장한다. 일례로 촛불에 불을 붙이는 행위는 유대교의 안식일 시작을 알리거나 힌두교의 디야diya등잔에 불을 붙이는 디왈리(등명제Diwali)를 꼽을 수 있다. 정화 의식도 마찬가지다. 사원에 들어가기 전 따라야 하는 다양한 절차들이나 축제 전에서 신성한 강물에서 몸을 닦는 힌두교의 관례가 단적인 예다.

조로아스터교인들에게 불을 보존하는 것은 그 자체가 의식이며, 자샨jashan이라고 하는 의식의 시작을 알리는 정례화된 예식을 수행하는 장소다. 자샨을 수행할 때, 조아타르zoatar라고 하는 사제의 지휘에 따라 금속 쟁반에 과일, 견과류, 밀로 만든 푸딩을 담아 우유, 와인, 꽃과 함께 흰색

천 위에 놓는다. 한편 또 다른 사람은 아트라박시atravakshi라는 불을 돌본다. 그리고 신도 사제들은 세 기간으로 이루어진 의식을 거행한다. 20년마다 신사를 재건하는 센구 의식은 하나의 주기로 이루어져 있지만, 이 주기 안에는 매일 또는 해마다 거행되는 의식도 있다. 예를 들어 추수 감사 의식(칸나메사이Kanname-sai), 황실과 일본의 번영을 기원하는 특별 의식을 꼽을 수 있다.

다수의 의식이 현재 방식으로 거행되어야 하는 명백한 이유가 있는 것은 아니다. 한 문화의 의식 규범이 다른 문화에서는 눈살을 찌푸리게 만들기도 한다. 그러나 세부 내용은 중요하지 않다. 대신 의식에 담겨 있는 사상과 의식을 통해 유도하고자 하는 공동체의 행동이 중요하다.

이러한 의식들은 반복과 기억을 유도하고 시작과 끝을 알리는 오랜 시간과의 관계를 정립하며 조상과의 연대감을 형성하는 하나의 방법이기도 하다. 의식은 전통과 경건함으로 특정한 절차를 따르는 것으로 구성원들이 과거, 현재, 미래 공동체 일원임을 느끼고 자신보다 더 큰 것을 추구하게 한다. 따라서 의식은 사상이 수십 년, 수백 년을 뛰어넘어 이동할 수 있도록 하는 인간의 행동이다.

만약 비종교적인 세속적인 집단에 일원이 장기적인 사고를 갖고 오랜 시간을 견뎌낼 수 있는 사상을 창조하고 싶다면 다음과 같은 질문을 해보는 것이 도움이 될 것이다. "어떤 의식과 전통이 그들이 속한 공동체를 하나로 결속시키는가?"

일부 이성적인 회의론자들은 영적 수행에 참여하기를 꺼릴 수 있지만, 모든 의식이 신이나 숭배를 수반하는 것은 아니다. 또한 의식이 엄숙하거나 심각할 필요도 없다. 내가 가장 좋아하는 장기적 사고의 사례 중 하나는 옥스퍼드 대학에서 백 년에 한 번 거행되는 청둥오리mallard예식이다. 이 의식이 마지막 치러진 때는 2001년이었다.

백 년마다 올 소울즈 칼리지All Souls College에서는 긴 막대기에 묶인 목각 청둥오리를 가지고 저명한 학자들이 오리에 관한 노래를 부르며 대학 내 뜰을 행진한다. 횃불을 들고 진행하는 이 행렬은 "맬러드 경"이라는 직함을 가진 학자가 맨 앞에서 선다(내가 알기로는 레이디 맬러드는 지금까지는 없었다).[14]

이 의식의 기원은 중세 후반에 기원한 전통으로, 이 칼리지가 설립된 1437년 칼리지 분수대에서 오리 한 마리가 날아올랐다고 해서 시작된 것으로 추정된다.[15] 이 합창곡은 이렇게 진행된다.

Hough the bloud of King Edward,	에드워드 왕의 피에 의해
by ye bloud of King Edward,	에드워드 왕을 파멸하라.
It was a swapping, swapping mallard!	그것은 대단한 청둥오리였다.

이 노래는 너무 오래전에 만들어져서 어떤 에드워드 왕을 왜 가리키는 것인지 불분명하다. 1600년대 한 설명에 따르면 "새벽 2시 또는 3시에 무례하게 이 노래가 불린 후 불평이 있었다고 한다. 그리고 그 노래는 소란을 달래기 위해 문을 어쩔 수 없이 열어야 했던 옥슨에 주둔한 올리버 크롬웰의 군대에 큰 경각심을 주었다." 그래서 만약 당신의 후손 중 누군가 2101년 어느 날 저녁 올 소울즈 칼리지 밖에 있다면 이 노래를 듣게 될지 모른다.

오리를 행진시키는 것은 다소 이례적인 비종교적 의식 중 하나다. 그러나 그렇게 화려하지는 않지만 좀 더 평범한 일상의 의식들이 많이 존재한다. 당신과 조상들 사이의 공통점이 무엇인지 자문해보라. 그러면 축하를 위한 식사, 놀이, 축하를 위한 축제와 같은 행사들도 있고, 결혼이나 생일을 축하하기 위해서 또는 죽음을 애도하면서 전통음식을 먹는 의식이 떠오를 것이다. 이러한 의식들은 인간 조건을 보여주는 영원한 상징들이다. 몇백 년 뒤, 사람들은 지금과는 완전히 다른 기술들을 이용하게 될 것이다. 그러나 분명한 것은 그들도 여전히 의식들을 거행하리라는 것이다. 의식은 우리가 가진 가장 장기적 사고 습관의 하나다.

물론 연속성 시간관이 종교에 뿌리를 둔 유일한 대안적인 시간관은 아니다. 또 다른 대안적 시간관은 '초월적 시간관transcendental timeview'이 있다. 앞서 이 시간관에 대해서 이미 몇 차례 언급한 바 있으므로 다시 자세하게 논의하는 것은 생략하겠다. 이 초월적 시간관의 가장 대표적인 예는 (개인의) 죽음을 통해 또는 천국에서의 영생을 얻기 전 겪어야 하는 (사회의) 종말을 통해 인간 경험의 끝을 어렴풋하게 예상하는 것이다. 만약 미래가 있다면 그것은 곧 끝날 것이고, 그 후의 시간은 아마 의식마저도 영원히 똑같을 것이다. 이 같은 생각이 시간 윤리를 동반한다는 것이 중요하다. 즉 이승에서 동정심, 헌신, 친절의 삶을 산다면 다음 생에서 보상받을 수 있다는 것이다.

그러나 이러한 초월적인 시간관이 반드시 종말을 수반하는 것은 아니다. 어떤 시간관에는 시간 자체가 포함돼 있지 않다. 2천 년 된 중국 도교 경전《장자Zhuangzi》에는 측정할 수 없는 무nothingness의 비시간성 또는 순서나 순차적 선형성이 없는 우주의 '원초적 혼돈'이 언급돼 있다.[16]

또한 주기적인 먼 시간관이 흥미롭게 혼합된 초월적인 시간관들도 있다. 이 시간관들은 지질학적 시간과 유사한 방대한 연대기를 수반하지만 파괴와 부활의 주기를 반복한다. 예를 들어 힌두교와 불교의 우주론은 칼파kalpas에 대해 이야기한다. 칼파는 우주의 창조와 재창조 사이의 기간을 의미하는 시간 단위다. 이 시간의 길이는 다양하지만 힌두사상에서 칼파는 43.2억 년으로 정의된다. 우주의 나이를 이보다 더 길게 보는 경우도 있다. 힌두 경전 중에서 2천여 년 전에 쓰인 《바가바드 기타Bhagavad Gita》에서는 우주의 수명을 3조 년 이상이라고 추산한다.

수백 년에 걸쳐 종교학자들은 칼파라는 시간이 얼마나 거대한지를 강조하기 위해서 환기적인 은유를 사용해왔다. 예를 들어 누군가는 비단 천이나 독수리의 날개로 백 년에 한 번 산을 쓸어주는 행위로 산이 닳아 없어지는 데 걸리는 시간을 칼파라고 정의했다. 또 누구가는 가로세로 각각 27킬로미터인 정육면체에 겨자씨를 백 년에 한 개씩 넣어서 가득 채우는 데 걸리는 시간이라고 정의하기도 했다. 그러나 내가 가장 좋아하는 설명은 예상 밖에 거북이가 등장하는 이야기다. 백 년에 한 번씩 나무 멍에(짐을 나르는 짐승의 목줄)를 광활한 바다에 던진다고 가정해보자. 칼파는 외눈박이 거북이가 이 나무 멍에 안에 정확하게 머리를 넣어 수면 위로 떠오를 때까지 기다려야 하는 시간을 의미한다.[17] 이러한 은유 중 그 어떤 것도 과학적으로 정확하지 않다. 산도 거북이도 수십억 년을 견뎌낼 수 없다. 그러나 그것은 중요하지 않다. 이 은유들은 초월적인 세계의 장구하게 긴 시간 안에서 개인의 경험이 얼마나 짧고 덧없는지를 강조한다.

이 시간관은 지질학적 먼 시간의 관점을 반영하는 것처럼 보이고 또 지질학적 관점보다 훨씬 앞선 시간관처럼 보이지만, 부활의 강조는 이 시간관과 몇몇 물리학 이론이 좀 더 비슷하게 보이게 만든다. 몇몇 우주론자들은 우주가 극도로 오랜 시간에 걸쳐 주기적 특성을 드러낸다고 주장한다. 그래서 빅뱅이 발생했지만, 빅뱅은 대수축Big Crunch에 의해 끝날 수 있다. 대수축이 발생하면 모든 시공간이 붕괴하고 다시 새롭게 시작한다. 이 관점에서 우주는 팽창과 수축을 영원히 지속한다.[18]

지질학적 지식에 근거한 시간관을 가진 사람들(나를 포함하여)에게, 시간에 대한 나의 이해를 초월하는 더 멀고 더 긴 시간관이 존재할 수 있음을 생각한다는 것은 겸손한 일이다. 나는 시간은 선형적이고 우주의 탄생 이전에는 시간이 존재하지 않았다고 생각한다. 그러나 만일 미래 과학자들이 시간은 시작도 끝도 없다는 것을 확실히 발견하게 된다면 무슨 일이 벌어질까? 그 얼마나 숭고한 조우일 것인가? 장기적 사고는 다양한 형태로 나타난다. 그리고 나의 장기적 관점은 세상에 대한 불완전한 지식과 가정에 기반한다는 사실을 나 자신에게 끊임없이 상기시켜야 한다.

토착민의 통찰력

물론 신앙이 장기적 사고와 시간에 대한 다른 관점을 갖기 위한 선결 조건은 아니다. 무수한 비산업화된 문화, 특히 토착 민족들도 그들 특유의 시간관을 발달시켰다.

EP 톰슨은 많은 비서구권 문화에서 분초와 같은 시간을 통해 산업화적으로 동기화하는 방식이 아니라 직접적인 주변 환경에 맞추는 방식으로 삶과 공동체를 계속 우선해왔다고 했다. 농부는 햇빛에 맞춰 일할 수 있고 어부는 바다에 맞춰 일한다. 그리고 자신이 인용한 마다가스카르의 부족처럼 어떤 문화에서는 '밥 짓기(약 30분) 또는 메뚜기 튀기기(순식간)로 시간을 측정할 수 있다'라고 그는 주장한 바 있다.[19]

전체적으로 이러한 시간관들은 환경적 시간관이라고 기술할 수 있다. 이 환경적 시간관은 자연의 과정, 생명체, 주기와 같은 주변 환경에 좀 더 긴밀하게 맞춰진 시간관을 수용한다. 환경적 시간관을 지속적으로 수용하는 토착문화 안에서, 환경적 시간관은 세대 간 시간관을 동반하는 경우가 많다. 세대 간 시간관의 경우 사람들은 세대 간의 긴밀한 관계와 책임이라는 렌즈를 통해 과거, 현재, 미래를 인식한다. (세대 간 시간관은 앞서 소개한 버크의 후손을 바라보는 관점과 유사하다. 또한 연속성 시간관과도 중첩되는 부분이 있다. 그러나 앞으로 확인하겠지만 세대 간 시간관은 좀 더 먼 시간까지로 확장된다).

원주민 문화 안에서 이러한 대안적인 시간관을 가장 잘 보여주는 사례는 아마도 호주 원주민의 시간관일 것이다. 이들은 시간을 때때로 '모든 때everywhen'라고 기술한다. 만일 과거, 현재, 미래를 선이나 풍경으로 생각하는 데 익숙하다면 이를 개념화하기란 어려울 것이다. 그러나 어떤 이들은 모든 때라는 개념을, 둘러싼 물을 시간으로 인식하는 것과 비슷하다고 이야기한다. 물 안에서는 과거와 현재가 같고 미래는 의미가 없다. 원주민들은 물론 필요에 따라 연대순으로 시간을 이해할 수 있지만 그들은 문화적 세계관으로서 이러한 대안적 시간관을 수용한다. 다시 말해 시간은 삶의 지배자가 아니다.[20] 대신 환경적이고 세대를 초월한 시간관이 삶의 안내자다. 이러한 시간관은 우리의 생태학적 환경, 사회적 관계, 조상, 공동체와 조화를 이루는 것을 최우선으로 한다.

인도 북동부 아루나찰 프라데시의 디방 계곡에 거주하는 이두 미슈미족Idu Mishmi의 환경적·세대 간 렌즈도 살펴보기로 하자.[21] 그들의 거주지는 울창한 숲이 우거진 생물다양성의 보고다. 이곳에는 550종 이상의 새들이 서식하고 있다. 또한 멸종 위기의 호랑이 개체군의 서식지이기도 하다. 환경 보호론자들은 이 새로운 호랑이 개체군의 번성이 이두족의 도움 덕분이라고 믿는다. 이두족은 모든 만물에 인간과 공통의 문화를 공유한 영혼이 깃들어 있다고 믿는 정령 신앙을 갖고 있다. 호랑이는 노래에 나오는 것처럼 인간 기원설의 일부를 이루므로 호랑이를 죽이는 것은 금지되어 있다. 시간과 관련된 부분은 생태계 균형과 세대 간 배턴 물려주기를 강조하는 에나ena라고 하는 규칙을 통해서다. 이두족의 정신적 지도자인 시파 멜로Sipa Melo가 말했듯이, "아무리 발전하고 성공하더라도 지금 숲, 산, 강, 호수를 보존하지 않으면 그 어떤 신도 우리를 구해주지 않을 것이다… 자녀와 손자들에게 남겨줄 것이 없기 때문이다."

그러한 태도 역시 연속성의 마음가짐이다. 종교를 통해 사상이 후대에 전달되는 것과 같은 방식으로 일명 '전통적 생태 지식'이라고 하는 것도 그렇게 전달할 수 있다. 전통적 생태 지식은 농사법에서부터 맞불, 동물의 행태에 이르기까지 거의 모든 것을 총망라한다. 습득하기까지 상당히 오랜 시간이 걸리는 경험이자, 수백 년 또는 수천 년, 수세대에 걸쳐 특정 장소에 거주할 때만 형성된다.[22]

헨리 헌팅턴Henry Huntington과 니콜라이 밈린Nikolai Mymrin은 북극에서 흰돌고래를 연구하려고 했을 때 이렇게 오랜 기간에 걸쳐서 획득한 지식이 얼마나 통찰력이 있고 귀중한지를 확인했다. 오랫동안 흰돌고래의 해동을 추적할 때, 과학 장비들을 수년 또는 수십 년간 그대로 두지 않는 한 그 장비들이 발견할 수 있는 데이터는 한계가 있었다.

그러나 알래스카와 러시아의 추콧카Chukotka 자치구에서 토착 민족 공동체와 이야기를 나누며 두 사람은 해당 지역의 흰돌고래들이 나타나는 시간, 장소, 방향에 대한 새로운 사실들을 상세하게 기록할 수 있었다. 과학적 장비로는 쉽게 접근할 수 없는 자료들이었다. 이 새로운 정보는 해마다 이루어지는 돌고래의 이주에 대한 새로운 통찰과 예를 들면 먹이주기와 분만과 같은 돌고래 행동에 대한 세부 정보가 포함돼 있었다. 이두 연주자는 후일 이렇게 기록했다. "토착민들은 생존을 위해 이러한 세부 지식에 의존해왔다. 그들은 말 그대로 이 정보의 정확성과 반복성에 생명을 걸었다."[23]

두 사람은 예상하지 않았던 심지어 질문하려고 생각지도 못했던 것들도 알게 됐다. "한 집단 인터뷰 당시 우리는 느닷없이 흰돌고래 대신 비버에 대해 이야기하고 있었다. 나는 이야기의 주제를 흰돌고래로 돌려야하지 않을까 생각도 했지만, 이내 참가자 중 한 사람이 둘의 연관성에 대해 새로운 사실을 알려주었다. 비버들은 연어나 다른 물고기들이 알을 낳는 시기에 물 흐름을 막는다. 비버의 개체수가 증가하고 있기 때문에, 이는 산란 서식지가 사라지고 흰돌고래의 먹이가 되는 물고기 개체수에 변화가 생긴다는 것을 의미한다. 그러므로 비버의 활동이 흰돌고래에 영향을 미칠 수 있다."

한편 다수의 글로벌 토착민 문화가 수용하고 있는 세대 간 시간관은 또한 세대 간 상호주의의 가치를 우선시한다는 의미다. 예를 들어 선조들을 기리는 축제가 무수히 많다. 멕시코, 남미와 북미에는 디아데로스 무에르토스Dia de los Muertos (Day of the Dead)라는 망자의 날 축제가 있고, 중국에는 굶주린 영혼들의 축제Hungry Ghost Festival가, 캄보디아에는 빠춤분Pchum Ben이라는 축제가 있다.

여기에 'Ka mua, ka muri'라는 마오리족 속담도 있는데, '뒷걸음질로 미래를 향해 걸어 들어간다'는 의미로 번역할 수 있다. 이 속담은 과거 세대의 지식이 어떻게 미래의 길잡이가 되어줄 수 있는지를 강조한다. 이 속담은 조상을 공경하면 보상으로 그들이 도움을 줄 것이라는 내용이다. 마오리족 공동체에는 또한 조상과 혈통을 의미하는 와카파파whakapapa라는 매우 높은 평가를 받는 계보 개념이 있다. 가계도 은유와는 개념적으로 다르며, 오히려 한 세대의 이야기가 다른 세대의 이야기에 켜켜이 쌓이는 하나의 이야기로 기술되는 경우가 더 많다. 아마도 그러한 이야기는 과거로까지 뻗어 있는 나뭇가지들보다는 오랜 시간에 걸쳐서 쌓이는 퇴적암에 좀 더 가깝다.

가계도의 은유와 비교했을 때, 퇴적암 비유가 어떻게 다른 유형의 사고를 유도할 수 있는지를 생각해보는 것은 흥미롭다. 가계도는 개인을 중앙, 즉 줄기에 두고 훨씬 가느다란 가지들이 과거 친족들을 향해 뻗어 있다. 반대로 여러 층으로 이루어진 돌은 맨 아래층에 조상들을 위치시키고, 오랜 시간에 걸쳐 크기와 계층 구조가 점점 더 커진다. 이 비유는 과거와 미래를 모두 설명하고, 축적된 층들이 석화되어 시간을 초월한 하나의 공동체가 될 가능성을 제시한다.

그러나 세대 간 시간관이 가장 두드러지고 영향력 있게 표현된 문화 하나를 강조해야 한다면, 아메리카 원주민들과 '7대'에 걸친 관리자 개념일 것이다. 이 같은 시간관은 수백 년 된 이로쿼이 연합Iroquiois confederacy의 대법Great Law에서 기원했다고 한다. 이 헌법에는 7대라는 말이 직접적으로 언급돼 있지는 않지만, 1390년에서 1500년 사이, 즉 500년 전에 수립되었음을 감안하면 그리 놀랄 만한 일은 아니다. 그리고 이 대법은 구전으로 전승되다가 나중에 번역가들이 영어로 번역했다.

그러나 대법의 영어 번역본에는 지도자들에게 '모든 국민의 복지를 돌보고 귀 기울일 것 그리고 현재뿐만 아니라 미래 세대까지도 염두에 둘 것을 촉구하는 격언 하나가 포함돼 있다. 미래 세대란 얼굴이 아직 지표면 아래에 있는 이들, 다시 말해 미래 국가에서 아직 태어나지 않은 사람들'을 뜻한다.[24]

오늘날 7세대 원칙이 무엇을 의미하는지에 대한 해석이 분분하다. 대개 7세대, 지금으로부터 약 150년에서 200년 뒤 후손들에게 옳은 일을 하라는 요구로 해석하는 경우가 많다. 이러한 미래지향적 사고는 현재 유니레버가 소유한 미국 소비자 브랜드 세븐 제너레이션의 설립자들뿐만 아니라 아메리카 원주민 문화 밖에서 미래 세대의 권리를 위해 캠페인을 펼치고 있는 활동가들의 열렬한 지지를 받고 있다.

그러나 지금은 작고한 아메리카 원주민 학자 바인 델로리아 주니어 Vine Deloria Jr는 7대가 아직 태어나지 않은 미래 세대만을 지칭한다고 볼 필요는 없다고 말했다. 7대라는 개념에 따라붙는 낭만주의를 경계하려 했던 것으로 보인다. 그는 과거 지도자들의 연설에서 이 용어를 처음 발견했을 때, 정밀한 시간 개념이 없는 문화에서 '오랜 시간'을 표현하는 하나의 방법이라고 생각했다. 그러나 좀 더 면밀하게 들여다본 뒤 사실은 그렇지 않다는 것을 발견했다.

대신 델로리아는 과거와 미래 세대의 대칭적 범위(증조부에서 증손주까지 확대된 범위)를 기술하고자 이 표현을 사용했다고 주장했다. 그는 1988년 어떤 글에서 이렇게 적었다. "개인 한 사람은 모두 4대이며, 뒤를 보면 3대가 있고 앞을 봐도 3대가 있다. 늙은 부족장들이 7대를 언급한 것은, 근본적으로 그들의 증손주가 언젠가 그들과 똑같은 권리와 특권을 갖는 것을 보게 되기를 바라는 소망을 표현한 것이었다. 그래서 7대는 가족의 맥락 안에서 모호한 시간의 지시어가 아닌, 이제까지 맺은 그 어떤 서면 계약보다 더 구체적인 현실성과 정확성을 지닌다."[25]

인간적 척도에서 보면 이 같은 대칭적 해석이 "좀 더 타당하고 원주민들은 모든 것을 꿰뚫어 볼 수 있다는 파괴적인 믿음을 제거한다"라고 럼비 부족의 일원이자 학자인 데이비드 윌킨스David Wilkins가 말했다.[26] "사실 우리 부족들은 예지력이 있지만 능동적이고 새로운 시대에 맞는 방식으로 앞을 내다보는 것은 아니다. 우리는 7대에 걸친 모든 구성원의 삶, 기억, 바람을 보존하는 것으로 모든 가족과 친족을 적극적으로 보살핀다. 각 세대는 과거의 3대, 현세대 그리고 미래의 3대 구성원에 대해 배우고 가르치고 보호해야 할 의무가 있다. 우리는 이렇게 공동체를 수천 년간 지켜왔다."

그러나 어떤 해석이 역사적으로 가장 정확하든, 두 해석 모두 의미가 있다. 미래지향적이거나 대칭적인 해석이든, 이러한 세대를 초월한 시간관은 후손에 대한 무덤덤한 의무처럼 느껴지는 것을 가족, 친척, 공동체의 언어로 바꾸어놓을 수 있다는 것이 더 중요하다. 공감의 범위를 먼 시간에까지 확대하는 것이 때론 어려울 수 있지만, 가장 가까운 시간이나 사람들로부터 시작한다면 조금씩 쉬워지기 시작할 것이다.

스웨덴 사회학자 군나르 미르달Gunner Myrdal은 산업화된 서구 문화가 그곳에 사는 사람들의 사고와 도덕적 가치관을 온전하게 담고 있기 때문에, 다른 삶의 방식이 있을 수 있다는 것을 알기 어렵다고 말했다. 그는 "문화적 영향은 우리의 사고, 신체, 우주에 대한 가정을 수립했으며, 우리가 하는 질문을 만들고 우리가 찾는 답에 영향을 미친다. 또한 문화적

롱 뷰 : 시간과 미래를 바라보는 관점을 바꿔야 하는 이유

영향은 이러한 사실에 대한 우리의 해석을 결정하고, 이러한 해석과 결론에 대해 우리가 보이는 반응의 향방도 결정한다"라고 기술했다.

종교와 토착 부족들의 대안적인 시간관을 살펴보면서 확인했듯이 이같은 통찰력은 산업화된 서구의 시간관에도 적용될 수 있을지 모른다. 문화마다 과거, 현재, 미래에 대해 각기 다른 시간 인식을 갖게 되었지만, 좀 더 많은 문화가 이러한 시간관들을 뒷받침하는 윤리 원칙들을 수용하지 못할 이유는 없다. 이들의 윤리 원칙이란 장기적인 관리자 정신, 연속성의 강조, 환경과의 좀 더 긴밀한 연대, 세대 간 상호주의를 꼽을 수 있다. 이 모든 원칙은 모든 인류가 바라마지 않는 열망이므로 우리 모두의 시간관에 통합될 수 있다.

이를 염두에 두고 이제 윤리 원칙에 뿌리를 둔 또 다른 시간관에 관해 이야기해보기로 하자. 이 시간관은 불과 몇 년 전에 등장했다. 그러나 이 시간관에 영향받은 수많은 사람은 이미 미래 세대에 대한 도덕적 책임감에 대해 달리 생각하게 됐다. 이러한 접근법을 '장기주의longtermism'라고 하며, 그 기원과 의미를 상세하게 다뤄볼 필요가 있다. 만약 장기주의에 대해 아직 들어본 적이 없다 해도 사회운동으로서 그 세력이 급격히 확대되고 있다는 점을 감안할 때 곧 알게 될 것이다. 이런 의미에서 장기주의의 기원과 의미에 대해 짚어봐야 한다.

9. 장기주의
-미래 세대에 대한 책임을 강조하는 도덕적 주장

내가 미래 세대를 걱정해야 하는 이유가 뭐죠? 그들이 대체 나한테 뭘 해줬는데요?

– 무명씨[01]

특별히 더 강조해야 하는 점이 있다. 우리는 나중의 즐거움을 초기의 즐거움보다 낮게 평가하지 않는다고 가정한다. 이러한 관행은 윤리적으로 옹호할 여지가 없으며 상상력의 결핍에서 기인한다.

– 프랭크 램지FRANK RAMSEY[02]

숲이 하나 있다고 가정해보자. 숲 안에 누군가 오래전에 흙을 뒤집어 놓은 빈터가 하나 있다. 그들은 그 땅 밑에 뭔가 위험한 것을 묻어뒀다.

나무 사이에서 한 아이가 맨발로 놀고 있다. 아이의 발가락이 이끼가 덮힌 땅바닥을 힘차게 누르면서 낙엽을 걷어찬다. 아이가 뛰어다닐 때 키 작은 나무들의 향이 공기 중으로 상승한다. 이 여자아이가 있는 곳은 그 빈터와 아주 가깝다.

이제 100년 후의 비슷한 장면을 상상해보자. 또 다른 어린 소녀가 같은 장소에 똑같이 맨발로 같은 놀이를 하고 있다. 어떤 나무들은 쓰러졌고 어떤 나무들은 나이테가 아주 많이 늘어났다. 그러나 그 빈터는 여전

롱 뷰 : 시간과 미래를 바라보는 관점을 바꿔야 하는 이유

히 그곳에 있다.

두 아이 중 한 명이 이 위험한 빈터로 달려와서 이리저리 뛰어다니기 시작한다. 그들이 갑자기 비명을 지른다. 이끼 낀 땅바닥 바로 밑에 수백 개의 유리 파편이 숨겨져 있다.

현세대의 아이가 유리를 밟는 것과 100년 후의 아이가 유리 파편을 밟은 것 중에서 뭐가 더 나쁠까?

이 시나리오는 우리가 미래 세대에 미칠 해를 어떻게 생각해야 하는지에 대해 철학자 데렉 파핏이 문제 제기를 한 것이다. 이 경우 둘 중 어떤 아이를 다치게 할 것인지와 관련해 도덕적 차이가 있다고 주장하기 어렵다. 아이를 다치게 하는 것은 둘 다 옳지 못하기 때문이다.

그러나 실제로 우리 세대는 미래 세대에 해로운 유산을 많이 남기고 있다. 유리가 아니라 바다에 버려진 플라스틱 섬유, 폐기된 핵연료봉, 또는 온도가 상승한 대기와 같이 좀 더 해로운 유산을 미래 세대에 넘겨주려고 한다. 2부에서 브루겔의 이카로스 그림을 통해 확인했듯이, 우리의 사고가 미래로부터 더 멀어질수록 그 먼 미래의 사람들도 좀 더 추상적으로 느껴지고 심리적으로 멀어진다. 이는 결과적으로 정치의 우선순위, 기업의 행동 그리고 개개인이 매일 치르는 선택에 영향을 미친다.

최근 몇 년 동안, 철학자와 자선사업가들이 풍부한 자금력을 바탕으로 주도하는 영향력 있는 운동이 등장했다. 이 운동은 이처럼 심리적으로 거리감을 느끼게 하는 미래 세대에 대한 우리의 도덕적 태도에 문제를 제기하고 확대하는 것을 목적으로 한다. 이를 장기주의 학파라고 한다. 여러 면에서 그들의 사상은 이 책에 소개한 장기주의 사고 가운데 가장 극단적인 예에 해당한다.

파핏과 그의 생각에서 영감을 받은 장기주의자들은 미래 세대들이 현재 우리가 내리는 결정의 영향을 훨씬 많이 받게 될 것이라고 믿는다. 여기서 미래 세대란 단순히 몇십 년 뒤가 아니라 수천 년 또는 수백만 년 먼 미래의 세대를 의미한다. 오늘의 아이든 내일의 아이든 상관없이 우리는 두 어린이의 삶을, 비록 미래의 어린이는 아직 태어나지 않았지만 똑같이 고려해야 한다.

장기주의는 얼핏 들으면 명칭상 '장기적인 사고'와 비슷한 것 같다. 그러나 장기주의는 사실 윤리적·산술적 렌즈를 통해 미래를 바라본다는 점에서 장기적인 사고보다는 더 확장적인 사고다. 윤리적, 수학적 렌즈를 통할 경우 우리 세대에 더 많은 것을 요구할지도 모른다. 장기주의는 미래에 대해 생각할 때 오늘 우리의 행동이 오랜 시간에 걸쳐 인류에게 어떤 영향을 미칠지와 같은 윤리적 측면을 고려해야 한다고 말한다. 그러나 장기주의자들의 주장은 수조에 이르는 사람들의 행복을 고려한 수치 산출보다는 일상적인 의무나 종교적 의미에서의 옳고 그름과 관련이 있다.

장기주의자들의 모든 생각에 동의하는 것은 아닐 것이다. 그들의 몇몇 견해는 너무 지나친 행동과 논란이 될 만한 결정을 의미하기 때문이다. 그러나 그들의 접근법은 먼 시간 안에서 우리의 역할과 책임을 완전히 새로운 렌즈를 통해서 바라볼 수 있는 계기를 제공한다. 그렇다면 장기주의의 정확한 정의와 장기주의에서 우리는 무엇을 배워야 할까?

장기주의의 철학적 뿌리를 거슬러 올라가야 한다면, 대부분의 길은 데렉 파핏으로 향할 것이다. 옥스퍼드 대학의 철학과 교수 파핏은 2017년 세상을 떠나기 전 이미 상당한 영향력을 미쳤다. 그 또한 상당히 여러 방면에서 인내심이 있었다. 연구 주제, 그가 내리는 결론, 교수로 재직하는 동안 도저히 극복할 수 없는 문제들을 해결하기 위해 내린 선택들 모두에서 그의 장기적 사고를 엿볼 수 있다.

기행을 통해서도 파핏을 이해할 수 있다. 부스스한 백발에 잡담을 경멸했던 파핏은 기이한 행동으로 유명했다. 인생 말년의 파핏을 알게 된 케임브리지 대학의 S. J. 비어드Beard는 이렇게 기록하고 있다. "파핏을 둘러싼 전설들이 탄생하고 있었다. '그는 식사를 하며 동시에 책을 읽을 수 있도록 한 손으로 먹을 수 있는 것만 먹었다.' '파핏은 수돗물에서 더운물을 받아서 인스턴트커피를 만들어 마신 덕분에 주전자 물이 끓기를 기다릴 필요가 없었다.' '파핏은 상트페테르부르크에서 겨울을 날 때조차 아침에 뭘 입어야 할지 생각하는 시간을 아끼기 위해 늘 같은 옷만 입었다.' 이런 류의 설화에 보통은 과장이 섞이는 것과는 달리 그와 관련된 내용은 모두 사실이었다."[03]

그러나 파핏에게 영향받은 사람들 대부분은 그의 사상을 통해 그를 가장 잘 파악한다. 그는 얼핏 보기 도달하기 어려울 것처럼 보이는 객관적이고 도덕적인 사실을 추구하는 데 관심이 많았다. 그가 동시대 다른 철학자들과 차별화되는 가장 큰 특징 중 하나는, 인류 차원에서의 도덕성 그리고 행복과 관련된 어렵고, 대중적이지 않으며, 풀지 못할 가능성이 있는 난제들을 풀고자 노력했다는 점이다. 그는 이런 문제들을 '끝없는 파멸의 구덩이'라고 묘사했다. 그러나 선뜻 이러한 구덩이들을 탐사해볼 시간을 할애한 그는 누구도 발견하지 못한 보물들을 찾아냈으며, 그의 후배 학자들은 수십 년이나 탐구해야 하는 문제들을 찾아내곤 했다.

이중 가장 영향력이 컸던 문제 중 하나는 바로 우리가 미래 세대에게 정확히 무엇을 빚졌느냐는 질문이다. 파핏은 미래 세대의 삶이 중요하고 오늘 우리의 선택이 그들에게 어떤 영향을 미치는지 생각해보기 위해 오늘 더 많은 것을 할 수 있다고 믿었다. 그는 숲에서 유리를 밟는 아이들에 대한 비유를 통해, 우리에게는 아직 세상에 태어나지 않은 미래 세대에 해를 끼치지 말아야 할 도덕적 의무가 있다고 주장했다. 현실 세계의 예로는 핵폐기물을 들 수 있다. 핵폐기물은 지금으로부터 수천 년 뒤, 아무 의심 없이 구덩이를 판 누군가의 목숨을 앗아갈 수 있다.[04]

이전의 다른 학자들처럼 파핏 역시 지금까지 인간 역사에는 엄청난 비대칭이 있을 수 있으며, 길고 광대한 시간의 궤적이 우리 앞에 놓여 있을 것이라고 힘주어 말했다. 그는 이렇게 주장한다. "문명은 불과 수천 년 전에 시작됐다. 만일 우리가 인류를 멸망시키지 않는다면, 이 짧은 몇천 년의 시간은 문명화된 인류 문명의 전체 역사에서 아주 작은 일부에 불과할지 모른다. 만일 우리가 이 가능한 역사를 하루에 비유한다면 지금까지 일어난 일은 1초의 몇 분의 1에 불과하다.[05]

파핏에게 오늘 살아 있는 사람들은 막대한 책임을 지고 있는 것이 당연하다. 그는 미래 세대의 삶에 영향을 미칠 수 있는 인간의 힘이 그 어느 때보다도 강력한 시대에 우리가 살고 있을지 모른다고 말했다. "우리는 역사의 전성기를 살고 있다. 지난 200년 동안 이루어진 과학적 기술적 발견들을 감안할 때 세상이 이렇게 빨리 변한 적은 없었다. 우리는 곧 우리의 환경뿐만 아니라 우리 자신과 우리 후손까지 변화시킬 더 큰 힘을 갖게 될 것이다."[06]

우리가 이 후손들에게 남겨줄 것이 숲속의 유리 조각처럼 해로운 유산일 수 있다. 그러나 꼭 해로운 유산일 필요는 없다. 미래 세대가 번영하고, 인류가 꿈꿀 수 있는 가장 최상의 인류가 되도록 돕는 긍정적인 유산일 수도 있다. "삶은 끔찍할 뿐만 아니라 멋진 것일 수 있다. 그리고 우리는 더 좋은 삶을 만들 힘을 점점 더 많이 갖게 될 것이다. 인간의 역사는 이제 시작에 불과할지 모르니, 미래 인류 또는 초인간들이 지금으로서는 상상도 할 수 없는 몇 가지 위대한 것들을 달성할 수도 있다… 우리 후손 중 일부는 과거의 고통을 정당화하는 데는 실패하더라도, 가장 고통받은 이들을 포함한 우리 모두에게 우주가 존재한다는 사실에 감사할 이유를 줄 세상을 만들고 그런 삶을 살게 될지도 모른다."[07]

간단히 말해 우리는 지리적으로 아주 먼 사람들에게는 물론 시간적으로 먼 사람들에게도 도덕적 의무를 갖고 있다. 공감과 책임의 동그라미는 공간은 물론 시간을 초월해 확대되어야 한다.

이 과정에서 파핏은 그렇게 하는 게 처음 생각했던 것보다 쉽지 않다는 것과 숲속의 어린이 비유가 시사하는 만큼 간단하지도 않다는 진실을 깨달았다. 그가 파기 시작했던 끝없는 구덩이는 탐탁지 않은 결론과 예상치 못한 결과로 이어졌다(이중 몇몇에 대해 곧 다시 이야기하게 될 것이다).

그러나 그처럼 장기적 관점의 렌즈를 통해 인류를 바라본 파핏은 다른 학자들이 배턴을 넘겨받을 수 있는 토대를 놓았다. 이 차세대 사상가들은 때론 '파핏의 어린이'라 불리기도 한다. 그들은 파핏의 이론적 주장을 받아 그 위에 아이디어를 더하고, 궁극적으로 하나의 운동으로 바꾸어놓을 것이다.

장기주의자들이 2000년대 후반 어느 파티에서 모두 모였다면, 당신은 그들의 관심사가 얼마나 중복되는지 파악하기가 힘겨웠을 것이다.

파티의 한쪽 구석에서는 인공지능 연구자들이 트랜스휴머니스트들과 초지능적 기계의 위협과 혜택에 대해 활발한 토론을 벌이고 있다. 또 다른 쪽에는 경제학자들, 합리주의자들 그리고 수학적 사고를 하는 이들이 있다. 이들은 자신들의 숙취 가능성을 확률적으로 알아내려고 한다. 뷔페 테이블에서는 자신들의 선택 결과에 몰두하는 결정 이론가들을 만날 수도 있다. 바에서는 이타주의자가 친절히 도와줄 것이고, 지붕 위에는 하늘의 별에 다른 문명이 있을지 궁금해하는 천문학적 사고를 가진 사람들도 있다. 마지막으로 무도장으로 내려오면, 하루 종일 인류 멸망에 대해 생각한 뒤 낙담하는 실존적 위기론자들을 만날 수 있다.

개인적 연구 분야는 다 달라 보이지만 이들을 하나로 묶는 특성이 몇 가지 있었다. 대부분 미래를 분석하는 데 초점을 맞추고 있었고 대다수는 양적 사고를 하는 사람들이었다. 철학적 관점에서 많은 이들이 인류 전체의 행복 극대화의 중요성을 믿었으며, 한 사람의 행동은 최선의 결과를 도출할 수 있는지 여부에 따라 결정되어야 한다는 데 동의했다. 다시 말해 윤리적 관점에서 옳고 그름에 대한 특정 규칙들보다 그들의 행동이 가져오는 결과에 따라 행동하는 '결과주의론자'들이었다. 상당히 많은 이가 반직관적인 결론 또는 개인적으로 힘든 결정을 내리게 되더라도 삶을 살아가고, 수입을 기부하고, 직업의 우선순위를 정할 때, 이러한 원칙을 지침으로 여기고 실천에 옮기고 있었다.

이 파티의 참석자 중에는 철학자 토비 오드Toby Ord도 포함돼 있었다.

그는 곧 그러한 힘든 결정 가운데 하나를 내릴 예정이었다. 당시는 '장기주의'라는 단어가 아직 존재하기 전이라 오드는 자신을 장기주의자라고 명명하지는 않았을 것이다. 그러나 다른 몇몇 학자들과 함께 파핏의 사상에 영감을 받은 그는 장기주의적 사고의 씨앗을 뿌리고 있었다.

2010년 오드는 30대 초반의 나이였다. 호주에서 성장한 그는 철학을 공부하기 위해 영국 옥스퍼드 대학에서 유학 중이었다. 파핏의 사사를 받은 그의 앞에는 전형적인 학자의 길이 놓여 있었다.

그러나 어느 날 오드는 한 가지 결정을 내렸다. 돌아보면 그 결정은 상당히 영향력이 있었다. 그는 빈곤 퇴치를 위해 수입의 백만 달러 이상을 기부하겠노라고 공개적으로 약속했다. 호기심과 동시에 의심의 눈초리를 한 BBC, 〈월스트리트 저널〉, 〈데일리 텔레그래프〉 기자들은 그에게 대학교수 월급으로 어떻게 그렇게 기부를 할 수 있는지 물었다. 그가 빌 게이츠는 아니었기 때문이었다. 그는 세금, 임대료, 약간의 저축을 하고 나면 매달 약 450달러의 개인 용돈으로 편안하게 살 수 있으므로 나머지는 기부하면 된다고 생각했다고 말했다.[08] 그는 평생 매년 소득에서 최소 10%를 기부해왔다(실제로는 더 많은 금액을 기부했다). 기사를 작성하던 이 기자들은 노드의 검약한 생활방식에서 눈에 띄는 특징 몇 가지를 발견했다. 당시 오드는 가구도 별로 없는 원룸 아파트에서 아내와 함께 살았다. 수련의였던 아내 역시 이미 그와 비슷한 기부 약정을 한 바 있었다. 그는 검소한 옷을 입었고, 2주에 한 번 저녁 외식을 하고 1주일에 한 번 커피를 사서 마셨다.

서구 기준에서 보면 교수 월급이 많은 편은 아니지만, 그럼에도 오드는 자신이 세계 상위 4%에서 5% 수준인 부유층에 속한다는 사실을 깨달았다고 설명했다. 무엇보다 중요한 것은, 돈 1파운드를 개발도상국을 위해 사용하는 것이 서구 세계에 1파운드를 쓰는 것보다 훨씬 더 효과적임을 깨달았다고 말했다. 겨우 몇천 파운드만 기부해도 아프리카 시골에 사는 누군가의 생명을 구할 수 있다. 예를 들면 말라리아 퇴치용 모기장을 지원하는 자선단체에 기부할 수 있다.

오드는 지도교수 파핏에게 많은 영향을 받았다. 파핏은 부유한 사람들이 가난한 사람들에 대해 강한 도덕적 의무감을 가져야 한다고 주장했다. 그러나 철학자 피터 싱어Peter Singer는 '얕은 연못 물에 빠진 아이'라는 유명한 사고실험을 제안했다. 이 실험은 사람들에게 자신의 새 신발과 양복을 버려야 한다고 해도 필사적으로 허우적대는 아이를 구하기 위해 더러운 진흙탕 물속으로 들어갈지 여부를 묻는 실험이었다. 여기서 아이를 구하지 않겠다고 답할 사람은 거의 없을 것이다. 그러자 싱어는 이렇게 물었다. "물에 빠진 아이를 구하는 것과 먼 나라에 사는 어린이를 치명적인 질병에서 구하기 위해 소득 일부를 기부하는 것이 어떻게 다른가?"

이후 오드는 재산의 상당 부분을 기부했을 뿐만 아니라 '원하는 만큼 기부하기Giving What We Can Please'를 통해 수천 명의 다른 사람들이 그들의 월급에서 최소 10%를 기부하는 운동에 동참하도록 유도했다. 싱어도 파핏과 같은 약속을 했다.

당시 싱어와 다른 사람들을 비롯해 오드는 추상적인 원칙과 사고실험을 실제 세상에 적용해 선을 실천하는 것이 가능하다는 것을 보여줬다. 앞으로 확인하겠지만 이는 장기주의의 핵심 접근법 중 하나다.

그러나 오드는 경험을 통해 또 다른 젊은 옥스퍼드 철학자인 윌리엄 맥어스킬Will MacAskill과 함께 영향력 있는 사회운동을 이끌었다. 두 사람은 처음 옥스퍼드 단과대학 중 하나인 세인트 에드먼드 홀의 정원 내 묘지에서 만나 몇 시간 동안 이야기를 나눴다. 이 묘지에서 대화를 나누던 두 사람은 생명을 구하는 야심찬 계획을 세웠다. 그들은 이를 '효과적 이타주의'라고 했다.

효과적 이타주의는 철학적 원칙과 합리적인 증거를 적용해 사람들에게 돈과 시간을 기부하는 가장 좋은 방법을 조언해주는 지적 프레임워크다. 말라리아 퇴치를 위한 모기장 지원이나 어린이 구충제 지원 사업과 같은 프로그램에 수억 달러를 지원했다. 비판하는 이들도 있지만, 효과적 이타주의는 세계 최빈국에서 수많은 생명을 구하는 데 도움을 주었다.[09]

그렇다면 오드와 맥어스킬을 비롯해 많은 이들이 무엇 때문에 장기주의에 매료되었을까? 아프리카 오지에서의 자선사업과 먼 미래가 무슨 연관이 있는 것일까? 그것은 "만약 우리가 현재에서 어떤 한 사람의 생명을 구할 힘을 갖고 있다면, 그 힘을 확대해 미래의 생명도 구할 수 있지 않을까?"라는 아주 간단한 질문에서 시작됐다.

닉 벡스테드Nick Beckstead가 2013년 출간한 논문《먼 미래 설계의 지대한 중요성에 대하여On the Overwhelming Importance of Shaping the Far Future》가 중요한 전환점이 됐다.[10] 벡스테드는 파핏이 남긴 배턴을 이어받아 우리가 할 수 있는 선을 극대화할 방법에 대한 여러 주장과 기존 생각을 결합했다. 거의 200페이지가 넘는 논문에서 벡스테드는 앞으로 수백만 년, 수십억 년, 수조 년 뒤에 올 미래 세대에게 최선의 선을 실천하는 것이 가장 중요하다고 주장했다. 파핏이 주장했던 것보다 더 많은 것을 요구하는 주장이었다. 벡스테드는 단순히 장기적인 것이 중요하다고만 주장한 것이 아니라, 장기적인 것이 가장 중요한 것이 될 수 있다고 주장했다. 이 같은 더 강력한 형태의 장기주의에 모든 이가 동의하지는 않을 것이다. 그러나 진정한 효과는 더 많은 이가 장기적 미래에 대해 생각해보게 되었다는 점이다.

또한 많은 연구자가 미래의 실존적 재앙이라는 또 다른 렌즈를 통해 장기주의를 돌아보기 시작했다. 이 시기에 발표된 많은 영향력 있는 논문들은 인공지능, 생물공학적 전염병 또는 극심한 기후변화와 같은 인간이 만든 위협을 통해 인류가 멸종을 향해 돌진하고 있을지도 모른다는 우려를 제기했다. 그전에는 인류 종말에 대한 연구가 신학 문제로 흐르는 경향이 있었지만, 옥스퍼드 대학의 닉 보스트롬Nickk Bostrom 같은 연구자들이 끔찍하고 현실적인 미래를 논하기 시작하면서, 인류 종말이라는 주제는 하나의 완전히 새로운 연구 분야가 되었다. 이러한 배경에서 옥스퍼드의 미래 인류 연구소의 토비 오드는 실존적 위기와 역사적 중심이라는 파핏의 주장에 살을 붙여 나가기 시작했다. 장기주의적 사고와 상당한 연관이 있다고 판명이 났다.

파핏은 과거 아주 간단한 사고 실험 하나를 제안했다. 이 실험에서 그는 다음 세 가지 결과물에 대해 생각해보라고 권한다.

1. 평화

2. 전 세계인구의 99%가 목숨을 잃는 핵전쟁

3. 세계인구 전체가 멸망하는 핵전쟁

각 시나리오의 차이점은 무엇일까? 단연코 인구 99%가 죽는 것보다는 평화가 훨씬 낫다. 그러나 2번과 3번의 차이점은 뭘까? 둘 다 끔찍하겠지만 대다수는 이 질문을 받았을 때 심각성 측면에서 차이가 없다고 보는 경향이 있다. 인류의 99%가 죽는다는 것은 인류 전체가 죽는 것만큼이나 불행한 일이다. 그렇지 않은가? 만일 이 말에 동의한다면 혼자가 아닐지 모른다. 연구원들은 이 질문을 받은 대다수가 같은 생각을 한다는 사실을 발견했다.[11]

파핏과 오드는 이 생각이 잘못되었고, 3번 시나리오가 얼마나 끔찍한지 그 심각성을 지나치게 약화한다고 지적했다. 인류 멸종이란 오늘을 사는 모든 인간이 사라질 뿐만 아니라 앞으로 태어날 미래 인류의 잠재력까지 모두 사라진다는 뜻이다. 우리가 인류 멸망을 자초할 정도로 멍청하다면 그 결과는 상상할 수 없을 정도로 비극이 될 것이다. 미래 인류가 누리게 될 모든 번영, 행복, 안녕, 사랑, 관계, 업적, 이 모든 것이 사라지는 것이다. "지금처럼 인류를 멸망에 길에 이르게 한다면 그 결과는 대다수가 생각하는 것보다 훨씬 더 끔찍하리라 생각한다"라고 파핏은 말했다.[12]

오드는 인류 멸망 가능성과 같은 다양한 방법들을 분석하는 것으로 이러한 생각들을 확장하고 인류 멸망 가능성을 확률로 추정할 수 있었다. 그는 소행성과 초대형 화산과 같은 자연 요인과 더불어 핵겨울, 인공지능 재앙과 같은 인간이 초래하는 요인들도 함께 살펴봤다. 그는 우리가 인류역사상 가장 위태로운 시기를 살아가고 있을지 모른다고 생각했다. 그는 우리가 스스로 멸망에 이르게 할 기술을 보유한 최초의 세대이기는 하지만 인류 멸망을 막을 지혜를 아직은 갖추지 못했음을 깨달았다. 오드는 이 시기를 '나락'이라고 했다.[13] 그 나락의 시기는 최초의 원자폭탄 실험이 실시된 1945년 7월 16일에 시작됐고, 이후 우리 시대 많은 사회에서 인간이 초래한 위기 목록을 차곡차곡 늘려가고 있다고 주장했다.

오드는 이 작업을 통해 파핏이 시작했던 미션을 지속했다. 그렇게 할 수 있었던 것은, 우리가 미래 세대를 위해서 할 일은 그들의 실존을 방해하지 않는 것이라고 생각했기 때문이다. "우리는 놀라울 정도로 거대하고 놀라울 정도로 귀중한 미래를 맞이하기 직전에 서 있다. 그러므로 우리는 그런 놀라운 미래를 우리 후손에게서 빼앗아서는 안 되는 윤리적 의무를 갖고 있다"라고 주장했다.

장기주의의 비상

점진적으로 더 많은 이들이 미래 인류에 대한 우리의 도덕적 의무에 대해 더 진지하게 생각하기 시작했다. 그날 파티에 모인 온갖 이질적 집단을 모두 하나로 모을 수 있는 세상을 보는 렌즈였다. 그들의 돈으로 현재 세대는 물론 미래 세대의 생명을 구하고 도울 수 있으리라 생각하는 것이 효과적 이타주의를 지지하는 이들에게는 지나친 비약이 아니었다. 확률에 근거한 예언가들과 결정 이론가들에게 더 먼 시간의 차원은 그들에게 미래 행동과 결과를 생각하는 새로운 방법을 제공했다. 그것은 인공지능을 추종하는 이들에게는 커다란 명분을 제공했다. 재앙을 피해야만 인류의 놀라우리만큼 장구한 미래를 보존할 수 있다는 것이다. 그리고 공상 과학을 추종하는 이들에게 미래에 대한 도덕적 의무는 은하계 정착에 대한 가능성과 트랜스휴머니즘을 통해 미래 세대를 강화할 방법을 논의해볼 더 확실한 지적 체계를 제공했다.

그러므로 구심점이 되어줄 이름이 필요했다. 벡스테드는 '먼 미래'에 대한 논문을 썼지만 오드는 '장기주의'가 더 낫다고 제안했다. '장기적 미래에는 지금을 포함해 이어지는 모든 시간이 포함된다. 단순히 저 멀리 떨어진 어떤 지점을 가리키는 몸짓이 아니다. 그리고 이렇게 시야를 확장하는 것이 장기주의가 그토록 중요한 이유다. 지금부터 10만 년은 단 1년에 불과하지만 그 1년까지는 앞으로 10만 년이 더 있는 것이다"라고 오드는 내게 말했다. (그의 주장은 2부에서 소개한 심리적 효과와 일치한다. 이때 '먼'이라는 단어는 막연히 먼 듯한 느낌이 든다.)

이 장기주의자들은 나아가 미래에 대한 여러 가정과 우리 사회가 갖고 있는 우선순위에 대해 질문한다. 그들의 초기 목표 중 하나는 상당히 근시안적인 관행인 '할인율discounting'에 관심을 집중시키는 것이었다. 이는 전 세계 통치체계에 깊게 뿌리내려 있다. 장기주의자들이 이 관행을 싫어하는 이유 중 하나는 장기적 결과를 생각하지 않고 무심코 할인율을 적용했을 때, 미래 세대의 삶에 상당히 큰 영향을 미칠 수 있기 때문이다.

그럼 할인율은 정확히 무엇이고 왜 중요한 것일까? 특별히 직관적 개념은 아니지만 설명할 만한 가치는 있다. 특히 할인율이 이 책의 앞부분에서 살펴봤듯이 상당히 많은 근시안적인 경제적 정치적 결정에 근거가 되기 때문이다. 이제 장기주의의 부상에 대한 논의는 잠시 접어두고 딜레마에 빠진 한 정치인이 있다고 가정해보자. 이번에 새롭게 당선된 그 정치인의 이름은 클라리사다.

할인된 미래

어느 날 영국 신임 총리 클라리사와 그의 내각은 대형 소행성 감지기에 수십억 파운드를 지출할 것인지 여부를 심의하고 있었다. 이 탐지기는 언젠가 수많은 인명을 구할 수 있다. 총리의 과학자들로 구성된 자문단은 미래 어느 날에는 이 탐지기가 다급하게 필요할 수 있고 총리의 증손자들은 그 결정에 감사할 것이라는 말로 총리를 설득했다. 그러나 선지출 비용이 너무나 크기 때문에 클라리사는 갈등하지 않을 수 없었다. 지지자들은 투자를 요구하고 있었고, 언론은 적대적이고, 그녀는 감세 공약으로 총리에 당선이 됐다.

클라리사 내각의 한 장관이 한 가지 제안을 냈다. 그는 영국 재무부의 정책, 사업, 프로그램들을 평가하는 방법에 대한 안내서인《영국 재무부 그린북UK Treasury's Green Book》을 서둘러 꺼냈다. 그 안에는 '할인율'이라는 숫자가 하나 있었다.

한 젊은 장관이 일갈했다. "탐지기와 할 일이 무슨 관계가 있는지 모르겠는데요. 상점의 세일을 말하는 건가? 원래 가격보다 20% 할인해준다는 거죠?"

"아뇨. 할인을 동사라고 생각해보세요. 동사일 때는 가치를 떨어뜨리다 또는 무시하다라는 뜻이 됩니다"라고 그가 답했다. '난 장관의 충고를 무시하겠어'처럼요. 그런데, 그게 우리가 미래에 대한 결정을 내릴 때 하는 일반 관행입니다. 특히 오늘의 경제적 이익을 중시하는 것만큼 미래의 경제적 이익을 중시하지는 않겠다는 의미죠. 그러나 걱정하지 마세요. 전세계 모든 정부가 그렇게 하니까요."

그는 할인이라는 개념이 1800년대로 거슬러 올라간다고 설명했다. 1800년대 스코틀랜드 출신 캐나다 경제학자 존 래John Rae는 국가와 국민이 눈으로 볼 수 없는 미래의 이익보다는 현재의 단기적 보상에 좀 더 무게를 두는 경향이 있다는 것을 발견했다. 그러나 이후 할인에 대한 연구를 수행한 심리학자들과 달리 래는 경제라는 렌즈를 통해 이러한 현재로 기울어지는 편향을 확인했고, 연구에서 그것을 수량화할 수 있다는 생각

롱 뷰 : 시간과 미래를 바라보는 관점을 바꿔야 하는 이유

의 기초를 마련했다.

인간에게 '시간 선호time preference'가 있다는 래의 제안은 1930년대, 20세기 가장 영향력 있는 경제학자 중 한 명인 폴 새뮤얼슨Paul Samuelson에 의해 경제 모델로 만들어졌다. 다섯 쪽으로 이루어진 논문에서 새뮤얼슨은 한 사회의 미래가치에 대한 인식이 시간이 지날수록 어떻게 줄어드는지를 보여주고자 노력했다. 그는 이렇게 미래가치에 대한 인식이 줄어드는 것을 할인율이라고 했다. 그 뒤 할인은 상당히 발전했지만, 할인의 근본 원칙은 우리 사회와 통치체제를 바꾸어놓았고 오늘날에까지 광범위한 영향을 미치고 있다.

경제학자들은 시간선호가 존재하며 그것이 인간의 본성이라고 주장한다. 또한 그들은 최소한의 여분의 가중치를 현재에 두지 않는다면 가진 자원을 모두 미래에 써야만 할 것이라고 주장한다. 여윳돈을 모두 연기금에 넣어두고 지금은 극도의 검소한 삶을 살라고 요구하는 것과 마찬가지다. 너무나 지나친 요구다. 그러므로 현재 삶을 유지하고 개선하려면 얼마간 할인은 필요하다. 또한 경제학자들은 시간이 갈수록 경제가 계속해서 성장한다면, 미래의 사회들이 더 부유해지고 따라서 비용을 감당할 여유가 더 늘어단다는 의미라고 지적한다.

따라서 클라리사와 그 장관은 은유적 계산기를 꺼내 숫자들을 계산했다. 이를 통해 소행성 탐지기에 대한 투자는 막대한 경제적 이득을 가져올 것임을 알 수 있었다. 우선 영국 기업들이 생존하게 될 것이다. 그러나 그러한 경제적 이윤은 아주 오랜 시간 어쩌면 수백 년 뒤에나 나타날 것이다. 그 시간은 너무나 먼 미래의 시간이기 때문에, 할인율이 적용되면 이 이익들은 내일 이익이 실현됐을 때와 비교했을 때 지나치게 낮아졌다.

그래서 좀 더 즉각적인 결과가 나타나는 곳에 돈을 투자하는 것이 더 나았다. 이 모두를 검토한 클라리사는 탐지기 제작을 후임들에게 넘기기로 했다.

클라리사의 소행성 탐지기 에피소드는 과장된 사례다. 물론 우주의 거대한 바위로부터 세상을 구하는 결정은 이런 방식으로 이루어지지는 않을 것이다. 그러나 운송 인프라 건설에서부터 의료분야 투자에 이르기까지 많은 중요 정책이 할인이라는 관행을 통해 결정된다. 영국의 재무부 그린북은 실제 존재하며, 표준 할인율은 연 3.5%이고 보건이나 수명과 관련된 정책 할인율은 1.5%다. 할인율은 시간이 지나면서 감소한다. 그러나 절대 0이 되지는 않는다.[14]

할인은 비교적 단기적 경제정책 결정에 협소하게 적용될 때 의미가 있다. 표면적으로는 가령 정책입안자들이 대중교통 인프라 구축을 위한 대형 프로젝트의 초기비용이 합당한지를 판단할 때 유용하다. 그러나 할인은 판단오류나 불과 십수 년 뒤 붕괴하고 말 부실한 다리를 건설하는 것과 같은 단기주의적 비용 절감을 부추길 수도 있다. 특히 더 오랜 시간이 흐른 뒤 사람들의 미래 행복을 약화하는 정책 결정에 할인이 적용되면 특히 더 문제가 된다.

심지어 100년 전, 최초의 할인 방법론을 개발했던 경제학자들은 이를 분명하게 알았다. 1928년 프랭크 램지Frank Ramsey는 할인을 위한 수학적 틀을 소개하는 논문에서, 이 방법론을 이용한 추정치 안에서 사람들의 미래 즐거움을 약화하는 행위는 도덕적으로 용납될 수 없으며 상상력 부족으로 인한 행동이라고 경고했다.[15]

기후변화와 그 영향이 급속도로 악화될 때, 예방과 저감을 위한 투자가 얼마나 시급하게 이루어져야 하는지에 관한 논의에서 이러한 할인율의 윤리적 함의가 가장 핵심이 되고 있다. 심각성을 인식하는 대다수 경제학자는 미래의 기후재앙을 피하기 위해 얼마간의 비용 부담 필요성을 인정한다. 그러나 얼마나 많은 투자가 허용 가능한 수준이고 얼마나 신속한 투자가 이루어져야 하는지에 대해서는 이견이 분분하다. 경제학자들이 이 문제를 논의할 때, 논쟁하는 포인트는 사실상 얼마나 큰 할인율을 적용해야 하는지에 관한 것이다.[16]

환경보호론자들은 할인을 반대하지만 장기주의자들은 훨씬 더 강력하게 반대한다. 장기주의자들은 만약 정말로 오랜 시간 동안 복지에 할인율을 적용하면, 가령 천년 또는 만 년 동안, 결국 미래 세대의 삶은 가치가 낮아져 결국 0에 가까워질 것이라고 주장한다.

이러한 결론은 윤리적으로 옹호하기 어려울 뿐만 아니라, 오늘 한 사람의 삶이 미래의 수백만 명의 삶의 가치와 맞먹는다고 말하고 있기에 어딘가 불합리해 보인다. 파핏이 숲속에서 유리 조각을 밟은 어린이 비유를 통해 지적하고 싶었던 점이다. 두 어린이는 보기는 동등해 보이지만 할인율은 현재를 사는 아이의 행복이 더 가치 있다고 말하는 셈이 된다. 그는 또한 만약 고대 이집트인들이 할인율을 적용했더라면, 그리고 현재 우리 삶에 영향을 미칠 수 있는 결정들을 내릴 힘을 갖고 있었다면 그들에게 우리 삶의 가치는 거의 0일 것이라고 말했다. 그는 이렇게 적고 있다. "어느 날 저녁 디저트를 추가로 먹은 클레오파트라 때문에 얼마 전 21살 생일을 맞았던 당신이 곧 암으로 죽어야 한다는 사실을 알게 됐다고 상상해보라."[17]

이런 문제들을 풀 방법들이 있다. 가령 시간이 지날수록 할인율을 적게 적용하는 것이 하나의 해법일 수 있다. 영국 재무부의 그린북은 실제로 이렇게 하고 있으며, 건강과 생명 관련 또는 환경적 영향을 미치는 정책에 대해서는 각기 다른 접근법을 제안하고 있다. 그러나 이것만으로는 충분하지 않을 때가 많다.

2021년 오드와 비영리기업 장기적 회복력 센터Center of the Long-Term Resilience가 공동으로 보고서를 작성했다. 이 보고서에서 그들은 그린북에 사용되고 있는 할인율의 개정을 요구했다.[18] 이들은 3.5% 할인율이 지나치게 높고 권고받은 것보다 더 빨리 줄어야 한다고 주장했다. 그들은 또한 그린북이 미래 세대에 해를 미칠 수 있는 중대 재난의 비용과 경제적 피해를 인식하지 못하고 있으며, 정책들의 2차 효과를 어떻게 설명할 것인지를 좀 더 자세하게 논의할 필요도 있다고 지적했다.

그러나 할인의 문제점에 관심을 집중시킨 것은 실제로 장기주의자들에게 그저 시작에 불과했다. 생각들이 정리되고 다른 철학자들이 합류하기 시작하면서 장기주의는 새로운 영역으로 발전했다. 그리고 장기주의는 약간의 논쟁이 있기는 했으나 중요한 함의들을 제기했다.

미래에 태어날 인구의 규모

데릭 파핏은 인류가 상당히 먼 미래를 가진 지구 역사의 시작 부분에서 있다고 쓰면서 개괄적인 관점으로 말했다. 그러나 여기에 숫자를 더한다면 우리가 이야기하는 미래의 인구는 얼마나 될까?

몇 년 전 나는 BBC 방송의 요청으로 미래 세대의 인구를 파악해보는 대략적인 수치 예측을 수행했다. 예를 들어 출산율이 금세기 평균에 머물러 있고 전 세계 인구가 앞으로 5만 년 동안 안정적으로 유지된다고 가정한다면 앞으로 6조 7,500억 명이 더 태어날 것이다. 지금까지 지구에 살았던 인구의 60배가 넘는 수치다.[19] 앞으로 태어날 사람들을 각각 이 책 안에 있는 한 장의 종이로 표현한다면, 그들을 모두 넘겨가며 보는 데 거의 1700만 장의 인쇄지가 필요하다.

미래 세대의 규모에 그림을 삽입해보면 이런 형태일 것이다.

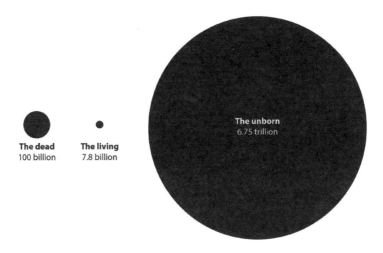

The dead
100 billion

The living
7.8 billion

The unborn
6.75 trillion

죽은 사람 천억 명, 살아 있는 사람 78억 명, 태어날 사람 6조 7500억 명.
아직 태어나지 않는 인구를 보여주는 이 표는 BBC Future의 나이젤 호틴이 제작한
도표에 기초한다.

이 추산치는 이후 많은 이가 널리 수용하고 공유했다. 특히 《선한 조상 The Good Ancestor》의 저자 로만 크르즈나릭도 그중 한 명이었다. 그는 이 도표를 이용해 현세대 인구를 한쪽에, 그리고 아직 태어나지 않은 수조의 인구를 다른 한쪽에 위치시킨 계량기를 제안했다. 그는 "어떻게 미래 인구의 행복을 무시할 수 있으며, 우리의 행복이 더 중요하다고 말할 수 있는가?"라는 의문을 제기했다.

6조 7,500억 명도 엄청난 수치이기는 하지만, 이제 나는 어쩌면 내가 추측한 미래 인구수가 턱없이 적을지 모른다고 생각한다. 미래 세대의 인구 규모는 사실 훨씬 더 클 수 있다.

우선 우리 종은 5만 년보다 훨씬 길게 존속할 수 있는 잠재력을 갖고 있다. 사실 장기주의자들이 우리 후손이 수십억 년까지는 아니더라도 수백만 년은 더 생존할 수 있다고 믿는 이유는 넘쳐난다. 옥스퍼드 대학의 토비 뉴베리Toby Newberry의 근사치 추정에 따르면, 만일 미래의 중손자들이 태양이 멸망하기 전까지 지구에 머물러 있게 된다면 앞으로 태어날 인구수는 100조가 넘을 것이다. 그는 나의 가정과는 다른 가정들을 사용했다.[20] 그 수치는 지금까지 지구에 살았던 인구를 모두 합한 수보다 무려 1000배가 더 많다.

앞서 수십억 년이라고 했던가? 무수히 많은 이가 수십억 년보다는 훨씬 이전에 인류가 멸망하리라 예상한다. 그들은 이렇게 말할지도 모른다. '다행히 우리가 앞으로 백 년을 사는 데는 문제가 없겠군.' 장기주의자들은 우리가 상당히 위태로운 시기를 살아가고 있음을 인식하고 있다. 오드가 우리가 사는 지금을 '나락'이라고 지칭하는 이유다. 그러나 그들은 우리가 향후 수십 년에 걸쳐 직면하게 될 이 인위적 위기들을 줄이는 방법을 찾아낸다면, 그 이후의 미래는 상당히 길어질 수 있다고 믿는다.

진화의 역사 초창기인 지금 멸종한다면 평균 백만 년 동안 생존하는 것이 일반적인 포유류 종으로서는 상당히 이례적인 일이다. 호모사피엔스는 백만 년의 3분의 1에 불과하다. 회의론자들은 다른 동물들은 자신의 기술로 스스로를 전멸시킬 수는 없다고 맞받아칠지 모른다. 맞는 지적이다. 그러나 우리 포유류는 미래를 발명하고 예측하고 미래와 소통할 수 있는 지능, 언어, 혜안을 겸비했다. 또한 우리 종은 그 어떤 대형 척추동물보다 지구 전역에 상당히 광범위하게 분포한다.

우리에게 10억 년의 미래가 남아 있다는 말을 믿지 못하는 사람이 있다는 것을 안다. 그러나 뉴베리가 말했듯 "인류의 미래가 백만 년보다 짧고 미래 인구가 100조보다 적을 것이라는 주장에는, 이처럼 원대한 미래에 대한 이례적인 회의론과 인류가 비교적 짧은 시간 안에 자멸을 초래할 것이라는 이례적인 확신 모두가 필요하다."

일부 장기주의자들의 추정에 따르면, 미래 인구 100조가 심지어 상한선도 아니다. 미래 인구가 이보다 더 많으리라 예상하는 이들도 있다. 솔직히 말하면 이보다 상당히 더 많을 것이다. 그러니 단단히 마음의 준비를 하는 게 좋다.

우선 우리 후손이 소위 '천문학적 경로'를 추구해 우주로 진출하게 된다면, 미래 인구는 훨씬 더 늘어날 것이다. 만일 그들이 태양계에 정착한다면, 미래 인구수는 10옥틸리온(10의 27승)에 이를 수 있다. 만약 그들이 은하계까지 진출한다면? 10옥틸리온에 '0' 아홉 개를 더해야 한다. 그리고 그들이 우주 그 너머에 정착하게 된다면, 또다시 '0' 아홉 개를 더해야한다.

트랜스휴머니스트의 한 분파라고 할 수 있는 일부 장기주의자들은 자신들의 추론에 '디지털 마인드'까지 포함한다. 디지털 마인드는 의식이 실리콘 안에만 존재하는 '사람'이다. 가장 잘 알려진 미래 인구추정치는 옥스퍼드 대학의 닉 보스트롬이 제시했다. 그는 "상당히 보수적으로 가정하더라도 에뮬레이션으로 창조될 수 있는 미래 인구는 최소 10의 58승에 달한다."[21](이러한 공상과학적 비전은 보편적으로 수용되지 않으며, 많은 장기주의자들은 그러한 가정이 너무 터무니없다고 믿는다는 사실을 알아야 한다. 장기주의의 핵심 주장은 은하 간 디아스포라나 디지털 마인드에 기초하지 않는다. 그리고 많은 장기주의자들은 그러한 추측에 근거한 미래에 대해 말하는 것이 장기주의의 대의에는 득보다 실이 더 많다고 생각한다.)[22]

수십억. 수조. 수옥틸리온. 그런 숫자들은 너무 큰 나머지 상상하기조차 힘들다. 그러니 물리적 관점에서 이 수치들을 이해해보자. 이 책의 한 페이지가 한 사람이라고 가정하자.[23] 현재 지구상에 존재하는 인구를 표현하려면 차로 런던에서 마르세이유까지의 거리에 해당하는 약 780km 두께의 종이가 필요하다. 그러므로 인구 100조 명으로 이루어진 책은 1000만km 두께에 이를 것이다. 이는 달까지 거리의 26배에 해당하며 적도에서 측정한 지구 둘레의 약 250배에 달한다.

이 수치들을 좀 더 구체적으로 다시 이야기해보자. 한 페이지가 오늘날 지구상에 생존하고 있는 모든 사람을 나타낸다고 가정해보자. 100조에 이르려면 우리가 넘겨야 하는 책장은 무려 1만 3000페이지에 달한다. 기독교 성경은 10권에서 11권, 《위대한 유산Great Expecations》은 24권, 《공산주의 선언Communist Manifestos》은 300권 정도에 달하는 양이다.[24]

또는 적절한 시간 은유를 사용하려면 한 명을 1초라고 생각해볼 수 있다. 100조까지 세려면 320만 년을 기다려야 한다. 우리와 오스트랄로피테쿠스 2족 보행인 루시 사이의 시간 거리와 같다.

그러나 옥틸리온까지 세려면, 훨씬 더 말이 안 된다. 옥틸리온이라는 수치를 책 페이지로 표현하는 것조차 어렵다. 그리고 1옥틸리온 초는 현재와 빅뱅 사이의 시간 차와도 맞지 않기 때문에, 또 다른 은유가 필요하다. 아마추어 수학자들의 웹사이트를 뒤져보면 다양한 비유를 찾을 수 있을지 모른다. 예를 들면 지구의 질량은 약 5.98옥틸리온 그램인 듯 보인다.[25] 그러나 1옥틸리온의 크기를 분석하는 방법으로 내가 제일 좋아하는 것은 비처럼 내리는 채소를 활용하는 것이다.

우선 완두콩이 눈보라가 되어 하늘에서 떨어져 지구의 모든 육지를 뒤덮었다. 결국 모든 대륙이 약 1.2m 눈 밑에 묻혔다. 이렇게 쌓인 눈속에는 1섹스텔리언(21개의 0이 붙는다. 1000의 7승) 개의 콩이 들어 있다.

이게 전부가 아니다.

지금부터는 바닷물이 모두 얼었고 그 위로 콩들이 떨어졌다고 상상해 보자. 이렇게 떨어진 콩의 수는 1셉틸리온이다(0이 24개 필요하다).

여전히 부족하다.

그렇다면 콩 1옥틸리온은? 이 정도의 비가 내리려면 지구 크기만 한 행성이 무려 25만 개 넘게 필요하다.[26]

강한 장기주의

철학자 힐러리 그리브스Hilary Greaves와 윌 맥어스킬이 장기주의를 완전히 새롭고 다른 수준으로 끌어올리게 된 계기는 바로 정신이 혼미할 정도로 엄청난 미래 인구수였다. 그들은 그것을 '강한 장기주의'라고 한다.

많은 다른 장기주의자처럼 이 두 철학자도 처음에는 다른 분야에서 시작했다. 물리 철학을 연구하면서 양자역학의 해석과 다수의 우주가 존재한다고 믿는 '다세계'이론이 그리브스의 주된 연구 주제였다. 맥어스킬은 효과적인 이타주의 운동을 설립하기 위해 오드를 도우며 시작했다(그는 수입의 최소 10%를 평생 기부하는 서약을 했다). 그는 또한 스물여덟의 젊은 나이에 옥스퍼드 대학의 부교수가 되면서 철학계의 신동으로 불렸다. 이후 그는 가장 활동적이고 영향력이 막대한 장기주의 옹호자 중 한 사람이 되었다. 내가 《롱 뷰》를 집필할 때 그는 '미래에 우리가 진 빚'이라는 운동을 지지하는 책을 출간할 예정이었다.[27]

두 사람이 파핏, 오드, 다른 학자들의 생각과 엄청난 규모의 미래 인구 추정치를 결합했을 때, 현재의 우선순위를 정하는 데 장기주의가 얼마나 영향을 미칠 수 있는지 보여줄 수 있었다. 강한 장기주의는 인류의 미래 인구가 지금 추정처럼 거대하다면, 미래 세대의 삶을 보호하고 향상할 조치를 취하는 것이 현재 우리의 선택에서 최우선순위가 되어야 한다고 주장한다. 만일 이 거대한 미래 인구가 생존해 번영할 수 있도록 할 신뢰할 수 있는 방법을 찾는다면, 오늘 우리가 할 수 있는 가장 중요한 조치 중 하나가 될 것이다.

그러므로 강한 장기주의는 정치인들에게 '할인'과 같은 경제적 관행을 바꾸라고 요구하거나 개략적으로 낙관적인 미래를 그리는 것 이상을 요구한다. 강한 장기주의는 아득히 먼 미래의 세대가 혜택을 입을 수 있는 대의에 상당히 많은 시간과 돈을 투자해야 한다고 주장한다.

그렇다면 강한 장기주의를 실천에 옮기면 어떤 모습일까? 그들은 개인이 매일 하는 결정에 신경을 쓰기보다는 주로 자선활동과 정부의 재정 지원 같은 큰 그림의 렌즈로 장기주의를 바라본다. 예를 들어 강한 장기주의는 인간이 초래한 바이러스 팬데믹의 가능성을 어떻게 볼지 생각해보자. 지금까지 각국 정부는 미국, 러시아, 일본 등 여러 실험실이 연구용이나 무기화할 목적으로 바이러스 실험을 하고 있는데도, 바이러스에 의한 팬데믹 가능성을 축소하는 정책에 비교적 적은 돈을 투자해왔다. 오드가 지적한 대로 유엔 생물무기금지협약의 연간 예산은 맥도널드 매장의 평균 예산보다 적다. 만일 SARS-CoV-1이 더 치명적인 전염병이었다면 무슨 일이 일어났을지 상상하는 것만으로도 끔찍하다. SARS-CoV-1(중증급성호흡기증후군을 유발하는 바이러스)은 높은 치사율을 가진 고의로 조작된 바이러스다.

그러한 치명적 바이러스 확산을 예방하는 데 약간의 예산을 투자하는 것은 쉬운 일처럼 보일 수 있다. 그러나 맥어스킬과 그리브스는 미래 세대에 미칠 영향을 고려하면 이러한 주장은 더욱더 의미가 커진다고 말한다. 일부 추정치에 따르면 관련 분야에 단돈 2,500억 달러만 투자해도 인류 멸망으로 갈 가능성을 약 1%가량 줄일 수 있다. 28.1%라는 숫자가 그렇게 크게 보이지 않을 수 있다. 그러나 두 사람은 이와 같은 투자를 지금 한다면 가장 큰 효과를 가져올 것이라고 말한다. 만약 사람들의 생명을 구하고 싶다면 이보다 더 좋은 투자는 있을 수 없기 때문이다. 왜일까? 앞으로 지구에 살 인구수를 포함해보라. 그러면 투자금 2,500억 달러에서 100달러를 투자할 때마다 미래 인구는 2억 명씩 늘어난다. 이와 같은 논리라면 이 방법 외에 이 지구에서 더 많은 인류를 번성하게 할 효과적인 방법은 없다.

그리브스와 맥어스킬은 이를 행하는 것이 우리의 도덕적 의무라고 주장한다. 그러나 그들은 조심스럽게 현실적인 제안을 내놓는 것도 잊지 않았다. 도덕 문제를 차치하고서라도 우리가 단순히 가장 큰 영향력을 발휘하고 싶다면 가장 큰 가치가 존재하는 곳은 미래다. 두 사람은 정치인 또는 자선사업가로서의 목표가 가장 효과적인 결과를 낼 수 있도록 돈을 투자하는 것이라면, 아득히 먼 미래의 수조에 달하는 사람들의 삶을 향상할 수 있는 데에 투자하라고 조언한다.

그러한 질문을 다루는 대다수 철학 연구 논문은 학술지에 게재되고 대학 강의실에서 가끔 논의될 뿐이다. 그러나 그리브스나 맥어스킬과 같은 주장들은 더 넓은 세상에 돈을 어떻게 분배할지와 관련해 이미 가시적인 영향을 미치고 있으며, 많은 자선단체나 기부자들에게 영감을 주어 미래 인구의 삶을 향상하는 프로그램에 투자를 유도하고 있다. 2021년 현재 오픈 필랜스로피Open Philanthropy 재단은 이미 장기적인 대의를 지원하는 분야에 10억 달러의 3분의 1을 기부했다(공식적으로 그들은 내 연구에도 도움을 주고 있다. 일례로 이 책의 집필을 돕는 비정규직 연구조교의 봉급을 지원한다). 그렇다고 이 단체가 다른 방법으로 도움이 필요한 사람들을 돕는 일을 중단한 것은 아니다. 이들은 여전히 개발도상국에서 말라리아 예방을 위한 모기장 지원 사업을 지속하며, 인공지능의 공격과 같은 범세계적 재앙적 위기들을 예방하기 위한 연구와 팬데믹 예방도 지원하고 있다.

철학적인 생각으로 시작해 빠르게 사회운동으로 발전하면서 수천 명에게 영감을 주어 장기주의 연구 분야에 시간과 노력의 투자를 유도했다. 80000Hours와 같은 웹사이트들은 사람들에게 먼 미래에 기여할 수 있는 직업을 선택하는 방법에 대해 조언하고 있으며, 미래에 대한 전망과 신념을 고려할 때 스스로 장기주의자라고 하는 사람들이 그 어느 때보다 늘어나고 있다. 이 책을 집필 중일 때는 장기주의자의 등장이 학계, 기술산업계, 연구단체에 국한된 현상이었지만 지금은 이미 장기주의가 어지러울 정도로 빠르게 확산되고 있다.

그렇다면 이 모든 것을 어떻게 이해해야 할까? 좀 더 장기적인 사고를 하고 싶다면 장기주의론자들이 내리는 결론을 무조건 따라야 한다는 의미인가?

우선 장기주의자들 사이에서도 무엇을 우선할 것인지, 이제까지 도출된 결론들에 대해 얼마나 빠르게 행동해야 하는가에 관한 문제에 이견이 나타나고 있다는 점을 주목할 필요가 있다. 결국 장기주의는 발생 초기의 사상이다. 예를 들면 인류가 특정 기술 중심의 천문학적 미래로 나아가야 한다고 주장하는 기술 유토피아, 트랜스휴머니스트적인 분파의 의견에 모든 장기주의자가 동의하는 것은 아니다. 장기주의 운동 내부에서도 이러한 미래 접근법은 현재의 고통이나 기후변화와 같은 위험들을 간과할 수 있다는 이유로 비판받고 있다.[29] 어떤 이들에게 장기주의는 단순히 재앙이 일어날 가능성을 줄이는 의미 있는 목적에 돈을 투자하는 것이다. 그러한 투자, 예를 들면 핵전쟁, 팬데믹, 인공지능, 기후 위기, 소행성 충돌과 같은 실존적 위험을 줄이는 투자는 우리 자신, 자녀 그리고 먼 미래의 후손들을 이롭게 하는 것을 뜻한다. 이러한 정신의 장기주의는 자전거를 타기 위해 헬멧을 구매하는 데 거액을 투자하는 것과 비슷하다. 그렇다. 선지급할 비용이 있고 자전거 충돌로 목숨을 잃을 확률은 낮지만, 그래도 대비해야 한다.

그러나 더 일반적으로 말하면, 장기주의의 의견을 어느 정도까지 수용할 것인지 여부는 자신의 윤리적 기준에 달려 있다. 만일 결과론자이고 선을 행하는 목적이 최대다수의 행복을 극대화하기 위해서라고 믿는다면 강한 장기주의의 주장들은 훨씬 더 확고한 논거로 다가온다. 그러나 그렇지 않다면, 강한 장기주의자들의 도덕적 주장은 흥미를 끌지 못할 것이다.

그리브스와 맥어스킬은 주장을 관철하기 위해 여러 가정을 제시했다. 예를 들면 두 사람은 '사람에 기반을 둔 관점'을 대체로 무시한다. 만일 사람에 기반을 둔 사고를 하는 사람이라면, 실제 존재하는 사람의 행복이 아직 존재하지 않는 사람들의 행복보다 더 중요하다고 믿을 것이다. 그렇다면 이 세상에 더 많은 인구가 존재하게 될 가능성은 좋은 일도 나쁜 일도 아니다. 한 자선사업가가 말했듯 우리의 도덕적인 목표는 행복한 사람을 만드는 것이 아니라 사람들을 행복하게 만드는 것이어야 하지 않을까?[30] 파핏 역시 이 딜레마에 빠져 허우적댄 적이 있었다.

그래서 장기주의가 극단으로 흐를 가능성을 우려하는 사람들이 있다. 장기주의를 논의하는 학계 내에서조차 다른 분야를 제치고 장기주의가 투자나 관심을 모두 독식할 가능성에 대해 우려를 표하고 있다.[31] 만일 모든 사회가 강한 장기주의자들로만 가득 채워진다면, 이는 우리의 모든 자원을 행복한 미래를 만드는 데 써야 한다고 말하는 것과 같지 않을까? 짐 홀트Jim Holt가 말한 대로, 극단적 장기주의의 관점은 결국 가장 먼 실존적 위협을 막기 위해 우리의 시간과 에너지 전부를 인류의 먼 미래를 보호하는 데 써야 한다는 결론에 도달하게 만든다. 그러고 나서는 좀 더 확실한 안전을 위해 우리 자신을 뽁뽁이 비닐로 꽁꽁 싸맨다.[32]

그러면 빈곤, 난민문제 심지어 기후변화에 이르는 현재 문제들은 어떤가? 강한 장기주의자들은 그런 문제들을 무시해야 한다고 주장하지는 않는다. 그럼에도 비판가들은 강한 장기주의를 수학적 블랙메일의 한 형태로 간주한다. 수학적 블랙메일이란 부정한 정치 세력이 도가 지나친 현재

롱 뷰 : 시간과 미래를 바라보는 관점을 바꿔야 하는 이유

의 희생을 정당화하기 위해 거대한 미래 인구를 이용하는 것을 뜻한다. 이 같은 '악당'을 활용한 공포는 자유지상주의에서부터 사회주의에 이르기까지 정치적 목적이 농후한 다양한 '주의-ism'에도 적용된다. 그렇다고 해서 장기주의의 모든 사상이 위험하다는 의미는 아니다. 그러나 적어도 일부에서는 현재에 해를 미치거나 현재가 소홀히 다뤄지는 것을 정당화하는 데 장기주의를 악용할 수 있다고 굳게 믿는다. 많은 장기주의자들의 철학적 아이콘인 피터 싱어마저도 이를 잠재적 위험이라고 지적한 바 있다.[33]

다소 도가 지나친 요구를 하는 듯 보이는 강한 장기주의의 특성을 장기주의의 지지자들이 모르는 바는 아니다. '행복 펌프'와 같은 사고실험을 통해 묘사된 장기주의 사상을 뒷받침하는 결과주의 철학도 과거 그러한 비판을 받은 적이 있다. '행복 펌프' 개념은 최근 TV 프로그램 〈굿 플레이스The Good Place〉의 등장인물 더그 포세트가 묘사했다. 포세트는 세상의 행복을 확대하는 것이 평생 의무라고 믿는다. 그래서 그는 일생을 바쳐 타인을 행복하게 만들기 위해 자신은 비참해지더라도 할 수 있는 모든 것을 한다. 마치 수도사처럼 극도로 검소한 생활을 하고, 요구하는 누구에게든 시간과 재산을 내주며, 한 십 대 청소년이 무지막지하게 괴롭힐 때도 견딘다. 만약 포세트가 강한 장기주의자라면 미래 세대의 행복을 위해서 자신을 희생하는 것이 당연하다고 느낄 것이다.

특히 대부분의 개입주의적 장기주의자들이 직면한 또 다른 난관은 미래를 알 수 없다는 것이다. 인류의 멸종을 막는 것도 중요하지만 인류를 단일한 궤도로 몰아가려는 사람들도 어둠 속에서 활동하고 있을지 모른다. 매우 긴 시간을 두고 보면, 현재 긍정적인 행동처럼 보이는 것이 실제로는 시간과 비용의 낭비일 수도 있고 미래 세대에게 부정적인 영향을 미칠 수도 있다.[34] 만일 고대 그리스에서 장기주의가 부상했더라면, 철학자들은 미래 세대를 위한 최선의 선택이 혈액, 점액, 황담즙, 흑담즙으로 이루어진 사체액의 균형을 맞추는 것이라고 생각했을 것이다. 만일 장기주의가 중세 유럽에서 탄생했다면, 많은 중세 유럽인이 가장 중요한 대의는 종교적 성전이라고 생각했을 것이다. 중요한 것은 오랜 시간이 흐르면서 과학 지식, 기술, 심지어 도덕적 가치관이 변한다는 것이다. 그리고 어떻게 변할지 예측하기는 어렵다.

이러한 생각들로 인해 우리는 파핏의 끝없는 멸망의 구덩이에서 또다시 길을 잃고 있다. 상반된 결론과 쉽지 않은 답 때문이다. 장기주의는 사상의 역사에서 보면 비교적 새로운 철학이다. 장기주의의 가장 강력한 형태는 분열을 초래할 가능성이 있음이 이미 드러났다. 사상을 정제하려면 수년이 더 걸릴지 모른다. 어쩌면 향후 배턴을 이어받을 차세대 사상가들이 필요할지도 모른다.

2017년 작고한 파핏이 자신이 강한 장기주의자라고 했을지는 잘 모르겠다. 맥어스킬은 일반 대중을 대상으로 하는 자신의 책에서 강한 장기주의자적 자세를 취하지 않기로 결정하며 이렇게 말했다. "강한 장기주의는 그렇게 확신을 가지고 말할 수 있는 견해는 아니다."[35] 그러나 오드는 그렇지 않다. 그가 선호하는 장기주의적 접근은 환경주의에 더 가깝다. 그는 이렇게 말한다. "환경이 유일하게 중요하다는 의미는 아니다. 다만 우리가 관심을 갖진 핵심 부분이자 사고에 많은 영향을 미치는 것이 환경이라는 의미다."[36] "장기주의는… 우리 세대가 훨씬 더 긴 역사 속에서 한 페이지에 불과하며, 우리가 해야 할 가장 중요한 역할은 그 긴 역사의 이야기를 어떻게 형성하거나 형성하지 못하는지에 달려 있다는 사실을 진지하게 받아들인다. 인류의 잠재력을 보호하고자 노력하는 것은 오랫동안 영향력을 미칠 수 있는 한 가지 방법이지만 어쩌면 다른 방법도 있을 수 있다."

이를 장기주의라고 한다면, 내가 다른 공동체에서 관찰했던 여타 장기주의적 사고들과 장기주의가 사회 전반에서 결합되어 더 보편적으로 받아들일 수 있는 견해로 발전할 수 있으리라 생각한다. 그러나 좀 더 극단적인 수학적 수치를 반복하는 주장에 대해서도 같은 말을 할 수 있을지는 자신이 없다. 만일 극단적 장기주의자의 메신저들이 디지털 마인드, 기술이 지배하는 미래, 은하 간 식민지에 대해 이야기한다면 특히 그렇다. 개인적으로 나는 가장 강력한 형태의 장기주의나 기술적 유토피아를 지향하는 장기주의가 아니라 장기주의의 일반 원칙들을 지지한다. 여기까지 책을 읽어오며 알았겠지만 나는 파핏, 오드와 같은 철학자들에게서 영향을 받았다. 나는 현재 우리가 상상하는 것보다 미래가 훨씬 더 오래 지속되리라 생각한다. 또한 미래 세대에게 행복한 삶을 주기 위해 훨씬 더 많은 것을 할 수 있다고 생각한다. 나는 범세계적 재앙이나 인류 멸망의 가능성을 줄일 수 있는 신중한 예방책에 투자하는 것이 타당하다고 생각한다. 그러나 내게 장기주의적 사고란 아직 태어나지 않은 미래 인구를 계산하는 것보다는 좀 더 광범위하다. 현재 맺고 있는 관계 그리고 과거 선조들과의 관계에 근거해야 한다.

내가 강한 장기주의를 온전히 수용하는 데 어려움을 겪는 또 다른 이유가 있다. 강한 장기주의는 인류의 미래 가능성에 대해 많이 이야기하는 시간관이다. 그러나 지금까지 자연의 가능성에 대한 이야기는 많지 않았다. 동물복지 개선에 대해 상당히 관심을 보인 효과적 이타주의자들이 많다. 그러나 이러한 노력이 잠재적인 미래 인구와 어떻게 양립할 수 있는지 나로서는 알 길이 없다. 미래의 모든 닭, 코끼리, 벌레의 행복까지 고려하라. 그러면 아마도 어떤 유별난 장소에 가 있게 될 것이다.

금세기 우리는 자연계, 우리의 친구 동물 그리고 지구와 좀 더 장기적이고 조화로운 관계를 수립해야 하는 절박한 필요에 직면해 있다. 앞서 비산업화된 문화들의 환경적인 시간관이 이 같은 사고에 어떤 영향을 미쳤는지 이야기한 바 있다. 자, 지금부터는 과학적 시간관이 제공하는 통찰력을 통해 이 문제를 좀 더 자세히 논의해보기로 하자. 인간 밖의 세계를 연구하는 사람들은 자연 속에서 인간의 위치에 관한 의미 있는 통찰을 제공했다. 또한 생물적 시스템과 물리적 시스템과의 장기적 관계를 개선하는 데 필요한 방법론과 지식도 제공했다. 세상에서 장기적 사고에 가장 열려 있다고 할 수 있는 자연과학자들에게서 무엇을 배울 수 있을까?

10. 시간의 창: 과학, 자연 그리고 인류세

실의 강도는 한 섬유가 실 전체 길이를 관통하는 정도가 아니라, 여러 가닥의 섬
유가 겹쳐 이어지는 데 달려 있다.

– 루트비히 비트겐슈타인Ludwig Wittgenstein [01]

자연에 대한 사랑은 과학에 대한 사랑과는 다르다. 그러나 자연과 과학은 불가분
의 관계일지 모른다.'

– 존 버로스JOHN BURROUGHS [02]

내가 지금까지 들어본 가운데 가장 놀라운 과학적 사실은 우리가 비생
명체와 연관되어 있다는 것이다.

어떻게 가능한 일일까? 진화생물학자 스티븐 C. 스턴스Stephen C Stearns
는 예일대 강의에서 그 이유를 설명한 적이 있다. [03]

그는 "엄마를 생각해보세요"라는 말로 시작했다. "그럼 이제 엄마의 엄
마를 생각해보세요. 시간을 뒤로 돌려서… 빨리 돌려보세요… 이제 여러
분은 천만년 전, 이제 1억 년 전, 10억 년 전으로 거슬러 올라갑니다. 이
과정에서 한 발짝 뗄 때마다 그곳에 부모님이 있었을 겁니다."

"그리고 39억 년 전, 매우 흥미로운 일이 일어났습니다. 당신은 생명의 기원을 통과하고 있고 더는 부모는 없습니다. 그 시점에서부터 당신은 비생물적 물질과 관련이 있습니다."

"이것은 생명의 나무가 우리와 지구상 모든 생명체와 연결해줄 뿐만 아니라 생명의 기원이 우주의 모든 물질과 우리를 연결준다는 것을 의미합니다. 심오한 생각이에요. 우리에게는 수많은 원소가 필요하며, 철보다 더 무거운 몸속의 모든 원소는 초신성에서 합성됐습니다."

그래서 우리 모두가 별의 먼지일 뿐이라는 말은 단순히 시적 클리셰가 아닌 사실이다. 좀 더 구체적으로 말하면 인체의 97%를 구성하는 원자는 은하계 전체에도 분포되어 있다.[04] 이 원소들은 사실상 지구상의 다른 모든 살아 있는 생명체, 그리고 우리를 만드는 방식으로 배열돼 있다.

아직도 지구상에서 일어난 생명의 기원이 이 우주에서 일어난 유일한 생명 기원 사건이었는지 확신할 수 없다. 그러나 수십억 년 간 불모의 혼돈 끝에 일어났다는 사실만으로도, 생명의 기원은 적절한 언어로 묘사하기 어려울 만큼 중요한 장기적 사건이 됐다. 내가 가장 좋아하는 단어 중 하나는 유카타스트로피eucatastrophe다. 이 표현은 1947년에 J. R. R. 톨킨Tolkien이 동화 속의 '즐거운 반전'을 묘사하기 위해 만든 용어다. 유카타스트로피란 갑작스럽고 기적적인 은총을 의미하는데, '결코 일어나리라 상상하지 못했던 사건'을 뜻한다.[05]

생명의 기원과 친족관계에 대한 이러한 장기적 시각은, 과학이 시간과 자연 속에서 인류의 위치를 새롭게 해석하는 데 얼마나 많은 도움을 주었는지 보여주는 한 가지 예에 불과하다. 그러나 쉽게 얻을 수는 없다. 그러한 시각이 등장하기까지 수백 년이 걸렸다. 그리고 그러한 시각이 최종

롱 뷰: 시간과 미래를 바라보는 관점을 바꿔야 하는 이유

적인 것도 아니다. 우리는 여전히 생물권과 자연의 장대한 역사 속에서 우리 역할이 무엇인지와 관련해 아는 것이 많지 않다. 과학의 놀라운 점은 결코 끝이 없다는 것이다. 천문학자 칼 세이건Carl Sagan이 1979년 저서에서 말한 대로, "과학은 지식체계 그 이상의 사고방식이다. 과학의 목표는 세상이 어떻게 작동하는지 발견하고, 어떤 규칙성이 존재하는지 찾아내고, 사물 간 연관성을 분석하는 것이다."[06]

그렇다면 '이러한 사고방식'은 좀 더 내실 있는 형태의 장기적 사고를 추구하는 우리에게 어떤 가르침을 줄 수 있을까? 과학은 다양한 탐구 영역을 아우른다. 그러나 그것은 자연계 안에서 인간의 역할과 관련해 상당히 심오하고 확실한 시간관을 제공한다. 그래서 다음 장에서는 이 문제에 대해 자세히 다뤄볼 예정이다.

결국 자연은 어떤 한 사람이 한꺼번에 인식하기에는 너무 복잡하다. 자연의 먼 과거와 먼 미래까지 고려하면 그 범위는 더욱 방대해진다. 그러한 어려움을 극복하기 위해 과학자들이 활용하는 지적 접근법과 방법론은 무엇인가? 결과적으로 그들의 발견은 장기적인 관점에서 인간과 자연과의 관계에 대해 무엇을 말해줄 수 있을까?

우선 두 과학자의 이야기에서부터 시작하자. 두 사람은 어느 날 망원경에서 알 수 없는 신호를 포착했다. 처음에는 접시에 담긴 비둘기 똥이라고 생각했지만 결국 훨씬 더 오래되고 더 대단한 것으로 밝혀졌다.

천문학자 아르노 펜지어스Arno Penzias와 로버트 윌슨Robert Wilson은 소음 때문에 골머리를 앓았다. 이야기는 1960년대로 거슬러 올라간다. 두 사람은 뉴저지의 홀름델에서 작은 라디오 안테나를 운영하고 있었다. 안테나를 하늘로 향하게 해놓고 먼 우주물체에서 보내오는 전차를 감지하려고 애썼지만, 전파판독기에서 제거할 수 없는 배경소음이 들렸다.[07]

근처 뉴욕시에서 나오는 소음이 아닐까? 두 사람은 그 가능성은 배제했다. 그럼 지상 또는 대기 중에서 발생한 자연 소음일까? 아마 그것도 아닐 것이라고 생각했다. 안테나 끝 결함이 문제를 유발한 것은 아닐까? 그들은 그 문제를 접착테이프로 해결했다.

전파망원경 접시에 앉아 있는 비둘기들이 문제였을까? 물론 그것도 아니었다. 그래도 조사는 해야 했다. 두 사람은 안테나에 기어 올라가 꼼꼼하게 문질러 비둘기 배설물을 모두 제거했다. 그리고 인도적으로 비둘기들을 잡아 멀리 떨어진 곳으로 보내줬다. 그렇게까지 청소를 다 한 뒤에도 소음은 여전했다.

1964년 12월, 펜지어스는 학술대회를 끝내고 비행기를 타고 이동 중이었다. 그러나 여전히 소음 문제를 해결하지 못해 신경이 쓰였다. 그래서 그는 그것을 동료 천문학자에게 이야기했다. 얼마 뒤 그 천문학자가 아주 흥미로운 소식을 가지고 다시 그를 찾아왔다. 그에 따르면 프린스턴 대학의 두 물리학자가 최근 빅뱅의 증거에 대한 예측을 발표했다. 그들은 겨우 6km 떨어진 곳에서 일하고 있었지만, 펜지어스는 이 소식을 전혀 알지 못했다.

당시 빅뱅 이론은 오늘날과 달리 풍부한 관측 증거가 없었다. 그러나 프린스턴 대학의 두 물리학자는 빅뱅이 우주배경복사를 남겼을지 모른다고 생각했다. 전파망원경이 이 배경복사를 감지할 수 있을지 모른다. 다시 말해 빅뱅이 작은 소음을 남겼을 수 있다는 의미다.

펜지어스와 윌슨은 자신들이 우연히 굉장히 오래된 것을 발견했음을 깨달았다. 그들이 발견한 것은 비둘기 배설물이 아니었다. 뉴욕시의 간섭도 아니었다. 사실 과학이 그때까지 발견한 것 가운데 가장 오래된 것 중 하나였다. 바로 빅뱅의 잔광으로도 알려진 '우주 마이크로파 배경Cosmic Microwave Background'이었다.

오늘날 망원경을 이용해 이를 하늘의 지도로 시각화하면 마치 잭슨 폴락의 그림처럼 보인다. 또한 파란색, 노란색, 빨간색 등 다양한 지역을 표현하는 점들로 이루어져 잘 배열된 우주의 모습과는 거리가 멀다.

이 전자기 복사는 130억 년 전에 형성되었고 우주가 뜨거운 플라스마와 광자로만 구성되었던 시대로 거슬러 올라간다. 그것은 모든 공간에 스며든다. 만약 아날로그 TV의 주파수를 변경하면 전자복사가 소음의 일부가 된다. 그 안에는 별과 은하가 어떻게 형성되었는지에 대한 단서를 제공하는 파동이 숨어 있다. 이 파동은 일부 우주론자들이 평행우주의 증거가 될 수 있다고 믿는 거대한 '차가운' 조각이나 빅뱅 이전에 남아 있던 원형의 반점과 같은, 더 오래된 우주 미스터리에 대한 단서도 제공한다.[08] 궁극적으로 1978년 노벨상을 수상한 펜지어스와 윌슨의 발견이 매우 중요한 이유는, 그들의 발견을 통해 과학자들이 먼 과거로의 시간 여행을 떠날 수 있게 되었고 태초의 우주를 이해할 수 있게 됐기 때문이다.

우주 마이크로파 배경은 내가 이야기하는 '시간의 창'의 한 예다. 이 창을 통해 자연과학자들은 더 먼 시간까지 자세히 들여다볼 수 있다. 수백 년 동안 과학은 이런 창들을 더 많이 발견했다. 몇 가지 예를 들자면 얼음핵, 화석화된 뼈, 나이테, 종유석, 광물 함유물, 고대 꽃가루, 미토콘드리아 DNA 등을 꼽을 수 있다. 그들의 진가를 알아보기 위해 반드시 전문 장비가 필요하지는 않다. 아래를 내려다보면, 발가락 사이로 해변의 오래된 모래를 또는 도시의 건설 현장에서 모습을 드러낸 백만 년 된 돌들을 발견할 수 있을지 모른다. 눈을 들어 하늘을 보면 호모사피엔스가 진화하기 훨씬 이전에 방출된 별빛을 볼 수 있다. 예를 들어 일 년 중 몇 달은 육안으로 안드로메다은하를 볼 수 있는데, 망막에 비친 그 별빛이 지구에 도달하기까지 250만 년이 걸렸다. 찾고 싶다면 깊은 시간의 흔적을 주위에서 발견할 수 있다.

과학자들에게 시간의 창은 훨씬 다채로운 팔레트로 과거의 세계를 재해석할 수 있도록 한다. 그러나 시간의 창을 발견한다면 먼 미래를 좀 더 다채롭게 이해할 수 있다. 어떻게 그렇게 할 수 있을까? 또 다른 시간의 창인 대서양 해저에서 발견된 흥미로운 자기장 패턴을 보면 그 이유를 알 수 있다. 그 시간의 창이 여러 대륙의 오랜 시간의 궤적에 대해 과학자들에게 무엇을 들려주었는지도.

1960년대 지질학자들은 대서양 해저에서 바위에 새겨진 자기 바코드처럼 생긴 것을 발견했다. 하나의 줄무늬에는 바위의 광물이 자성에 따라 모두 북쪽을 향했고, 다음 줄무늬에서는 광물이 모두 남쪽을 향하고 있었다. 이 줄들의 폭은 수백만 킬로미터에 달했고 길이는 수천 킬로미터에 이르렀다. 만일 당신이 런던에서 뉴욕까지 비행기를 타고 오가면 그 바위들 위를 지나가게 된다.

그 바코드 패턴은 지구의 자기장이 뒤집혔던 과거의 시간에 접근하도록 해준다. 나침반이 항상 북쪽을 가리켰던 것은 아니다. 평균적으로 몇십만 년에 한 번 지구의 극성이 뒤바뀐다. 그리고 이러한 방향들 사이의 변동이 대양지각에 보존되어 있다. 이러한 시간의 창들을 발견하는 것이 세상을 바꿀 만큼 중요한 이유는 지구의 오랜 궤적을 확인할 수 있기 때문이다.

이 패턴이 생성되려면 해저 확산이 일어나야 했다. 아메리카 대륙과 유럽/아프리카 사이의 중간지점에 길쭉하게 솟은 해저산들이 있다. 여기에서 새로운 대양지각이 형성된다. 두 지각판 사이에 '구조적판경계Constructive Plate Boundary'라는 길게 갈라진 틈이 있다. 이 구조적판경계는 아이슬란드를 지나 구불구불 이어져 남극해까지 이어진다. 그것을 따라 마그마가 용승하며 두 지각판 사이의 틈을 메우고, 양쪽에 컨베이어벨트처럼 생긴 새로운 대양지각을 만든다. 아래 단면도는 수백만 년에 걸쳐서 바코드 패턴이 어떻게 만들어졌는지를 개략적으로 보여준다.

지질학자들이 해저가 확산한다는 것을 확인했을 때, 아메리카 대륙이 서서히 유럽과 아프리카 대륙으로부터 서서히 멀어지고 있다는 의혹들이 확인됐다. 그들은 지구의 표면이 비틀려 떨어져 나가고 충돌하는 독립적인 지각판들로 이루어져 있으며, 이 판들과 함께 대륙들을 이동한다는 사실을 깨달았다. 판구조론이라 하는 이 이론을 통해 과학자들은 앞으로 수

미국　　　　　　　←　　→　　　　　　　**유럽**

줄무늬 단면도

억 년에 걸쳐서 세계지도가 어떻게 바뀔지를 모형화할 수 있었다.[09]

지각판들이 향후 어떻게 재배치될 것인가에 대해 몇몇 시나리오가 있다. 만약 중대서양 지역의 해저 확산이 더뎌지거나 중단한다면, 중대서양주 대륙들이 다시 모여 거대한 환상 산호도처럼 보이는 판게아 울티마Pangea Ultima를 형성해, 한때 대서양이었던 바다를 에워싸게 될 것이다. 또다른 시나리오에 따르면 대륙들은 북극 주변의 아마시아Amasia라는 새로운 대륙을 형성할 것이다. 세 번째 시나리오는 새로운 지각판 경계가 유럽의 서부해안으로 따라 갈라지고 호주와 아메리카가 중앙에 위치한 오리카Aurica라는 새로운 대륙이 형성된다. 가장 확률이 높은 시나리오는 노보판게아Novopangea라는 초대륙이 형성되는 것이다. 이러한 미래가 실현되면, 아메리카 대륙은 호주와 남극과 충돌하고 결국 중국, 인도, 나머지 아시아 대륙과도 충돌하게 될 것이다. 그 결과 아래와 같은 모습이 될 수 있다.

그러므로 2억 년에서 2억 5천 년 뒤 우리 지구는 낯선 세계가 되어 있을 것이다. 만약 우리 후손이 여전히 지구에 살게 된다면 그들은 해안선

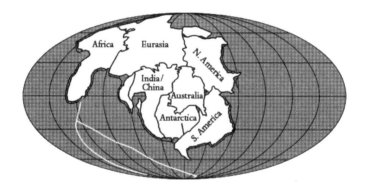

초대륙 노보판게아의 배열 예측도

을 보지 않고 런던, 로스앤젤레스, 베이징, 시드니 사이를 이동할 수 있다. 또한 우리와는 완전히 다른 나라들과 이웃하게 될 것이다. 지구의 관점에서 연못에 떠다니는 육지를 차지하려고 얼마나 많은 전쟁을 치렀던가를 생각해보는 것은 흥미로운 일이다.

이렇게 분명하게 대륙의 배열을 예측할 수 있는 이유는 먼 미래의 시간을 풀기 위해 과학자들이 사용하는 새로운 도구 덕택이다. 바로 시간모형Temporal Model이다. 지질학자들이 대륙 이동을 연구할 때, 모형화와 시뮬레이션을 이용한다. 이 모형들은 (특히) 시간의 창들이 제공하는 데이터를 사용해 제작되고 조정된다. 이 기술들은 다양한 과학학문 분야에서 활용된다. 예를 들면 고대 얼음핵은 기후 모형 제작을 돕고 화석은 진화 모형을 만들 수 있다.

모형기반의 관점이 상당히 유용한 이유는 장기간에 걸쳐 상당히 다양한 시나리오를 제공하기 때문이다. 다시 말해 인류가 등장하기 전 먼 과거에 일어났을 법한 일들을 추정할 수 있을 뿐만 아니라 먼 미래에 발생 가능한 일 또한 추정할 수 있다. 일반적인 오해 중 하나는 모형, 특히 기후 모형이 기상예보처럼 하나의 예측만을 위한 용도라고 생각하는 것이다. 그러나 기후 모형은 2100년 1월 1일에 비가 내릴지 여부를 우리에게 알려주려고 제작된 것이 아니다. 다양한 가능성을 파악하고 만일 그런 일들이 일어났을 때 대응책을 발견하기 위한 용도로 만들어졌다. 만일 우리가 A를 하면 B 또는 C가 일어난다. 그러나 우리가 X를 하면, 그 결과는 Y 또는 Z가 될 수 있다.

어떤 모형도 세상을 똑같이 구현할 수 없다. 어떤 모형이 다른 모형보다 더 낫다. 모형들은 입력한 데이터의 품질과 가정에 따라 만들어진다.

그러나 시간이 흐를수록 모형들이 과학자에게 세상에 대한, 즉 과거, 현재 그리고 미래에 대한 그들의 기술이 정확한지 알려준다는 게 중요하다. 초대륙 시뮬레이션을 주도한 지질학자들은 이렇게 말한다. "미래를 모형화하는 것의 목적은 단순히 미래에 무슨 일이 일어날지를 예측하려는 것이 아니라, 지식의 경계를 확장하고 이처럼 긴 시간에 걸쳐 작동하는 주요한 과정들이 무엇인지를 이해하기 위한 방법이다."[10]

따라서 과학적 모형을 통해, 복잡한 시스템들을 다른 방법으로 달성할 수 있는 것보다 훨씬 더 잘 이해할 수 있다. 톰 스태포드Tom Stafford가 지적한 바대로 "모형은 추론기계다. 사고의 보철물로서… 우리 인식을 개인의 이성과 직관의 지평선 너머로 확장한다."[11] 그러나 이러한 사고방식을 받아들이기 위해 슈퍼컴퓨터가 꼭 필요한 것은 아니다. 지나친 비약일 수 있지만 나는 모형에 기반한 시간관은 실제로 다양한 가능성, 과거와 현재가 있다는 생각을 받아들이는 것이라고 생각한다. 새로운 정보가 등장하면 기꺼이 관점을 바꿀 의향이 있음을 보여주는 것이다. 우리는 모두 현실 세계가 어떻게 작동하는지에 대한 각자의 심성모형mental model을 만든다. 이 심성모형이 없다면 예측은 불가능하다. 그러나 우리는 얼마나 자주 그 심성모형을 업데이트하거나 폐기할까?

과학이 제공하는 시간의 창을 통해 자연계 안에서 인간의 위치에 대한 초라한 진실을 발견할 수 있고, 그렇지 않았다면 숨겨져 있었을 긴 시간을 들여다볼 기회를 만나게 된다. 이러한 시각은 우리가 무엇을 하든 상

관없이 우주는 계속 확장되고 대륙들은 점진적으로 재배열되리라 예상한다.

그러나 이것이 자연의 세계와 물리적 세계가 각자의 독립된 길을 갖고 있다는 의미는 아니다. 반대로 과학적 시간관은 인류의 지구 출현 초창기부터 인간 활동이 계속 자연을 교란해왔음을 입증했다. 일부 사회와 민족은 다른 사회나 민족에 비해 좀 더 책임감 있게 행동해온 반면, 전반적인 호모사피엔스의 영향은 수천 년 전으로 거슬러 올라간다. 앞으로 더 풍부하고 전체론적인 장기적 관점을 갖기를 바란다면 이러한 장기적 관점을 알아야 한다. 특히 이러한 관점을 통해 지난 백 년 전 사건들을 상당히 선명하게 볼 수 있기 때문이다.

인류세의 도래

우리 종들은 태초 이후 진화, 생태계 그리고 물질적 세계에 영향을 미쳤다. 인류의 인구가 증가하고 전 세계로 퍼져나가기 시작한 5만 년 전, 우리 조상들은 생물권 구성에 영향을 미쳤다. 화석과 기타 시간의 창들은 수렵채집인들이 무려 178종의 거대동물들을 멸종에 이르게 했음을 보여준다. 몇몇 거대 포유류가 남긴 생태적 지위는 한 번도 메워진 적이 없다.[12]

고대 꽃가루와 같은 창문을 통해 과학자들은 최대 만 년 전부터 인류가 자연환경을 변화시켰다는 사실을 확인할 수 있었다. 농업이 전파되면서 개체수가 늘어난 인간들은 작물을 재배하고 가축을 기를 땅을 확보하기 위해 산의 나무를 제거하기 시작했다. 우리가 당연히 생각하는 생태계 중 많은 부분이 실은 인공적으로 만들어진 것이다. 예를 들어 잉글랜드

남부의 그림 같은 목초지는 신석기 시대와 청동기 시대에 이루어진 삼림 개간의 결과다. 사실 유럽 대륙의 상당 부분은 한때 숲으로 덮여 있었다.[13] 한편 얼음핵에 기반한 기후 재구성 모형은 초기 농업의 토지 개간과 가스 배출이 지구 대기에 영향을 미쳤을 수 있음을 시사한다. 물론 그 영향이 물론 오늘날만큼은 아니겠지만 기후를 안정시키고 다음 빙하기를 지연할 만큼 영향을 미쳤을 것이다.[14]

농업이 빠르게 확대되면서 선별적인 번식도 시작되어 새로운 형태의 생물도 등장했다. 과학자들은 족보를 거슬러 올라가 미토콘드리아 DNA를 추적함으로써 유전적 시간 여행을 할 수 있었고, 그 결과 밀이나 쌀 같은 재배 식물종 또는 개와 같은 가축들이 야생종에서 번식됐다는 사실을 발견했다. 예를 들어 집에서 기르는 닭은 5천여 년 전 인도와 중국에 살았던 야생닭들의 결합으로 번식됐다. 오늘날 닭은 지구상에서 가장 흔한 새다. 언제고 2백억 마리 이상의 닭이 존재한다. 닭의 개체수가 너무나 빠르게 확대되었기 때문에 그들의 뼈는 지질학 기록에 선명하게 드러날 것이다.[15]

인류의 조상들이 좀 더 멀리까지 이동하기 시작하면서 자연 생태계도 뒤섞어놓기 시작했다. 인간들은 바다와 산을 넘어 이동할 때 다양한 종도 데리고 이동했다. 물론 무심코 데려간 경우도 많았다. 예를 들면 베아트릭스 포터Beatrix Potters의 동화와 같은 이야기로 인해 토끼는 아련하게 영국 시골을 연상시킨다. 그러나 토끼는 외국에서 들여온 종이다. 11세기 노르만인이었을 수도 있지만, 치체스터에서 발견된 2천 년 된 토끼 정강이뼈에 따르면 영국 거주 로마인들도 토끼를 애완동물로 키웠다.[16] 그리고 1500년대 이후로, 식민지를 개척한 유럽인들은 동식물을 전 세계로 이동시키기 시작했다. 남아메리카산 옥수수와 감자가 처음으로 유럽에서 재배됐고, 아메리카 대륙의 정착민들은 밀, 양조용포도, 과일, 사탕수수를 가져왔다. 이제 과학자들은 이것이 부자연의 선택unnatural selection을 유발했음을 알고 있다. 예를 들어 사과나무를 처음 미국에 들여왔을 때, 토착종인 산사나무 파리들이 사과나무를 먹어 치우기 시작하면서 지금은 사과구더기로 알려진 새로운 종으로 빠르게 진화했다.[17] 18세기 무렵 국제자본의 부상으로 이러한 혼종이 급속히 증가하고 생명체가 이동할 수 있는 새로운 무역로들이 많이 건설됐다. 또다시 여러 대륙은 효과적인 판게아가 되었다.

1700년대 말 무렵, 막대한 양의 에너지가 고대 탄화수소 안에 갇혀 있음을 깨달은 뒤 인간과 자연의 관계에 더 많은 변화가 생겼다. 산업혁명기에 부유한 국가들은 화석연료를 태우면서 대기 중 화학적 성질에 중대한 변화를 일으키기 시작했다. 역사학자들은 어떻게 그런 일이 일어났는지를 경제 논리로 묘사할 수 있지만, 과학자들은 산호골격, 얼음핵, 나이테, 석순, 대양 침전물과 같은 시간의 창에 기록된 정보를 통해 대기의 화학적 성질 변화를 이해할 수 있다. 이 시기 공장에서 배출한 가스와 오염물질은 또한 새로운 종의 변종들을 탄생시킨다. 광미사mine tailing 속의 화학물질에 강한 식물이나 회색가지나방의 흑색소 침착 등이 그 예다.[18]

따라서 과학적 시간관을 통해 인간이 항상 자연계와 물리적인 세계에 영향을 미쳤다는 사실을 분명히 알 수 있다. 이는 최근의 기억 속 자연을 낭만적으로 미화하기 전에 기억할 만한 가치가 있다. 슬프게도 자연계는 인류가 등장한 이후 태초의 순수함을 간직한 적이 한 번도 없다. 그래도 과학은 인간의 영향이 어떻게 증가했는지 보여줬다. 그리고 20세기 중반 이후 소수 선진국에 의해 상황은 또다시 빠르게 바뀌기 시작했다. 이후 일어난 변화는 규모 면에서 그 유례를 찾을 수 없다.

지금부터 수만 년 뒤 미래 세대가 뒤를 돌아보면, 그들은 지구의 지질학이 제공하는 완전히 새로운 지구 상태로의 변화를 보여주는 시간의 창을 보게 될 것이다. 1950년대에는 너무 많은 핵무기 실험이 있어서 대기 중 방사성 동위원소인 탄소십사의 양이 두 배로 늘어났다. 이 '폭탄 펄스 bomb pulse'가 전 세계의 빙하, 호수, 동굴, 암초에서 발견된다. 그것은 인류세가 어디서 시작되었는지를 나타내는 공식 지표다. 인류세란 인간에 의해 규정된 새로운 지질학적 시대를 의미한다.[19]

과학자들은 인류세의 시작을 표시하기 위해 초기 농업에서부터 산업혁명에 이르기까지 인류 역사의 다양한 지점들을 선택할 수 있었지만, 그 결정을 내려야 하는 지질학자들은 1950년대를 선택했다. 왜일까? 1950년대는 폭탄 펄스뿐만 아니라 소위 '대가속Great Acceleration'이 시작된 시기였다.[20] 1950년에서 현재까지 탄소 배출량이 여섯 배 증가한 것 외에도 생물다양성, 오염, 해양 산성화, 담수 사용, 어업 개발, 열대 삼림 벌채 등에도 엄청난 변화가 있었다. 익히 알려져 있기 때문에 이러한 변화를 모두 언급할 필요는 없다. 그러나 몇몇 충격적인 변화를 압축해 보여주는 자료들이 있다.

우선 인간 발자국의 증가는 충격적이었다. 1950년에 지구상에는 25억 명이 살고 있었다. 현재 세계 인구는 78억 명이다. 오늘날 세계에서 거주 가능한 공간의 절반은 농지도 활용되며, 금세기 초반 30년 동안 건설된 도시가 이전의 역사를 모두 합한 시기에 건설된 도시보다 더 많을 것이다. 한편 타맥에서부터 플라스틱에 이르기까지 인공무생물의 총무게는 지난 70년에서 80년 동안 매우 빠르게 증가하여, 현재 지구의 바이오 매스(생물유기체)의 총중량을 상회한다. 다시 말해 지구상에는 현재 살아 있는 모든 식물, 나무, 동물, 미생물 그리고 모든 인간보다 인공무생물이 더 많다는 의미다. 20세기 초에는 인공무생물이 약 3%에 불과했다. 이 인 위적 질량의 약 절반은 콘크리트이며, 콘크리트의 증가 속도도 지금처럼 계속된다면 2040년경 콘크리트의 무게만 지구 바이오매스 무게를 앞지를 것이다.[21]

대가속은 또한 인류라는 종을 그 어느 때보다 진화에 더 큰 영향을 미치는 세력으로 변모시켰다. 많은 생물학자들은 인류가 지구의 여섯 번째 대멸종을 초래할 것이라는 우려를 드러낸다. 한 추정치에 따르면 야생동물 개체수가 1970년 이후 전 세계적으로 60% 감소했다.[22] 포유류 비중만으로도 모든 설명이 가능하다. 1900년 야생 포유동물은 지구의 육지 바이오매스의 17%를 차지했다. 현재는 불과 2%다. 나머지는 가축, 애완동물, 또는 인간이 차지하고 있다. 한편 앞서 우리가 만든 판게아와 유사한 세상이 점점 결합되면서 유입종이나 침입종들이 급증했다. 호주의 아시아 야생 낙타의 개체수는 10년마다 두 배로 증가하고 있다. 지중해 홍합은 남극에 진출했고 남미에는 마약왕 파블로 에스카바르의 동물원을 탈출한 사하라 사막 이남의 하마도 산다.[23]

급격한 진화적 변화는 이제 전 세계적으로 흔하다. 예를 들어 20세기 후반, 모잠비크 내전 동안 밀렵은 상아가 없는 아프리카코끼리의 급속한 진화를 야기했고, 캐나다에서는 오락 목적의 트로피 사냥으로 인해 20년 이내에 큰뿔양의 뿔 크기가 10% 감소했다. 무엇보다도 야생동물의 평균 크기는 100년 전과 비교했을 때보다 전반적으로 더 작다. 알래스카의 치누크 연어의 몸길이는 1970년대 후반 이후 5%에서 7% 줄어들었다. 이는 남획을 이유로 꼽을 수 있다(크기가 큰 연어는 식용으로 소비되고 작은 연어는 다시 물로 돌려보내 유전자를 물려준다). 또는 (작은 체구가 더위에 더 잘 대처할 수 있다는 점에서) 기후변화가 이유일 수 있다.[24]

우리는 심지어 지질학적 특징 자체를 바꾸고 있다. 폭탄 펄스뿐만 아니라 2차 세계대전이 초래한 작은 무기 파편들이 묻혀 있는 해변, 전자 쓰레기 더미에서 흘러나온 새로운 광물 변종들이 있고, 하와이에는 플라스틱, 침전물, 용암 파편, 표류물의 혼합물인 '플라스티글로머레이트plasti-glomerate'라고 하는 바위처럼 생긴 물질도 있다.[25]

따라서 과학적인 장기적 관점은 인류가 처음부터 자연에 영향을 미쳤다는 사실과 지구와 지구 생명체를 바꿔놓게 될 거대한 실험이 시작됐음을 의미한다. 다시 한번 분명히 말하지만, 이는 일부 선동자들이 다른 사람들보다 훨씬 더 많은 비난과 책임을 지는 실험이긴 하나 결정적으로 우리 모두가 실험 참가자가 된다. 자연은 때때로 인간 세계와 별개의 세계로 여겨지지만 생물권과 지구의 물리적 체계와 서로 얽혀 있다. 우리는 정신적 건강과 육체적 건강은 말할 것도 없고 식량, 식수, 깨끗한 공기, 수분, 탄소 격리, 이상 기온의 완화를 위해 자연에 의존한다.

따라서 대가속이 지속될 수 있을까? 추적하고 있는 연구원들은 이를 확신할 수는 없다. 우리는 경제성장과 자연 손상을 분리할 수 있지만, 인류의 역사를 살펴보면 무수한 붕괴 직전에 기후변화, 환경 악화, 복잡성이 증가한 특징이 있었다. 그런데 기후변화, 환경 악화, 복잡성 증가 모두 현재 나타나고 있다. 2019년 BBC 방송사는 케임브리지 대학의 루크 켐프Luke Kemp의 산출자료를 공개했다. 인류 문명과 제국들이 얼마나 지속

334
롱 뷰: 시간과 미래를 바라보는 관점을 바꿔야 하는 이유

될 수 있을 것인가에 대한 자료였다. 그는 모든 역사를 통틀어 문명과 여러 제국의 수명을 계산했고, 멸망하기 전 평균 336년이 지속됐음을 확인했다.[26] 이 연구자료는 우리가 궤적을 바꾸려면 시간이 얼마 남지 않았다는 것을 의미한다. 만일 18세기 글로벌 자본주의의 등장과 같은 역사의 시계가 1950년대 이전부터 돌아가기 시작했다면 더욱 그렇다.

어느 정도 희망의 빛도 있다. 인구가 안정되고 있고 오존층 복구와 같은 환경적인 성공도 이루어졌다. 그러나 미래에 우리 삶의 방식을 무너뜨리고 다른 생명체에 회복 불가능한 피해를 초래하게 될 거대한 '탈동조화 great decoupling'나 대붕괴 great collaspe의 발생 가능성도 배제할 수는 없다.[27]

이 장이 끝날 무렵 우리는 이 질문으로 다시 돌아올 것이다. 최악의 시나리오를 피하기 위해 우리가 활용할 수 있는 몇 가지 장기 전략들을 살펴보기 위해서다. 그러나 우선 과학적 시간관으로 다시 돌아가, 장기주의 사고방식에서 우리가 취할 수 있는 교훈을 모두 익혔는지 확인해보도록 하자. 인류세의 기간을 정했으니 이제 몇 페이지를 할애해 (지구온난화의 발견) 자연에 미친 인간의 영향을 한 가지 측면에서 더 심도 있게 살펴보기로 하자. 과학적 시간관이 작동하는 방식과 과학적 시간관의 장기적 사고가 어떻게 점진적으로 부상하게 됐는지 좀 더 상세히 설명해줄 수 있기에, 자연에 미친 인간의 영향을 이야기하고 넘어갈 가치가 있다. 시간의 창과 모형들은 과학적 시간관의 한 부분이지만 전부는 아니다.

이 이야기를 시작할 지점은 여럿이지만 19세기부터 시작하기로 하자. 이 시기는 인류가 지구 온도를 높이고 있다는 사실이 확인되기 전이다. 그러나 알게 되겠지만 장기적 사고가 어느 날 느닷없이 등장하는 것은 아니다. 어떤 한 인물에게서 시작된 것도 아니다. 그러나 장기적 사고가 마침내 등장했을 때, 세상을 바꿀 정도의 힘과 영향력을 발휘했다.

지구온난화의 발견

1800년대 중반, 과학자들은 설명하기 어려운 시간의 창을 몇 개를 발견했다. 미국과 유럽의 온대 위도 지역에서 지질학자들은 해당 지역의 것으로 보이지 않는 흥미로운 특징을 발견했다. 예를 들면 거대한 빙하에 의해 기반암 표면에 난 듯한 긁힌 흔적 또는 들판이나 숲의 주변환경과 전혀 유사성이 없는, 표석erratics이라고 하는 거대한 바위들을 꼽을 수 있다. 이 지질학적 수수께끼를 풀 유일한 방법은 과거 한때 육지 또는 지구 전체를 뒤덮었을 것이 분명한 거대한 판빙뿐이었다. 고대 지구는 빙하기를 거쳤다는 의미다. 그러나 어떻게?

기후 과학이라는 전문 분야가 아직 없었기 때문에 다양한 연구자가 자신의 이론을 제시했다. 태양 흑점, 화산, 해류의 변화, 천체의 중력 영향 등. 많은 것이 밝혀지지 않은 상황에서는 모든 것이 가능해 보인다.

이산화탄소(CO_2)의 변화가 작용했을 수 있다는 최초의 단서 가운데 일부는 1856년으로 거슬러 올라간다. 유니스 푸트Eunice Foote라는 미국 아마추어 과학자이자 여성인권 운동가는 이산화탄소와 수증기가 열복사를 가둔다는 것을 깨달았다. 이것으로 판빙을 설명하기는 어렵다. 그러나 돌아보면 이는 대기 가스가 기후에 영향을 미쳤을 수 있다는 최초의 증명이었다.

그러나 푸트의 성별과 아마추어라는 지위 때문에, 푸트는 역사책에서 자신의 관찰에 대해 공로를 인정받지 못했다. 푸트의 연구 결과가 과학학회에서 남성 발표자에 의해 공개되고 미국에서 언론에도 보도됐다. 그러나 푸트의 연구는 잘 알려지지 않은 학회지에만 실리는 아주 미묘한 차별을 받았다. 푸트의 발견을 지지하는 남성 발표자조차도 동료들에게 아주 당당하게 잘난 척하며 이렇게 말했다. "여성의 영역은 아름다움과 유능함은 물론 진실함까지 포용한다."[28]

푸트의 연구결과는 유럽에서 별다른 반향을 일으키지 못했다. 지구의 기후에 이산화탄소가 중대한 영향을 미친다는 사실을 발견한 공로는 결국 아일랜드 과학자 존 틴달John Tyndall에게로 돌아갔다. 1859년 그는 독립적으로 실험실에서 실험을 수행하고 푸트와 유사한 결론을 내렸다. 그는 이렇게 말했다. "따라서 대기는 태양열의 유입을 허용하지만 태양열의 방출은 통제한다. 그리고 그 결과는 지구 표면에 열을 축적하는 것이다. 그러한 변화는 사실 지질학자들의 연구를 통해 밝혀진 모든 기후변화의 원인이었을지 모른다."[29]

이 퍼즐의 다음 조각은 1895년에 맞춰졌다. 그해 스웨덴 화학자 스반테 아레니우스Svante Arrhenius는 이혼이 마무리되고 있었고 곧 아들의 양육권을 잃기 직전이었다. 아마도 불행한 결혼의 고통에서 벗어나기 위한 한 방편으로 그는 온실효과에 이산화탄소의 기여도를 정량화해보기로 했다. 그는 이산화탄소가 전 세계적인 기후 온난화를 유발할 수 있는지 알아보기 위해 종이와 연필을 가지고 수개월을 매달려 각 위도대의 대기 상태와 복사열을 계산했다. 엄청난 작업이었다. 그는 "내가 이 주제에 특별한 관심이 있었던 것이 아니라면, 이 지루한 계산 작업에 애초 손을 대지 말았어야 했다"라고 말했다.[30]

아레니우스의 계산값이 오늘날 측정치와 비교했을 때 특별히 정확하지는 않았을 수 있지만, 범지구적인 온실 효과를 유발하는 것이 가능하고 대기 중 이산화탄소 증가와 감소로 인해 고대 기후가 극심한 변동을 겪을 수 있었음을 그가 입증했다는 것이 중요하다.

몇 년 뒤인 1899년, 지질학자 토머스 크라우더 체임벌린Thomas Chrowder Chamberlin은 고생대 기후변화의 가능한 메커니즘에 대한 논문을 썼다. 그는 화산이 막대한 양의 이산화탄소를 내뿜어 지구를 데우고, 다시 바다에서의 이산화탄소 배출을 가속화한다고 주장했다. 한편 퇴적암은 석회질 감옥에 탄소를 가둘 수 있는 잠재력을 갖고 있었는데, 아마도 이것이 화산활동이 적었던 기간에 지구의 온도를 식히는 결과를 가져왔을 것이다. 그는 이것이 판빙을 설명하는 데 도움을 주리라 믿었다.[31] 그러나 정확히 맞는 말은 아니었다. 빙하기의 시작과 끝을 유발한 복잡한 원인들이 있다. 일례로 태양의 주변을 도는 지구 궤도의 주기적 변화를 꼽을 수 있다. 그러나 대기 중 이산화탄소 농도의 감소가 지구의 온도 상승과 하락에 주된 원인이다. 장기적인 궤도 변화가 여분의 탄소를 바다나 숲에 가두기 시작하면 전지구적인 피드백 효과가 나타나기 시작하고, 기온은 다시 떨어지기 시작한다.

인간의 탄소 배출에 대해서는? 아레니우스는 석탄이 연소하면서 막대한 양의 탄소를 배출하며 이론상으로는 미래의 지구온도에 변화를 줄 수 있음에 주목한 최초의 학자 중 하나였다. 그러나 그는 수천 년 뒤의 일처럼 보였기 때문에 그러한 미래를 그다지 걱정하지 않았다. 당시 인간이 지구온도 변화에 주도적 역할을 할 수 있다는 가정은 비현실적으로 느껴졌다. 《지구온난화의 발견The Discovery of Global Warming》의 저자인 역사학자이자 물리학자 스펜서 위어트Spencer Weart는 다음과 같이 말했다. "거대한 자연력 가운데 그렇게 보잘것없는 인간들의 행동이 지구 전체를 통제하는 균형을 깰 수 있다고 생각한 사람은 아무도 없었다. 자연을 초인간적이고 관대하고 근본적으로 안정적인 대상으로 바라보는 시각은 당시 대다수 문화에 깊이 고정돼 있었다. 이는 전통적으로 신이 내려준 우주의 질서, 즉 흠잡을 데 없고 쉽게 동요하지 않는 자연의 조화에 대한 종교적 믿음과 깊은 연관이 있다.[32]

게다가 20세기에 들어서면서 다른 과학자들은 이산화탄소가 자연 기후에 그렇게 중요한 역할을 할 수 있다는 생각에 대해 (잘못된) 의문을 제기하기 시작했다. 만일 인위적인 온난화의 가능성이 이미 불가능하다고 여겨진다면, 이러한 주장들은 그러한 가능성을 불가능한 것으로 만들어버렸다.

인식이 바뀌기 시작하는 데 수십 년이 걸렸고 심지어 그 변화도 천천히 일어났다. 사람들은 자신들이 사는 지역의 겨울이 기억하는 겨울에 비해 약간 더 따뜻하다는 인식을 시작했다. 그러다가 1938년 공학자이자 아마추어 기상학자인 가이 스튜어트 캘린더Guy Stewart Callendar가 런던 왕립기상학회에서 발표를 하고 있었다. 그는 화석연료 때문에 대기 중 이산화탄소 농도가 상승하고 있다고 말했다.[33] 위험을 경고하던 것이 아니었다. 사실 그는 대기 중 이산화탄소 농도 상승이 농업에 도움이 될 수 있다고 믿었지만, 그가 제시한 추정치들은 진실을 말하고 있었다. 그러나 방청석의 기상학자들은 확신하지 못했다. 과학계 기득권에게 캘린더는 이방인이었다. 설사 누군가가 캘린더의 장기적 시각에 동의했더라도 제2차 세계대전 이후 닥친 위기들 탓에 이를 확신하기는 어려웠을 것이다.

거의 20년이 지나갔다. 그런데 1950년대 어느 날, 존스 홉킨스 대학의 물리학자 길버트 플래스Gilbert Plass가 적외선을 연구하던 중 우연히 과거

빙하기의 발생이 이산화탄소 때문이라는 믿을 수 없는 이론들을 발견했다. 그는 낮에는 무기 연구를 하고 저녁 시간을 활용해 온실 효과에 대한 연구보고서는 썼다. 다행히 그는 초기 컴퓨터를 사용해 좀 더 정교한 기후 시뮬레이션을 계산할 수 있었다. 대기모형이 새로운 방법론은 아니었다. 1686년 에드먼드 핼리는 무역풍을 설명하기 위해 순환세포를 그렸다. 그러나 컴퓨터를 사용할 수 있게 되면서 이전에 가능했던 것보다 훨씬 더 풍부한 시간의 그림을 그릴 수 있게 되었다.

플래스는 보다 정확한 현장과 실험실 측정을 하면서 이러한 기술들을 사용해 인간이 화석 연료 연소와 삼림 벌채를 통해 대기 중 이산화탄소 균형을 크게 교란했다는 결론에 도달했다. 그는 미래 가능성을 알아보기 위해 자신의 모형을 이용해 도출한 추정치를 통해, 인간 활동이 지구 온도를 100년에 평균 1.1도씩 상승시킬 수 있다고 제안했으며 미래 세대가 위험에 놓일 수 있다고 경고했다. "지난 50년 동안 기후가 전반적으로 개선된 이유가 늘어난 산업 활동 때문인지에 대해서는 의문의 여지가 있겠지만, 산업 활동이 증가하면 점점 더 심각한 문제가 발생할 것이라는 데는 별다른 이견이 없다. 앞으로 몇백 년 안에 대기 중으로 방출되는 이산화탄소의 양이 크게 증가해 기후에 심각한 영향을 미칠 것이다."[34]

그 뒤 수십 년 동안, 지구의 기후 시스템에 대해 추가로 조사하면서 지구온난화에 오랫동안 인간이 미친 영향에 대해 더 많은 통찰을 얻었다. 다른 과학자들은 얼음핵, 나이테, 꽃가루와 같은 시간의 창을 활용해 인간에 의한 지구온난화가 자연적인 기후변화보다 훨씬 더 빠르게 진행되고 더 위험하다는 것을 보여주었다. 한편 인공위성이나 다른 기구들은 과학자들이 기후, 대양, 아이스커버의 변화를 관찰하고 모형화할 수 있게 해주었다. 이 모든 것이 결합되어 과학자들은 더 먼 미래를 예측할 수 있게 되었다. 예를 들면 전 세계적인 해수면 상승, 빙하붕괴, 해양산성화, 재앙적 산불 등을 유발했던 기온상승에 관심을 집중시킨다.

1980년대 후반 이러한 증거의 축적을 바탕으로 기후변화에 대한 정부간 협의체Ingergovernmental Panel on Climate Change(IPCC)가 출범했다. 이 협의체의 목표는 모든 과학을 수집, 분석하고, 검토해 우리의 현위치, 나아갈 방향에 대해 주기적이고 통합적인 평가를 하는 것이다. IPCC는 세계에서 가장 장기적인 시각을 가지고 운영되는 조직 중 하나가 될 것이다. 먼 미래에 대한 광범위한 과학적 증거를 요약할 뿐만 아니라 최소 100년 뒤 미래를 내다보는 장기적인 시각을 갖고 있기 때문이다.

이 모든 과학자들과 여타 다른 분야의 학자들 덕분에 우리는 지구의 기후변화 궤적을 분명하게 알게 됐다. 그러나 인류의 짧은 지구온난화 역사가 보여주듯이 여기까지 오는 데 백 년 이상의 연구가 필요했으며, 그과정에서 많은 실패와 오류도 있었다. 그렇다면 이러한 사실이 장기적 사고의 중요 요소들 그리고 어떻게 과학적 시간관이 부상하게 되었는지와 관련해 우리에게 제공하는 시사점은 무엇일까?

지구온난화의 발견이 주는 가장 중요한 교훈은 이러한 장기적 사고가 집단적인 협력에 의해서만 달성될 수 있다는 것이다. 그 사실을 발견하는 데 단 하나의 통찰이나 단 한 사람의 노력만 있었던 것은 아니다. 만약 이이야기가 영화라면, 아마도 한두 명의 미래지향적이고 적극적인 과학자가 등장해 미래를 예측하지만 그의 예측은 동료나 사회로부터 외면받을 것이다. 현실은 이보다 훨씬 더 복잡하다. 현실은 내가 앞서 설명한 것처럼 단순하지 않다. 수백 명이 넘는 사람들이 관련돼 있었다.

"지구온난화의 발견 이야기는 긴 행렬의 행진이라기보다는 사람들이 여기저기 흩어져 거대한 대지를 헤매는 것에 비유할 수 있다"라고 기후역사학자 비어트는 설명한다. "관련된 과학자들이 상대 과학자의 존재를 거의 알지 못한다. 여기에서는 빙하의 흐름을 계산하는 컴퓨터 과학자를 발견하고, 저기에서는 실험자가 턴테이블 위에서 물이 담긴 접시를 돌리고 있는 연구자를 발견하고, 옆을 보면 진흙 밖으로 모습을 드러낸 조개를 바늘로 찔러보는 학생을 발견할 수 있다."[35]

그 과정에서 많은 과학자들이 전반적인 현상을 이해하지 못하거나 부정확하고 잘못된 정보를 갖게 되었다. 또 어떤 과학자들은 그들이 속한 시대의 사회적 편견이나 잘못된 판단을 드러내기도 했다. 아이작 뉴턴은 다음과 같은 유명한 말을 남겼다. "내가 좀 더 멀리 볼 수 있었던 이유는 거인들의 어깨를 밟고 서 있기 때문이다." 이 지혜로운 말은 부분적으로만 맞다. 과학은 누적이 가능한 것도 사실이지만, 현실에서 과학은 잘못된 방향으로 나아가고 패러다임과 인간 오류와 경쟁할 때가 많다.

결정적으로, 과학이 장기적 시각을 갖게 되고 그것이 지속되는 이유는 다양한 이론과 사고가 결합하기 때문이다. 우리가 이 책에서 접했던 다른 장기적 사고와의 차별점은 과학적 장기적 사고가 과학적 방법론 이외에 하나의 신념이나 이념에만 의존하지 않는다는 것이다. 그것은 완벽하지도 포괄적이지도 않은 세계관이지만, 다양한 패러다임의 등장을 허용하고, 일부의 오류가 발견되더라도 붕괴되지 않는다는 점에서 제대로 기능하고 있다. 루드비히 비트겐슈타인의 말을 인용하자면 "실의 강도는 한 섬유가 실 전체 길이를 관통하는 정도가 아니라, 여러 가닥의 섬유가 겹쳐 이어지는 데 달려 있다." 시간이 갈수록 어떤 이론이나 관찰의 결과물은 탄탄함을 드러내지만, 어떤 것들은 이내 사라지고 만다. "과학은 그것을 지탱하는 중요 요소들이 동시에 바뀌지는 않는다는 사실에서 힘 또는 일시적 단합이 가능하다. 과학은 통일성이 와해될 때 안정성을 유지한다." 철학자 세르지오 시스몬도Sergio Sismondo는 비트겐슈타인의 은유를 바탕으로 이렇게 말했다.[36]

지구온난화의 발견에서 얻을 수 있는 두 번째 교훈은 대중의 이해를 얻거나 정치권의 관심을 받기까지 시간이 오래 걸린다는 것이다. 21세기 초반, 대다수가 인간이 초래한 기후변화를 사실로 받아들이고 있으며, 50개국의 국민 64%가 기후온난화를 위기라고 인식하고 있다. 그러나 한때 이 생각은 오늘날보다 훨씬 더 소수의 관점이었다는 것을 쉽게 망각한다.[37]

오랫동안 많은 사회가 한때 이단적인 사상들이 어디에서 출발했는지를 잊어버리는 경험을 할 수 있다. 심리학자들이 '사회적 잠복기증social cryptomnesia'이라고 부르는 효과다.[38] 처음 인간이 유발한 지구온난화의 가능성을 이야기한 많은 이가 외면받았고 이단아로 취급받았다. 그들의 핵심 주장은 소수를 제외한 거의 모든 이에 의해 수용되면서, 사회 전체가 그 사실에 대해 일종의 기억상실을 앓고 있다.

지나고 생각해보면 우리 선조들이 지구온난화의 증거를 인식하기까지 오랜 시간이 걸렸다고 비판하고 싶은 마음이 든다. 그러나 내가 백 년 전에 살았더라면 나 또한 의심하고 어리석은 다수였을 수 있다는 사실을 기억해야 한다. 이 논리대로라면 나는 증손자들이 동의하지 않을지 모르는 것을 믿거나 실천하는, 적어도 아주 다르게 인식하는 소수에 속해 있는 것이 분명하다. 장기적 시각은 우리가 사실이고 공평하다고 믿은 것에 대한 겸손함을 필요로 한다.

그 문제가 이 장의 마지막 질문이다. 이 질문은 과학적 시간관의 원칙을 넘어 그 함의를 생각하게 만든다. 우리 후손이 기후변화와 지난 100년의 다른 변화들에 대한 우리의 대응을 보며 어떤 결론을 내릴까? 과학은 자연 속에서 우리 역할과 관련해 장기적 시각을 제공했다. 이제 그러한 역할에 대한 통찰을 가지고 무엇을 해야 할까? 간단히 말해 우리는 어떤 인류세를 원하는가?

온화한 동료애와 관대한 공학

지구온난화와 대가속이 야기한 모든 변화를 감안할 때, 어떤 해결책이 필요한지는 분명해 보인다. 만약 지난 백 년의 흐름을 바꾸고 싶다면, 지구온난화의 영향이 완화된 미래, 인간의 발자국이 미치는 손상이 줄어든 미래, 우리의 친구 동물과 그들의 생태계를 과도하게 이용하지 않는 미래로 가는 길을 구축해야 한다.

그러나 그렇게 하려면 어려운 선택을 해야 한다. 인간 요구의 균형을 이루며 자연과 조화를 이루며 살기를 원할 때 어떤 것이 최상의 장기적 전략인지 적어도 나는 명확하게 알지 못한다. 생태계를 야생의 상태로 되돌리고 지구상에서 인간의 발자국을 현저하게 줄이며 일종의 온화한 동료애를 추구해야 하나? 아니면 선의의 공학을 추구해 인간과 동물 모두 번영을 구가할 수 있는 새로운 생태계 구축에 적극 참여해야 하는가? 이 두 접근법 가운데 하나라도 현실적으로 가능한가? 이 질문들은 가볍게 넘기기에는 힘든 문제들이다.

어떤 길을 택하든 트레이드오프(두 정책 목표 중 하나를 달성하려 하면 다른 하나의 목표 달성이 저해받는 상태를 말한다—옮긴이)는 있을 것이다. 친절한 동료애를 추구하려면 우리는 지배적인 종의 위치에서 한 발자국 물러서야 한다. 지구의 넓은 지역에서 재야생화rewilding가 일어날 수 있는 공간을 허용해, 방해받지 않고 진화가 지속될 수 있게 해야 하며 인간의 온실가스 배출을 산업화 이전 상태로 줄여야 한다. 이는 자연을 지배하는 삶이 아니라 자연과 함께 조화롭게 살아가는 삶을 의미한다. 자연계에 자기결정력을 보장하는 약속이자 비인간적 생명체 그 자체의 가치를 인정하는 것이다. 이러한 시각은 '심층 생태학deep ecology'의 관점과 유사하다. 심층적 생태학은 1970년대 노르웨이 철학자이자 등반가 아르네 네스Arne Naess가 처음 제안한 용어로, 살아 있는 모든 생명체에 생존과 번영의 권리를 동등하게 부여해야 한다는 보호주의적 접근법이다.[39]

현실적으로 쉽지는 않을 것이다. 우선 재야생화를 위해서는 어떤 종류의 자연으로의 복원을 원하는지 결정해야 한다. 예를 들어 우리가 회귀를 원하는 자연이 선사시대 자연인지, 산업화 이전의 자연 또는 인류세 이전의 자연인지 결정해야 한다. 아니면 완전히 후퇴해서 생명체가 적응하길 바라야 할까? 모든 시나리오가 가능하지는 않다. 그리고 완전히 균형이 깨진 생태계에서 철수한다면 오히려 악화 일로를 걷게 될 수도 있다.

좀 더 포괄적으로 말하자면, 또 다른 종류의 거대동물이 이끄는 재야생화를 선택하게 된다면 인간의 개체수와 가능성이 심각하게 감소할 것이다. 인간과 동물의 요구를 공평하게 고려하는 것은 일리가 있지만, 직접적 긴장은 불가피하다. 그리고 이러한 관계가 적대적이 된다면 위험할 수 있다. 인구통제와 같은 문제에서 인간보다는 자연의 편을 든다면 지독한 염세주의적 결론에 이를 우려가 있고, 어두운 정치적 계획으로 이어질 것이다.

그렇다면 관대한 공학이 조금 더 나을까? 관대한 공학 역시 장단점을 모두 갖고 있다. 이는 독창성과 예방적 개입을 통해 동물의 복지와 미래를 향상하고, 생물계와 물리적 세계에 미치는 인간의 영향을 완화하는 것으로 풀 수 있는 문제로 자연계를 바라보는 관점이다. 이 접근법은 인간이 관리하는 인위적 공간에서의 보존 프로그램, 생태적 지위를 메울 수 있는 종의 도입과 관련이 있지만, 기술이 발전하면서 기후를 공학적으로 조작하거나 멸종위기의 종을 구하는 (심지어 멸종된 종을 복원하는) 유전적 개입과 같은 프로젝트도 포함할 수 있다. 이 관대한 공학적 접근법은 생태계 개입과 자연 조작으로 인해 예기치 않은 결과를 동반한 변화를 초래할 수 있다. 1930년대 딱정벌레 개체수를 통제하기 위해 수수두꺼비를 호주에 도입한 정책처럼 실패한 개입은, 생물다양성에 회복 불가능한 피해를 입혔다. 유전공학적 개입이 실패하면 수백 년간 지속되어야 달성할 수 있는 진화를 파괴하고 수많은 동물의 생명을 앗아갈 수 있다. 대기 중으로 에어로졸을 투입하는 것과 같이 지구공학 측면에서 기후를 바꾼다는 생각은 위험 요소로 가득하며, 기후온난화 문제를 더욱 악화할 수도 있다. 마지막으로 우리의 자격과 관련해 반대의 목소리가 나올 수 있다. 다시 말해 '그저 우리에게 그러한 힘이 있다고 해서 생물 세계에 지배력을 행사할 도덕적 권리가 있는가'라는 문제가 발생할 수 있다는 의미다.

우리가 이 두 접근법을 최대한 절충한 제3의 길을 늦지 않게 찾게 되길 바란다. 현상 유지는 우리의 선택지가 아니기 때문에 제3의 길을 반드시 찾아야 한다. 공식적인 정의에 따르면 인류세가 시작된 지 겨우 70년

밖에 되지 않았으나 이미 돌이킬 수 없는 변화를 초래했으며, 많은 종을 잃었고 21세기 이후에도 영향을 미칠 변화들도 시작됐다. 만약 이 새로운 지질학적 시대인 인류세가 홀로세만큼 계속된다면, 앞으로 만 년은 더 지속될 수 있다. 앞으로 만 년이 금세기와 같은 방식으로 정의되기를 바라는가? 만일 그렇게 된다면 우리가 하나의 종으로서 계속 번영을 구가하는 게 현실적으로 가능하다고 생각하는가?

과학적 시간관 하나만으로는 우리가 어떤 접근법을 선택해야 하는지 알기 어렵다. 그러나 과학적 시간관은 우리의 현 상태를 보여줄 수 있다. 과학은 시간의 창, 모형 그리고 다른 시각을 통해, 창백한 푸른 점이라고 하는 이 지구상 생명체를 더 풍요롭고 깊게 이해할 수 있는 기회를 제공했다. 우주 마이크로파 배경이나 대륙 이동과 비교해보면 우리는 하찮은 존재처럼 보일 수 있지만 결코 그렇지 않다. 우리 인간종이 등장한 이후, 인간은 자연과 얽히고설켜 살아왔다. 우리는 생명의 기원을 통해 모든 생명체 그리고 은하계 전체에 퍼져 있는 기본원소들에 의해 모든 물질 세계와 연결돼 있다. 이제 인간은 지구의 궤적 전체에 영향을 미칠 만큼 대단한 영향력을 지니고 있다. 궁극적으로 이러한 인간과 자연 세계와의 관계를 완전히 바꾸기 위해 과학적 시간관이 필요하다. 그래야만 우리는 인간과 같은 젊은 종이 어떤 종류의 역할을 해야 하는지 파악할 수 있다.

이제 장기적 관점에 관련된 긴 여정도 어느덧 마무리로 향하고 있다. 그러나 아직 살펴보지 않은 시간관이 하나 더 있다. 먼 시간을 상상하는 예술적, 창의적, 상징적 접근법이다. 이는 참나무 숲에 대한 유명한 이야기로 시작한다. 이 숲은 얼핏 보이는 것보다 더 많은 의미를 담고 있다.

11. 상징과 이야기가 지닌 설득의 힘

노인들이 그 그늘에 앉아 쉴 수 없음을 알면서도 나무를 심을 때, 그 사회는 위대해진다.

– 무명씨

예술은 확실히 현실의 좀 더 직접적인 형태일 뿐이다.

– 앙리 베르그송Henri Bergson [01]

시간을 들여 장기적 사고에 대해 사람들에게 이야기해보라. 그러면 누군가 나무에 관한 이야기를 할 것이다. 나무는 오랫동안 장기적 사고의 상징으로 여겨졌다.

아마도 옥스퍼드 대학, 뉴 컬리지의 떡갈나무 이야기가 유명할 것이다. 1800년대 대학 관리들은 중앙홀의 들보를 교체할 때가 되었다고 생각했다. 놀랍게도 그들은 이 학교의 설립자들이 1300년대 들보 교체용 떡갈나무를 심어뒀다는 사실을 알게 됐다. 설립자들의 이 같은 결정은 미래 세대에 대한 배려이자 앞을 내다본 행동이었다.

데이비드 캐머런 전 영국 총리도 토리당 회의에서 이 이야기를 언급한 적이 있다. "한번 생각해봅시다. 수백 년이 흘렀고, 콜롬버스가 미대륙에 도착했습니다. 중력도 발견됐고요. 떡갈나무가 필요하게 됐을 때 이미 준비가 돼 있었죠." 이어서 그는 한 전임 총리의 말을 인용했다. "마거릿 대처는 이렇게 말했습니다. '우리가 하는 일은 자녀와 손자들을 위해 나무를 심는 것이다. 그게 아니라면 우리가 정치를 할 이유가 없다.'"[02]

그러나 캐머런의 떡갈나무 이야기에는 오류가 있다. 떡갈나무를 가져온 지역으로 추정되는 버킹엄셔는 1300년대에는 아직 영국 영토가 아니었다. 그 이후에 매입이 이루어졌다. "이런 신화가 여전히 이어져 내려온다는 것이 놀라울 따름이다. 그건 장기적 사고까지는 아니더라도 끈질긴 고집 정도는 된다"라고 대학개혁 운동가 제니퍼 소프가 내게 말했다.

그러나 앞서 실제로 세상 어딘가에 존재하는 나무에 얽힌 장기적 사고에 관한 사례를 소개한 적이 있다. 백 년 전 심은 삼나무를 일본 신도 신궁의 건축자재로 사용했다는 이야기를 기억할 것이다. 마찬가지로 영국 해군도 군함에 사용할 땔감을 얻기 위해 수십 년을 기다려야 한다는 걸 알면서도 나무를 심었다. 18세기 영국에는 '도토리 열풍'이 불었던 시기가 있었다. 영국 국민들이 애국심의 발로로 해군을 위해 나무를 심는 일에 동참했다.[03] 커트버트 콜링우드Cutbert Collingwood 해군 중장은 공원을 방문할 때마다 바지 주머니에서 도토리를 꺼내서 몰래 떨어뜨렸다고 전해진다. (오늘날까지 영국 해군은 나무 심기를 위한 장기계획을 세운다. 2만 헥타르의 삼림지대를 관리하는 팀도 운영 중이다. 그러나 이 팀을 운영하는 이유는 땔감용 나무를 관리하기 위해서가 아니라 나무가 이산화탄소를 흡수하기 때문에 산림 발자국을 확대하려는 의도다.)[04]

소설에서도 장기적 사고를 장려하기 위한 목적으로 나무에 관한 이야기가 활용되고 있다. 장 지오노Jean Giorno의 단편소설《나무를 심는 사람

The Man Who Planted Trees》에서는 한 청년이 프랑스 알프스산맥의 외딴 계곡에 사는 양치기를 만난다. 그렇게 험난한 곳에서 사는 삶을 선택한 이유가 궁금한 이 청년은 그곳에 잠시 머물며 도토리를 모으기 위해 수십 킬로미터를 헤매고 다니는 양치기를 관찰한다. 몇 년 뒤 2차 세계대전으로 몸과 마음이 황폐해진 이 젊은이는 그곳을 다시 찾아가고, 작은 묘목들을 발견했다. 이 묘목들은 나중에 푸릇한 숲이 됐다. 지금 그곳에는 수천 명이 살고 있으며, 그들은 이 모든 것이 도토리를 모으던 양치기 덕분이라고 생각하면서 산다는 이야기로 이 소설은 끝을 맺는다.

그러나 내가 가장 좋아하는 나무 이야기는 조금 더 복잡하다. 1977년 어느 날 영국의 조각가 데이비드 내시David Nash는 웨일스의 한 숲을 방문해서 스물두 그루의 나무를 원 모양으로 심었다. 그는 자신의 사후에도 남아 있을 예술작품을 만들고 이를 통해 먼 미래의 시간과의 가시적 연결고리를 만들고 싶었다. 그러나 계획대로 흘러가지는 않았다.

내시는 빌딩 위로 경사 가파른 슬레이트가 마치 차갑고 아찔한 파도처럼 솟은 과거의 광산 도시 블래노 페스티니오그에 사는 조각가였다. 그는 더 넓은 세계의 경제적 지정학적 혼란기를 목격하면서 시대를 초월한 예술작품을 창작하기로 했다. "1970년대는 위태로운 시기였어요. 사람들은 21세기가 오기 전 인류가 자멸할 것이라고 말합니다. 그래서 나는 21세기를 겨냥한 조각품을 만들어야겠다고 생각했어요." 그는 후일 〈크리스티스 매거진Christie's Magazine〉에서 이렇게 회고했다.[05]

우선 장소가 필요했다. 그는 산악지대 스노도니아에서 멀지 않은 숲속의 개간지를 선택했다. 묘목을 먹어 치우는 동물 때문에 처음 몇 차례 실패를 겪었지만, 그는 가까스로 스물두 그루의 나무를 원형으로 심을 수 있었다. 이 나무들이 자라는 동안 그는 주기적으로 방문해 수형을 만들었다. 그 결과 나뭇가지들이 서로 엉키면서 위로 뻗으며 자라났다. 그는 이 나무에 〈애시 돔Ash Dome〉이라는 명칭을 붙였다. 이 작품은 나뭇가지 뒤엉켜 엮기인 '인터아보레이션inter-arboration'의 한 예로, 이 용어는 영국 작가 토머스 브라운이 〈가든 오브 사이러스The Garden of Cyrus〉에서 처음 사용했다.

1992년 연구자들은 폴란드 북서부에서 동쪽으로 1600km정도 떨어진 곳에 있는 나무들이 뭔가 이상하다는 것을 발견했다. 나뭇잎에서는 짙은 갈색과 오렌지색 병변이, 나무줄기에는 다이아몬드 모양의 병변이 발견됐다. 나무 끝이 시들더니 결국 떨어졌고 곧이어 나무가 죽었다.

면밀한 조사를 통해 병변이 치명적 곰팡이라는 것이 밝혀졌으며, 아시아에서 유입된 외래종 식물에 붙어 따라온 것으로 추정됐다.[06] 이 곰팡이는 물푸레나무를 죽이기 시작했다. 저항력을 가진 나무들이 적었기 때문에 곰팡이는 멀리 유럽 전역으로 확산됐다. 살아 있는 나무와 흙의 국제무역이 활발했던 덕택에 곰팡이가 국경을 넘어 빠른 속도로 확산될 수 있었다.[07] 수출과 수입을 좀 더 강력하게 규제했지만, 역부족이었고 시기도 이미 너무 늦었다.

2012년 이 곰팡이가 영국에 도착했다. 당시 〈애시 돔〉의 나이는 서른다섯 살이었다. 이후 영국 최악의 나무 전염병이 발생해서 영국 전역의 물푸레나무 95%가 위협을 받았다.[08] 내시는 자신의 조각품에 곰팡이가 퍼지는 것을 막기 위해 그 무엇도 할 수 없었다. 곰팡이의 공격을 받고 물푸레나무가 죽어가기 시작하자, 내시는 자신보다 오래 살기를 기원했던 오랜 유산인 나무작품을 구할 수 없다는 사실을 깨달았다.

그러나 이야기는 거기서 끝나지 않았다. 당시 칠십 대였던 내시는 결정 하나를 내렸다. 원의 가장자리에 떡갈나무를 심기로 한 것이었다. 물푸레나무가 서서히 사라지고 그 주변에 심은 떡갈나무가 자라날 것이다. 배턴 주고받기의 일환으로, 내시는 아들과 손자들에게 자신이 죽거든 떡갈나무를 보살펴주고 수형도 정리해달라고 부탁했다. "아이들에게 나무를 돌봐달라고 강요할 수 없지만, 그래주기를 바란다"라고 내시는 2019년 〈가디언The Guardian〉과의 인터뷰에서 이렇게 말했다.[09]

이 돔은 1970년대 내시가 처음 생각했던 것과 상당히 다른 모습이 되었지만, 그 정신은 바라건대 오래 지속되기를 빈다. 만일 그렇게 된다면 내시가 처음 의도했던 것보다 훨씬 풍부한 이야기를 전달할 수 있을 것이다. 만일 이 곰팡이가 이 물푸레나무 돔을 공격하지 않았더라면, 내시의 프로젝트는 다른 나무 이야기들과 마찬가지로 장기적 사고를 효과적으로 상징하는 하나의 예술작품에 그치고 말았을 것이다. 그러나 이후 수십 년간의 예기치 못했던 사건들로 이 물푸레나무 돔은 그 이상의 의미를 상징하게 되었다. 우선, 장기적인 계획이 근시안적인 결정의 결과를 만났을 때 어떤 일이 일어나는지 보여주는 사례가 되었다. 물론 그 결정은 내시의 결정이아니라 타인의 결정이었다. 이 곰팡이가 애초에 전 세계로 퍼져나가게 된 이유는 식물무역의 단기적 이윤을 챙기려는 사람들의 욕망과, 위험성에 대한 근시안적 인식이 결합됐기 때문이다.

내시의 이야기는 또한 앞서 소개된 파텍 필립 브랜드 전략처럼 일회성 유산을 만들려는 시도가 항상 계획대로 흘러가는 것은 아님을 뒷받침하는 또 하나의 증거다. 장기적 사고를 받아들이는 것이 반드시 뛰어난 예측력을 의미하지는 않는다. 아무리 수십 년 앞을 내다본다고 하더라도 예기치 못한 일들이 일어나게 마련이다. 그러나 상황에 맞추고 자손들에게 자신의 사후에 작품을 보살펴달라고 부탁한 내시가, 마침내 모든 역경을 극복하고 다른 형태의 장기적 사고를 받아들이는 방법을 찾았다는 것이 중요하다. 그는 알 수 없는 미래와 변화에 대응했다.

만일 세대를 초월한 〈애시 돔〉 돌보기 프로젝트가 계속된다면, 이 떡갈나무들도 언젠가는 주변에 심은 다른 나무들로 대체되고 원의 형태로 심어놓은 여러 겹의 나무도 나이 들어가며 그렇게 되기를 바란다. 물론 정확히 내시가 의도했던 바는 아니지만, 시간이 지나면서 나무의 원이 점점 더 커지면 진정한 유산이 될 것이다.

나무를 장기적 사고의 효과적인 상징으로 사용할 수 있는 이유는 무엇일까? 인간이, 아니 수많은 생물이 인간의 수명보다 더 오래 살면서 미래에 유산을 남긴다. 예를 들어 건물이 그렇다. 그러나 인간과 나무의 관계가 상상력을 더 유발하는 것인지도 모른다. 나무가 우리보다 오래 살 수 있는 유기체이기 때문이고, 따라서 우리의 가치를 미래에 전달할 그릇 역할을 할 수 있기 때문이다. 더불어 나무는 가지와 나이테를 통해 시간의 흐름을 보여주는 효과적인 시각 자료다. 또한 접근이 쉽고 친숙하며, 우리 주변에 늘 있다.

19세기 시인 월트 휘트먼Walt Whitman은 집 근처 숲에서 자라던 27m 높이의 포플러나무에서 거의 사람에 가까운 특성들을 발견하고 시《나무의 교훈The Lessons of a Tree》에 담아냈다. "얼마나 강하고, 생명력 넘치며, 인내심이 깊은가? 말 없이도 얼마나 웅변적인가? 겉보기에 살아 있는 인간과 달리 나무는 평온함과 생명과 존재 자체를 상징한다. 나무는 감정이 있고, 예술적이며, 영웅적이다. 순수하고 해를 끼치지 않으면서도 야생적이다. 나무는 존재하지만 말이 없다." 그는 나무가 지혜를 전달할 수 없음을 인정하지만 그렇다 해도 "나무는 대부분의 말, 글, 시, 설교에 비견할 수 있을 만큼, 아니 어쩌면 그보다 훨씬 더 말을 잘한다"라고 했다.[10]

상징으로서 나무는 그 어떤 산술적 계산, 정책서, 철학적 논쟁이 달성할 수 없는 방식으로 시간의 깊은 흔적을 반추하게 만든다. 장기적 사고를 옹호하는 많은 작가, 예술가, 조직이 그들의 노력을 의미하는 상징으로 나무를 사용해왔다는 사실은 놀랍지 않다. 어떤 이는 나이테를 로고로 사용하고, 어떤 이는 미래지향적 관점을 묘사하는 데 '도토리 뇌'와 같은 용어를 만들어 사용했다. 브리슬콘 소나무와 같은 장수종을 비공식적 마스코트로 사용하는 이들도 있었다.[11] 예술 사학자 매튜 윌슨Mattew Wilson이 이렇게 말한 바 있다. "변화를 도모하기 위한 거대한 운동은 강력한 상징을 필요로 한다. 피카소의 비둘기는 세계평화위원회의 영원한 상징이며, 무지개 깃발은 성소수자 LGBTQ의 자부심과 떼어놓을 수 없다. 이 아이콘들은 다양한 배경과 국적을 가진 이들의 행동을 하나로 통합하는 역할을 한다. 이 상징들은 숭고한 목표에 가시적 정체성을 부여한다."[12]

그러나 옥스퍼드 떡갈나무나 내시의 물푸레나무와 같은 나무의 상징적 속성을 그토록 강력하게 만드는 이유는 나무가 이야기이기 때문이다. 데이비드 캐머런 전 영국 총리가 뉴 컬리지 설립자들의 선견지명을 연설에서 언급했을 때, 그 이야기에 오류가 있었을지는 몰라도 영감과 설득을 원했던 총리의 의도가 희미해지지는 않았다.

상징은 추상적인 사고를 대신해 사용되며 좀 더 명확하게 이해하는 데 도움을 준다. 그러나 이야기는 그런 추상적인 개념을 확산하는 방법이다. 만일 시간이 교환할 수 있는 통화라면, 시간의 가장 가치가 큰 명칭은 이야기다. 인간이 세상에 남길 수 있는 가장 강력하고 오래가는 유산 중 하나이며, 물질보다 더 그렇다.

이야기는 사상을 전달한다. 그래서 이야기는 전달할 수 있고 반복할 수 있으며 시간이 가면서 미화될 수 있다. 이야기에 담긴 메시지를 이해하기 위해 〈애시 돔〉이 있는 숲이나 옥스퍼드 뉴 칼리지의 건물을 찾아갈 필요가 없다. 그 나무에 관한 이야기를 듣는 것만으로 충분하기 때문이다. 이야기를 통해 보이지 않는 것을 보고 이해할 수 없는 것을 이해할 수 있다.

심지어 어린아이들도 이야기를 통해 극도로 복잡한 개념을 이해할 수 있다. 걸음마를 배우던 딸아이가 처음 책《배고픈 애벌레the Very Hungry Caterpillar》를 접했을 때, 주인공 애벌레가 일주일 동안 많은 음식을 먹어치우는 동안 숫자와 날의 순서보다 더 많은 것을 배웠다. 딸아이는 애벌레가 복통을 호소할 때 행동에 결과가 따른다는 사실을 깨달았으며, 애벌레가 나비로 변모할 때는 현재의 내가 미래에도 똑같은 나일 필요는 없다는 철학적 개념도 어렴풋하게 배웠을지 모른다.《곰돌이 푸Winnie the Pooh》에서는 우정과 감사를 배울 수 있다. 여기에 더해 모든 문제의 답을 알 필요는 없다는 교훈도 배울 수 있다.《로렉스The Lorax》는 리듬을 다루지만 탐욕과 보존의 문제도 다룬다. 동화《간식 먹으러 온 호랑이The Tiger who Came to Tea》의 숨은 뜻과 관련해서는 1960년대 페미니즘의 비유에서부터 전제주의의 위험에 이르기까지 다양한 해석을 시도해볼 수 있다.

문화 인류학자 메리 캐서린 베이트슨Mary Catherine Bateson은 이렇게 말한 바 있다. "이야기의 출처가 어디가 됐든 간에 그것이 잘 알려진 신화든 개인의 기억이든 다시 말하기 즉 리텔링retelling은 하나의 패턴을 또 다른 패턴과 연결한다는 것을 의미한다. 다시 말해 해석을 통해 이야기는 우화가 되고, 먼 옛날은 새로운 진실을 의미한다. 우리 인간종은 은유로 생각하고 이야기를 통해서 배운다."[13]

이야기와 상징은 또한 먼 미래로 생각을 옮기는데도 상당히 유용하다. 과거를 생각할 때 과거는 후하게 그려진다. 그러나 미래는 아무것도 없다. 수백만 년 뒤 인류의 궤적을 내다보는 것은 광활한 빈공간을 응시하는 것과 같다. 그 공간 안에서 정해진 것은 없다. 과거와 미래 사이의 이와 같은 비대칭은 장기적 사고를 방해하는 주된 문제다. 텅 비어 있는 긴 시간을 어떻게 생각할 수 있을까? 보거나 만져볼 게 전혀 없는 미래가 중요하다는 것을 어떻게 설득할 수 있을까?

만약 미래가 비어 있는 광활한 미지의 창고라면, 즉 시간의 빈공간이라면, 이야기는 그 창고 벽에 걸린 그림과 같다. 그 이야기가 이 공간의 모든 윤곽을 보여주지는 않으며 다양한 가능성 중 하나에 불과하다. 그러나 무를 유로 채우면 인간의 마음이 붙잡고 설 수 있는 단단한 반침이 되어준다.

이야기는 사실이든 허구든 우리를 갈 수 없는 곳, 시간과 공간을 초월해 다른 사람의 마음속으로 데려다주는 힘을 지녔다. 미국의 SF 소설가 킴 스탠리 로빈슨Kim Stanley Robinson이 말한 것처럼 "당신은 화염에 휩싸인 로마로 되돌아갈 수도 있고, 3000년에는 목성의 위성에 갈 수도 있다. 무엇보다 텔레파시 능력을 갖게 될 수도 있다. 다른 사람이 무슨 생각을 하는지 알 수 있고 마치 당신이 그 사람이 된 듯 경험할 수도 있다. 그것은 허구의 경험이지만 상당히 현실과 비슷하다. 아는 것과 이야기 속 인물들에게 부여한 새로운 생각들을 느껴보는 것이 결합되어, 마치 실제 경험처럼 느껴지거나 최소 깨어서 꾸는 꿈처럼 느낄 수 있다. 이야기를 읽은 사람은 한 명이 아니라 만 명의 삶을 살게 된다."[14]

비유의 힘

그러나 과거와 미래를 구체적인 시간으로 만들 수 있는 방법에 이야기 만 있는 것은 아니다. 또 다른 방법으로 비유가 있다. 비유는 까마득하게 먼 시간의 흔적을 이해하는 데 특히 유용하다.

가장 유명한 먼 시간의 비유는 논픽션 작가 존 맥피John McPhee가 제안 한 것이다. 그는 우리가 거대한 수치상의 크기를 이해하는 능력이 부족 하다고 생각했는지, 먼 시간의 범위를 우리가 이해할 수 있는 물리적 차 원으로 해석할 것을 제안했다. 구체적으로 말하면 코끝에서부터 쫙 편 한 팔 끝 사이의 거리(1m의 오래된 척도)로 이해하자는 제안이다. 그는 인류 의 역사 전체가 중립자 손톱줄로 한번 갈면 지워질 손톱 가운데 부분 크 기만 하다고 주장했다.[15]

그러나 맥피가 물질적 비유를 처음 사용하지는 않았다. 작가 마크 트 웨인Mark Twain도 한때 시간의 비유를 사용했다. 트웨인은 1870년대 다 윈의 글을 읽고 친구와 함께 화석을 찾아다니는 것을 좋아했다.[16] 그는 1889년, 시간여행 장르의 소설인 《아더 왕궁의 코네티컷 양키A Connecticut Yankee in King Arthur's Court》를 발표했다(조지 오웰은 이 작품이 통속적인 '익살' 을 보여준 작품이라고 묘사했다).[17]

트웨인의 먼 시간 비유는 우리를 파리로 데려간다. 그의 사후 50년이 지나 출간된 에세이 《세상은 인간을 위해서 창조됐는가?Was the World Made for Man?》에서 그는 시간에서 인간이 차지하는 부분을 에펠 타워 정상 첨

롱 뷰 : 시간과 미래를 바라보는 관점을 바꿔야 하는 이유

탑 손잡이의 페인트 조각에 비유했다. 그가 이 비유를 사용한 이유는 수백만 년에 걸친 진화의 역사가 오직 인간을 위해 이 세상을 준비하기 위한 것이라고 믿는, 당시 인간중심의 교만한 세태를 비판하기 위해서였다. 그는 진화의 역사를 초기 무척추동물 시대로부터 굴, 물고기, 공룡, 엘크, 나무늘보, 캥거루의 시대를 지나 원숭이와 인간의 시대에 이른다고 개괄했다. "인간은 3만 2000년 동안 지구에 살고 있다. 인간을 위해 세상을 마련하는 데 1억 년이 걸렸다는 사실은 세상이 인간을 위해 창조됐음을 뒷받침하는 증거다." 그러므로 마크 트웨인이 조롱하듯 비유한 에펠 타워 첨탑의 페인트 껍질이 에펠 타워를 만든 이유라는 것이다.

1929년 물리학자 제임스 진James Jeans은 또 다른 환기를 부르는 비유 하나를 제안했다. 그러나 그것은 먼 과거와 먼 미래에 적용되는 비유였다. 그는 런던의 탑 클레오파트라의 바늘 꼭대기에 올려놓은 1페니 동전 위우표 한 장을 머릿속으로 그려보라고 말한다. 이 탑의 높이는 약 21m에 달한다. 진은 탑 꼭대기에 있는 그 우표가 지난 5000년의 인류 문명을 상징하고, 동전과 우표는 호모사피엔스를, 탑 아래는 지구의 나이를 의미한다고 설명했다. 그러나 그는 인간종 앞에 얼마나 더 멀고 긴 미래라는 시간이 놓여 있는지를 보여주기 위해 이 비유를 사용했다. 그가 (과대) 추정한 태양의 나이를 바탕으로 그는 인류에 남은 미래가 1조 년에 달한다고 생각했다. 만일 미래가 이렇게 오래 지속된다면 우표를 해발 4800m의 몽블랑산 높이만큼 쌓아야 한다고 추산했다.[18]

물론 예술가들은 상징과 시각적 비유의 사용에 대해 잘 알고 있다. 지난 10년여에 걸쳐 다양한 개인과 집단이 장기적인 시간관을 갖기 위해 노력했다. 그들은 몇 가지 각기 다른 방법들을 통해서 장기적 시간관을 갖게 됐다. 그들의 공통점은 인간 뇌의 비이성적인 영역과 감정을 활성화하기 위해서는 예술이 필요하다고 믿는다는 것이다.

체험과 몰입

시간을 공간으로 표현하는 것이 도움이 된다는 생각에서 힌트를 얻은 많은 예술가와 창작 집단은 시간을 비유적이고 종종 몰입적인 경험으로 바꿔 더 이해하기 쉬운 대상으로 만들고자 노력했다.

예를 들어 영국 지리철학자 폴 채니Paul Chaney의 설치예술품 〈도네츠크 신드롬 도표Donetsk Syndrome Diagrammatic〉는 먼 시간을 하나의 방 차원으로 축소한다. 이 작품의 제목은 수년 전 분쟁이 일어났던 우크라이나의 도시를 지칭한다. 그러나 채니는 빅뱅으로 시작한 시간의 순서를 도식화해 보여주는 것으로 이 이야기를 전개한다. 여러 장의 종이에는 갤러리의 네 면을 구불구불한 선으로 잇는 먼 시간의 연대기가 묘사되어 있다. 이 과정에서 원소와 생명이 탄생하고, 지각판이 이동하며, 이 모든 것이 마치 비극적인 운명이기라도 한 듯 하나의 전쟁으로 귀결된다.

다른 프로젝트들도 2부에서 언급했던 '관점 전환'이라는 접근법에 근거한 몰입을 통해 우리의 사고를 다른 곳으로 이동시킨다. 예를 들어 아납 자인Anab Jain과 존 아던John Ardern이 이끄는 디자인 스튜디오 슈퍼플럭스가 사람들에게 2020년, 2028년, 2034년의 오염된 공기를 들이마시라고 요청했던 아랍에미리트의 설치예술품을 어떻게 제작했는지 기억해보자. 시간 이동 경험을 유도한 것이 슈퍼플럭스의 작품이 최초는 아니었다. 미래의 불확실성을 현재의 선택으로 바꾸기 위해 수행된 슈퍼플럭스의 다른 프로젝트에는 심각한 기후변화를 겪는 세상의 아파트, 인간의 교만으로 만들어진 재 덩어리에서 다시 태어난 숲을 떠올리게 하는 나무들이 포함된다.

〈충격완화Mitigation of Shock〉라는 제목의 첫 번째 프로젝트에서, 방문객은 "누구도 원치 않지만, 곧 실현될지 모르는 미래에 있는 한 아파트 안을 돌아다닐 수 있다. 이 프로젝트는 겁을 주거나 당혹스럽게 만들려는 의도가 아니라 사람들이 현재 자신들의 행동을 비판적으로 생각해보게 하고, 그런 미래의 삶을 막을 수 있는 해결책을 소개하기 위한 것이다"라고 제인은 설명했다.[19] 그리고 두 번째 프로젝트 〈희망의 기도Invocation for Hope〉라는 명칭의 작은 숲에서 방문객은 과거 시간의 흔적인 예상치 못한 앙상한 뼈, 불에 검게 그을린 소나무 사이를 걷다가 숲 중앙에 이른다. 이곳에서 물웅덩이 가장자리에 다시 소생하는 생명을 보게 된다. 이 작품의 기획자들은 다음과 같이 설명한다. "이 설치작품은 관객 한 사람 한 사람의 개별 여행을 통해 기후 위기로 황폐해진 세계에서 나아가 생명의 부활과 자연과의 더욱 긴밀한 조화를 이룰 가능성을 직접 경험할 수 있도록 유도한다."

앤디 메리트Andy Merritt와 폴 스미스Paul Smyth ('썸싱 앤 선Something & Son'으로 알려져 있음)의 또 다른 시각전환 예술 프로젝트는 상상 속 고고학 유적지에서 화석화된 집의 흔적이 발견된다면 어떤 모습일지를 상상한다. 밀턴 케인스, 옥슬리 공원 야외에 설치된 〈미래 화석Future Fossil〉이라 하는 이 설치물은 인공물질로 얼룩덜룩한 건물을 부정적으로 보여준다. 이 설치물이 건물의 석회화를 과학적으로 정확하게 묘사하고 있지는 않지만, 감정이입에 입각한 몰입적인 시간여행을 경험할 수 있는 하나의 실험이다. 방문객들은 먼 미래 고고학자의 입장이 되어 현재 우리가 남긴 흔적들을 되돌아볼 수 있다.

미래에 줄 선물

미래 세대에 선물을 하게 된다면 어떤 선물을 남기고 싶은가? 시각 예술가 케이티 패터슨Katie Paterson이 남기고 싶은 메시지는 독특한 문헌이다. 패터슨이 추진한 〈미래도서관The Future Library〉 프로젝트는 2014년에 시작됐다. 작가는 일 년에 한 번 원고를 이 도서관에 제출한다. 그런데 이 원고는 2114년에나 읽을 수 있다. 그들의 책은 노르웨이 오슬로 인근 노드마카라는 특별한 숲에서 자란 천 그루의 나무로 제작된 종이에 인쇄될 것이다. 2021년 현재, 짐바브웨 소설가 치치 단가렘바Tsitisi Dangarembga, 베트남계 미국인 시인 오션 브엉Ocean Vuong, 노르웨이 작가 카를 오베 크나우스고르Karl Ove Knausgard, 한국의 한강Han Kang, 아이슬랜드 작가 스혼Sjon, 영국의 소설가 엘리프 샤팍Elif Shafak을 포함해 모두 8명의 작가가 참가 신청을 했다. 캐나다의 마거릿 애트우드는 《스크리블러 문Scribbler Moon》을 기고했으며, 데이비드 미첼은 《나에게서 시간이 빠져나간다From Me Flows What You Call Time》을 제출했다. 이 소설들 모두 100년 동안 공개되지 않을 것이다. 그래서 우리 후손들만이 읽을 수 있다.

패터슨의 프로젝트는 '미래 세대에 주는 선물'이라고 말할 수 있는 여러 프로젝트 가운데 하나다. 또 다른 예는 조나단 키츠Jonathon Keats가 남기고 싶어 하는 유산이다. 그것은 한 장의 사진으로 키츠 본인은 결코 완성본을 볼 수 없다. 2015년 그는 애리조나 템피의 교회 스턴스 스티플Stearns Steeple에 핀홀 사진기 한 대를 설치했다. 이 카메라는 앞으로 천 년에 동안, 서서히 모습을 드러낼 이 도시의 모습을 담게 될 것이다. 키츠는 프로젝트 출범식에서 이렇게 말했다. "난 죽고 없을 거예요. 그러나 후회는 없습니다. 자신들의 모습을 아직 태어나지 않은 미래의 사람들이 보게 될 것을 아는 사람들의 행동을 지켜보며 오늘 이곳에 있는 것, 또 앞으로 천 년 뒤 미래 기억으로 남아 있는 내 모습을 누군가 보게 된다는 사실이 훨씬 더 흥미롭기 때문입니다."

어떤 미래 선물 프로젝트는 좀 더 엉뚱하고 기발하다. 예를 들어 나는 2269년에 열릴 파티의 초대장을 갖고 있다. 이 파티에는 내 후손들만이 참석할 수 있다. 피터 딘Peter Dean과 마이클 오그덴Michael Ogden이 디자인 한 그 초대장은 포스터 형식으로 나의 손자들에게 물려주게 되어 있다. 이 두 사람은 스티븐 호킹의 '시간 여행자들을 위한 파티'에서 영감을 얻었다. 과거 호킹은 미래에서 온 사람들을 위한 연회를 열었다. 그는 연회가 끝나고 초대장을 발송했다(파티엔 아무도 오지 않았다).

어떤 프로젝트들은 거대한 열망에서 기획됐다. 마틴 쿤제Martine Kunze가 만든 〈인류의 기억Memory of Mankind〉은 지식을 담는 타임캡슐이다. 이 캡슐은 공상과학소설가 아이작 아시모프의 《파운데이션Foundation》과 상당히 유사하다. 이 소설에서 아시모프는 문명의 몰락에서 생존한 사람들을 위해 남겨둔 모든 정보를 파운데이션이라고 생각했다.

쿤제는 대학, 도서관, 신문사와의 공조를 통해 오스트리아 할슈타트 소금 광산에 묻을 문서, 논문, 소설, 뉴스 기사, 우리 문화와 관련된 상세한 자료들을 준비하고 있다. 수명이 짧고 비트 부패나 진부화에 취약한 디지털 저장장치를 사용하는 대신 '세라믹 마이크로필름'에 정보를 새겨 넣고 있다. 그는 검은 마이크로필름으로 판을 감싼 다음 그 위에 레이저를 이용해 정보를 새긴다. 판 하나에 5만 자를 수록할 수 있는 이 세라믹 마이크로필름은 내구성이 상당히 뛰어나다. 그것은 독특하고 주관적인 정보의 기록으로, 향토사, 과학 특허, 세탁기와 같은 일상용품, 핵폐기물 처리장, 심지어 배우 데이비드 해셀호프와 같은 유명인에 대한 긴 설명도 포함돼 있다.[20] 그러나 이 프로젝트는 미래 사회에서 이 기록을 필요로 한다면, 캡슐 속 정보가 미래 세대들을 인도할 것이라는 믿음이 담고 있다.

모든 타임캡슐처럼 이러한 프로젝트들도 한계를 갖고 있다. 그 프로젝트들은 우리가 남기고 싶은 것을 남길 뿐, 미래 세대가 우리에게 원하는 것을 남기는 것은 아니다. 남겨지는 것들은 21세기 초반을 사는 우리가 높이 평가하는 것에 대한 간략하고 주관적인 정보에 불과하다. 그러나 중요한 것은 이 프로젝트들이 애초에 그러한 생각을 할 수 있게 만든다는 데 있다.

이 프로젝트들은 현재와 미래 사이의 비대칭에 대해 생각해보게 만든다. 상업적으로도 성공한 존경받는 작가들의 작품을 읽는 것을 제한하는 〈미래도서관〉 프로젝트를 통해 패터슨은 어디에서도 찾아보기 힘들 만큼 놀라운 이타적인 행동에 주목한다. 현재를 사는 자신에게 도움되지 않는 것을 다음 세대들을 위한 선물로 주는 경우는 많지 않기 때문이다. 이 도서관을 대통령 도서관 같은 유산과 비교해보자. 대통령 도서관은 분명 유산이지만, 유산을 남기는 이유는 이름을 남긴 유명한 정치인을 기억하고 업적을 소중히 간직하기 위해서다.

또 다른 범주의 상징적 프로젝트는 다른 형태의 유산을 남겨 사람들에게 다른 형태의 생각을 하도록 유도한다. 이러한 프로젝트들은 사람들이 더디게 흐르는 더 먼 시간에 대해 생각해보도록 이끌고, 수천 년 동안 지속될 공동의 경험을 통해 현재를 사는 사람들과 앞으로 태어날 미래의 사람들을 연결해준다.

이처럼 서서히 흐르는 시간을 인식하게 만드는 프로젝트 중 아마 가장 유명한 것은 1990년대 후반에 구상됐다. 당시 영국계 아일랜드 켈트족 펑크 밴드 더 포그스The Pogues의 창립 멤버였던 젬 피너Jem Finer는 천 년 이상 지속될 음악을 만들어야겠다고 생각했다. 그는 어린 시절 자신의 눈에 보이는 별빛이 지구에 도달하기까지 수백만 년이 걸린다는 사실이 마냥 신기했다. 이제 나이가 든 피너는 방대한 시간에 다시 한 번 마음을 빼앗겼다. 그는 음악을 연주할 때 그 방대한 시간을 다르게 인식할 수 있고 통제할 수 있다고 느꼈다.[21]

그래서 2000년 1월 1일 그는 2999년 12월 마지막 날까지 반복 없이 연주하다가 다시 반복할 수 있는 음악 〈롱 플레이어Longplayer〉를 만들기 시작했다. 듣는 이에게 종교적 경건함을 유발할 수 있게 작곡된 곡으로 괴기스럽지만 진정 효과가 있다. 이 설치예술 음악은 런던의 한 등대에서도 들을 수 있다. 이 곡의 반주로 티벳 승려들이 명상할 때 사용하는 234개의 싱잉볼singing bowl이 사용되기 때문이다. 그러나 이 음악은 longplayer.org에서 온라인 스트리밍으로도 들을 수 있다.

〈롱 플레이어〉의 신탁 관리자 가빈 스타크Gavin Starks는 이렇게 말한다. "〈롱 플레이어〉는 우리가 사는 세상과 미래 세상에서 우리의 역할에 관해 많은 질문을 던지도록 이끕니다. 훨씬 더 큰 문제들을 생각하도록 돕죠. 그러나 그 문제들은 무한한 것이 아니에요. 기한이 정해진 이 프로젝트는 결과적으로 많은 다양한 문제들을 질문하게 만들죠. 예를 들어 미래엔 무슨 일이 일어날까? 우리의 역할은 무엇일까? 우리는 어떤 영향을 미칠 게 될까? 40대 후손들과 어떻게 소통할 수 있을까? 5천 년 루프에서는 무슨 일이 일어날까?"

피너가 〈롱 플레이어〉 작곡에 착수한 몇 개월 뒤, 유럽 어딘가에서 장기간 재생을 목표로 하는 또 다른 노래가 연주되기 시작했다. 1980년대 작곡가 존 케이지John Cage는 〈Organ²/ASLSP〉(As Slow as Possible)이라는 곡을 썼다. 그는 1992년 사망했지만, 2000년대에 들어서면서 존 케이지 오르간 재단은 최대한 느리게 곡을 연주하라는 그의 유지를 받들기로 했다. 그들은 독일 할버슈타트에 위치한 천 년이나 된 유서 깊은 교회에 오르간을 건축했다. 이 오르간은 639년에 걸쳐서 케이지의 전곡을 연주하게 된다. 풀무로 가동되는 이 오르간은 한 번에 한 음씩 수개월을 연주한다.

1990년대 분명 독일에서는 뭔가 이상한 일이 있었음이 분명하다. 이 시기 독일에는 케이지의 음악 프로젝트 이외에도 시간의 오랜 역사와 더딘 흐름을 주제로 구상된 프로젝트가 여럿 등장했기 때문이다. 1996년 보고미르 에커Bogomir Ecker는 〈트로프슈타인 기계Tropfsteinmachine〉라는 작품을 만들었다. 함부르크 쿤스트할레 갤러리에서 인공 종유석과 석순이 만들어지고 있었다. 에커는 이 기계가 500년 동안 작동하도록 설계했다. 지붕에서 빗물이 유입되어 1층의 식물과 흙으로 스며든 뒤 지하에 있는 이 기계에 도달한다. 끊임없이 작은 빗방울이 돌판 위로 떨어져 내리면서

백 년에 10mm씩 광물을 침전시켜 돌로 변화시킨다.[22]

독일에는 만프레드 라버Manfred Laber가 창작한 공공 설치물 〈자이트피라미드Zeitpyramide〉도 있다. 작품이 위치한 웨밍시가 1,200주년을 맞은 1993년에 시작된 이 프로젝트는 완공까지 천 년 이상이 걸린다. 이 거대한 피라미드는 큐빅 콘크리트 블록을 이용해서 제작될 예정으로 완공 연도는 3183년이다. 2021년 현재 120개 콘크리트 블록 중 첫 3개의 블록이 설치된 상태다. 지금은 간단해 보일지 모르지만, 미래 세대가 완성된 형태의 피라미드를 보게 될 것이라는 게 이 프로젝트의 핵심 아이디어다.

앞서 2부에서 본 피치 낙하 실험처럼 이 예술작품들은 모두 독창적 형식을 통해 음악적으로, 가시적으로, 그리고 예술적으로 드러낸다. 세상사 대부분이 인간의 감각으로 인식할 수 없을 정도의 속도로 지나간다는 것과 오늘날 우리 행동은 우리가 깨닫는 것보다 훨씬 더 먼 미래에까지 영향을 미칠 수 있다는 것을.

이 모든 프로젝트가 창작자가 의도했던 만큼 오래 지속될까? 어떤 프로젝트는 다른 프로젝트보다 더 오래 지속될 가능성이 더 높다. 예를 들면 자이트피라미드는 웨밍 당국이 완공될 때까지 1천 년 동안 건축비를 제공한다. 따라서 미래에도 계속해서 자금을 지원받을 수 있을지 장담하기 어렵다. 그리고 트로프슈타인 기계는 갤러리 큐레이터의 결정에 따라서 함부르크 갤러리 야외에서 계속해서 볼 수 있을지 여부가 결정된다.

다른 프로젝트들은 다소 나은 확률을 갖고 있다. 〈Organ²/ASLSP〉을 연주하는 오르간 프로젝트는 아마 오래 계속될 것이다. 일단 오르간이 교회에 설치되어 있고 유서 깊은 종교가 이 프로젝트와 관련되기 때문이다. 또한 연주를 원하는 사람은 존 케이지의 악보를 언제든 구할 수 있다.

한편 〈롱 플레이어〉는 이 프로젝트가 지속되는 동안 존속하게 될 신탁 회사의 감독을 받는다. 한편, 〈롱 플레이어〉만큼 오랫동안 지속될 가능성이 높은 피너의 두 번째 곡도 있다. 1980년대 중반, 피너는 자신의 밴드 더 포구스와 공동으로 아일랜드 고향을 그리워하는 뉴욕 뱃사공에 관한 전통 발라드곡을 만들었다. 가사가 마음에 들지 않았던 밴드는 크리스마스를 배경으로 한 향수를 자극하는 느린 듀엣곡으로 가사를 교체했다. 이 곡에 〈뉴욕의 동화Fairytale of New York〉라는 제목을 붙여 1987년에 발표했다. 장기적 사고를 하는 나의 친구는 이 노래가 크리스마스 때마다 수백만 명이 반복해 부르고 기억하는 전통이 되었기에 〈롱 플레이어〉만큼 오래갈 것이라고 말한 적이 있다(이 곡은 영국에서 21세기에 가장 많이 연주된 축제곡이다).[23] 알다시피 장수의 가장 중요한 원천은 반복과 의식이다. 지금부터는 또 다른 범주의 상징적이고 독창적인 프로젝트들을 살펴보고자 한다. 그러한 프로젝트들은 세대를 초월한 참여를 필요로 한다.

참여예술

약 3천 년 전 현재 영국 옥스퍼드셔에 거주하던 한 고대 공동체는 거대한 예술작품을 만들기로 했다. 이유는 알 수 없지만 아마도 그들의 신을 기쁘게 하기 위한 목적이었을 것이다. 그것은 하늘을 향하도록 제작되었고 너무 커서 땅에서 작품 전체가 보이지 않았기 때문이다.

사람들은 작은 산등성이에 올라가 도랑을 파고 새기기 시작했다. 그리고 이 도랑을 으깬 분필로 채웠다. 그들이 만든 도랑은 길게 쭉 뻗어 산등성이를 가로질렀다. 나중에 이 작품에는 〈어핑턴의 백마The White Horse of Uffington〉라는 이름이 붙었다. 당시 이 작품을 하늘에서 보는 것은 불가능했지만 이제 우리는 그것이 가능하다. 하늘에서 본 모습은 다음과 같다.

특히 이 백마는 청동기 시대 인간이 남긴 그 어떤 것보다 훨씬 오랜 시간을 이어져 내려왔다. 왜일까? 지금까지 지속적으로 유지 관리 하기 때문이다.

2021년 여름, 나는 다른 사람들 몇 명과 함께 그 백마 위에 쭈그리고 앉아 단단한 분필 덩어리를 미세한 가루로 만드는 작업을 하고 있었다. 우리는 장갑을 끼고 망치를 휘두르며 말에 분필 가루를 넣어주며 오후 시간을 보냈다. 건축가이자 디자이너인 크리스 다니엘이 조직하고 이 작품을 관리 감독하는 내셔널트러스트에서 파견 나온 직원들의 안내를 받아서 떠난 일일 봉사 이벤트였다.

얼마나 진지하게 받아들이냐에 따라서 매년 분필 다시 채우기 행사에

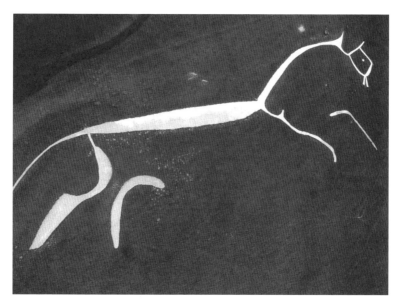

공중에서 내려다본 〈어핑턴의 백마〉

참여하는 것이 우리와 과거와 미래 세대를 연결해주는 세속적인 의식이 될 수 있고, 아니면 도심을 벗어나 즐기는 당일 코스 여행이 될 수도 있다. 내가 분필 채우는 작업에 간다고 말하자, 아내는 20여 명의 다른 작가와 내가 각자 저서에 분필 채워넣기 경험을 쓰고 싶어서 가는 것일 터이고, 모두 '각각 잃어버린 길에 대한 고대인들의 속삭임' 또는 '손으로 하는 작업의 겸손한 순수성'에 대해 이야기하게 될 것이라고 했다. 지금 그것에 대해 글을 쓰는 중이니 아내의 말이 틀린 것도 아니다. 그러나 그 활동은 그 자체로 정말 즐거웠다. 나에 관한 한, 이 활동은 장기적 사고가 공동체와 함께할 때 가장 쉽게 접근할 수 있는 이유를 극명히 보여주었다. 이전에 잘 몰랐던 사람들이 한데 모여 장기적 활동에 참여하는 데 하루를 보내고, 작업을 하며 나눈 대화의 대부분은 자연스럽게 더 먼 과거와 미래에 대한 것이 차지했다.

이 활동은 또한 유지의 상징적 가치를 보여주었다. 최근 몇 년 동안, 현대사회가 장기주의 사고에 기반한 노력으로 이루어졌는데도 유지 활동의 가치를 낮게 평가한다고 주장하는 사람들이 점점 늘어나고 있다. 과학기술 분야 연구의 앤드류 러셀Andrew Russell과 리 빈셀Lee Vinsel에 따르면, 21세기 삶에서 지위와 찬사는 발명가들이 주로 받는 반면, 한 사회에서 어떤 것들이 오래 지속되도록 이끄는 사람들은 묵묵히 유지 노력을 기울인다.[24] 두 사람은 "서구문화는 소위 '혁신가'에 찬사를 보내고 주목하는 반면, 우리 사회가 붕괴되는 것을 막는 사람들을 간과하거나 무시한다.[25] 이 중요한 사람들이 사회의 시스템이 멈추지 않고 계속 작동하게 만든다"라고 말한다. 인프라, 교각, 도로 등을 유지하는 유지보수는 물리적일 수 있지만 오래된 사상, 제도 또는 관행의 지속을 통해 비물리적일 수도 있다.

약속대로 두 사람은 유지보수 활동을 기념하고 연구하기 위한 단체를 공동 설립했다. '메인테이너스Maintainers'라 하는 이 단체는 처음에는 농담이었지만 이후 진하게 아이디어가 발전된 사례다. 월터 아이작슨Walter Isaacson의 소설《이노베이터스: 어떻게 일단의 해커, 천재, 괴짜는 디지털 혁명을 이끌었는가?The Innovators: How a Group of Hackers, Geniuses, Geeks Created the Digital Revolution》가 막 출간됐을 때, 두 사람은 이 소설에 대한 답으로 《메인테이너스: 관료, 공학자, 내성적인 사람들은 어떻게 대부분의 시간 동안 그런 종류의 기술을 만들었을까?The Maintainers: How Bureaucrats, Standards Engineers, and Introverts Created Technolgies that Kind of Work Most of the Time》라는 책을 집필하자고 농담했다. "엄청 웃었지만, 이후 우리는 농담으로 했던 이야기를 다른 친구들에게 했습니다. 그러자 농담이 현실이 되었죠."

그러나 지속성 참여 활동이 이미 존재하는 것을 보존하는 데에만 초점을 맞출 필요는 없다. 이 활동은 오늘 훌륭한 계획을 제시하고 내일의 사람들에게 참여를 유도하는 것이 모두 가능하다. 네덜란드의 도시 위트레흐트에서 좋은 사례를 찾을 수 있다. 이 도시에는 여러 명의 시인이 서로 배턴을 이어가며 수년에 걸쳐 한 자 한 자씩 시를 쓰는 프로젝트가 진행 중이다. 토요일 점심시간마다 석공이 도심에 설치된 정육면체 블록에 새로운 글자를 새겨넣는다. 이 석공은 마지막 글자 옆에 새 글자를 새겨넣는다. 이 〈위트레흐트의 편지The Letters of Utrecht〉에는 현재 길이 100m에 달하는 시가 조각됐다.

이 시는 이런 문장으로 시작한다.

"과거를 원래 자리에 두려면 어딘가에서 시작해야만 하고, 현재는 점점 덜 중요해진다. 현재에서 멀어질수록 더 좋다. 계속 전진하면서 발자국을 남겨라(Je zult ergens moeten beginnen om het verleden een plaats te geven, het heden doet er steeds minder toe. Hoe verder je bent, hoe beter. Ga maar door nu, laat je sporen na.)."

이 프로젝트가 굉장히 큰 영향력을 가진 이유는 매주 프로젝트에 투자하는 사람 수와 프로젝트의 지속성이 점점 더 늘어난다는 데 있다. 석공들의 작업이 끝나면 대중은 펜이나 수정액을 이용해 정육면체 옆면에 자신들의 이름을 쓸 수 있다. 이후 이렇게 이름이 쓰인 정육면체 블록을 땅에 세운다. 100유로면 돈을 기부하고 이름을 돌 옆면에 보이지 않게 새겨, 자신의 이름을 영원히 기록으로 남길 수 있다.

다른 예술작품과 달리 이 프로젝트는 시간의 흐름을 눈으로 볼 수 있지만 행인이 많은 시내 중심에 있어 완전히 공적이다. 이 과정에서 배턴 물려주기와 집단주의에 기초한 장기적 사고의 가치를 강조한다. "토요일이 존재하는 한 시는 계속 만들어질 것이다. 미래가 끝나는 그날까지. 절대 중단되지 않을 이 시는 미래 세대들을 위한 예술작품이다"라고 이 프로젝트의 관리자들은 말한다.

〈위트레흐트의 편지〉 프로젝트는 도시 거주자 모두를 하나로 연결할 뿐 아니라 어떤 면에서 훨씬 더 멀리에 있는 공동체들을 연결한다. 어떻게 가능할까? 글자 J로 시작하는 시의 첫 번째 돌은 수천 마일 떨어진 곳에 있는 한 단체가 기부한 것이다. 이 단체는 바로 장기적 사고를 운영 철학으로 하는 샌프란시스코 기반의 롱 나우 파운데이션이었다. 그들이 기부한 돌은 미국에서 출발해 머나먼 네덜란드에 도착했다. 롱 나우 파운데이션 역시 시간의 상징적 의미를 담은 야심 찬 프로젝트를 진행 중이다.

롱 나우 파운데이션의 프로젝트는 우리 세대에서 장구한 시간을 의미하는 가장 거대한 상징이 될 것이다. 롱 나우의 시계는 만 년마다 째깍거리며 시간을 표시할 것이다. 이 프로젝트는 텍사스의 어느 산 깊은 곳에서 몰입, 미래 세대에 주는 선물, 오랫동안 사랑받을 음악, 얼마 간의 참여가 모두 결합되어 이루어진다. 실리콘밸리 이상주의자와 컴퓨터 공학자 그리고 선구적인 음악가에 의해 구상되어 세계적인 부자에게서 지원받는 이 프로젝트는 1970년대 한 가난한 동네에서 시작한 탄생 비화까지 갖고 있다.

거대한 상징들

음악 감독 브라이언 이노Brain Eno는 화려한 디너파티에 가던 중, 뉴욕의 한 낙후된 동네를 지나갔다. 때는 1978년 겨울이었고, 이노는 군데군데 파인 도로를 지나 잘 알지 못하는 주소를 향해 차를 몰았다. 남쪽으로 차를 몰고 가자 길거리가 점점 어두워졌고 방치된 도시의 느낌이 확대되었다. 마침내 목적지에 도착했는데 한 남자가 문간에 누워 있었다. 당황한 이노는 초대장에 적힌 주소를 한 번 더 확인했다. 유명 가수의 집에서 열리는 저녁 파티에 초대받은 것이다. 그런데 그 주소지가 여기가 맞나?

이노는 벨을 누른 다음 엘리베이터를 타고 아파트로 올라갔다. 놀랍게도 실내는 가격이 족히 2백만 달러에서 3백만 달러는 될 듯한 화려하기 그지 없는 근사한 집이었다. 저녁 식사 시간에 그는 파티를 개최한 여성 가수에게 그곳에서 사는 것이 좋은지 물었다. "물론이죠. 지금껏 살았던 곳 중 이곳이 최고예요."

그는 그 가수가 말한 "이 네 개의 벽 안에서"가 무슨 의미인지 깨달았다. 그 여성 가수에게 자신의 집 밖의 낙후된 동네는 존재하지 않았던 것이다. 이후 이노는 주변 사람들을 둘러보고 그 가수처럼 근시안적인 태도를 가진 사람들이 도처에 가득하다는 사실을 깨달았다. 게다가 공간에 대한 이러한 태도는 뉴욕의 이 유명인사가 지닌 시간관에도 영향을 미쳤다. 멀리 내다본다고 해도 기껏해야 다음 주까지가 전부다. 이노에 따르면 그들은 '작은 이곳'과 '짧은 지금'을 살고 있었다. "모든 게 흥미진진하고 빠르며 일시적이고 즉각적이다. 거대한 건물들이 세워졌다 허물어진다. 잘나가던 직업도 수주 만에 몰락한다. 십 년 또는 백 년은 말할 것도 없고 2년 뒤를 생각하는 사람도 만나보기 어렵다.[26] 그는 노트북에 이런 글을 썼다. "나는 시간이 지날수록 '큰 여기'와 '먼 지금'에서 살고 싶다."

수년 뒤, 이 경험을 통해 이노는 마음이 통하는 사람들과 롱 나우 파운데이션을 공동 설립했다. 이 재단의 설립 목표는 '오늘날의 근시안적 문화와 대비를 이룰 상징을 제공하고, 좀 더 많은 사람이 장기적 사고를 할 수 있도록 이끄는 것'이다.[27] 롱 나우 파운데이션은 샌프란시스코에서 정기 연사초청 행사를 열고 있으며, 모든 인간 언어로 된 자료를 소장한 디지털 도서관, 로제타 프로젝트 또는 사람들에게 먼 미래 예측에 배팅을 유도하는 '롱 베츠Long Bets'와 같은 계획들을 수천 년 지속될 수 있도록 시작했다. 또한 보스턴, 런던, 바르셀로나에 지역사무실도 열었다. 〈어핑턴의 백마〉에 분말 채우기 작업도 건축가 크리스 다니엘Chris Daniel이 이끄는 롱 나우 파운데이션 영국 지부가 조직한 것이었다.

롱 나우 파운데이션은 지금부터 만 년 뒤를 겨냥하고 있다. 농업이 대중화되고 문명이 시작된 것이 만 년 전이기 때문이다. 또한 거대한 시간의 틀과 비교했을 때 인류의 시간이 얼마나 보잘것없이 작은지 보여주기 위해, 그들은 연대를 이야기할 때 0을 하나 더한다. 그래서 롱 나우의 회

롱 뷰 : 시간과 미래를 바라보는 관점을 바꿔야 하는 이유

원들은 우리가 02020년대에 살고 있다고 믿는다. 아마도 그들은 상징적 나무, 특히 이 재단의 비공식 마스코트 브리슬콘 소나무에도 강한 애정을 갖고 있을 것이다(브리슬콘 소나무는 세계에서 가장 오래된 나무에 속한다. 캘리포니아 동부의 므두셀라라 하는 브리슬콘은 4850년 이상 된 소나무다).

그러나 롱 나우 파운데이션의 모든 프로젝트 가운데 장기적 관점을 지향하는 가장 야심찬 계획은 높이 600m에 달하는 만년시계다. 현재 이 만년시계는 아마존의 십억 장자 제프 베조스가 소유한, 서부 텍사스 산악지대에 설치되어 있다. 천 년에 한 번 시침이 움직이도록 설계된 이 만년시계는 제작자들보다 오래 남아 하나의 기념비 역할을 할 것이다. 만년시계의 기계 구성을 이루는 첫 번째 부분이 석회암 동굴 안에 설치돼 있다. 그러나 이는 수십 년 동안의 제작 기간이 필요한 프로젝트다.

산 안에는 16톤의 다이아몬드 전기톱 로봇이 나선형의 바위 계단을 조각한다. 이 계단은 수십 미터 깊이의 중앙 동굴에 설치된 만년시계의 장치와 금속 톱니바퀴 주변을 소용돌이처럼 휘감는 형태로 제작될 것이다. 공학자들은 벨에 동력을 제공하고 다이얼을 디스플레이 할 수 있도록 수동 태엽 장치를 설치했다. 그러나 만년시계 자체는 낮과 밤의 온도 차이에 의해 작동하게 된다. 탱크 안의 공기와 동굴 꼭대기의 풀무들은 낮 동안에는 팽창해 시계추가 천 년 동안 째깍일 수 있을 만큼 충분한 에너지를 공급한다.

수백 년이 흐르면서 〈롱 플레이어〉나 〈Organ²/ASLSP〉과 같은 장기간의 청각 경험처럼 새롭고 다양한 순서의 벨이 자주 연주될 것이다. 만년시계에서 영감을 받은 에노의 앨범 〈7003년 1월 벨 스터디스January 07003 Bell Studies〉를 들어보면 미래 세대에게 그 벨소리가 어떻게 들릴지 어렴풋하게 상상할 수 있다. 앨범 첫 번째 트랙에는 이 곡이 작곡된 07003년부터 오천 년 동안 연주될 벨 소리가 수록돼 있다.

만년시계 제작이 모두 끝나면, 시계를 찾는 방문객들이 고대 지질학을 상징하는 동굴에 서서 수백 번 째깍댈 시계를 바라보며 시간 속에서의 자신들 위치를 생각해볼 기회를 갖기를 희망한다. 만년시계는 인간의 개입 없이 천년에 걸쳐 지구의 회전속도와 흔들림의 변화에 맞춰 계속 작동하도록 설계돼 있지만, 어느 정도의 참여와 개입을 유도한다. 즉 미래 세대는 시간을 표시하기 위해 직접 레버를 이용해 태엽을 감아야 한다.

시계 건축 자체는 장기적 사고의 수용 방법에 관한 교훈을 얻을 수 있다. 롱 나우의 알렉산더 로즈Alexsander Rose는 내게 그들이 프로젝트를 파괴할 수 있는, 그러나 일반 건축가나 공학자들은 고려하지 않아도 되는 미래의 다양한 사건에 대비해야만 했다고 말했다.[28] 우선 수천 년에 걸쳐 해수면 상승이나 지진과 같은 기후변화나 지질학적 변화에 대한 계획을 수립해야 한다. 수백 년에 걸쳐 수많은 고대 건축물이 해수면 상승 때문에 파괴됐다. 그다음으로 이념적 변화에 대한 우려도 있다. 신념의 변화에 따른 정치적 결정이 건축학 유산을 빠르게 파괴할 수도 있다. 예를 들어 2001년 탈레반 세력은 아프가니스탄에서 6세기에 건설된 거대 석상 바미얀 석불Buddha of Bamiyan을 폭파했다. 한 사회의 가치관이 그 사회의 과거를 재평가하게 될 때도 과거 유산이 해체될 수 있다. '흑인의 목숨도 중요하다Black Lives Matter 운동'의 시위대는 과거 노예무역에 몸담았던 이력을 가진, 한때 존경받던 사업가와 정치인의 동상들을 파괴했다. 만년시계는 현재로서는 논란거리가 없어 보이지만 우리 세대가 받아들인 가치가 오랜 시간이 흐르면서 변할 가능성도 있다.

마지막으로 시간이 흐르면서 재료가 부패한다. 벽돌과 콘크리트의 수명은 백 년 이상이지만, 건축가가 강철, 유리, 합성 물질을 활용해 건물을 지으면 그 수명은 60년 미만으로 떨어질 수 있다. 건축물의 실제 수명은 소재지에 좌우되며 기후와 사회 환경에 영향을 받기도 한다. 중국 충칭의 1732개 건물을 조사한 연구에 따르면 이 건물의 평균 수명은 34년이었다. 이는 건물을 설계할 당시 추정한 수명보다 짧았다.[29] 천 년이라는 긴 시간 동안 돌과 같이 쉽사리 마모되지 않는 건축 재료들도 결국은 부식될 수 있다. 고대 아테네의 파르테논 신전이나 영국의 버려진 수도원이나 성들은 여전히 남아 있기는 하나 온전한 상태는 아니다.

그 결과 만년시계는 금속보다 마모에 강한 저항력을 가진 세라믹 볼 베어링과 같은 설계 특성에, 미래 세대가 지속적으로 유지 보수 할 수 있도록 교체 가능한 부품들을 사용한다. 로즈는 만년시계를 폐기하거나 파괴하게 될 이념 변화나 정치 변화까지 고려하기란 불가능하다는 사실을 인정한다.

나는 솔직히 이 만년시계에 대해 복잡한 심정을 갖고 있다. 미래 세대가 이 시계의 건축 시기와 장소를 되돌아보면서 이 시계를 어떻게 생각할지 확신할 수 없다. 아마도 이 만년시계 프로젝트는 애시 돔, 백마, 위트레흐트의 편지와 같은 세대 간 노력 프로젝트라기보다는 유산 프로젝트에 더 가깝다. 그래서 나는 롱 나우의 설립자들이 떠나고 난 뒤의 이 시계가 맞이할 미래가 매우 걱정스럽다. 아이러니하게도 21세기 시작과 함께 낙관적이고 아찔한 속도로 성장 가도를 달리던 실리콘밸리 초창기에 시작된 만년시계는 이미 지나간 시대를 상징한다. 오늘날 실리콘밸리 전성기를 지배했던 태도를 냉소적인 톤으로 '테크노 유토피아적'이라고 한다. 여기서 테크노 유토피아는 실리콘밸리가 애초에 창조한, 치명적 결함 투성이인 디지털 세상과 극명한 대비를 이루는 용어다.

만년시계를 비판하는 사람은 기금을 제공하는 베조스에 대한 비난도 서슴지 않는다. 그는 기부금으로 운영되는 작고 적은 인원으로 운영되는 롱 나우 파운데이션의 평소 운영에 관여하지 않는다. 그러나 비판가들은 베조스의 부를 기후변화 같은 문제나 사회적 프로그램에 사용될 세금에 좀 더 유용하게 사용해서 현재와 미래 세대 모두를 도울 수 있다고 비아냥댄다. 지구의 관리자로서의 그들의 가치와 산업자본주의에 대해 의문을 제기하는 그레타 툰베리 세대에, 미국이 주도하는 이 시대의 상징인 만년시계의 유지관리가 중요하다는 사실을 설득하기란 쉽지 않다.

미래 세대가 이 만년시계를 어떻게 생각할지 지금은 말하기 어렵지만, 그래도 나는 진심으로 그들이 시계 설계자들의 의도를 깨닫기를 바란다. 만년시계는 장기적 사고의 상징이자 단기주의로 말미암은 현재 사회의 문제를 강조한다. 현재 롱 나우 파운데이션 운영자들은 정말 다행스럽게도 이 시계가 장기적인 사고에 이르는 여러 경로 중 하나임을 너무도 잘 알고 있다. 최근 몇 년 동안 그들은 세계 전역의 독창적인 생각과 프로그램을 지원하고, 다양성에 대해 배가된 강조를 포함해 다음 '2분기(향후 25년에 걸쳐)'에 진행할 다양한 구상을 검토하고 있다.

만 년 동안 제프 베조스와 같은 극과 극의 인물이나 실리콘밸리와 같은 장소와의 연관성은 아마도 기억에서 사라지거나 적어도 역사책에 숨겨지게 될 것이다. 아마도 우리 후손에게 이 만년시계는 완전히 다른 무엇인가로 인식될 것이고, 우리가 아직 상상할 수 없는 우리 시대의 진실을 드러낼 것이다. 그것은 오늘날 우리가 중시하는 가치가 무엇이며 우리가 누구인지에 대해 더 많은 것을 이야기하게 될 상징이다. 만일 이 시계가 우리 후손의 눈에만 보이는 우리에 대한 감춰진 진실을 담고 있다면, 그 시계를 산속에 설치한, 오랫동안 잊혔던 제프 베조스와 설립자들을 기리는 적절한 유산이 되리라 믿는다.

장기적 시간관을 좀 더 면밀하게 들여다보는 여행에 앞서, 나무 이야기를 한 가지 더 해보기로 하자.

〈애시 돔〉이 인간과 자연의 관계를 이야기한 내시의 유일한 프로젝트는 아니다. 예기치 않은 결과를 가져온 유일한 작품도 아니었다. 그의 또 다른 대표작은 〈나무 바위Wooden Boulder〉다. 내가 예술사학자 제임스 폭스James Fox에게 전해 들은 이 이야기는 내시가 물푸레나무를 심고 3개월 뒤 시작됐다.[30]

1977년 겨울 어느 날 내시는 자신이 살고 있는 웨일스에서 그리 멀지 않은 한 계곡 산에서 폭풍에 맞아 200년 된 떡갈나무가 쓰러졌다는 소식을 접하게 됐다. 그는 당시 돈이 없었고 작업실에서 조각품을 만들 나무가 필요했다. 그래서 이 산에 올라가 쓰러진 나무 몸통에서 바위 모양의 덩어리를 깎아냈다. 직경이 1m 정도인 이 나무 바위는 거대한 반투명 결정체처럼 가장자리와 면이 있었다.

그러나 그는 스튜디오까지 이 바위를 옮기기에는 너무 무겁다는 사실을 깨달았다. 그래서 시냇물이 나무 바위를 산 아래까지 운반해줄 것을 바라며 근처 브론터너 시내에 밀어 넣었다. 처음에는 잘 진행됐다. 그러나 애석하게도 이 바위는 시냇물 속 바위들 사이에 끼여 꼼짝도 할 수 없게 됐다. 그가 할 수 있는 것은 집으로 돌아가 기다리는 것뿐이었다.

6개월 뒤 폭우로 나무 바위는 바위틈에서 풀려날 수 있었고 덕분에 그는 시냇물에서 그 바위를 회수했다. 그러나 며칠 뒤 몇몇 십 대 아이들이 나무 바위를 다시 물속으로 밀어넣었다. 그는 또다시 바위를 물에서 끌어내야 했다. 그는 조금 더 아래 폭포수 꼭대기에 나무 바위를 뒀다.

이 무렵 내시는 계획을 바꾸기로 했다. 이제 나무 바위를 집으로 가져오는 계획을 포기하고 대신 바위가 원하는 대로 흘러가게 내버려두기로 했다. 그는 나무 바위를 '방목형' 조각품이라고 생각했다.

수년에 걸쳐 나무바위는 조금씩 강 아래로 이동했다. 가끔 폭우가 바위를 이동시켰다. 가끔 내시가 끼어들어 이 나무바위의 이야기가 계속되도록 했다. 때때로 나무바위의 예술적 가치를 알지 못하는 그 지역 의회가 나무바위를 옮겨 깨버리기 직전까지 간 적도 있다. 또 어떤 때는 완전히 사라질 뻔하기도 했지만 결국 내시는 어딘가에서 걸려온 전화를 받고 나무 바위의 소재를 알게 되기도 했다.

나무 바위는 2003년 이후 십 년을 훌쩍 뛰어넘는 시간 동안 단 한 번 목격되었고, 십 년 뒤인 2013년 여름에 탄생지에서 50km 이상 떨어진 웨일스 어귀에서 다시 발견되었다. 내시는 마지막으로 나무 바위를 보러 가기 위해 차에 뛰어올랐다. 그 뒤로 바위는 사라졌다. 어쩌면 나무 바위가 마침내 이동을 멈추고 침전물 아래에 천천히 묻히고 있거나 아직도 바다 어딘가를 표류하고 있을지 모른다.

"〈나무 바위〉가 내 모든 행위를 실증한다. 나를 이를 통해 진정으로 깨달았다. 아마도 예술가로서 나의 가장 만족스러운 표현일 것이다." 내시는 《크리스티스 매거진》에 실린 폭스와의 인터뷰에서 이렇게 밝혔다.

〈나무 바위〉는 시간과 인간의 관계를 나타내는 상징 중 내가 가장 좋아하는 사례다. 〈애시 돔〉처럼 이 나무 바위 이야기는 아무리 계획을 잘

세운다고 하더라도 미래는 좌절을 안겨줄 것임을 드러낸다. 그러나 나무 바위는 또 다른 중요한 것을 말한다. 우리 모두가 강을 헤치고 넓은 바다로 나아간다는 사실이다. 사라짐과 망각이 결국 우리 앞에 놓여 있을지 모르지만, 그것은 내일을 위한 것이다. 그 과정에서 의미를 발견할 수 있을 것이다.

12. 먼 미래의 문명

"우리 세대 또는 그 어떤 세대가, 인류 전체를 위해 존재하는 것을 독차지하고 우리만을 위해 소모할 권리가 과연 있는가? 그것은 우리에게 주어진 것이 아니라 빌린 것이다. 따라서 단순히 줄어들지 않게 전달하는 것뿐만 아니라, 이자를 더해 더욱 풍요롭게 물려줄 책임이 있다.

- 존 스튜어트 밀John Stuart Mill[01]

딸아이 그레이스는 자랄수록, 점점 더 나은 시간 인식을 지니며 시간에 적응하는 법을 터득하게 됐다. 그레이스의 시간관은 매년 바뀌고 있고 그러한 변화가 나의 발전에도 영향을 미친다는 것을 안다.

그레이스가 세 살이 되었을 때는 시계나 달력에 대한 의식이 전혀 없었다. 그레이스는 일주일 동안 음식을 배불리 먹는 애벌레에 관한 아동도서의 클래식 《배고픈 애벌레the Very Hungry Caterpillar》의 기본 사건들을 이해할 수 있었다. 그러나 그 이야기를 내게 다시 들려줄 때, 그레이스는 날짜의 순서를 섞어 이야기했다. 딸아이는 시간을 구조적으로 인식하지 못했던 것이다.

다섯 살이 되었을 때 변화가 일어났다. 그레이스는 어제는 지나간 시

롱 뷰 : 시간과 미래를 바라보는 관점을 바꿔야 하는 이유

간이고 내일은 앞으로 펼쳐진 시간이라는 것을 이해했다. 어느 날 아침식사 시간에 나는 딸에게 미래가 무엇인지 아느냐고 물었다.

그레이스는 잠시 머뭇대더니 "아뇨. 정확히는 몰라요."

"음, 너 역사 알잖아. 과거도 알고. 미래는 그 반대야."

딸은 시리얼만 계속 먹었다.

"그레이스, 네가 생각하는 가장 먼 미래는 뭐야?" 내가 물었다.

"음, 내가 열 살이 될 때 정도요."

"더 먼 미래를 상상해봐. 어른이 되었을 때처럼 말야?"

"열 살이 될 때가 제겐 가장 먼 미래예요."

그레이스는 시리얼 접시를 가지고 주방으로 갔다. 나는 딸아이에게 내일은 앞으로 몇 년 뒤로 국한돼 있음을 깨달았다.

그레이스가 일곱 살이었을 때 우리는 저녁식사를 하면서 또다시 시간에 대해 이야기를 나눴다. 나는 미래에 대해 얼마나 많이 생각하느냐고 물었다.

"자주 하진 않아요. 하지만 가끔 미래의 일이 걱정되긴 해요."

"뭐가 걱정되는데, 너는?"

"다치거나 잡혀가거나 뭐 그런 거요."

"엄마나 아빠 나이가 되면 어떨지 생각해봤어?"

"아뇨."

"그럼 십 대가 되면 어떨지는 생각해봤고?"

"네."

"그럼 나중에 부모가 되면 어떨지는 생각해봤어?"

"생각만 해도 끔찍해요."

여덟 살이 되었을 때 그레이스는 역사와 지질학에 흥미를 보였다. 학교를 마치고 돌아와선 이집트인이나 튜더 왕가에 대해 이야기하곤 했다. 그러고는 화석들을 수집하기 시작했다. 그리고 자신의 미래에 있을 법한 사건들을 생각하기 시작했다. 그레이스가 접하게 된 언론이나 문화가 아이가 가정한 미래의 그림을 채워주곤 했다. 나는 그레이스가 대체 그런 정보를 어디에서 듣는지 알 수 없었다. 그레이스가 시간여행과 같은 공상과학소설 속 미래나 우주에서 사는 것과 같은 생각을 하게 된 이유가 무엇일지 궁금했다.

"싱귤레이션singulation은 미래의 사람들을 비참하게 만들 거예요. 로봇이 지구를 점령하게 된다는 게 핵심이라고 말하는 사람도 있어요."

"잠깐, 지금 싱귤레이션이라고 했니?" 내가 물었다. 그레이스는 어찌된 일인지 컴퓨터가 인간의 지능을 능가하게 되리라는 트랜스휴머니스트 이론을 알고 있었다. "대체 그걸 어디서 배웠니?"

"만화요." 그레이스는 내게 〈캡틴 언더팬츠Captain Underpants〉를 통해 알게 됐다고 답했다.

이런 대화를 떠올려보면 나는 우리가 태어나면서부터 장기적 사고를 하는 것은 아니라는 것을 깨닫는다. 우리는 장기적 사고를 발견하게 되는 것이다. 그리고 그 과정에서 장기적 사고는 문화적 영향, 다른 사람들 그리고 나를 둘러싼 세상에 의해 형성된다.

수년 전 처음 이 책을 쓰기 시작했을 때, 장기적 시간관을 기르는 데 관심을 갖게 된 가장 큰 이유는 두려움 때문이라고 말한 적이 있다. 그러한 두려움은 내일의 위협, 단기주의가 다가올 위험을 가리고 있을지도 모른다는 우려를 포함해서다.

나는 22세기에 살고 있는 딸아이를 상상했고 기후변화, 환경 파괴, 기술적 오류나 재난 등으로 얼룩진 미래 세계를 봤다. 나는 여전히 우리 세대가 저지르고 있는 실수와 우리가 후대에 남겨주려고 하는 해로운 유산에 대해서도 걱정한다. 그리고 나는 우리가 어렵고 위태로운 시기를 살아가고 있다는 사실을 분명하게 인지하고 있다. 우리는 장기적인 사고를 통해 지금 걸어가는 길의 진로를 바꾸고 훨씬 더 끔찍할지 모를 위기에서 벗어나야 한다. 그러나 장기적 관점은 훨씬 더 많은 것을 줄 수 있다는 것을 깨달았다. 장기적 사고는 좀 더 희망적인 미래관을 전하며, 이를 통해 긍정적 변화의 가능성을 좀 더 분명히 느낄 수 있다.

이 책을 통해 장기적 사고의 수많은 장점을 이야기하는 과정에서 무엇을 배웠는지, 그리고 장기적 사고의 긍정적 의미와 부정적 의미, 장기적 사고를 수용했을 때 모든 이가 어떤 방식으로 혜택을 입을 수 있는지를 이야기해보고자 한다.

장기적 사고는 회복력의 원천이다

장기적 사고는 희생 연습, 즉 오늘의 즐거움을 포기해야 하는 엄숙하고 무거운 의무라고 생각하고 싶은 유혹에 빠지기 쉽다. 그러나 장기적 사고를 수용할 때 따라오는 개인적 이점도 많다. 장기적 관점이 대격변을 겪을 때 균형감의 원천이 되고, 극복할 수 없을 듯한 부정적인 소식을 접했을 때 에너지와 자주성의 원천이 되기도 한다는 것을 경험을 통해 깨달았다. 위기의 시기에 한 발자국 내딛는 것이 어렵고 좌절을 겪을 때마다 실패가 가까이 온 듯한 느낌이 들지만, 그러한 어려움 속에서도 장기적 사고는 강인함과 균형감을 유지하도록 이끈다.

장기적 사고는 나침반이다

만일 우리가 어려운 시기를 헤쳐 나갈 길을 찾기를 원한다면, 미래에 굴복하는 대신 운명을 개척하고자 한다면, 방향을 알려주는 나침반이 필요하다. 장기적 사고가 바로 그 나침반을 제공한다. 복잡한 세상을 헤쳐 나가도록 돕는 안내자다. 그러나 장기적 사고는 미래에 닥칠 위험을 피해 갈 수 있는 길도 알려준다. 또한 과거 세대가 걸어갔던 길, 일어날 수 있었던 부副의 역사, 앞으로 일어날 수 있는 수많은 궤적도 알려준다. 장기적 사고를 한다는 것은 언제나 복수의 가능성이 존재하며, 우리가 시간의 역사를 지날 때 전환점이 있다는 것을 인지하는 것이다. 장기적 사고는 현재가 될 때 미래는 단 하나의 가능성이 되지만 그날이 오기 전까지 미래는 언제나 복수임을 알려준다.

장기적 사고는 현재를 더욱 의미 있게 만든다

장기적 사고에 대한 오해 중 하나는, 장기적 사고를 하려면 현재의 세상은 무시하고 과거 또는 미래를 생각하는 데 정신적 시간을 모두 소비해야 한다고 믿는 것이다. 반대로 나는 시간의 렌즈를 통해 세상을 바라보면, 현재 삶에 훨씬 더 많은 의미를 부여하게 된다고 믿는다. 근시안적 사고를 포기하면 좀 더 현재를 중시하는 사람이 될 수 있다. 무엇이 중요한지, 무엇이 바뀌어야 하는지, 무엇이 위험하고 해로운지, 오늘의 세상에서 무엇을 즐기고 무엇을 감사해야 할지 좀 더 명확하게 볼 수 있는 눈을 갖게 되기 때문이다.

장기적 사고는 현재 목적을 좀 더 명확하게 규명할 수 있게 한다. 이는 후손에 대한 의무다. 누군가는 미래 세대에 대한 의무를 위대한 유산을 남기는 것이라고 해석할지 모른다. 그러나 나는 우리가 후손에게 물려줄 유산을 만드는 데 모든 에너지를 쓸 필요는 없다고 생각한다. 또한 그들의 문제를 전부 해결해줄 필요도, 미래에 대한 우리의 바람을 전달할 필요도 없다. 어쨌든 천 년 전 우리 조상이 오늘을 사는 우리를 상상할 수 없었듯 우리 역시 후손들의 필요와 가치를 예측할 수 없다. 우리가 남길 수 있는 가장 위대한 유산은 선택권이다. 만일 미래 세대가 지속 가능한 세상에서 자신들의 길을 스스로 결정할 수 있는 수단과 자율성을 갖게 된다면, 그것으로 충분하다.

장기적 사고는 누구나 가질 수 있다

나는 현재 겪고 있는 어려움에서 시선을 확대할 수 있는 여유와 안정성을 누구나 갖고 있다고 생각하지는 않는다. 많은 이가 장기적 사고에 대한 강의보다는 실질적인 도움과 지원을 필요로 한다. 그렇다고 해도 장기적 사고는 많은 돈이나 막대한 자원을 필요로 하지는 않는다. 장기적 사고는 선택된 이들만의 전유물도 아니다. 장기적 사고를 기르는 훈련은 가족이나 공동체 안에서처럼 가까운 사람들끼리 시작할 수 있다. 예를 들어 친구나 사랑하는 사람과 과거 또는 미래, 조상과 후손에 대해 이야기를 나누거나, 동네나 주변에서 먼 시간을 상징하는 상징물들을 찾아보는 것부터 시작할 수 있다. 장기적 안목이 사치일 필요는 없다. 장기적 안목은 일상생활의 일부가 될 수 있다.

장기적 사고는 민주적이다

나는 수년 동안 종교인, 토착민, 철학자, 과학자, 예술가 등 다양한 이들의 다양한 시간관을 목격했다. 역사 또한 과거 문화도 당시의 지식, 믿음, 가정에 따라 형성된 그들만의 시간관을 갖고 있었음을 보여준다. 종종 이러한 장기적 관점들은 다양한 언어로 표현되며, 각기 다른 우선순위와 가치관을 지닌다. 어떤 것은 초월적이고 종교에 뿌리를 둔다. 한편 다른 관점은 세속적이고 실험적이다. 어떤 장기적 사고는 수백 년에 걸쳐서 지속되며 수백만 년을 지켜온 것도 있다. 어떤 것은 인류에만 집중하지만 어떤 것은 자연계도 수용한다. 그러나 이는 괜찮다. 장기적 사고는 누구나 할 수 있고 이는 민주적이고 집단적인 모험이어야 한다. 만일 모두가 같은 형태의 장기적 사고를 수용한다면 세상은 하나같이 지루한 곳이 될 것이다.

나는 미래에 완전히 새로운 시간관이 등장하기를 바란다. 장기적 사고의 잠재성을 아직 발견하지 못한 이들, 직업군, 공동체가 많다. 그러나 그들이 장기적 사고의 잠재성을 발견한다면, 그들만의 방식으로 좀 더 멀리 내다볼 수 있는 시간관을 갖게 되리라고 믿어 의심치 않는다. 미래 세대도 마찬가지일 것이다. 아직은 발견되지 않은 시간과 세상에 대한 통찰이 있을지 모른다. 그리고 그러한 통찰은 내가 상상할 수 없는 다양한 형태의 장기적 사고로 이어질 것이다.

장기적 사고는 정치적 통합이 가능하다

미래에는 언제나 다양한 시간관이 존재할 것이다. 장기주의가 중요하다는 핵심 원칙은 각기 다른 시각을 가진 모든 사람이 동의할 수 있는 무엇이다. 어쨌든 단기주의를 옹호하는 이들은 거의 없다. 수십 년 동안 좌파든 우파든, 진보든 보수든 상관 없이 모든 정치인은 연설 때마다 미래 세대에 대한 의무를 이야기한다. 정치적 양극화의 시대에 장기적 관점은 그러므로 사람들에게, 전통에 대한 중요성이나 역사의 교훈 아니면 우리 자손에게 더 나은 세상을 물려줘야 한다는 믿음과 같은 공통된 가치를 상기시킨다.

장기적 사고는 좀 더 건강한 미디어 다이어트로 이어진다

매일 우리는 소음에 가까운, 쏟아지는 정보에 노출되어 중요한 세력이나 변화들을 알아차리기가 더욱 힘들다. '눈에 띄는' 것이 반드시 '중요한' 것은 아니다. 때때로 전쟁, 팬데믹, 선거와 같은 주요 뉴스가 장기적 사고에 영향을 미친다. 그러나 매일의 소란 중 상당 부분이 일시적이고 심지어 이 세상이 실제로 어떻게 돌아가는지를 이해하는 데 도움이 되지 않는다. 정크 푸드에 준하는 정보다.

세상에 대한 우리의 사고모형은 입력된 정보에 따라 형성된다. 그래서 만일 내가 내 삶을 그저 일일 뉴스와 소셜 미디어(내가 하듯이)를 읽는 데 쓴다면, 기울어진 모형을 만들고 있다는 것을 자각해야 한다. 장기적 사고의 수용은 이러한 습관적인 행동에서 벗어날 수 있도록 하며, 좀 더 확실하게 생각하고 바라보게 한다. 분명히 말하면 장기적 관점은 믿음직한 정보원을 무시하기 위한 정당화가 아니다. 대신 그것은 내가 말하는 '롱 뉴스Long News'로 신뢰할 만한 정보원들을 보충할 이유가 된다. 여기서 롱 뉴스란 장기적 경향, 덜 알려진 역사, 전문가가 전망하는, 전형적 기술, 소비자주의 비전을 뛰어넘는 미래를 포함한다. 이러한 롱 뉴스를 통해 우리는 더 나은 통찰을 얻고 분노, 두려움, 무력감을 덜 느끼게 된다.

장기적 사고는 보다 명확한 발전의 그림을 제시한다

우리의 가장 특혜받은 조상들은 오늘날 보통 사람이 누리는 삶을 보면 깜짝 놀랄 것이다. 우리는 클레오파트라, 정복자 윌리엄(윌리엄 1세 국왕), 루이 16세도 그저 꿈만 꾸던 삶을 살고 있다. 그들의 삶은 폭력, 편견, 질병으로 점철된 시기였다. 수세식 화장실, 냉장고, 인터넷, 고수확 밀, 인권법, 보통 선거권, 어린이 무상교육, 백신을 그들이 어떻게 생각할지 상상해보라.

그러나 우리의 과학기술 성과가 곧 우리가 인간의 잠재력이나 개화의 정점에 도달했다는 의미는 아니다. 모든 것이 보편적으로 더 낫다는 의미도 아니다. 실제로 다수의 발견과 기술이 불평등과 전쟁의 확대, 자연파괴, 증오 조장, 자기파괴의 가속화로 이어지는 등, 세상을 더 악화하기도 했다.[02] 만일 억압받는 민족의 관점에서 본다면, 발전이란 문화와 터전의 붕괴와 노예화를 의미했다. 비인간인 동물의 관점에서 발전은 완전한 재앙으로 이어졌다.

장기적 사고는 향상과 실수 모두를 볼 수 있는 렌즈를 제공하므로, 발전이 무엇을 의미하고 또 의미하게 될지에 대해 좀 더 차별화된 판단을 가능케 한다. 세상은 분명 진보하고 있다거나 퇴보하고 있다거나 어느 한 견해에 집착할 필요는 없다. 우리가 보는 척도가 무엇인지, 어떤 관점을 취하느냐에 따라 둘 다 맞는 말일 수 있다. 그렇게 하면 무엇에 따라 행동하고 해결하고 앞으로 나아가야 할지에 대한 증거 기반을 제공하기 때문이다.

장기적 사고는 희망의 엔진이다

장기적 사고에 대해, 특히 먼 미래에 대해 이야기하거나 글을 쓸 때 일종의 체념적인 허무주의를 접할 때가 있다. 그러한 감정을 이렇게 표현할 수 있다. "다 좋은 말인데, 우리는 모두 이곳에 없을 것이다." 어떤 이들 사이에서는 종말이 얼마 안 남았다고 말하는 것이 유행처럼 되어버렸다. 그러한 맥락에서 장기적 사고에 대해 이야기한다는 것은 일종의 함정이 되었다. 지나친 낙관주의자 아니면 오늘날 문제 따위에는 무관심한 사람으로 비치기 때문이다. 그러나 무관심, 무기력 또는 분노로 얼룩진 현재에 갇혀 있는 지나친 비관주의는 종말론으로 이어질 수 있다.

세계가 심각한 위기에 직면하게 되리라는 사실은 부인하기 어렵다. 그러나 나는 나와 내 주변 사람들이 힘을 갖고 있다는 믿음을 안고 그러한 미래를 헤쳐나가고 싶다. 그러나 나 혼자 그 길을 안내할 수 있다고 생각하지는 않는다. 이것은 집단적이고 세대를 초월한 모험이다. 그리고 나는 미래에 어떤 일이 벌어질지 모른다. 그러나 무엇도 할 수 없다는 생각보다는 뭐라도 할 수 있다는 믿음으로 행동하고 싶다. 놀랍게도 내가 만났던 세계의 종말을 연구하는 학자들 대부분은 종말론자가 아니었다. 그들은 미래의 재앙을 예측하는 데 시간을 쓰고 있지만, 그러한 운명을 피하려면 장기적 사고가 필요하다는 것 그리고 풍요로운 미래에 대한 가능성을 믿는 경우가 많았다.

우리 시대의 근시안적 규범들은 우리가 알아야 할 많은 것들을 가린다. 우리는 그 규범들이 상황이 나아질 수 있다는 희망 또는 더 나빠질 수 있다는 가능성을 가리지 못하도록 해야 한다. 과거 세대가 불평등, 갈등, 불의를 직면한다면 때때로 불가항력적이라고 느낄 것이다. 그러나 세대를 초월한 시간관의 측면에서 보면, 더 나은 방향으로의 변화가 불가능한 것은 아니다. 이러한 면에서 우리는 에너지와 결연의 원천을 찾을 수 있다.

몇몇 장기주의 사상가가 사용한 용어 가운데 좀 더 많은 이가 알 필요가 있다고 생각하는 용어가 있다. 바로 실존적 희망이다. 실존적 재앙의 반대 의미다. 우리가 그러한 반전을 현실로 만들겠다는 의지만 있다면 더 나은 방향으로의 급반전을 이룰 수 있다는 믿음이다. 실존적 희망은 현실 도피, 유토피아, 몽상이 아니다. 더 나은 세계를 건설할 기회를 반드시 잡을 수 있도록 토대를 마련하는 것이다.

따라서 만약 장기적 관점을 수용했을 때 요구되는 것이 있다면, 모두가 절망할 때 희망을 놓지 말고 최선을 다하는 것이다. 어쩌면 우리 시대 가장 힘든 과제일지 모른다. 그러나 이야말로 우리의 선조 그리고 우리의 후손을 위해 반드시 해야 할 일이다.

장기적 관점에서 볼 때, 나는 인류가 시간의 깊이를 담은 문명을 건설할 잠재력을 갖고 있다고 믿는다. 만약 근시안적인 사회가 현재를 탈피하지 못하는 것이 특징이라면, 시간의 깊이를 담은 문명은 사회의 뿌리, 즉 과거와 그 사회의 미래를 좀 더 명확하게 의식하는 것이 특징이다.

시간의 깊이를 담은 문명사회에서는 기업이 개별적인 단기주의적 수익에 흔들리지 않으며, 윤리적이고 지속 가능한 목표를 향해 나아간다.

정치인들은 지지층뿐만 아니라 과거, 현재 그리고 미래의 인간과 살아 있는 모든 생명체가 이로울 수 있는 정책을 지지하는 선견지명과 지혜를 갖고 있다. 언론인이나 홍보전문가들은 분노와 소란을 조장하기보다는 시간적 맥락과 깊이를 제공할 것이다. 기술 전문가와 설계자들은 분노나 분열을 부추기기보다는 세대간 유대감을 확대하고자 노력한다. 그리고 모든 시민은 자신들이 전 세대를 잇는 긴 사슬을 구성하는 하나의 고리이며, 우리 아이들을 위해 더 나은 세상을 만들 수 있는 집단적 능력을 갖고 있다는 것을 잘 알고 있다. 과학자 조너스 소크Johas Salk의 말을 인용하자면 그들은 '좋은 조상'이다.[03]

동시에 이 시간의 깊이를 담은 문명의 각 구성원은 진화가 불완전하다는 것을 충분히 알고 있다. 즉 그들이 건설하고 있는 사회와 공동체는 그들이 추구하는 미래의 모습을 향해 나가기 위한 한 걸음에 불과하다는 것을 안다. 그들은 더 공평하고, 더 현명하며, 더 계몽된 세계를 건설하겠다는 약속과 더불어 그러한 희망을 모든 세대에 전달한다.

장기적인 관점에서 우리 종이 아직 탐험하지 못한, 완전히 새로운 최고의 극치가 존재할 수 있다. 철학자 토비 오드Toby Ord는 인간의 현재가 고통 그리고 지속 불가능한 관행들로 얼룩져 있다고 주장한다. 그러나 이러한 문제들을 극복하는 것 이상을 꿈꿔야 한다고 주장한다. 그는 "고통과 불평등이 없는 세상은 바람직한 삶이 어떤 모습인지를 판단하는 낮은 기준에 불과하다. 과학도 인문학도 아직은 상위 기준을 찾아내지 못했다"라고 말한다. "삶의 최고 순간에 무엇이 가능할지 약간의 힌트를 얻을 수 있다. 날것의 즐거움, 반짝이는 아름다움, 솟구치는 사랑에 대한 짧은 경험이다. 아무리 짧다 해도 이러한 순간들은 현상 유지를 훨씬 뛰어넘는, 우리의 현재 이해를 훨씬 뛰어넘어 가능한 번영의 깊이를 의미한다."[04]

거대한 미래에 대한 이런 이야기가 유토피아적이고 불가능한 듯 들릴 수 있다. 그러나 오늘 우리가 옳은 선택을 한다면 불가능하지도 않다. 미래의 삶이 얼마나 다를지를 상상하기가 어려운 이유 중 하나는 '역사의 종말환상'이라고 하는 심리학 효과 때문이다. 이 효과는 미래의 자신이 현재의 자신과 얼마나 다를지 상상하면서 겪는 난관을 설명한다.[05] 사람들은 유년기 이후 자신이 상당히 많이 변했다는 것을 인정하는 반면, 현재 자아의 모습이 미래에도 똑같이 유지될 것이라고 생각한다. 이는 집단적 환상이며, 우리 사회가 얼마나 많이 달라질 수 있는지 깨닫는 것을 방해한다.[06]

우리는 시간의 깊이를 담은 문명을 맞이할 준비가 되었을까? 아직은 아니다. 우리가 인간의 수명, 과거세대와 미래 세대 간의 관계와 지구와 자연계의 장구한 시간의 역사를 온전히 이해하고 받아들이려면 갈 길이 멀다. 그리고 가까운 미래에, 많은 이에게 '먼 시간'은 여전히 어렵고 이해하기 힘든 개념으로 느껴질 것이다. 지금의 우리의 정신적 능력으로는 '유쾌한 공포'를 상상하는 것은 너무 크다고 느껴질 수 있다. 그러나 인류는 유연하다. 인류의 진화 역사를 통틀어 우리는 관점을 바꾸고 확장하면서 직접적 경험이나 기억 밖에 존재하는 죽음, 평화, 자선, 자유, 법과 같은 추상적이고 복잡한 개념들을 모두 수용할 수 있었다. 역사를 통틀어 우리는 늘 복잡한 사상들과 마주했으며, 우리가 이해할 수 있는 용어와 개념으로 분해할 방법을 배웠다.

장기적 관점의 추구를 혼자서 할 수 없다는 게 중요하다. 사회적 동물로서 우리는 과거와 미래의 다른 사람들의 사고와 경험을 기반으로 살아 간다. 이러한 협력을 통해 혼자서는 보고, 듣고, 느낄 수 없는 통찰력을 얻을 수 있다.

그러므로 다가오는 미래는 우리의 시간관의 진화에 전환점이 될 수 있다. 이 과정에서 장기적 사고를 수용하지 못하게 된다면 우리는 우리 종을 멸망시키게 될 것이다. 반대로 시야를 수백만 년 이후로 확장할 수 있다면 번영의 미래로 나아갈 수 있다. 만일 앞으로 백 년 뒤에도 번영을 구가하기를 원한다면 지금의 시간관을 바꿔야만 한다. 즉 현재의 두드러진 경험과 멀리서 밝게 빛나는 미래의 궤적 사이, 그 간격을 줄여야 한다.

이 책의 집필을 마무리할 때 즈음, 나는 딸 그레이스에게 시간에 대해 다시 물었다. 특히 미래에 대해 회의적인지 낙관적인지를 물었다. 다행히 딸아이는 미래를 낙관하고 있었다. 지금 그레이스는 아홉 살이고, 기후변화나 사회불평등과 같은 21세기의 문제에 대해 인식하기 시작했다. 그러나 나는 딸아이가 가진 능력, 가능성, 장난기에서 희망을 본다.

"아빠가 처음 이 책을 쓰기 시작했을 때, 22세기에 사는 86세 할머니가 된 네 모습을 상상했었어. 그 나이가 되어 과거를 되돌아보는 느낌은 어떨 것 같아? 그때 넌 뭘 할 것 같니?" 내가 물었다.

그레이스는 하던 게임을 중단하고 잠깐 생각에 잠겼다.

"난 내 친구 사라랑 우주 양로원 흔들의자에 앉아 있을 거 같은데." 그레이스는 이렇게 답하더니 이내 할머니 같은 목소리로 덧붙였다. "'우리 젊은 시절엔 휴대전화도 홀로그램이 아니었는데…' 뭐, 이런 수다를 나누고 있을 것 같아요."

나는 여전히 그게 무슨 말인지 이해하지 못하지만, 어쨌든 딸아이의 답변에 웃음을 터뜨리고 말았다.

감사의 말

2008년 결혼식에서 나는 미리 준비해 간 카드를 읽으며 가족, 신부 들러리, 신랑 들러리 등 많은 이에게 빠짐없이 감사의 말을 전했다. 카드를 거의 다 읽어내려갔을 때 즈음 몸의 긴장이 풀리면서 나의 인사말이 곧 끝나갈 것임을 넌지시 알렸다. 이때 방 안에서는 숨을 들이마시는 사람이 있었다. 나는 가장 중요한 사람, 내 아내 크리스티나에 대해서는 한마디도 하지 못한 채 앉게 될 것임을 깨달았다. 아내에 대해 정성껏 써 내려간 카드가 무슨 이유인지 사라지고 없었다. 그래서 나는 그 자리에서 즉석으로 크리스티나에 대한 나의 진심을 말했다. 그리고 아내에 대한 나의 마음을 말하는 데 카드 따위는 필요치 않다는 사실을 깨달았다. 과거 이 경험을 바탕으로 이번에는 아내 크리스티나와 딸 그레이스에게 가장 먼저 감사 인사를 해야 할 것 같다. 앞부분에서 썼듯이, 이 책의 집필은 이미 그들과 함께 시작됐다. 우리가 가정을 이루었을 때 세대 간의 시간에 대한 나의 생각에 변화가 일어났다. 그뿐만이 아니다. 이 책은 아내와 딸의 격려와 사랑, 인내심이 없었으면 이 세상에 나올 수 없었을 것이다. 수년 전 아내는 장기적 사고에 대한 파편화된 내 생각들을 정리해 좀 더 깊이 들여다보면 어떻겠냐고 제안했다. 수년에 걸쳐 한 가지 주제로 글을 쓰는 작업을 시작해야 하는지에 대한 확신이 없었을 때 크리스티나는 내게 아주 간단한 문제 하나를 던졌다. "항상 그 자리에 있는 게 뭐가 있을까?" 그 질문이 뇌리에서 떠나지 않았고 나는 지금까지 살아오면서 얻은 경험과 지식 사이의 점들을 선으로 이어보기로 했다. 이 질문을 통해 장기적 관점이라는 주제가 과거에도 그리고 미래에도 내 필생의 관심사라는 확신을 갖게 되었다.

이후 수년간 크리스티나는 내가 책에 대해 말할 때면 몇 시간 내내, 진득하고 통찰력 있는 자세로 귀 기울였고 더 나은 대안을 제시해줬다. (그리고 나의 마흔한 번째 생일에, 크리스티나는 초본 원고를 처음부터 끝까지 꼼꼼하게 읽은 뒤 피드백을 자세하게 기록한 바인더를 선물했다.) 글을 집필하는 동안 우리 가족은 질병과 사랑하는 아들 조나의 사망 등과 같은 불행한 시간을 마주해야만 했다. 그러나 나는 매일같이 내게 아내와 딸이 있다는 것이 얼마나 행운인지 떠올렸다. 그들은 내 삶의 등대이며 나는 그들을 진정으로 사랑한다는 사실을 잊지 않으려고 노력했다.

《롱 뷰》를 집필을 완료하기까지 5년이 넘게 걸렸다. 그 과정에서 이 책이 지금의 최종 형태를 지니기까지 아마도 수백 명의 노고가 들어갔을 것이다. 결혼식에서 아내의 이름을 언급하는 것을 잊어버릴 뻔한 누군가에게는 그 많은 이에게 감사의 말을 전하는 것이 참으로 힘들고 걱정스러운 일이다. 그러나 이번에는 감사해야 하는 분들을 하나하나 기억하면서 나의 진심 어린 감사를 전하려고 한다.

우선 피터스 프레이저 앤 던롭Peters Fraser & Dunlop의 케이트 에반스에게 감사의 말을 전한다. 케이트는 BBC에서 근무 중일 때 내 글을 읽은 뒤 개인적으로 가장 먼저 장기적인 안목에 대한 책을 써보면 좋겠다고 말해준 사람이다. 이 책에 대한 구상을 몇 장짜리 메모에 정리한 것을 보고도 전폭적인 믿음을 보여주었다. 이후 케이트는 이 책이 완성되는 마지막 날까지 감동적일 만큼 든든한 지원자가 되어주었다. 호주인 특유의 거침없는 열정이 영국인 특유의 다소 진중하고 심각한 내 성향을 완벽히 보완해주었다. 그런 케이트와 한 팀으로 일할 수 있어 진심으로 행복하다.

편집자 린지 데이비스와 와일드라이프Wildfire 임프린트의 출판 총괄 알렉스 클라크에게도 진심 어린 감사의 말을 전하고 싶다. 그리고 이 책이 출판되기까지 완벽한 지원을 보내준 헤드라인Headline의 모든 분께도 이 자리를 빌려 감사의 말을 전한다. 린지와 알렉스는 처음부터 나의 구상을 이해하고 지지를 보내주었고 확실하고 희망적인 틀을 만들 수 있도록 도와주었으며, 매 고비마다 이 책이 나아가야 할 방향을 명확히 제시해주었다. 이 두 사람은 내가 놓친 부분을 찾아내고 풀지 못한 문제를 헤쳐나갈 수 있게 해주었고, 좀 더 보완해야 할 부분을 지적해주었다. 그들이 내게 해준 조언 중 가장 기억에 남는 것 중 하나는 "여기서는 좀 더 강하게 말하는 게 좋아"다. 늘 그렇듯 그들의 말은 옳았다.

토비 트렘릿에게도 무한한 감사의 말을 전하고 싶다. 그는 수개월간 나의 연구 조교로 합을 맞추며 자료 조사, 팩트 체크, 초고 작성과 같은 다양한 작업을 수행했다. 그의 자료 조사, 구상, 조언, 글쓰기 등이 있었기에 이 책의 깊이가 좀 더 깊어지고 전반적인 구조가 훨씬 더 탄탄해질 수 있었다. 토비와 정기적인 점검 미팅을 통해 작업 중반 교착 상태에 빠져 있었던 내가 멈추지 않고 계속 앞으로 나아갈 수 있는 힘을 얻을 수 있었다. 토비의 지원을 계속해서 받을 수 있었던 것은 오픈 필란트로피Open Philanthropy의 뜻하지 않은 재정 지원 덕분이었다. 오픈 필란트로피는 클레어 자벨이 제안했던 비영리단체로 연구 보조금을 지원하는 단체다 ('80000아워스'의 미쉘 허친슨의 소개가 없었다면 이 재정 지원을 받을 수 없었을 것이다. 그래서 연구보조금 지원을 받을 수 있도록 도와준 미쉘에게도 심심한 감사를 전한다).

이 책에 대한 기본적인 자료 조사는 내가 생각해도 믿을 수 없을 만큼 운 좋은 기회를 통해 이루어졌다. 2019년부터 2020년 사이에 나는 BBC 방송국에서 안식년을 얻어 미국 MIT 대학에서 진행하는 1년간의 나이트 사이언스 저널리즘Knight Science Journalism 펠로우십을 받았다. 나는 이 프로그램을 하면서 이 책의 범위를 정할 수 있는 귀한 시간과 공간을 부여받았다. 데보라 블룸 (《포이즌 스쿼드The Poison Squad》의 저자), 애쉴리 스마트, 베타나 우르퀴올리, 이외 KSJ팀의 스태프 모두 나와 내 가족이 케임브리지에 머무는 동안 편안하고 행복하게 시간을 보낼 수 있도록 아낌없는 도와준 데 대해 무한 감사의 말을 전한다. 케임브리지에서 보낸 시간은 내 인생 최고의 경험 중 하나였다. 그리고 2019년~2020년 프로그램을 함께한 동료들(안드라다 피스큐티안Andrada Fiscutean, 애닐 아난타스워미 Anil Ananthaswamy(《한 번에 두 개의 문을 통해서Through Two Doors at Once》의 저자), 베타니 브룩셔Bethany Brookshire(《페스트Pests》의 저자), 에바 울프엔젤Eva Wolfangel(《클릭 오류Ein Falscher Klick》의 저자), 존 파우버Jon Fauber, 몰리 시걸Molly Segal, 소날리 프라사드Sonali Prasad, 티아고 메다글리아Thiago Medaglia, 토니 레이즈Tony Leys 등에게도 감사의 말을 전한다. 이 기간 동안 나는 KSJ 펠로우이자 나보다 약 1년 먼저 책《바지나 오브스큐라Vagina Obscura》을 출간한 레이첼 그로스에게서 너무도 많은 것을 배울 수 있었다. 마지막으로 MIT와 하버드 교수진들에게도 깊은 감사의 마음을 전한다. 그들은 내게 소중한 시간을 기꺼이 내주고 수업을 청강할 기회를 부여했다. 특히《삶은 고되다Life is Hard》의 저자 키어런 세티야와《윤리적 부족Moral Tribes》의 저자 조슈아 그린 덕분에 짧은 시간 동안 철학과 윤리학에 대한 개괄적인 지식을 습득할 수 있었다. 더불어 세계의 종말과 도덕성의 신경과학에 대한 통찰을 제공해준 지오바니 바자나와 레베카 색스에게도 진심 어린 감사의 말을 전한다.

제안 단계에서부터 원고가 나오기까지 앞서 언급했던 KSJ의 여러 펠로우(안드라다 아닐, 베타니, 레이첼, 소날리), 데보라 블럼, 마이클 헤이독, 크리스 다니엘, 로렌 홀트 등 많은 이가 자신의 시간을 투자해 내 글을 읽고 정성 어린 피드백을 제공해줬다.《지능의 함정The Intelligence Trap》,《기대의 발견The Expectation Effect》의 저자 데이비드 롭슨의 제안을 통해 내가 어쩌면 놓쳤을 수도 있는 수많은 새로운 자료를 접할 수 있었고 이를 통해서 이루 말할 수 없는 도움을 받았다. 좋은 친구인 데이비드 롭슨은 이 책의 집필을 시작하던 초기 단계부터 든든한 조언자의 역할을 해주었다.

《엑스 리스크X-Risk》의 저자 토머스 모이니한은 고맙게도 원고를 처음부터 끝까지 읽은 뒤 수많은 메모, 건설적인 비판, 팩트 체크, 용기를 주는 격려의 말을 남겨줬다. '긍정적인 피드백 루크'라는 애칭을 가진 루크 켐프가 해준 코멘트는 너무나 구체적이고 정확해서 나는 하나의 장 전체를 과감히 삭제할 수밖에 없었다. 사실 그 장은 거기 있으면 안 됐다. 루크는 로렌과 함께 우리의 금요일 '콜리오페 클럽'의 좋은 글쓰기 파트너다. 당시 두 사람 역시 장기주의 프로젝트를 진행하고 있었는데, 우리는 사실 글쓰기보다는 말을 더 많이 했던 것 같다. 그러나 두 사람과의 정기적인 만남은 내가 매주 새로운 동기를 부여받은 아주 소중한 시간이었다.

더불어 두 사람의 케임브리지 CSER의 동료 매티스 마스에게도 특별히 감사의 말을 전하고 싶다. 수개월 동안 매티스는 이 책에 반영된 수십 편의 논문과 기사들을 보내줬다. 그는 지식을 공유한다는 즐거움 이외에 아무것도 기대하지 않고 그러한 친절을 베풀었다. 역시 좋은 책들을 추천해준 스테판 슈베르트와 뛰어난 호기심과 유머 감각을 가진 앤더스 샌드버그에게도 감사를 전한다.

나는 BBC에서도 환상적인 팀과 작업하고 있다. 그들은 끊임없이 영감을 주는 원천이자 동지로서 수년간 든든하게 내 곁을 지켜주고 있다. 팀원 전체와 환상적인 프리랜서들의 이름을 모두 열거할 공간은 없지만, 이 책이 세상에 나올 수 있게 해준 리처드 그레이, 아만다 루게리, 사이먼 프란츠, 메리 윌킨슨에게, MIT에서 보낸 안식년 전후로 보내준 지원에 대해 진심으로 감사하다는 말을 전하고 싶다. 현재는 딥 마인드DeepMind에 몸담고 있는 존 필데스는 십 년 동안 내 작업의 든든한 후원자였다.

수년 동안 앞서 미처 언급하지 못한 수많은 작가가 경험, 지식, 출판 체험기를 공유해주었다. 이들이 전해준 정보는 책 출판이 처음인 나로서는 어디에서도 얻을 수 없는 값진 것들이었다. 톰 채트필드(《생각하는 법How to Think》외 다수), 빈센트 이알렌티(《먼시간의 추정Deep Time Reckoning》), 로만 크르즈나릭(《선량한 선조The Good Ancestor》), 데이비드 패리어(《발자국Footprints》), 비나 벤카타라반(《낙관론자의 망원경The Optimist's Telescope》), 멜리사 호겐분(《모성 컴플렉스The Motherhood Complex》), 럿거 브레그만(《인류Humankind》, 《사실주의자의 유토피아Utopia for Realists》), 토비 오드(《벼랑The Precipice》), 윌 맥아스킬(《냉정한 이타주의자Doing Good Better》, 《인류가 미래에 진 빚What We Owe the Future》), 캐스퍼 헨더슨(《기적의 새 지도A New Map of Wonders》),

시몬 파킨(《놀라운 포로의 섬The Island of Extraordinary Captives》), 레이첼 누워(《밀렵Poached》), 알콕 자(《워터북The Water Book》), 헬렌 톰슨(《언싱커블Unthinkable》), 새뮤얼 아브스만(《오버컴플리케이티드Overcomplicated》), 로완 후퍼(《1조 달러 쓰는 법How to Spend a Trillion Dollars》), 샐리 애디(《우리는 열광한다We Are Electric》) 등이다.

지난 수년 동안 내 생각과 구상을 구체화하는 데 직간접적으로 도움을 준 이들이 너무도 많다. 참고 문헌에 대한 자세한 정보는 이 책 말미의 주석을 참고하기를 바란다. 그 외에 저서와 조언으로 영감을 준 동료 장기주의자들과 내게 지대한 영향을 미친 이들에게도 감사의 말을 전한다. 베아트리스 펨브로크, 엘라 솔트마쉬, 니콜라스 폴 브라이시에비치, 알렉산더 로즈, 스튜어트 브랜드, 아흐메드 카빌, 조지 간츠, 사이먼 캐니, 케이시 피치, 마이클 오그던, 피터 딘, 사이먼 브레이, 리차드 샌포드, 필리파 두시, 크리스티나 패레노, 리나 츄바키, 자리아 고르베트, 제임스 제이슨 영, 마르시아 비요르네루드, 케이티 패터슨, 레베카 알트만, 앤디 러셀, 리 빈셀, 캣 툴리, 소피 하우, 로드 마틴 리스, 존 보이드, 루치안 휠셔, 올리버 버크만, 세스 바움, 닉 보스트롬, 나탈리 카길, 타일러 존, 핀 무어하우스, 아르덴 러, 게리슨 러블리 등이다(이름이 나열된 순서는 별다른 기준이 없음을 밝혀두는 바다). 또한 사진과 그래프 사용을 허락해준 데이비드 프라이스, 도미닉 저비스, 한나 데이비스, 조아오 듀아테에게도 감사의 마음을 전한다. 더불어 2019년 미래 세대의 인구를 시각화할 때 도움을 아끼지 않은 나이젤 호틴에게 고마움을 표현하고 싶다.

마지막으로 나의 부모님 그리고 피셔 가문과 재키츠 가문의 친인척 여러분에게도 진심 어린 감사의 마음을 전하고 싶다. 우리는 우리보다 먼저

와서 살다 간 이들의 삶에서 많은 것을 배운다. 그러나 지금 내 모습대로 살아갈 수 있도록 선택권을 주신 어머니와 아버지께, 이루 말로 다 표현하기 어려운 감사의 마음을 이 자리를 빌려 전하고자 한다.

참고 문헌

참고 문헌

더 멀리 보기

01. Burke, Edmund, *Reflections on the Revolution in France* (J. Dodsley, 1790).

02. 'The Deep Future: A Guide to Humanity's Next 100,000 Years', *New Scientist* (2012).

03. 'Deep Civilisation' series, BBC Future (2019).

04. 하이픈이 없는 longtermism은 'long-termism'과 다르다. 'longtermism'은 학자들 사이에서 특별한 의미로 사용되며 관련 내용은 3부에 기술되어 있다.

1. 장구한 시간 속에서의 짧은 역사

01. Gellner, Ernest, *Thought and Change* (Weidenfeld & Nicolson, 1964).

02. Lloyd, G., 'Foresight in Ancient Civilisations', in Sherman, Lawrence W.,and Feller, David Allan (ed.), *Foresight* (Cambridge University Press, 2016).

03. Gellner (1964).

04. Damon, C., 'Greek Parasites and Roman Patronage', *Harvard Studies in Classical Philology* (Harvard University Press, 1995).

05. Extract from: Alfred/Margaret Gatty (1900). *The Book of Sun-dials*, London: George Bell & Sons / Note that the extract from Plautus originally appeared in the book of the Roman writer Aulus Gellius, *Noctes Atticae (Attic Nights)*. 플라우투스에서 발췌한 시는 원래 로마의 작가 아울루스 겔리우스의 《Noctes Atticae(Attic Nights)》 3권의 3장에 처음 수록되었다.

06. Foster, R. (2012). Biological Clocks: Who in This Place Set Up a Sundial? *Current Biology*.

07. Shaw, B., 'Did the Romans have a future?', *The Journal of Roman Studies*(2019).

08. Moynihan, Thomas, *X-Risk: How Humanity Discovered Its Own Extinction* (MIT Press, 2020).

09. Lloyd, G., 'Foresight in Ancient Civilisations', Darwin College Lecture Series. 다윈의 대학강의 시리즈.

10. The Prediction Project (2020) Roman Augury

11. Tacitus, *The Annals: The Reigns of Tiberius, Claudius, and Nero*, J. C. 야드레이 번역(Oxford University Press, 2008).

12. 이 해석에 대해 이의를 제기하는 이들이 소수 존재한다. Eg Shushma Malik (2020). *The Nero-Antichrist*. Cambridge University Press.

13. Dickinson, Emily, 'Forever -is composed of Nows' (690), in Franklin, R.W. (ed.), *The Poems of Emily Dickinson* (Harvard University Press, 2005).

14. 2109년 필자가 청강한 하버드 대학의 지오바니 바자나의 종말에 관한 강의와 동료 연구자들의 의견을 인용했다.

15. Villarreal, Alexandra, 'Meet the doomers: why some young US voters have given up hope on climate', *Guardian* (2020).

16. Waldron, A., 'The Problem of the Great Wall of China', *Harvard Journal of Asiatic Studies* (1983).

17. Corrigan, I., *Stone on Stone: The Men Who Built the Cathedrals* (The Crowood Press, 2018).

18. 일각에서는 이를 링컨의 기도라고 하고 또 일부는 윈체스터의 기도라고도 한다. Miller, Kevin 참조, 'God's glory in wood and stone', *Christian History* (1996); Corrigan (2018).

19. 이러한 나의 통찰은 휠셔 이외에도 마틴 리즈 경에게서 영향을 받았다.

20. 이 챕터에 소개된 다수의 역사적 정보는 독일 보훔 룰루 대학교의 역사학자 루치안 휠셔의 저서를 근간으로 구축되었다. Lucian Holscher (2019). 참조: Holscher, L., 'Future Thinking: A Historical Perspective', in Oettingen, Gabrielle, Timur, Sevincer, and Gollwitzer, Peter (eds.), *Psychology of Thinking About the Future* (Guilford Press, 2019).

21. 역사학자 라인하르트 코젤렉의 다양한 문헌을 인용했다. 인용된 문헌에는 *Social History and Conceptual History* (1989)등이 포함되어 있다.

22. Burke, P., 'Foreword', in Brady, A., and Butterworth, E., *The Uses of the Future in Early Modern Europe* (Routledge, 2010).

23. Lutz, W., Butz, W., and Samir, K. C., World Population & Human Capital in the Twenty-First Century: An Overview (Oxford University Press, 2014); and King, G., *Natural and Political Observations and Conclusions Upon the State and Condition of England* (1696).

24. UN 2019. World Population Prospects.

25. Johnston, Warren, *Revelation Restored: The Apocalypse in Later Seventeenth-century England* (Boydell Press, 2011).

26. Snobelen, S., '"A time and times and the dividing of time": Isaac Newton, the Apocalypse, and 2060 A.D.', *Canadian Journal of History* (2016).

27. 'Siccar Point', The Geological Society(2020년 2월 접속).

28. Cuvier, Georges, *Essay on the Theory of the Earth* (Kirk & Mercein, 1813).

29. Hutton, J., 'Theory of the Earth', *Transactions of the Royal Society of Edinburgh* (1788).

30. Hölscher (2019).

31. Kant, Immanuel, *Allgemeine Naturgeschichte und Theorie des Himmels* (1755), 이안 존스톤 번역, *Universal Natural History and Theory of the Heavens* (Richer Resource Publications, 2008).

32. Kant, Immanuel, *Beantwortung der Frage: Was ist Aufklärung?* (1784), H. B 니스벳 번역, An Answer to the Question: *'What is Enlightenment?'* (Penguin, 2013).

33. Alkon, Paul, *Origins of Futuristic Fiction* (UGA Press, 1987).

34. Alkon, P., 'Samuel Madden's "Memoirs of the Twentieth Century"', *Science Fiction Studies* (1985).

35. *The Book Challenged: Heresy, Sedition, Obscenity* (2009). Exhibition at the University of Otago, New Zealand.

36. Moynihan (2020).

37. Carlyle, Thomas, 제임스 보스웰의 《새뮤얼 존슨의 생애 *Life of Johnson* (1832)》.

38. Campbell, Thomas, *Life and Letters of Thomas Campbell* (Hall, Virtue & Company, 1850).

39. Mumford, Lewis, *Technics and Civilization* (University of Chicago Press, 1934).

40. Adam, Barbara, *Timescapes of Modernity: The Environment and Invisible Hazards* (Routledge, 1998).

41. Ivell, D., 'Phosphate Fertilizer Production -From the 1830's to 2011.

and Beyond', *Proceedia Engineering* (2012).

42. Hölscher (2019).

43. HG 웰스의 저서 제목은 《*The Discovery of the Future*》였으며, 이를 루치안 횔셔가 18세기 장기적 사고에 대한 기술에서 간접적으로 언급하고 있다.

44. Moynihan, Thomas, 'Creatures of the dawn: How radioactivity unlocked deep time', BBC Future (2021).

45. Wells, H. G., *A Short History of the World* (Cassell & Company, 1922).

46. Orwell, George, 'Wells, Hitler and the World State', *Horizon* (1941).

47. Guse, J., 'Volksgemeinschaft Engineers: The Nazi Voyages of Technology', *Central European History* (2011).

48. 도이치 가벨, 지금의 체코 야블로네 프 포드예슈테디.

49. Meier, C., 'Consigning the Twentieth Century to History: Alternative Narratives for the Modern Era', *The American Historical Review* (2000).

50. Novak, Matt, '42. Visions for Tomorrow from the Golden Age of Futurism', *Gizmodo* (2015).

51. 알라이다 아스만의 기술을 참고했다. (다음 주석 참조)

52. Assmann, Aleida, 'Transformations of the Modern Time Regime',

in Lorenz, C., and Bevernage, B., *Breaking up Time: Negotiating the Borders Between Present, Past and Future* (Vandenhoeck & Ruprecht, 2013).

53. Assmann, Aleida, *Is Time out of Joint?: On the Rise and Fall of the Modern Time Regime* (Cornell University Press, 2020).

54. Brown, Kimberly, *The I-35W Bridge Collapse: A Survivor's Account of America's Crumbling Infrastructure* (Potomac Books, 2018).

55. Fisher, T., 'Fracture-Critical: The I-35W Bridge Collapse as Metaphor and Omen' in Nunnally, Patrick (ed.), *The City, the River, the Bridge: Before and After the Minneapolis Bridge Collapse* (University of Minnesota Press, 2011).

56. Jordheim, H., and Wigen, E., 'Conceptual Synchronisation: From Progress to Crisis', *Millennium: Journal of International Studies* (2018).

57. Hartog, FranCois, *Regimes d'historicite: presentisme et experiences du temps* (Seuil, 2003), 사스키아 브라운 번역 Regimes of Historicity: Presentism and Experiences of Time (Columbia University Press, 2016).

58. 하르토그의 사회학적 정의는 1. 현재의 규범이라는 렌즈를 통해 역사적 사건을 기술하는 역사적 현재주의와 사실상 현재만이 존재한다고 제안하는 철학적 현재주의와는 다르다.

59. Gumbrecht, Hans Ulrich, *Our Broad Present: Time and Contemporary Culture* (Columbia University Press, 2014).

60. Tamm, M., 'How to reinvent the future?', *History and Theory* (2020); Esposito, Fernando, ed., *Zeitenwandel: Transformationen geschichtlicher Zeitlichkeit nach dem Boom* (Vandenhoeck and Ruprecht, 2017); Tamm, Marek, and Olivier, Laurent, ed., *Rethinking Historical Time: New Approaches to Presentism* (Bloomsbury Academic, 2019).

61. Baschet, Jérôme, *Défaire la tyrannie du present: Temporalités émergentes et futurs inédits* (La Decouverte, 2018).

62. Gilbert, Daniel, *Stumbling on Happiness* (Alfred A. Knopf, 2006).

63. Hartog (2003), trans. Brown (2016).

2. 주식 공매: 자본주의의 가차 없는 단기주의

01. Rae, John, *The Sociological Theory of Capital: Being a Complete Reprint of the New Principles of Political Economy*, 1834. (Macmillan, 1905).

02. Keynes, John Maynard, *The General Theory of Employment, Interest and Money* (Macmillan & Co., 1936).

03. Favre, D., 'The Development of Anti-Cruelty Laws During the 1800's', *Detroit College of Law Review* (1993).

04. ILubinski, Christina, 'Fighting Friction: Henry Timken and the Tapered Roller Bearing', *Immigrant Entrepreneurship* (2011).

05. Hobbs Pruitt, Bettye, *Timken: From Missouri to Mars — a Century of*

Leadership in Manufacturing (Harvard Business Press, 1998).

06. New York Times (2014). How Wall Street Bent Steel. / 팀켄에 관한
    상세한 정보 중 상당부분은 넬슨 슈왈츠의 해당 기사를 참조했다.

07. 'Timken steel spinoff proposal still on table following meeting', Ak-
    ron Beacon Journal (2014).

08. Benoit, D., et al, 'Relational Investors Plans to Wind Down Opera-
    tions, Dissolve Current Funds', Wall Street Journal (2014).

09. Pritchard, Edd, 'Timken Steel job cuts continue as cost-cutting
    measures expand', Canton Repository (2019).

10. Timken company website (2020년 9월 접속)

11. Fortado, Lindsay, 'Companies faced more activist investors than
    ever in 2019', Financial Times (2019).

12. Maloney, T., and Almeida, R., Lengthening the Investment Time
    Horizon, MFS White Paper (2019).

13. Corporate Longevity: Index Turnover and Corporate Performance,
    Credit Suisse (2017).

14. 2021 Corporate Longevity Forecast, Innosight (2021).

15. de Geus, Ari, The Living Company (Nicholas Brealey, 1999).

16. 'Corporate Long-term Behaviors: How CEOs and Boards Drive
    Sustained Value Creation', FCLT Global (2020).

17. 'Predicting Long-Term Success for Corporations and Investors Worldwide', FCLT Global(2019).

18. Goodwin, Crauford, *Maynard and Virginia: A Personal and Professional Friendship* (History of Political Economy, 2007).

19. JOsterhammel, Jurgen, *The Transformation of the World: A Global History of the Nineteenth Century* (Princeton University Press, 2009).

20. Keynes, John Maynard, *The General Theory of Employment, Interest and Money* (Macmillan & Co., 1936).

21. Wasik, John F., *Keynes's Way to Wealth: Timeless Investment Lessons from the Great Economist* (McGraw-Hill Education, 2013).

22. Kraft, A., et al., 'Frequent Financial Reporting and Managerial Myopia', *The Accounting Review* (2018).

23. 'Short-termism Revisited', CFA Institute (2021).

24. 'Considerations on COM (2011)683', EU Monitor (2013).

25. Unilever Sustainable Living Plan (2010).

26. Skapinker, Michael, 'Corporate plans may be lost in translation', *Financial Times* (2010).

27. Ignatius, Adi, 'Captain Planet', *Harvard Business Review* (2012).

28. *Going Long Podcast: Paul Polman*, FCLT Global (2020).

29. Graham, J. R., et al., 'Value Destruction and Financial Reporting

Decisions', *Financial Analysts Journal* (2006)./ 맥킨지앤컴퍼니와 FCLT글로벌의 또 다른 연구에서도 비슷한 질문을 던졌고, 분기별 목표를 지키기 위해 재량 지출을 줄이거나 프로젝트를 연기했다는 응답이 60%에 달했다. (Barton, B., and Zoffer, J., 'Rising to the Challenge of Short-termism', FCLT Global (2016))

30. Martin, Roger L., 'Yes, short-termism really is a problem', *Harvard Business Review* (2015).

31. Mauboussin, M. J., and Callahan, D., 'A Long Look at Short-Termism: Questioning the Premise', Credit Suisse (2014).

32. Murray, Sarah, 'How to take the long-term view in a short-term world', *Financial Times* (2021).

33. 'Three Girls Gone: The Ford Pinto and Indiana v. Ford Motor Co', *Orangebean Indiana* (2019).

34. There's nuance to the Pinto story that I have abridged, and a few myths too. See: Vinsel, L., 'The Myth of the "Pinto memo" is Not a Hopeful Story for Our Time', *Medium* (2021); Lee, M., and Ermann, M. D., 'Pinto "Madness" as a Flawed Landmark Narrative: An Organizational and Network Analysis', *Social Problems* (1999).

35. Opening Statement of Senator Carl Levin, US Senate Permanent Subcommittee on Investigations, *Wall Street and the Financial Crisis: The Role of Credit Rating Agencies* (2010).

36. Mauboussin and Callahan (2014).

37. 'Predicting Long-Term Success for Corporations and Investors Worldwide', FCLT Global (2019).

38. Kamga, C., Yazic, M. A., and Singhal, A., 'Hailing in the Rain: Temporal and Weather-Related Variations in Taxi Ridership and Taxi Demand-Supply Equilibrium', Transportation Research Board 92nd Annual Meeting (2013).

39. Henry, J. F., 'A Neoliberal Keynes?', *International Journal of Political Economy* (2018).

40. Mazzucato, Mariana, and Jacobs, Michael, *Rethinking Capitalism: Economics and Policy for Sustainable and Inclusive Growth* (Wiley, 2016).

41. Barton, Dominic, 'Capitalism for the Long Term', *Harvard Business Review* (2011).

42. Skapinker, Michael, 'Unilever's Paul Polman was a standout CEO of the past decade', *Financial Times* (2018).

43. Barton, Dominic et al., 'Measuring the Economic Impact of Short-termism', McKinsey Global Institute (2017).

44. Bushee, Brian, 'Identifying and Attracting the "Right" Investors: Evidence on the Behavior of Institutional Investors', *Journal of Applied Corporate Finance* (2005).

45. Maboussin, Michael J., and Rappaport, Albert, 'Reclaiming the Idea of Shareholder Value', *Harvard Business Review* (2016).

46. Brochet, F., Serafeim, G., and Loumioti, M., 'Speaking of the Short-Term: Disclosure Horizon and Managerial Myopia', *Review of Accounting Studies* (2015).

47. Son, Masayoshi, *Softbank Next 30-year Vision* (2010).

48. Nationwide 'long-established company' survey, Tokyo Shoko Research(2016).

49. O'Halloran, Kerry, 'The Adoption Process in Japan' in *The Politics of Adoption* (Springer, 2015).

50. Mehrota, V., et al., 'Adoptive Expectations: Rising Sons in Japanese Family Firms', *Journal of Financial Economics,* (2013).

51. 'The Long-term Habits of Highly Effective Corporate Boards', FCLT Global (2019).

52. de Geus (1999).

53. ARose, Alexander, 'The Data of Long-lived Institutions', The Long Now Foundation (2020).

54. Sasaki, Innan, 'How to build a business that lasts more than 200 years - lessons from Japan's shinise companies', *The Conversation* (2019).

55. O'Hara, W. T., *Centuries of Success: Lessons from the World's Enduring Family Businesses* (Avon: Adams Media, 2004).

56. 다카마스 건설이 2006년 인수, 현재 이 회사의 자회사로 편입됐다.

57. Taleb, Nassim Nicholas, *Antifragile: Things That Gain from Disorder* (Penguin, 2012).

3. 정치적 압박과 민주주의의 최대 결함

01. Hamilton, Alexander, *The Federalist Papers: No. 71* (1788).

02. de Tocqueville, Alexis, *Democracy in America* (Saunders and Otley, 1838).

03. Greider, William, 'The Education of David Stockman', *The Atlantic* (1981).

04. Johnson, Haynes, 'Stockman's Economy an Intricate Puzzle, Without Any People', *Washington Post* (1981).

05. Greider (1981) / 윌리엄 그라이더와의 인터뷰에서 언급한 이 유명한 코멘트는 정치과학자 사이먼 캐니를 재인용한 것임을 밝히는 바이다. (다음 주석 참고)

06. Caney, S., *Democratic Reform, Intergenerational Justice and the Challenges of the Long-Term*, CUSP essay series on the Morality of Sustainable Prosperity(2019); Caney, S., 'Political Institutions for the Future: A Fivefold Package', in Gonzalez Ricoy, Iñigo, and Gosseries, Axel (eds.), *Institutions for Future Generations* (Oxford University Press, 2016); Pierson, P., *Politics in Time: History, Institutions, and Social Analysis* (Princeton University Press, 2004).

07. Stockman, David A., *The Triumph of Politics: Why the Reagan Revolution Failed* (Harper & Row, 1986).

08. Caney (2019); Friedman, Thomas L., 'Obama on Obama on Climate', *New York Times* (2014); 'The Quest for Prosperity', *The Economist* (2007).

09. Lempert, R., 'Shaping the Next One Hundred Years: New Methods for Quantitative, Long-Term Policy Analysis', *Rand* (2007).

10. 예) 오일 및 가스 매장량에서 발생하는 수익을 장기적으로 관리하기 위해서 수립된 노르웨이의 Government Pension Fund Global. 참조: www.nbim.no/en

11. Luna, Taryn, 'Winter storms impose high costs for business', *Boston Globe* (2015).

12. Dudley, David, 'Snowstorm Mayors: Don't Blow This', *Bloomberg Citylab* (2017).

13. Caney (2019).

14. 정치적 문제를 비영화적(극적이지 않음)으로 표현한 것은 롭 닉슨의 '더딘 폭력'이라는 개념에서 차용해 왔다./ Nixon, Rob, *Slow Violence and the Environmentalism of the Poor* (Harvard University Press, 2012).

15. '산불'이라고 표현할 수도 있지만 산불이 기후변화의 위협이라는 점에서 필자는 '급발화'라는 용어를 선택했다.

16. Cohen, J., et al., 'Divergent consensuses on Arctic amplification influence on midlatitude severe winter weather', *Nature* (2020)./ A caveat: [참고] 원인/결과는 여전히 풀지 못하고 있다. 북극의 온난

화는 알려져 있지만 다른 곳에서 그 결과가 나타날 것임을 분명하게 예측하기란 어렵다.

17. 'What climate change means for Massachusetts', Environmental Protection Agency (2016).

18. Massachusetts Energy and Environment Performance Review & Recommendations for Governor Baker's Second Term (2019).

19. 이 모형의 개념적 틀은 스튜어트 브랜드의 '속도계층pace layers'를 참고했다. 참조: Brand, S., 'Pace Layering: How Complex Systems Learn and Keep Learning', *Journal of Design and Science* (2018).

20. Jordheim, H., and Wigen, E., 'Conceptual Synchronisation: From Progress to Crisis', *Millennium: Journal of International Studies* (2018).

21. 역사적으로 정치인들이 더딘 속도의 문제들을 직면하지 못했기 때문이 아니라, 인류의 진보와 기술발전의 복잡성이 그렇지 않을 때보다 더 많은 문제를 야기했기 때문이라는 취지로 필자가 주장한 바임을 밝힌다.

22. 평균 임기는 4년에서 5년이지만 아일랜드의 총리, 이탈리아의 총리, 이스라엘 대통령 임기는 이보다 긴 7년이다.

23. Offe Claus, *Europe Entrapped* (Polity, 2015).

24. Caney (2019).

25. 이 사례는 케임브리지 대학의 루크 캠프를 인용.

26. 선거는 없지만 1982년 이후 중국헌법은 지도자들에게 고정 임기를 부여하고 있다. 그러나 시진핑이 자신의 고정 임기를 연장하려는 시도를 할 것이라는 추측이 최근 제기되고 있다.

27. Scobell, A., et al, 'China's Grand Strategy: Trends, Trajectories, and Long-Term Competition', *RAND Research Report* (2020).

28. McQuilken, J., 'Doing Justice to the Future: A global index of intergenerational solidarity derived from national statistics', *Intergenerational Justice Review* (2018).

29. Krznaric, Roman, *The Good Ancestor* (W. H. Allen, 2020); Intergenerational Solidarity Index, romankrznaric.com (2020).

30. Chen, A., Oster, E. & Williams, H., Why Is Infant Mortality Higher in the United States Than in Europe? *American Economic Journal: Economic Policy* (2016).

31. Dijkstra, Erik, "The strengths of the academic enterprise. In: Broy, M., and Schieder, B. (ed), *Mathematical Methods in Program Development* (Springer, 1997).

32. Two of the most commonly cited dates in forecast reports are 2050. and 2100.

33. Aizenberg, E., and Hanegraaff, M., 'Is politics under increasing corporate sway? A longitudinal study on the drivers of corporate access', *West European Politics* (2019).

34. 'Ezra Klein on aligning journalism, politics, and what matters

most', *80,000Hours podcast* (2021).

35. Rusbridger, Alan, 'Climate change: why the Guardian is putting threat to Earth front and centre', *Guardian* (2015).

36. Klite, P., Bardwell, R., and Salzman, J., 'Local TV News: Getting away with Murder', *The International Journal of Press and Politics* (1997).

37. Johnson, Boris, 'This cap on bankers' bonuses is like a dead cat - pure distraction', *Daily Telegraph* (2013).

38. Jefferson, T., 'Letter to John Taylor' (1816); Mill, J. S., *Hansard* (Volume 182, 1866); Marx, Karl, *Das Kapital: Kritik der politischen Okonomie, Buch III* (Otto Meisner, 1894), translated by Fernbach, David, *Capital: A Critique of Political Economy, Volume Three* (Penguin, 1992).

39. Englander, John, 'Applying Jacque Cousteau's wisdom', *Think Progress* (2010).

40. 'One Man's Mission: Pierre Chastan', The Cousteau Society (2001); *Meeting of Secretary-general with Cousteau Society to Receive Petition on 'Rights of Future Generations'*, United Nations (2001).

41. *Declaration on the Responsibilities of the Present Generations Towards Future Generations; Draft Declaration on the safeguarding of future generations,* United Nations (1997).

42. 'Intergenerational Solidarity and the Needs of Future Generations',

UN Report of the Secretary General (2013).

43. 'Our Common Agenda', United Nations (2021).

44. Krznaric, Roman, 'Why we need to reinvent democracy for the long-term', BBC Future (2020); Krznaric (2020).

45. Wellbeing of Future Generations Bill [HL] 2019--21.

46. John, T. M., and MacAskill, W., 'Longtermist Institutional Reform', in Cargill, Natalie and John, Tyler M. (ed.), *The Long View* (Longview Philanthropy, 2020).

47. Breckon, J., et al, 'Evidence vs Democracy: How "mini-publics" can traverse the gap between citizens, experts, and evidence', Alliance for Useful Evidence (2019).

48. Krznaric, Roman, 'Four ways to redesign democracy for future generations', *Open Democracy* (2020)

49. Saijō, T., 'Future Forebearers', *RSA Journal* (2021).

50. de Tocqueville (1838).

4. 시간을 기록하는 유인원

01. Bergson, Henri, *L'Évolution creatrice* (1907), 아더 미첼 번역 *Creative Evolution* (Henry Holt & Company, 1911).

02. 특히 프랑스 철학자 앙리 베르그송은 과학적 수학적 시간과 인간이 경험하는 시간을 구분했다. 그는 인간이 경험하는 시간을 '실제 지속기간'이라고 명명했다.

03. Woolf, Virginia, *Mrs. Dalloway* (Harcourt, Brace & Co, 1925); Taunton, Matthew, 'Modernism, time and consciousness: the influence of Henri Bergson and Marcel Proust', *British Library: Discovering Literature* (2016).

04. Woolf, Virginia, *Orlando: A Biography* (Hogarth Press, 1928).

05. Osvath, M., 'Spontaneous planning for future stone throwing by a male chimpanzee', *Current Biology* (2009); Osvath, M., and Karvonen, E., 'Spontaneous Innovation for Future Deception in a Male Chimpanzee', *PLoS ONE* (2012).

06. Sample, Ian, 'Chimp who threw stones at zoo visitors showed human trait, says scientist', *Guardian* (2009).

07. 아리스토텔레스는 "많은 동물이 기억을 가지고 있고 지시를 내릴 수 있지만, 인간을 제외한 그 어떤 동물도 의지로 과거를 회상할 수는 없다"라고 주장했다.

08. Nietzsche, Friedrich, *Untimely Meditations* (1873-1876; Cambridge University Press, 1997).

09. Mulcahy, N., 'Apes Save Tools for Future Use', Science (2006).

10. 동물의 예지력에 관한 문헌을 참고하고 싶다면,
Redshaw, J., and Bulley, A., 'Future-Thinking in Animals: Capacities and Limits', in Oettingen, Gabrielle, Timur, Sevincer and Gollwitzer, Peter (eds.), *The Psychology of Thinking about the Future* (Guilford Press, 2018). 참조.

11. Corballis, M. C., 'Mental time travel, language, and evolution', *Neuropsychologia* (2019).

12. Knolle, F., et al., 'Sheep Recognize Familiar and Unfamiliar Human Faces from Two-Dimensional Images', *Royal Society Open Science* (2017).

13. Roberts, W. A., 'Are animals stuck in time?', *Psychological Bulletin* (2002). Based on correspondence between Roberts and Michael D'Amato.

14. Russell, Bertrand, *Human Society in Ethics and Politics* (1954; Routledge, 2009).

15. Hublin, Jean-Jacques,et al., 'New fossils from Jebel Irhoud, Morocco and the pan-African origin of *Homo sapiens*', *Nature* (2017).

16. 이는 중요한 주제이므로 더 많은 문헌을 읽고 싶다면 Henrich, Joseph, *Secrets of our Success: How Culture Is Driving Human Evolution, Domesticating Our Species, and Making Us Smarter* (Princeton University Press, 2015); Vince, Gaia, *Transcendence: How Humans Evolved through Fire, Language, Beauty, and Time* (Penguin, 2019)을 참조.

17. 'Q&A: Thomas Suddendorf', *Current Biology* (2015).

18. Suddendorf, Thomas, *Discovery of the Fourth Dimension: Mental Time Travel and Human Evolution* (Master's thesis, 1994).

19. 인간만이 정신적 시간여행을 할 수 있다는 수덴도르프의 제안은 이

치에 맞는 이론이지만, 일부 과학자들은 이 챕터의 앞부분에서 다룬 동물관련 증거들을 인용하면서 세부 사항에 대해서는 이견을 보인다. 만일 동물이 정신적 시간여행을 할 수 있다는 강력한 증거가 등장한다면 이를 받아들일 용의가 있음을 시사했다. 그렇다면 인간과 자연 그리고 동물에 대한 인간의 책임 등에 변화가 올 것이다.

20. 수덴도르프는 저서에서 호미닌족이 정신적 시간여행을 했음을 더 상세하게 다룬 바 있다. 참조: Suddendorf, Thomas, *The Gap: The Science of What Separates Us from Other Animals* (Basic Books, 2013).

21. Tulving, E., 'Memory and consciousness', *Canadian Psychology* (1985); Terrace, Herbert S., and Metcalfe, Janet (eds.), *The Missing Link in Cognition: Origins of Self-Reflective Consciousness* (Oxford University Press USA, 2005); Rosenbaum, R., et al., 'The case of K. C.: contributions of a memory-impaired person to memory theory', *Neuropsychologia* (2005); interviews with K. C., available at: youtube.com/watch?v=tXHk0a3RvLc (accessed Januaty 2020).

22. Suddendorf, T., and Busby, J., 'Making decisions with the future in mind: Developmental and comparative identification of mental time travel', *Learning and Motivation* (2005).

23. Tulving, E., 'Episodic Memory and Autonoesis: Uniquely Human?', in Terrace and Metcalfe (2005).

24. As told by Suddendorf in *The Gap* (p102).

25. Corballis, M., 'Language, Memory, and Mental Time Travel: An Evolutionary Perspective', *Frontiers in Human Neuroscience* (2019).

26. Seligman, M., et al., *Homo Prospectus* (Oxford University Press, 2016).

27. Kahneman, Daniel, *Thinking, Fast and Slow* (Penguin, 2012).

5. 어제, 오늘 그리고 내일의 심리학

01. Hume, David, *An Enquiry Concerning the Principles of Morals* (A. Millar, 1751).

02. 피터르 브뤼헐 더 아우더의 그림 원본은 분실되었으며 현재 전시 중인 그림은 익명의 예술가의 모작으로 알려져 있다.

03. Forman-Barzilai, Fonna, *Adam Smith and the Circles of Sympathy* (Cambridge University Press, 2010).

04. Liberman, N., and Trope, Y., 'The Psychology of Transcending the Here and Now', Science (2008); Trope, Y., and Liberman, N., 'Construal-level theory of psychological distance', *Psychological Review* (2010).

05. Hanson, Robin, 'The Future Seems Shiny', *Overcoming Bias* (2010).

06. 이 목록은 트로페와 리버만의 연구와 로빈 핸슨이 기술한 근원 효과 모음집을 바탕으로 작성됐다. 참조: Hanson, Robin, 'Near-ar Summary', *Overcoming Bias* (2010).

07. Hume, David, *A Treatise of Human Nature, Book III: 'Of Morals'* (John Noon, 1739).

08. Hershfield, H., 'Future self-continuity: how conceptions of the

future self transform intertemporal choice', *Annals of the New York Academy of Sciences* (2011).

09. Pahl, S., and Bauer, J., 'Overcoming the Distance: Perspective Taking With Future Humans Improves Environmental Engagement', *Environment and Behavior* (2013).

10. Saijō, T., 'Future Forebearers', *RSA Journal* (2021).

11. 'The Future Energy Lab', Superflux (2019).

12. Conant, Jennet, 109. *East Palace: Robert Oppenheimer and the Secret City of Los Alamos* (Simon & Schuster, 2007); Achenbach, Joel, 'The man who feared, rationally, that he'd just destroyed the world', *Washington Post* (2015).

13. 기대효과에 대한 더 많은 정보를 원한다면 Robson, David, *The Expectation Effect: How Your Mindset Can Transform Your Life* (Canongate, 2022)를 참조.

14. Gerbner, G., 'The "Mainstreaming" of America: Violence Profile No. 11', *Journal of Communication* (1980)/ 최근에 과학자들은 부정적인 정신건강의 결과들을 고찰했다. 예) Pfefferbaum, B., et al., 'Disaster Media Coverage and Psychological Outcomes: Descriptive Findings in the Extant Research', *Current Psychiatry Reports* (2014).

15. Schelling, T., 'The Role of War Games and Exercises', in Carter, A., et al.(ed.) *Managing Nuclear Operations* (Brookings Institution, 1987).

16. Desvousges, W., et al., *Measuring Nonuse Damages Using Contingent Valuation: An Experimental Evaluation of Accuracy* (RTI Press, 2010).

17. 'On caring', *Minding our way* (2014).

18. Fetherstonhaugh, D., et al., 'Insensitivity to the Value of Human Life: A Study of Psychophysical Numbing', *Journal of Risk and Uncertainty* (1997).

19. Jenni, K., and Loewenstein, G., 'Explaining the Identifiable Victim Effect', *Journal of Risk and Uncertainty* (1997).

20. 〈The Washington Post〉(1947)에 인용된 스탈린의 말: "만일 한 사람이 굶주림으로 죽는다면 그것은 비극이다. 그러나 백만명이 죽는다면 그것은 통계 수치에 불과하다." /Slovic, P. (2007)에 인용된 마더 테레사의 말: "만일 내가 군중을 본다면 행동하지 않을 것이다. 그러나 단 한 사람을 보게 된다면, 나는 행동할 것이다." : Psychic numbing and genocide', *Judgment and Decision Making* (2007).

21. Morton, Timothy, *Hyperobjects: Philosophy and Ecology after the End of the World* (University of Minnesota Press, 2013).

22. Markowitz, E., and Shariff, A., 'Climate change and moral judgement', *Nature Climate Change* (2012).

23. I owe a number of the details of Mainstone's story to Trent Dalton's reporting, and would recommend his full article: Dalton, Trent, 'Pitch Fever', *The Australian* in Hay, Ashley (ed.), *The Best Australian Science Writing 2014* (NewSouth Publishing, 2014).

24. 'Humans Wired to Respond to Short-Term Problems', *Talk of the Nation*, NPR (2006).

25. Davies, T., 'Slow violence and toxic geographies: "Out of sight" to whom?', *Environment and Planning C: Politics and Space* (2021).

26. Nixon, Rob, *Slow Violence and the Environmentalism of the Poor* (Harvard University Press, 2013).

27. Svedäng, H., 'Long-term impact of different fishing methods on the ecosystem in the Kattegat and Oresund', Paper for European Parliament's Committee on Fisheries (2010).

28. Mowat, Farley, *Sea of Slaughter* (McClelland and Stewart, 1984).

29. Pauly, D., 'Anecdotes and the shifting baseline syndrome of fisheries', *Trends in Ecology and Evolution* (1995); Pauly, D., *Vanishing Fish: Shifting Baselines and the Future of Global Fisheries* (Greystone Books, 2019).

30. Kahn, P., 'Children's affiliations with nature: Structure, development, and the problem of environmental generational amnesia', in Kellert, Stephen, and Kahn, Peter (eds.), *Children and Nature* (MIT Press, 2002).

31. Soga, M., and Gaston, K., 'Shifting baseline syndrome: causes, consequences, and implications', *Frontiers in Ecology and the Environment* (2018); Jones, L., Turvey, S., Massimino, D., and Papworth, S., 'Investigating the implications of shifting baseline syndrome on conservation', *People and Nature* (2020); Moore, F., Obradovich,

N., Lehner, F., and Baylis, P., 'Rapidly declining remarkability of temperature anomalies may obscure public perception of climate change', *Proceedings of the National Academy of Sciences* (2019).

32. Kahn, P., and Weiss, T., 'The Importance of Children Interacting with Big Nature', *Children, Youth and Environments* (2017).

33. Parker, Theodore, *Ten Sermons of Religion* (Crosby, Nichols & Co., 1853).

34. Tonn, B., Hemrick, A., and Conrad, F., 'Cognitive representations of the future: Survey results', *Futures* (2006). See also: 'The American Future Gap?', Institute for the Future (2017).

35. 조사된 인구통계, 즉 개인의 종교에 따라 차이를 보였다. 예를 들어 유대교를 믿는 민족과 전통적인 아시아 종교를 가진 민족들이 기독교 또는 종교가 없는 사람들에 비해 좀 더 장기적 안목으로 미래를 바라봤다.

36. ZZhang, J. W., Howell, R. T., and Bowerman, T., 'Validating a brief measure of the Zimbardo Time Perspective Inventory', *Time and Society* (2013); original paper: Boyd, J., and Zimbardo, P., 'Putting time in perspective: A valid, reliable individual-differences metric', *Journal of Personality and Social Psychology* (1999); book: Boyd, John, and Zimbardo, Philip, *The Time Paradox: The New Psychology of Time That Will Change Your Life* (Atria, 2009); a more recent review paper: Peng, C., et al., 'A Systematic Review Approach to Find Robust Items of the Zimbardo Time Perspective Inventory', *Frontiers in Psychology* (2021).

37. 심리학자들은 오리지널 검사를 개선했지만 25개국에서 실시한 검사에서 동일한 결과를 반복적으로 도출할 수 있었다. 참조: Sircova A., et al., 'A global look at time: a 24-country study of the equivalence of the Zimbardo Time Perspective Inventory', *SAGE Open* (2014).

38. Strathman, A., et al., 'The consideration of future consequences: Weighing immediate and distant outcomes of behaviour', *Journal of Personality and Social Psychology* (1994); Husman, J., and Shell, D. F., 'Beliefs and perceptions about the future: A measurement of future time perspective', *Learning and Individual Differences* (2008).

39. Milfont, T., Wilson, J., and Diniz, P., 'Time perspective and environmental engagement: A meta-analysis', *International Journal of Psychology* (2012).

40. Carelli, M. G., Wiberg, B., and Wiberg, M., 'Development and construct validation of the Swedish Zimbardo Time Perspective Inventory', *European Journal of Psychological Assessment* (2011).

41. Ronnlund, M., et al., 'Mindfulness Promotes a More Balanced Time Perspective: Correlational and Intervention-Based Evidence', *Mindfulness* (2019).

42. Boniwell, I., Osin, E. N., and Sircova, A., 'Introducing time perspective coaching: A new approach to improve time management and enhance well-being', *International Journal of Evidence Based Coaching* (2014).

43. Lamm, B., et al., 'Waiting for the Second Treat: Developing Culture-Specific Modes of Self-Regulation', *Child Development* (2017).

44. Benjamin, D., et al., 'Predicting mid-life capital formation with pre-school delay of gratification and life-course measures of self-regulation', *Journal of Economic Behavior and Organization* (2020).

45. The journalist Bina Venkataraman discusses the implications of these marshmallow experiments in more detail. See: Venkataraman, Bina, *The Optimist's Telescope: Thinking Ahead in a Reckless Age* (Riverhead Books, 2019).

46. 'National Culture', Hofstede Insights; Hofstede, Geert, Hofsted, Gert Jan, and Minkov, Michael, *Cultures and Organizations: Software of the Mind* (Macgraw-Hill Education, Third Edition, 2010).

47. 호프스테더의 점수: US (26), UK (51), Australia (21), Japan (88), China (87), Russia (81). 출처: Hofstede Insights, Country Comparison, hofstede-insights.com/국가별 비교

48. Galor, O., Ozak, O., and Sarid, A., 'Geographical origins and economic consequences of language structures', *CESifo Working Paper Series No. 6149* (2016).

49. e.g. Grabb, E., Baer. D., and Curtis, J., 'The Origins of American Individualism: Reconsidering the Historical Evidence', *The Canadian Journal of Sociology* (1999).

50. Doebel, S., and Munakata, Y., 'Group Influences on Engaging Self-Control: Children Delay Gratification and Value It More When Their In-Group Delays and Their Out-Group Doesn't', *Psychological Science* (2018).

51. Pryor, C., Perfors, A., and Howe, P., 'Even arbitrary norms influence moral decision-making', *Nature Human Behaviour* (2018).

52. 그러나 이는 양방향에 모두 적용된다.

53. Burger, J., et al., 'Nutritious or delicious? The effect of descriptive norm information on food choice', *Journal of Social and Clinical Psychology* (2010); Wenzel, M., 'Misperceptions of social norms about tax compliance: From theory to intervention', *Journal of Economic Psychology* (2005); 'Applying Behavioural Insights to Organ Donation: preliminary results from a randomised controlled trial', UK Cabinet Office (2013).

54. Wade-Benzoni, K. A., 'A golden rule over time: Reciprocity in intergenerational allocation decisions', *Academy of Management Journal* (2002); Bang, . M., et al., 'It's the thought that counts over time: The interplay of ntent, outcome, stewardship, and legacy motivations in intergenerational eciprocity', *Journal of Experimental Social Psychology* (2017).

55. Watkins, H., and Goodwin, G., 'Reflecting on Sacrifices Made by Past Generations Increases a Sense of Obligation Towards Future Generations', *Personality and Social Psychology Bulletin* (2020)./ 기억할 것은 이 연구에서 이러한 과거 반성을 할 경우 도덕적 의무감이 증가했으나, 반드시 실질적인 금전적 희생을 실천할 의지까지 증가하는 것은 아니었다는 점이다.

56. Zaval, L., et al., 'How Will I Be Remembered? Conserving the Environment for the Sake of One's Legacy', *Psychological Science*

(2015).

57. Bain, P. G., et al., 'Collective Futures: How Projections About the Future of Society Are Related to Actions and Attitudes Supporting Social Change', *Personality and Social Psychology Bulletin* (2013).

6. 장기주의의 용어: 언어의 힘

01. Núñez, R., et al., 'Contours of time: Topographic construals of past, present, and future in the Yupno valley of Papua New Guinea', *Cognition* (2012).

02. Cooperrider, Kensy, and Nunez, Rafael, 'How We Make Sense of Time', *Scientific American* (2016).

03. Cooperrider, K., Slotta, J., and Núñez, R., 'Uphill and Downhill in a Flat World: The Conceptual Topography of the Yupno House', *Cognitive Science* (2016).

04. Kant, Immanuel, *Anthropology from a Pragmatic Point of View* (1798, Cambridge University Press, 2006).

05. Dor, Daniel, *The Instruction of Imagination: Language as a Social Communication Technology* (Oxford University Press, 2015).

06. Fuhrman, O., et al., 'How Linguistic and Cultural Forces Shape Conceptions of Time: English and Mandarin Time in 3D', *Cognitive Science* (2011).

07. 또 다른 원주민의 언어인 구구 이미티르어도 마찬가지다.

08. Boroditsky, L., and Gaby, A., 'Remembrances of Times East', *Psychological Science* (2010).

09. Boroditsky, L., 'How Languages Construct Time', in Dehaene, Stanislas, and Brannon, Elizabeth (eds.), *Space, Time and Number in the Brain: Searching for the Foundations of Mathematical Thought* (Elsevier, 2011).

10. Núñez, R., and Sweetser, E., 'With the Future Behind Them: Convergent Evidence From Aymara Language and Gesture in the Crosslinguistic Comparison of Spatial Construals of Time', *Cognitive Science* (2006).

11. 개념적으로 뒷걸음을 해 미래를 향해 걸어간다는 마오리족의 사고와도 비슷하다.

12. Dahl, O., 'When the future comes from behind: Malagasy and other time concepts and some consequences for communication', *International Journal of Intercultural Relations* (1995).

13. 가까운 미래를 보기 위해서 왼쪽 어깨 너머를 본다는 말은 아이마라어에서도 기술되어 있다.

14. Radden, G., 'The Metaphor TIME AS SPACE across Languages', *Zeitschrift Fur Interkulturellen Fremdsprachenunterricht* (2015).

15. via correspondence with Phillippe Lemonnier at Pacific Ventury, Tahitian speaker

16. Fuhrman (2011).

17. Sinha, C., et al., 'When Time Is Not Space: The Social and Linguistic Construction of Time Intervals and Temporal Event Relations in an Amazonian Culture', *Language and Cognition* (2014).

18. Whorf, B. L., 'An American Indian Model of the Universe', *International Journal of American Linguistics* (1950).

19. Malotki, Ekkehart, Hopi Time: *A Linguistic Analysis of the Temporal Concepts in the Hopi Language* (Mouton de Gruyter, 1983).

20. For a longer list of untranslatable words that relate to emotion, 번역이 불가능한 감정관련 어휘들의 목록을 보고 싶다면 심리학자 Tim Lomas's "positive lexography" project. Available at: www.drtimlomas.com/lexicography를 참조.

21. JLeane, Jeanine, *Guwayu – For All Times: A Collection of First Nations Poems* (Magabala Books, 2020).

22. Deutscher, Guy, *Through the Language Glass: Why the World Looks Different in Other Languages* (Metropolitan Books/Henry Holt & Company, 2010).

23. Haviland, J., 'Anchoring, Iconicity, and Orientation in Guugu Yimithirr Pointing Gestures', *Journal of Linguistic Anthropology* (1993).

24. de Silva, Mark, 'Guy Deutscher on *"Through the Language Glass"*', *The Paris Review* (2010).

25. Boroditsky, L., Schmidt, L., and Phillips, W., 'Sex, syntax, and se-

mantics', in Gentner, Dedre, and Goldin-Meadow, Susan (eds.),
Language in Mind: Advances in the Study of Language and Thought
(MIT Press, 2003).

26. 유사한 사례로 독일어의 남성형 그리고 스페인어의 여성형으로 사
용되는 어휘 'key'도 있다. 독일인들은 'key'를 단단하고, 무거우며,
들쭉날쭉한, 금속의, 톱니모양의 그리고 유용한이라는 형용사를 사
용해서 기술한 반면 스페인어 사용자들은 금의, 복잡한, 작고, 사랑
스러우며, 반짝이고 작은과 같은 형용사로 묘사한다. 그러나 다른
연구자들인 실험을 반복해서 실시했으나 이와 동일한 결과를 얻는
데는 실패했다. 참조: Mickan, A., Schief ke, M., and Anatol, S., 'Key
is a llave is a Schlussel: A failure to replicate an experiment from
Boroditsky et al.', in Hilpert, M., and Flach, S. (eds.), *Yearbook of
the German Cognitive Linguistics Association* (Walter de Gruyter,
2003).

27. 목록: Strong future: English, French, Italian, Spanish, Portuguese,
Turkish, Arabic, Hebrew, Russian, Bengali, Gujarati, Hindi, Kash-
miri, Panjabi, Urdu, Most Eastern European languages, Korean,
Thai / Weak future: German, Danish, Dutch, Flemish, Icelandic,
Norwegian, Swedish, Estonian, Indonesian, Japanese, Malay, Mao-
ri, Sudanese, Vietnamese, Cantonese, Mandarin.

28. Chen, M., 'The Effect of Language on Economic Behavior: Evi-
dence from Savings Rates, Health Behaviors, and Retirement As-
sets', *American Economic Review* (2013).

29. Beckwith, S., and Reed, J., 'Impounding the Future: Some Uses of
the Present Tense in Dickens and Collins', *Dickens Studies Annual*

(2002).

30. Roberts, S. G., Winters, J., and Chen, K., 'Future Tense and Economic Decisions: Controlling for Cultural Evolution', *PLoS ONE* (2015).

31. Chen, S., et al., 'Languages and corporate savings behavior', *Journal of Corporate Finance* (2017); Liang, H., et al., 'Future-time framing: The effect of language on corporate future orientation', *Organization Science* (2018).

32. Mavisakalyan, A., Tarverdi, Y., and Weber, C., 'Talking in the present, caring for the future: Language and environment', *Journal of Comparative Economics* (2018); Kim, S., and Filimonau, V., 'On linguistic relativity and pro-environmental attitudes in tourism', *Tourism Management* (2017); Perez, E. O., and Tavits, M., 'Language shapes people's time perspective and support for future-oriented policies: Language and political attitudes', *American Journal of Political Science* (2017).

33. Sutter, M., Angerer, S., Glatzle-Rutzler, D., and Lergetporer, P., 'Language group differences in time preferences: Evidence from primary school children in a bilingual city', *European Economic Review* (2018).

34. Ayres, I., Kricheli Katz, T., and Regev, T., 'Do Languages Generate Future-Oriented Economic Behavior?', SSRN (2020).

35. Stanner, W. E. H., *The Dreaming and Other Essays* (Black Inc. Agenda, 2011).

36. Thibodeau, P., and Boroditsky, L., 'Metaphors We Think With: The Role of Metaphor in Reasoning', *PLoS ONE* (2011).

37. Ewieda, S., 'The realization of time metaphors and the cultural implications: An analysis of the Quran and English Quranic translations' (unpublished thesis, 2006).

38. 구글의 엔그램을 이용한 간단한 검색을 통해서 'time to kill'이나 'beating time'과 같은 표현은 1800년대 출간된 책에서 발견할 수 있고, 시간을 'bitch' 또는 'enemy'로 표현한 것은 20세기 들어 비로소 등장하기 시작한 것으로 판단된다.

39. Boroditsky, How Languages Construct Time' (2011).

7. 유쾌한 공포

01. Burke, Edmund, *A Philosophical Enquiry into the Origins of the Sublime and Beautiful: And Other Pre-Revolutionary Writings* (1757; Penguin Classics, 1998).

02. von Baer, K. E., *Welche Auffassung der lebenden Natur ist die richtige?* (1862). / 필자가 소개한 본 베어의 Burdick, Alan, *Why Time Flies: A Mostly Scientific Investigation* (Simon & Schuster, 2017)을 재인용.

03. Lyell, Charles, *Principles of Geology* (1830-33; Penguin Classics, 1998).

04. 세심한 독자들은 라이엘의 'infinite'라는 단어가 신앙에 기반한 관점인 영원한 시간과 일치한다는 것을 알 수 있을 것이다. 허튼 역시 시간을 '끝이 없다'라는 말로 표현한 바 있다. 그러므로 이들 초기 지질

학자들은 밝혀지지 않은 먼 시간을 발견했지만, 그들 스스로 지배적인 종교적 관점과 결부된 장기적 사고를 하고 있었던 것으로 보인다.

05. McPhee, John, *Basin and Range* (Farrar, Straus and Giroux, 1981).

06. Burke, Edmund, *Reflections on the Revolution in France* (J. Dodsley, 1790).

07. 외딴 민족 또는 부족일수록 더 먼 과거로 되돌아가야 한다. 그러나 수백 년에 걸쳐 이루어진 이주를 고려한다면 이는 지구상에 존재하는 거의 대다수에 적용된다.

08. 'Historical Estimates of World Population', United States Census (2021).

09. Rutherford, Adam, *A Brief History of Everyone Who Ever Lived: The Stories in Our Genes* (Weidenfeld & Nicolson, 2016).

10. Rohde, D., Olson, S., and Chang, J., 'Modelling the recent common ancestry of all living humans', Nature (2004); Ralph, P., and Coop, G., 'The Geography of Recent Genetic Ancestry Across Europe', PLoS Biology (2013); Hein, J., 'Pedigrees for all humanity', *Nature* (2004).

11. MacAskill, W., and Mogensen, A., 'The paralysis argument', *Philosophers' Imprint*, Global Priorities Institute Working Paper (2019).

12. Aschenbrenner, Leopold, 'Burkean Longtermism', *For Our Posterity* (2021).

13. A caveat: Burke's focus on posterity here was really reaching for-

ward to living children. So, strictly, the most precise term might be 'Burkean-inspired'.

14. Burke (1757; 1998); Frank, J., '"Delightful Horror": Edmund Burke and the Aesthetics of Democratic Revolution' (unpublished paper, 2014).

15. Carlyon, Clement, *Early Years and Late Reflections* (Routledge, 1936).

16. Kant, Immanuel, *Kritik der Urteilskraf* (1790), translated by Guyer, Paul, and Matthews, Eric, *Critique of the Power of Judgment* (Cambridge University Press, 2002).

17. Wordsworth, W., 'Lines Written a Few Miles above Tintern Abbey' in *Lyrical Ballads With a Few Other Poems* (J. & A. Arch, 1798).

18. Bjornerud, Marcia, *Timefulness: How Thinking Like a Geologist Can Help Save the World* (Princeton University Press, 2018).

19. Macfarlane, Robert, *Underland: A Deep Time Journey* (Penguin, 2019).

20. von Baer (1862), translated by Carlsberg, Karl, 'A Microscope for Time: What Benjamin and Klages, Einstein and the Movies Owe to Distant Stars', in Miller, Tyrus (ed.), *Given World and Time: Temporalities in Context* (Central European University Press, 2008).

8. 시간관: 종교, 의식, 전통에서 배우는 교훈

01. Thompson, E.P., 'Time, Work-Discipline, and Industrial Capitalism', *Past and Present* (1967).

02. Franklin, B., 'Advice to a Young Tradesman' in Fisher, George, *The American Instructor, Or, Young Man's Best Companion* (B. Franklin and D. Hall, 1748).

03. 'The Zarathusti World: A 2012. demographic picture', *The Federation of Zoroastrian Associations of North America* (FEZANA) (2012).

04. Stewart, Sarah, Hintze, Almut, and Williams, Alan (eds.), *The Zoroastrian Flame: Exploring Religion, History and Tradition* (Bloomsbury Publishing, 2016).

05. Hornsby, David, 'The Zoroastrian Flame', *Beshara Magazine* (2018).

06. 8세기 초의 두 문헌《Kojiki》와《Nihonshoki》에는 구체적인 카미에 대한 이야기들이 포함돼 있다. 그리고 10세기 문헌《Engishiki》에는 의식들에 대한 기술이 포함돼 있다.

07. JRebuilding Every 20. Years Renders Sanctuaries Eternal - the Sengu Ceremony at Jingu Shrine in Ise', JFS Japan for Sustainability (2013).

08. JSmith, Daigo, 'Traditions: Shikinen Sengu', Japan Woodcraft Association(2020).

09. Adams, C., 'Japan's Ise Shrine and Its Thirteen-Hundred-Year-Old Reconstruction Tradition', *Journal of Architectural Education* (1998).

10. Rose, Alexander, 'Long-term Building in Japan', The Long Now Foundation (2019).

11. 장기적 사고의 측면에서 조로아스터교인들은 완벽한 성적표를 받을 수 없을지 모른다. 인도에서 이교도와 결혼한 남자는 자녀를 조로아스터교에 입회시킬 수 있지만, 대다수 열렬한 전통주의자들이 보편적으로 인정하는 방식은 아니다. 만약 여성이 이교도와 결혼하는 경우 해당 종교에서 영원히 제명된다. 장기적으로 조로아스터교의 교세가 감소하는 것을 막으려면 해당 종교의 지도자들은 교인에 적용되는 규칙들을 완화할 필요가 있다. 그러나 조로아스터교는 수백 년 동안 더 험난한 시련의 시기를 헤쳐 나왔다.

12. Extraordinary Rituals - *Why Would You Do This?*, BBC (2018).

13. Whitehouse, H., and Lanman, J. A., 'The Ties That Bind Us: Ritual, Fusion, and Identification', *Current Anthropology* (2014).

14. 2001년 마지막 말라드 경은 2015년 세상을 떠난 마틴 리치필드 웨스트였다. 우연의 일치지만 그의 연구 분야 중 하나가 조로아스터교였다.

15. 'The Mallard Society', All Souls College (2001).

16. Chai, D., 'Zhuangzi's Meontological Notion of Time', *Dao* (2014); Jhou, N., 'Daoist Conception of Time: Is Time Merely a Mental Construction?', *Dao* (2020).

17. Kalupahana, D., 'The Buddhist Conception of Time and Temporality', *Philosophy East and West* (1974); 'What are kalpas?', Lion's Roar (2016); Maguire, Jack, *Essential Buddhism* (Atria, 2001).

18. Ijjas, Anna, 'What if there was no big bang and we live in an ever-cycling universe?', *New Scientist* (2019).

19. Thompson, E. P. (1967).

20. Janca, A., and Bullen, C., 'The Aboriginal concept of time and its mental health implications', *Australasian Psychiatry* (2003).

21. 'Dibang Valley case study', *Flourishing Diversity* (2021).

22. Robbins, Jim, 'Native Knowledge: What Ecologists Are Learning from Indigenous People', *Yale E360* (2018).

23. Huntingdon, H., and Mymrin, N., 'Traditional Knowledge of the Ecology of Beluga Whales', *Arctic* (1999).

24. Author unknown, *The Constitution of the Iroquois Nations* (Kessinger Publishing, 2010).

25. Deloria Jr, Vine, 'American Indians and the Moral Community', in Deloria Jr, Vine, and Treat, James, *For This Land: Writings on Religion in America* (Routledge, 1998).

26. IWilkins, David E., 'How to Honor the Seven Generations', *Indian Country Today* (2015).

9. 장기주의: 미래 세대에 대한 책임을 강조하는 도덕적 주장

01. 이 말이 구로츠 막스의 말이라고 하는 이들도 있지만, 아마도 그 이전의 인물이 했던 말인 듯하다. 조셉 에디슨은 1714년《더 스펙테이터 *The Spectator*》에서 이렇게 말했다.

"우리는 후손을 위해서 무엇인가를 하고 있지만, 후손도 우리를 위해서 무엇인가를 하는 것을 보고 싶다."

02. Ramsey, F., 'A Mathematical Theory of Saving', *The Economic Journal* (1928).

03. Beard, S. J., 'Parfit Bio' (2020), sjbeard.weebly.com; 'S. J. Beard on Parfit, Climate Change, and Existential Risk', *Hear This Idea* (2020).

04. Taebi, B., and Kloosterman, J., 'To Recycle or Not to Recycle? An Intergenerational Approach to Nuclear Fuel Cycles', *Science and Engineering Ethics* (2007).

05. Parfit, Derek, *Reasons and Persons* (Oxford University Press, 1984).

06. Parfit, Derek, *On What Matters: Volume II* (Oxford University Press, 2011).

07. Parfit, Derek, *On What Matters: Volume III* (Oxford University Press, 2017).

08. 'Toby Ord: Why I'm giving £1m to charity', BBC News (2010).

09. 예를 들어, 측정이 가능한 곳에만 돈을 쓴다는 비판이 그중 하나다. 어떤 사람들은 그것이 비교가능한 표나 순위로 바꿀 수 없는 원인들을 무시한다고 느낀다.

10. Beckstead, N., 'On the Overwhelming Importance of Shaping the Far Future' (unpublished doctorate dissertation, 2013).

11. Schubert, S., Caviola, L., and Faber, N., 'The Psychology of Existential Risk: Moral Judgments about Human Extinction', *Scientific Reports* (2019).

12. Parfit (1984).

13. Ord, Toby, *The Precipice: Existential Risk and the Future of Humanity* (Bloomsbury, 2020).

14. 'The Green Book: Central Government Guidance on Appraisal and Evaluation', HM Treasury (2020); 'Intergenerational wealth transfers and social discounting: Supplementary Green Book guidance', HM Treasury (2008).

15. Ramsey, F., 'A Mathematical Theory of Saving', *The Economic Journal,* (1928).

16. 예를 들어 "Nordhaus vs Stern" 의 토론을 참고: Nordhaus, W., 'A Review of the Stern Review on the Economics of Climate Change', *Journal of Economic Literature* (2007); Stern, N., *The Economics of Climate Change: The Stern Review* (LSE, 2006).

17. Cowen, T., and Parfit, D., 'Against the social discount rate', in Laslett, Peter, and Fishkin, James (eds.), *Justice Between Age Groups and Generations* (New Haven, 1992).

18. *Future Proof: The opportunity to transform the UK's resilience to extreme risks,* The Centre for Long-term Resilience (2021).

19. 이 수치들은 21세기의 평균 예측 출생율을 이용해서 산출했다. 평균

적으로 여성 일인당 두 명의 자녀를 출산할 것으로 예측된다. 필자가 5만 년을 선택한 이유는 언어를 사용할 줄 알고, 해부학적인 측면에서 근대 인간의 시작을 의미하는 시기와 대략적으로 비슷하기 때문이다. 그러나 모든 산출치들은 몇 가지 포괄적인 가정에 기반한다. 이는 먼 미래의 인구를 추정하는 것이 언제나 추측에 기반하기 때문이다. 서구세계가 인구감소의 절정에 있는 반면, 21세기에 특히 나이지리아와 같은 개발도상국에서는 인구가 크게 증가하리라 예측된다. 나이지리아의 인구는 2100년까지 유럽과 북미의 인구를 합친 수에 달할 것으로 보인다. Rees, M. (2021)와 Some Thoughts on 2050. and Beyond. *American Philosophical Society*) 의 연구를 참고. 유엔의 연구자들은 2300년까지의 인구 모형을 제시하는 보고서를 작성했다. 이 연구자들의 '중간' 시나리오는 향후 250년 즉 2050년 이후 세계 인구의 증가율은 상당히 미미할 것이라고 예측한다. (참고 United Nations (2004). *World Population To 2300*) 그러므로 표를 만들고 나의 호기심을 정당화하려면 나는 장기적 관점으로 볼 때, 백년 마다 출생하는 사람 수는 평균적으로 안정화될 것이라고 상정했다. 세계 인구가 증가할 수도 있지만 이 경우, 그 수치는 훨씬 더 늘어날 것이다. 그러나 세계 인구가 줄기 시작해도 인류가 멸종으로 치닫지 않는 한 세계 인구는 여전히 오랫동안 상당히 많을 것이다.

20. Newberry, T., 'How many lives does the future hold?', *Global Priorities Institute Technical Report T2-2021* (2021).

21. Bostrom, Nick, *Superintelligence: Paths, Dangers, Strategies* (Oxford University Press, 2014).

22. Cremer, Z. C., and Kemp, L., 'Democratising Risk: In Search of a Methodology to Study Existential Risk', *Arxiv* (2021).

23. 종이 8gsm의 두께는 약 100micron에 달한다고 가정한다.

24. 성서는 1200페이지, 《위대한 유산》은 550페이지 그리고《공산당
    선언》은 1200페이지라고 가정한다.

25. via Sbiis Saibian's "Large Number Site"

26. 'The Green Pea Analogy', Maxstudy.org.

27. MacAskill, William, *What We Owe the Future: A Million-Year View*
    (Oneworld, 2022).

28. Snyder-Beattie, A. E., Ord, T., and Bonsall, M. B., 'An upper
    bound for the background rate of human extinction', *Scientific Re-
    ports* (2019).

29. Torres, E. P., 'Against longtermism', *Aeon* (2021).

30. Jan Narveson: '우리는 사람들을 행복하게 하는 것에는 찬성하지만
    행복한 사람들을 만드는 것에는 중립입니다.' Narveson, J., 'Moral
    problems of population', *The Monist* (1973).

31. Masrani, Vaden, 'A Case Against Strong Longtermism', vmasrani.
    github.io(2021).

32. Holt, Jim, 'The Power of Catastrophic Thinking', *The New York Re-
    view of Books* (2021).

33. Singer, P., 'The Hinge of History', *Project Syndicate* (2021).

34. Thorstad, D., 'The scope of longtermism', GPI Working Paper No.

6-2021(2021).

35. MacAskill (2022).

36. 오드는 효과적인 이타주의 포럼에 대해 한 논의에서 언급하고 있었
다. 참조: 'Towards a weaker longtermism', *EA Forum* (2021).

10. 시간의 창: 과학, 자연 그리고 인류세

01. Wittgenstein, Ludwig, *Philosophische Untersuchungen* (1953), trans-
lated by Anscombe, Gertrude E. M., *Philosophical Investigations*
(Macmillan, 1958).

02. Burroughs, John, *The Complete Nature Writings of John Burroughs*
(William H. Wise & Company, 1913).

03. Stearns, Stephen C., 'Lecture 1. The Nature of Evolution: Selection,
Inheritance, and History', *Open Yale Courses: Principles of Evolution,
Ecology and Behavior* (2009).

04. 'The Elements of Life Mapped Across the Milky Way' by SDSS/
APOGEE', SDSS (2017).

05. Tolkien, J. R. R., On Fairy-Stories (Oxford University Press, 1947);
Cotton-Barratt, O., and Ord, T., 'Existential Risk and Existential
Hope: Definitions', *Future of Humanity Institute – Technical Report*
(2015).

06. Sagan, Carl, *Broca's Brain: Reflections on the Romance of Science*
(Random House, 1979).

07. 'Pigeon waste, cosmic melodies and noise in scientific communication', *Lindau Nobel Laureate Meetings* (2010).

08. Faisal ur Rahman, Syed, 'The enduring enigma of the cosmic cold spot', *Physics World* (2020); An, D., et al., 'Apparent evidence for Hawking points in the CMB Sky', *Monthly Notices of the Royal Astronomical Society* (2020).

09. Davies, H., et al., 'Back to the future: Testing different scenarios for the next supercontinent gathering', *Global and Planetary Change* (2018).

10. Davies (2018).

11. Stafford, Tom, 'Reasons to trust models', *Reasonable People* (2020).

12. Andermann, T., et al., 'The past and future human impact on mammalian biodiversity', *Science Advances* (2020).

13. Roberts, N., et al., 'Europe's lost forests: a pollen-based synthesis for the last 11,000 years', *Scientific Reports* (2018).

14. Vavrus, S., et al., 'Glacial Inception in Marine Isotope Stage 19: An Orbital Analog for a Natural Holocene Climate', *Scientific Reports* (2018).

15. Merheb, M., et al., 'Mitochondrial DNA, a Powerful Tool to Decipher Ancient Human Civilization from Domestication to Music, and to Uncover Historical Murder Cases', *Cells* (2019); Bennett, C., et al., 'The broiler chicken as a signal of a human reconfigured bio-

sphere', *Royal Society Open Science* (2018).

16. Irving-Pease, E., et al., 'Rabbits and the Specious Origins of Domestication', *Trends in Ecology and Evolution* (2018).

17. Tait, C., et al., 'Sensory specificity and speciation: a potential neuronal pathway for host fruit odour discrimination in Rhagoletis pomonella', *Proceedings of the Royal Society B: Biological Sciences* (2016).

18. Kettlewell, H., 'Evolution of melanism: The study of a recurring necessity', *Clarendon* (1973); Antonovics, J., et al., 'Evolution in closely adjacent plant populations VIII. Clinal patterns at a mine boundary', *Heredity* (1970).

19. 인류세 실무연구단은 2018년, 이러한 표기에 찬성하는 투표를 했다. AWG는 제4차 층서학 부위원회의 하부 조직이며, 제4차 층서학 부위원회 자체는 국제 층서학 위원회의 일부다.

20. 국제 층서학 위원회의 일부인 인류세 실무연구단이 2016년 투표로 결정했다. / Steffen, W., et al., 'The trajectory of the Anthropocene: The Great Acceleration', *The Anthropocene Review* (2015).

21. Elhacham, E., et al., 'Global human-made mass exceeds all living biomass', *Nature* (2020).

22. 'Living Planet Report', World Wildlife Fund (2018).

23. Cardenas, L., et al., 'First mussel settlement observed in Antarctica reveals the potential for future invasions', Scientific Reports (2020); Lundgren, E., et al., 'Introduced herbivores restore Late Pleistocene

ecological functions', *Proceedings of the National Academy of Sciences* (2020).

24. Campbell-Staton, S., et al., 'Ivory poaching and the rapid evolution of tusklessness in African elephants', *Science* (2021); Pigeon, G., et al., 'Intense selective hunting leads to artificial evolution in horn size', *Evolutionary Applications* (2016); Sanderson, S., et al., 'The pace of modern life, revisited', *Molecular Ecology* (2021).

25. Hazen, R., et al., 'On the mineralogy of the "Anthropocene Epoch"', *American Mineralogist* (2017); Corcoran, P., Moore C., and Jazvac, K., 'An anthropogenic marker horizon in the future rock record', *GSA Today* (2014).

26. Kemp, Luke, 'Are we on the road to civilisation collapse?', BBC Future(2019).

27. Steffen, W., et al., 'The trajectory of the Anthropocene: The Great Acceleration', *The Anthropocene Review* (2015).

28. Jackson, R., 'Eunice Foote, John Tyndall and a question of priority', *Notes and Records* (2019).

29. Tyndall, J., 'On the Transmission of Heat of different qualities through Gases of different kinds', *Notices of the Proceedings at the meetings of the members of the Royal Institution* (1859).

30. Aarhenius, S., 'On the Influence of Carbonic Acid in the Air upon the Temperature of the Ground', *Philosophical Magazine and Journal of Science* (1896).

31. Chamberlin, T. C., 'An Attempt to Frame a Working Hypothesis of the Cause of Glacial Periods on an Atmospheric Basis', *The Journal of Geology* (1899).

32. Weart, Spencer, *The Discovery of Global Warming* (Harvard University Press, 2008)

33. Callendar, G., 'The artificial production of carbon dioxide and its influence on temperature', *Quarterly Journal of the Royal Meteorological Society* (1938).

34. Plass, G., 'The Carbon Dioxide Theory of Climatic Change', *Tellus* (1956); 'Carbon Dioxide and the Climate', *American Scientist* (1956); 'Does Science Progress? Gilbert Plass Redux', *American Scientist* (2010).

35. Weart (2008).

36. Wittgenstein (1953; 1958); Sergio Sismondo, *An Introduction to Science and Technology Studies* (Wiley, 2011).

37. 'The Peoples' Climate Vote', UNDP (2021).

38. Mugny, G., and Perez, J., 'L'influence sociale comme processus de changement', *Hermes, La Revue* (1989); Fisher, R., '"Social cryptomnesia": How societies steal ideas', BBC Future (2020).

39. Næss, A., 'The Shallow and the Deep, Long-Range Ecology Movement: A Summary', *Inquiry* (1973).

01. Bergson, Henri, *Le rire: Essai sur la signification du comique* (Revue de Paris, 1900) translated by Brereton, Cloudesley, and Rothwell, Fred, *Laughter: An Essay on the Meaning of the Comic* (Macmillan, 1914).

02. Cameron, David, 'Leader's Speech', Conservative Party Conference, *British Political Speech* (2013).

03. Schama, Simon, 'The tree that shaped Britain', BBC News Magazine (2010).

04. 'DIO's commitment to planting trees', *Inside DIO* (2020).

05. Fox, James, 'The mystery of the "free-range sculpture" that simply disappeared', *Christie's Magazine* (2016).

06. McMullan, M., et al., 'The ash dieback invasion of Europe was founded by two genetically divergent individuals', *Nature Ecology and Evolution* (2018).

07. Boyd, I., et al., 'The Consequence of Tree Pests and Diseases for Ecosystem Services', *Science* (2013).

08. Atkinson, Nick, 'Ash dieback: one of the worst tree disease epidemics could kill 95% of UK's ash trees', *The Conversation* (2019).

09. Morris, Steven, '"I hope people will find it joyful": David Nash exhibition opens in Cardiff', *Guardian* (2019).

10. Whitman, Walt, *Specimen Days and Collect* (Rees Welsh & Co,

1882).

11. 롱타임 프로젝트의 로고는 나이테에 기초한다. 로만 크르즈나릭은 '도토리 뇌'을 장기적 사고를 기술하는 데 사용한다. 롱 나우 파운데 이션의 비공식 마스코트는 브리슬콘 소나무다.

12. Wilson, Matthew, 'Butterflies: The ultimate icon of our fragility', BBC Culture (2021).

13. Bateson (1994).

14. *Building the Ministry for the Future*, Chelsea Green Publishing/ School of International Futures (2021).

15. McPhee, John, *Basin and Range* (Farrar, Straus and Giroux, 1981).

16. Pratt, J. M., 'A Fossil Guide to Mark Twain's Essay "Was the World Made for Man?"', *The Mark Twain Annual* (2005).

17. Orwell, George, 'Mark Twain - The Licensed Jester', *Tribune* (1943).

18. Thanks to Thomas Moynihan; Jeans, James Hopwood, *The Universe Around Us* (Cambridge University Press, 1929).

19. Auger, James, 'Superflux: Tools and methods for making change', *Speculative Edu* (2019).

20. Gray, Richard, 'The world's knowledge is being buried in a salt mine', BBC Future (2016).

21. Starks, Gavin, 'Longplayer: How Long Will We Be Long?', *Taking*

Time (2021).

22. Ecker, Bogomir, *Die Tropfsteinmaschine, 1996–2496* (Hatje Cantz, 1996).

23. '"Fairytale of New York" the most played Christmas track of the 21st Century', *PPL* (2020).

24. Russell, Andrew, and Vinsel, Lee, 'Hail the maintainers', *Aeon* (2016).

25. 'Defining Core Values', The Maintainers (2019).

26. Eno, Brian, 'The Big Here and the Long Now', The Long Now Foundation(2009).

27. 창립자 이사회에는 Douglas Carlston, Esther Dyson, Kevin Kelly, Paul Saffo & Peter Schwartz가 포함돼 있었다.

28. Rose, Alexander, 'How to build something that lasts 10,000 years', BBC Future (2019).

29. Liu, G., et al., 'Factors influencing the service lifespan of buildings: An improved hedonic model', *Habitat International* (2014)

30. Fox (2016).

01. Stuart Mill, John, 'The Malt Duty', Hansard HC Deb, Volume 182 (17. April 1866).

02. Karnofsky, Holden, 'Has Life Gotten Better?', *Cold Takes* (2021).

03. Salk, J., 'Are We Being Good Ancestors?', *World Affairs: The Journal of International Issues* (1992).

04. Ord, Toby, *The Precipice: Existential Risk and the Future of Humanity* (Bloomsbury, 2020).

05. Quoidbach J., Gilbert D., and Wilson T., 'The end of history illusion', *Science* (2013).

06. '역사의 종말'이라는 용어는 역사학자 프랜시스 후쿠야마가 어떻게 서구식 자유민주주의가 정부의 최종 형태가 될 것인지, 인류의 이데올로기 진화의 종착점이 될 것인지 기술하기 위해 1990년대 처음 사용한 용어다.

리처드 피셔의 《롱 뷰》에 대한 찬사

★ Non-Obvious 선정 '2023년 최고의 논픽션 도서상' 최종 후보작
★ 전문 미래학자 협회 2023년 '가장 중요한 미래 작품상' 수상작

유려한 문장, 차분한 언어와 설득력 높은 통찰로 장기적 관점을 강조하는 《롱 뷰》는, 그러나 현재 가장 시급한 책이다.

_이언 매큐언(맨부커상 수상 작가, 《속죄》, 《교훈》, 《칠드런 액트》 저자)

《롱 뷰》는 시간과 인간의 오랜 관계와, 다가올 수백 년을 어떻게 헤쳐가야 할지에 대해 심도 있게 고찰한다. 사색과 감동을 두루 만끽할 수 있는 필독서다.

_루이스 다트넬(《인간이 되다》, 《사피엔스가 알아야 할 최소한의 과학 지식》, 《오리진》 저자)

삶에 대한 시각을 바꿔놓을 수 있다고 장담할 수 있는 책은 거의 없지만, 《롱 뷰》가 바로 그런 책이다. 미래 세대를 위한 더 밝은 내일을 건설하는 데 도움을 줄 기념비적인 작품이다.

_데이비드 롭슨(《기대의 발견》, 《지능의 함정》 저자)

《롱 뷰》는 시간에 대한 인식을 획기적으로 재고해야 한다고 요구하는 일종의 선언문이다. 리처드 피셔는 우리가 '현재라는 섬'에 좌초하게 된 다양한 이유를 사회적, 심리학적, 경제적 관점에서 기술하고 본토로 돌아갈 길로 안내한다.

_마르시아 비요르네루드(《타임풀니스Timefulness》 저자)

《롱 뷰》는 미래에 펼쳐질 모든 가능성에 대한 장엄한 찬가이자, 이를 바라보는 다채롭고 아름다운 방식들에 대한 탐구다. 지혜와 통찰이 가득하다.

_토머스 모이니한(《엑스리스크》 저자)

무너지지 않을 유산을 미래 세대에 남기기 위해 현재 편향을 극복해야 한다는 진실을 증명하는 책이다. 유려하게 읽히면서도 학문적 깊이를 지닌 이 책은 풍부한 통찰과 개인적인 서사 또한 돋보인다.

_로완 후퍼(《인간 잠재력의 최고점에 오른 사람들 슈퍼휴먼》, 《1조 달러 사용법》 저자)

호기심과 희망으로 가득 찬 지혜롭고 인간적인 책. 독자의 사고와 이해의 범위를 확장하고 미래의 우리 모습을 상상하는 기대감과 설렘을 선사할 것이다.

_톰 채트필드(《디지털 시대에 살아남는 법》, 《생각하는 법》 저자)

리처드 피셔의 《롱 뷰》는 시간을 바라보는 관점이 세상을 바꿀 수 있음을 보여준다. 우리가 미래를 어떻게 상상하느냐에서 미래는 시작된다.

리처드 피셔의 《롱 뷰》는 오늘날 신문 헤드라인을 장악하는 미래에 대한 암울한 예측을 넘어 희망적인 23세기로 나아갈 길을 모색한다. 저자는 시간에 대한 편협한 시야를 지적하며, 우리에게 단기주의를 포기하고 좀 더 장기적인 안목으로 인류의 미래와 가능성을 모색하라고 촉구한다. 명료한 문체로 쓰인 《롱 뷰》는 독자에게 분명 경이로운 독서 경험이 될 것이다.

철학적이고 예리한 통찰, 재미까지 적절하게 어우러진 《롱 뷰》는 근시안적인 단기주의로 대표되는 이 시대를 살아가는 현대인에게 미래를 이해하고 미래와 연결하도록 돕는 훌륭한 안내서가 될 것이다. 기후 위기 시대에 장기적 사고는 그 어느 때보다 절실하다.

우리의 가장 위대한 힘은 미래에 대해 생각할 수 있는 능력에서 비롯한다. 리처드 피셔는 장기적 사고가 왜 중요한지를 탐구하는 매력적인 여행으로 우리를 초대한다.

미래에 대한 사고방식을 왜 바꿔야 하는지에 대해 집대성한, 아름다운 명상과도 같은 책이다.

_마이클 본드(《팬덤의 시대》, 《길 잃은 사피엔스를 위한 뇌과학》, 《타인의 영향력》 저자)

오늘날 우리 모두가 직면한 절망에 대한 해독제와 같은 책.

_〈리터러리 리뷰〉

리처드 피셔는 단기주의의 문제점에 대한 십 년간의 연구와 통찰을 《롱 뷰》에 집약했다. 정치지도자들이 읽고 반드시 정책에 반영해야 할 중요한 아이디어가 담긴 책이다.

_〈선데이타임스〉

언론인이자 저술가인 리처드 피셔는 희망의 메시지를 담은 《롱 뷰》를 통해 단기주의의 오류를 고발한다. 시간을 대하는 우리의 태도를 수정하고, 막중한 의무로서가 아니라 더 깊이 있고 충만한 삶을 위해 장기적 관점을 수용하자고 권고한다.

_〈사가 매거진〉

롱 뷰

초판 1쇄 발행 2025년 3월 19일
초판 5쇄 발행 2025년 4월 8일

지은이 리처드 피셔
옮긴이 한미선
펴낸이 고영성

책임편집 박유진 │ **저작권** 주민숙

펴낸곳   주식회사 상상스퀘어
출판등록   2021년 4월 29일 제2021-000079호
주소   경기 성남시 분당구 성남대로43번길 10, 하나EZ타워 3층 307호 상상스퀘어
팩스   02-6499-3031
이메일   publication@sangsangsquare.com
홈페이지   www.sangsangsquare-books.com

ISBN   979-11-943681-5-1 (03300)